OSHO

完美的師父

如何找到內在真正的心靈導師

THE PERFECT **MASTER**

TALKS ON SUFI STORIES

one of the most inspiring spiritual teachers of our time

當門徒準備好了，師父就會出現

目次

第1章 當門徒準備好

有一個人決定，他要去尋找完美的師父。他讀過很多書，拜訪過一個接一個的聖者，他聽演講、與人討論和做各種練習，但他總是發現自己仍然在質疑或不確定。經過了二十年，他遇到了一個人，這個人的一言一行完全符合他心目中完全自覺的人的想法。

他抓住機會對這個人說：「你對我來說似乎是一個完美的師父。如果你是的話，我追尋完美師父的旅程就在此結束了。」

「以那個名稱所描述的，我確實是。」師父說。

「那麼，我請求你，收我為門徒。」

「我不可能答應，」師父說：「因為當你還渴望完美師父的時候；相對我而言，我……只需要完美的門徒。」

只有當門徒準備好了，一個師父才會顯現，沒有其他的路徑。門徒必須準備好，而且完全成熟；只有在那一刻，師父才會顯現。門徒必須睜開眼睛，張開耳朵，並且用心去感覺。如果你是盲目的，太陽怎麼會出現？太陽可能會出現，但是你會繼續錯過它。

除非你有眼睛，否則世界上就沒有美。花朵會綻放，但不是為了你。星星會布滿天空而有著浩瀚的美，但不是為了你。除非你有眼睛，否則世界上就沒有美。

如果你心裡沒有愛，你就不會找到心愛的人，這個基本的要求必須被滿足。只有愛會找到心愛的，眼睛會發現美，耳朵會聽見音樂和旋律。

但是有些人，而且有很多人——絕大多數人都是這樣的人——他們繼續在那裡尋找和追求著某些東西，但卻沒有在他們自己身上產生相對應的感受能力。我曾遇到過很多求道者，他們正在尋找著師父——根本沒有人意識到，他們自己本身是缺少門徒的本質的。門徒根本不在那裡，你怎麼能夠找到師父？

師父不只是一個外在的特定對象。首先他必須是你內在的東西，那就是門徒的特質：對真理的一個飢渴，一種熱烈的渴望，一個極大的熱情。現在這個是欠缺的，因而人們繼續在找尋。如果他們找不到，這並不奇怪。他們不會找到的！他們可能會遇到很多師父，但是他們會一直錯過。

如果你不容易感受到他，你怎麼能夠看到師父？如果你甚至不知道成為門徒是什麼，你怎麼能夠看到師父？要成為門徒，才是發現一個師父的開端。真正的求道者不會擔心師父在哪裡，他的整個關注是如何在自己的內在產生門徒，如何變成學習者，對現實敞開；如何從天真運作，而不是從知識的狀態運作。

如果你從知識的狀態運作，你會發現很多老師，但永遠不會是一個師父。如果你已經知道某些東西，你以為你知道了，那時你會發現其他知道的人、宣稱知道的人，他們是領先在你前面的人。你將只會遇到你能夠遇到的人，你會遇到像你這樣的人，一個以他所蒐集到的知識去運作的人，你會發現很多老師，會學到很多東西——但是永遠不會遇到師父。

為了找到師父，你必須變成孩子。為了找到師父，你必須變成完全天真的，你不知道任何事情，頭腦淨空——對真理充滿著激情，但是不帶著任何關於它的結論。這是真實學習的狀態，那時你甚至不需要去任何地方，師父會來找你。

這裡有許多桑雅生並不是因為他們的追尋而找到我的，而是因為我找到了他們。他們都是為我而來，而不是為他們自己，那才是真正的來到。當你是為自己而來，你根本還沒來。你留在那裡，固執地，太多的你，太滿的你——沒有空間讓我進入你。

這是求道者的基本要求之一：他應該是一個學習者。我所指的「學習」是指人應該總是從天真的狀態來運作。人不應該攜帶著結論在自己裡面——因為那些結論，不會允許你去學習。如果某個東西反對它們，你一定會排斥它。如果某個東西不反對它們，那你就學不到任何東西——只有你的舊偏見被加強了。

如果某個東西同意你，就沒有學習，它只是加強了你舊的頭腦。師父不能這樣做——他必須為了新的而摧毀舊的；他必須帶走所有你始終一直持有的。他必須在你的裡面產生空間。如果你固執著結論、偏見、思想、哲學，你就無法遇到師父——因為他的整個工作就是在摧毀各種哲學。他有興趣的只有真實的東西，他對學說的東西沒有興趣。

就在幾天前，我讀到愛爾蘭政治家埃德蒙・伯克（Edmund Burke）的一段陳述：

> 大多數的人贊同馬鈴薯是重要的。但談論馬鈴薯，無論如何不像享用馬鈴薯一樣受到歡迎。當薯片發下來，談論馬鈴薯就是無法取代真正的馬鈴薯。對宗教來講也是一樣。

我喜歡這段陳述。師父只對真正的馬鈴薯有興趣——而不是關於馬鈴薯的哲學。如果你帶著結論而來，你就無法到達真實，那些結論就像介於你和師父之間的大障礙。人必須敞開空間而來，一個人必須不知道而來。這是很明顯的：如果你已經知道，那時你就沒有空間。你的那個知識阻礙了道路。

要成為門徒，不要擔心師父。當你準備好，師父就出現。

師父有時會以奇特的方式出現，但它總是會發生。每當有人成熟了，神會開始以很多形式來到他身邊。師父是神的最後形式。在師父之後，就沒有其他形式了。他是形式最後的經驗；超越了他就是無形的——那時就只有神而沒有形式。

師父是最後看起來像你的人，一個活著像你一樣的人，一個你可以觸摸到的人，一個可以跟他有對話的人，一個講話像你一樣的人。超越師父就是靜默——全然、絕對、純淨。超越師父就沒有身體，師父恰好是介於俗世和神之間。

如果你真的厭倦了俗世，一成不變，和例行公事，不要開始尋找師父——你可以追尋如何成為一個門徒。開始減少你自己的偏見、教條的負荷，忘記一切你知道的……

拉瑪那・馬哈希（Ramana Maharshi）（編註：印度教上師）時常對他的門徒說：如果你想要和我在一起，你將必須要忘掉你的頭腦、你的自我。如果你不忘掉，那麼我也沒什麼可以給你，因為你已經太滿了。

你知道一個著名的禪宗故事嗎？

> 一個哲學教授去見一個師父，他問到神，問到因果報應，問到輪迴，他問了很多東西……問題、問題、問題。師父說：「你累了，經歷漫長的旅途之後，我可以看到你在出汗，在這樣一個炎熱的夏日午後，爬上山來，必定已經很累了。你等一下；不用急。這些問題可以等一會兒，讓我準備一杯茶給你。誰知道？——一邊喝著茶，你可能就會得到答案。」
>
> 此時教授有點不解而變得有點懷疑，來見這個瘋子是否是對的。「只是透過喝茶，哪有可能讓問題被回答？」但是現在他沒有辦法離去；他不得不休息一下。「茶無論如何是不會有害

的，為什麼不喝完它，然後再逃離這裡？」

師父帶了茶來，開始從他的水壺倒入茶杯中，而且持續地倒著水。杯子滿了，茶開始溢出到碟子裡，碟子也滿了。那時，教授說：「停！你在做什麼？茶會開始溢出到地板上。現在杯子甚至沒有多一滴的空間了。你瘋了？」

師父笑了，一個爽朗的大笑，他說：「所以，你很聰明！你能理解。如果杯子裡沒有空間，我們就不可能讓任何更多的茶進入。在你的頭腦裡有沒有空間呢？我想倒進我有的東西，但是有空間在你的頭腦裡嗎？你的頭腦有太多東西了，它不是太滿了嗎？」

「這就是我的回答。」師父說：「下次再來，首先清空你的頭腦，以一個不知道的狀態而來。你塞滿太多知識了，我可以聽到所有的噪音在你裡面馳騁。多帶一點靜默來，現在的你不是來學習的——你是來爭論的。」

知識總是熱中於爭論，它沒有興趣在學習。如果要學習，它就感到羞辱。那就是為什麼它變得越來越困難：你年紀越大，你學習任何東西的可能性越小。孩子可以學習，因為他們沒有任何自我，他們學得很快，而且他們學得很容易。如果你必須學習同樣的事情，當你是三十五、四十或五十歲時，那是非常困難的，有時幾乎是不可能的。你的智力發生什麼事了？

經過五十年的經驗，你的智力應該比以前好，但它不是這樣。在生命的路上，你蒐集了很多垃圾，智力的運作不再是自由的；它有太多的負擔——背負著廢物！當要學習任何東西時，你會覺得羞恥，你不可能甘拜下風，你不可能說：「我不知道！」但門徒是一個能夠說：「我不知道——請教我。我準備學習，我不帶著任何結論來見你。我沒有帶來任何知識，我空手而來！請注入我！」的人。

真正要追尋的是如何成為一個門徒，如何清空你存在的杯子，所以當你遇到一個充滿神的人，你才可能被灌注——灌注到你心的內在。但是人們總是在尋找師父；他們不去尋找門徒圈——那就是他們持續錯過的地方。然後你會遇到很多很多的人，你會總是感到不滿足。不滿足的原因不在於你的外在：它來自於你自己裡面的頭腦，你隨身攜帶著的結論。

前幾天，我讀到一個非常美的哈西德神祕家李維．伊扎克（Levi Yitzhak）（編註：哈西德，猶太教正統派的一支）的故事。當他在祈禱時，他會變得狂野，他是那麼充滿著神、神的歌頌和神的舞蹈。據說他只是發散著神性，舞蹈在全然的狂野裡。他是那麼忘情地祈禱著，以至於受到驚嚇的信徒本能地逃走了。如果他在廟裡祈禱，人們會逃到他們自己的家裡，因為他的祈禱是非常狂野的。他比手劃腳，又吼又跳，從一個角落跳到另一個角落，推倒任何擋到他路的人，人們不再為他出現了。當他祈禱時，他本人也不復存在了。

現在，如果你已經有了某些結論，關於師父應該是什麼樣子的，你會認為他是個瘋子。如果你認為師父應該只是坐在菩提樹下像一尊佛，而這個瘋子，顛倒事物，到處衝撞，他嚇壞了崇拜者，他們全部跑光了，因為沒人知道他要做什麼……但這個人是一個完美的師父。

神以很多種形式降臨——有時以佛陀，有時以克里希那（Krishna），有時以馬哈維亞（Mahavir），有時以穆罕默德（Muhammad）。神始終以隨意的形式來到，而你的結論總是來自舊有的。如果你出生在一個佛教家庭，你怎麼可能認為這個瘋狂的哈西德神祕家是一尊佛？不可能的！

如果你做了一個結論，你就會被困在其中。如果——有很多這樣瘋狂的哈西德門徒——如果他們遇到佛陀，他們會否認，他們不會滿足於佛陀。他們會說：「他的舞蹈在哪裡？為什麼他不狂叫而卻在菩提樹下靜坐？——他是哪門子的師父？」我們總是持續帶著根深柢固的偏見在我們的內在。

記住：那些偏見對你可能看起來非常合理。就在前幾天，Adi問了一個問題：「奧修，現在我不再能相信你了。」Adi發生了什麼事？為什麼他不再能相信我了？一件簡單的事。我說過佛陀成道的那一棵樹仍然存活在菩提迦耶，同一棵樹仍然振動著某些佛陀的品質，當佛陀消失而神出現在他身上的那個美麗早晨。現在他引用一本歷史書籍，並說在那本書裡寫的是那棵樹已經被一位印度國王砍掉了，而那個寺廟已經被改建成印度神社。因此怎麼可能同一棵樹還存活著？如果歷史書籍是對的，我就是錯的，當我違反了歷史書籍，Adi怎麼可能相信我？

不要只有這麼淺的信任，也不要這麼著急下定論。如果我說了某些東西，等一等，你就會發現出路。只是讀了一本歷史書籍，你的信任就被摧毀！我仍然說它是同一棵樹，而且那歷史書也是正確的。寺廟已經被轉蓋成印度神社，而那棵樹被摧毀了……但是在那棵樹被摧毀之前，阿育王寄出了樹的一部分、樹的分支到錫蘭而被栽植在那裡。所以那棵樹在錫蘭延續了。然後當神社再次被轉蓋成佛教寺廟，那樹的分支又從錫蘭被帶回來，並且被重新栽植。

它是同一個連續體，它是相同的樹。而根據佛陀所說，即使是同一棵樹，兩個連續的片刻也絕對不會相同——它會改變。它是不斷變化的，你的身體也會不斷變化，每隔七年，你的身體就會是全新的；舊的消失了，新的取代了，甚至沒有單一的舊細胞留下來。但它是一個連續：就連續的意義而言它是相同的。在佛教，在科學意義上，它是同一棵樹。

但是不要這麼著急。如果你這麼快、這麼早而且這麼容易就失去信任，這就沒有什麼價值，這就不是真正的信任。在背後你繼續保留著你的偏見，你繼續觀察著何時你能找到某個你不信任的東西，你對不信任比信任更感興趣。除了你自己，你都不信任。你的自然傾向是不信任和懷疑的，如果你能夠懷疑，你就會感覺很好。如果你不能找到任何疑點，你可能會開始感到窒息——因為帶著懷疑，你的自我得到滿足。帶著信任，自我就必須自殺。

這是一個美麗的寓言，在寓言裡，蘇菲是過去的師父。蘇菲知道如何用寓言述說不能說的事情，他們已經在世界上創造了最好的寓言。要慢慢地進入這個寓言，它很短，但是意義重大。

寓言以間接的方式述說事情。真理不能被直接地說出來，那樣太暴力、太激進了。真理只能以非常間接的方式來表達，它可能被暗示、指引，你不可能被真理說服：你只能被誘服。

你的師父是一個不會對你說服真理的人，但是他會誘導你進入真理。寓言非常有誘導力，即使那些不追尋任何真理的人，都可能突然被寓言打動：某些東西可能變得突然對他們有用。

人們喜歡聽故事。故事都有一種傾向，它在你的意識旁邊遊走，你很難忘記它們；它是很容易被記住的。它們都有一條到達你存在最深核心的路徑。因此，蘇菲一直使用著寓言。它是一個跟禪、道、瑜伽、譚崔完全不同的世界。

今天，我歡迎你們進入蘇菲的世界……它是比較藝術，比較詩意，比較美學的；而它的方式是非常微妙的。

有一個人決定，他要去尋找完美的師父。

現在，去決定是錯誤的，因為決定來自於你過去的經歷。人不可能決定去尋找完美的師父，人只能以被動的方式接受來到的事物。尋找、決定都是主動的方式。人應該變得更溫柔；人不應該這麼著急。人應該更覺知，更警覺於他在嘗試做什麼事。

以前，你知道任何師父嗎？你有過任何師父的經驗嗎？無論你所聽到的任何事都是借來的。你不確定，你不能夠確定它的真理。你會怎麼決定？你會如何尋找師父？判斷的標準是什麼？你會如何衡量這個真的是完美的師父？你有能力去判定一個完美師父？那麼你就更高了，你比完美的師父更高了。你坐在法官的位置。你不是一個謙卑的、被動的門徒。師父只會顯現在你的被動，你的謙卑，你的純樸。

有一個人決定，他要去尋找完美的師父。

為什麼要完美的師父？自我總是追求完美。如果你在追求金錢，自我希望你成為世界上最富有的人，世界上最完美的人。如果你在追求道德，你想要成為最完美的聖人。自我有一個非常非常深想要成為完美的欲望，所有自我主義者都是完美主義者，而所有完美主義者都是神經質的。完美的念頭驅使人們瘋狂。

謙卑的人了解不完美，謙卑的人接受他的不完美，謙卑的人不要求不可能的事。這就是自我總是要求不可能的事而失敗的原因。當自我感受到挫折、背叛、欺騙，但是再次，它會開始要求同樣的事。

為什麼你需要完美的師父？你已經視這件事為理所當然：你是這樣一個偉大的人，少於這樣是不值得的，是不滿意的；少於這樣是在你之下的。你是這樣一個完美的人，你需要完美的師父。平凡的師父不行——必定要有某些超凡的東西。你只可能對超凡的人有興趣。

而弔詭的是，超凡的人總是會以非常平凡的方式存在著。超凡的人從來不以超凡的方式存在著，因為所有那些自命不凡的人都是愚蠢和笨拙的。

一個真正的人、真實的人不會對任何其他人，以任何方式有自以為優越的想法。他活在沒有比較的世界。現在，這個尋找完美師父的想法就是比較。

有一個人決定，他要去尋找完美的師父。

他讀過很多書……

但是你怎麼可能藉著讀很多書而找到師父？你會變得越來越塞滿知識，而那會是障礙。有人開始思索神、真理或美——他開始閱讀書籍。他以為那是找到它的一個方法。

我想起一位偉大的印度詩人泰戈爾（Tagore）。他不斷地思考著美，它是什麼呢？一個詩人，自然地，對美有興趣。他的頭腦沉思著什麼是美。在一個滿月的夜晚，他在他的小船上，夜晚就是輝煌的：滿月在天空，河流的沉靜和森林環繞著，他獨自一個人在船上。只是偶爾有鳥叫聲——就是那樣——然後寧靜會變得比之前更深沉。

但是泰戈爾正深思著問題：什麼是美？他正在古老的經文裡尋找。他在船艙裡，只有一根小蠟燭點燃著。在半夜裡，疲倦又很挫折，因為即使在古老的經文裡，他也無法找到關於美的真實事物，只是文字和一堆詞彙……他吹熄了蠟燭，然後他簡直不能相信他的眼睛。

當他吹熄了蠟燭，突然間，月光從窗戶，從門口照進來。他被轉移到另一個世界！他衝了出去，他看著月亮，在寂靜的夜裡，月亮倒映在河面上，整個河流是銀白色的，而深湛茂密的森林綿延在河岸上……這就是美！

之前他一直鑽進書裡尋找——而美卻在等待著他。就在門口等著，而那小黃燭光卻阻擋了輝煌的夜晚。他對經文的思索已經投入那麼多而被占據了，他已經完全忘記了這是個月圓之夜。

他把經文丟進河裡，那是他曾經對美思考的最後一天。他說：思考無濟於事。美就在那裡——我們必須對它敞開。他說：我們必須吹熄蠟燭，自我的小蠟燭，然後神會以各種方式來到，而美就穿透你。

那就是正在發生的事。如果你開始想要尋找完美的師父，你就會進入書籍去找尋誰是完美的師父。此時，書籍會迷惑你，因為每本書訴說著不同的故事。如果你讀一本耆那教的書，它只是描述了馬哈維亞，並說這些才是完美師父的特點。它們不是！它們是一個特殊的完美師父馬哈維亞的特點。如果你讀一本佛教的書，它們也描述了完美師父的特點——它們也不是，只有完美的師父佛陀展現出那些特點。其他的……等等也是。

一旦你從書籍陷入某些結論，你就開始尋找。但是你的尋找從一開始就注定會失敗，你已經有一個先入為主的偏見。現在你尋找著佛陀，而佛陀永遠不會重複出現。現在你尋找著查拉圖斯特拉（Zarathustra），而查拉圖斯特拉只有出現一次，永遠不會再出現。現在你尋找著老子，而老子永遠不會再出現。全部都只會出現一次，沒有事情曾經重複過。神的創造力是無限的，祂是不重複的。

如果你讀了佛教、儒家、道家的書，那時你就會更加困擾——因為它們描述的是不同的東西。而你也許是一個非常聰明的人，機靈的人，知識分子，你可能把所有那些特質結合起來。現在你會永遠找不到完美的師父。現在你有一個想法，它是絕對荒謬的。它就像從牛車拔取一個配件，同時從勞斯萊斯拔取另一個配件，你把它們裝配在一起——用單車的配件和引擎的配件……你會有某個奇怪的東西，而它是無法運作的。即使是牛車也比那個好，不論有多慢，你還可以前進，你還可以到達某個地方，你還可以使用它。而你創造的這個怪物，它是完全沒有用的，那就是正在發生的事情。

人們看了很多經文和很多書籍，他們慢慢慢慢地產生了誰是完美師父的想法。而這種想法只是許多特質的擷取，蒐集來自不同來源的一個組合，它是不可能存在的。這樣的人從來不曾存在過，這樣的人也永遠不會存在。現在你正在尋找一個海市蜃樓——你永遠不會找到它。而你可能會遇到許多師父！但是因為你的想法，你會持續拒絕他們，因為某些或其他東西，他可能有欠缺。因為你的想法，你錯過了，而不是師父不存在——他們一直存在著。

這個世界一直充滿了師父，神不是吝嗇鬼，切記。猶太教說目前在世界上只有三十六個師父——只有三十六個？神是這樣一個吝嗇鬼嗎？為什麼是三十六個？但是如果你想到其他宗教，猶太教還是慷慨的。耆那教說目前只有二十四個完美的師父，從開始到結束。整個創造，從開始到結束，那意味著好幾億萬年……只有二十四個？因此數百萬年裡沒有單一個師父出現？

印度教甚至更加吝嗇：他們說只有十個。基督教徒更是：他們說神只有一個兒子，耶穌基督。只有耶穌基督是完美的師父，沒有其他人。那麼你如何能夠找到一個完美的師父？

我要對你說：神是慷慨的，沒有限量，沒有固定數字。師父繼續在顯現，只是人們都是盲目的，人們都是聾子。這樣講很讓人受傷！知道你是盲目、耳聾的，這樣很讓人受傷。那就是為什麼這些理論有吸引力。只有二十四個，只有十個，只有一個，那對你是一個很大的安慰。那會讓你找到藉口：如果你還沒有找到完美的師父，你還能做什麼呢？這不是你的責任。完美的師父只有偶爾才會出現，而這個時代，他不在這裡。你沒有發現他，這不是你的錯，如果某個人有錯，那是神的錯，而不是你的錯。你鬆了一口氣。

我要對你說：完美的師父總是可得的——就像玫瑰總是可得的，蓮花總是可得的。太陽每天早上升起，而有好幾百萬顆星星總是可得的。你只需要打開你的眼睛，你必須不是盲目的。

但是我們的處境實在很糟糕。我正讀著一個故事——這是你的故事：

有個女人剛剛生了一個小孩，但是還沒有看到孩子。她要求醫生將孩子抱過來給她看，但是醫生並不贊同：

「現在讓你看到孩子，恐怕不會是個好主意。」

但是當她熱切地堅持時，他開始調整他的拒絕：

「你要明白，女士，經歷命運最不幸的意外，你的孩子一出生就不正常。我覺得等妳生產完全恢復之後，再看孩子，那對妳會比較好。」

「告訴我，醫生！我必須知道發生了什麼事！我必須看到我的孩子。」

醫生不希望她看到孩子，謹慎地向她解釋孩子畸形的特徵：「坦白說，女士，你的孩子沒有雙腿！」

她喘息著，但還是從打擊中回過神來，她讓自己鎮定下來，再次要求見孩子。

「女士，希望你準備面對赤裸裸的真相，我已經簡單地告訴你整個情況……你的孩子既沒有雙腿，也沒有手臂。」

「醫生！」她喊道：「把孩子帶來給我看，它將會有我的雙腿和我的手臂，我一定要見到孩子。」

「我了解。」他答道：「我必須更加殘酷地告訴妳——妳的孩子也沒有軀體。」

「沒有雙腿！沒有手臂！沒有軀體！」她抽泣著說：「把孩子帶來給我，孩子更需要我。」

醫生終於同意，並帶來了她的寶貝。當她看到孩子時，她怔了一下，裹在毛巾裡的是一隻一英尺長的耳朵。

她接了耳朵，並溫柔地搖著它：「親愛的，沒關係，我們無論如何會變好的……」

醫生打斷了她：「女士，妳是在浪費妳的呵護，這孩子是個聾子。」

那就是人們現在的處境。你是盲目的，你是耳聾的，你沒有心……但是，看到它會傷心。了解它，認清它是痛苦的。所以我們持續尋找解釋來逃避面對我們自己的真相。

門徒還沒有準備好——那就是為什麼他不能看到師父，但是他持續說沒有師父。

當我還是一個大學生的時候，有一天，在佛陀的成道日——我所就讀的這所大學裡有慶祝活動。副校長帶著極大的熱忱和滿懷的激情說：「如果我活在佛陀的時代，我會遺棄這個世界，坐在他的腳旁，像影子一樣地跟隨著他。」

我知道這個人！我無法想像他跟隨著佛陀。我只好站起來，說：「請你把你的話收回去，因為我非常清楚知道你：你是最不可能跟隨佛陀的人，你以為在現在，佛是不可能遇到的？你曾經去找過拉瑪那．馬哈希嗎？」

他只好說：「沒有。」

我說：「但是他過去還活著。就在幾年之前，他還活著，他是你當代的人。」

這件事發生在接近一九五五年，而拉瑪那在一九五一去世，就在四年之前。副校長是一個七十歲的老人。我說：「他是你當代的人，阿魯那查(Arunachel)這地方也不是很遠，在佛陀的時代，這可能需要花費你好幾年的旅程去見佛——而現在這只是一小時的飛行距離。你曾去過那裡嗎？你曾去找過克里虛那穆提(J. Krishnamurti)嗎？他還活著，而你帶著這樣的激情和熱切談論著。你想要愚弄誰呢？」

他是個好人，他了解這個要點。眼淚來到他的眼睛；他把它的話收回去。後來他打電話給我，他說：「聽著，如果你必須對我說些什麼，你可以私底下來。」

「為什麼要私底下？你做出公開的聲明，我就必須公開反駁它。永遠不要再做出這樣的聲明，因為我仍然會在這裡兩、三年。想想看，你也曾在佛陀的時代。」我告訴他。

他怔了一下。他說：「你怎麼知道？」

我說：「我知道！你看著我的眼睛：你也曾在佛陀的時代，但是你從來沒去找佛陀，而現在你用這樣的激情說著，你是在欺騙別人，但是那並不重要，重要的是你也欺騙你自己。」

人們一直以為師父只曾經發生在過去，現在他們都不會發生，現在他們都不存在。在佛陀的時代也有同樣的情況。有人來問佛陀：「你是完美的師父嗎？」也有一些人去找耶穌問說：「你是那一位我們一直在等待的彌賽亞嗎？」

彌賽亞正站在他們的眼前，就在他們面前，他們還在問：「你就是彌賽亞嗎？」如果他說不是，他們會很高興。如果他說是，他們會受到冒犯。

耶穌說是的，那就是為什麼他們受到冒犯。「所以這個偽裝者認為自己是彌賽亞？這個木匠約瑟夫的兒子。我們從他小時候就知道他，他曾在小鎮的街道上玩耍，而現在突然間，他變成了彌賽亞？」

他們一直在問著。在佛陀的時代，他們說：「在過去，曾經有過完美的師父，在《奧義書》的時代，在《吠陀經》的時代，曾經有過完美的師父。但是現在，在這醜陋的時代，他們都消失了。」

現在他們一直說著同樣的事情！他們會持續說著同樣的事情，直到永遠。他們真的不想要看到師父。

有一個人決定，他要去尋找完美的師父。

他讀過很多書，拜訪過一個接一個的聖者，他聽演講、與人討論和做各種練習，但他總是發現自己仍然在質疑或不確定。

你可以閱讀，你可以論證，你可能變得非常合乎邏輯，但是那沒有什麼幫助，懷疑會堅持——除非你經驗，只有經驗會去除懷疑。但是如何去經驗師父？你必須先成為門徒；你必須滿足那個必要條件。什麼是門徒的必要條件？虔誠是門徒的必要條件。等待的能力，成為空無的能力，屈服的能力，成為可用的能力，那就是祈禱！如果你知道如何祈禱，你就會知道所有那些需要了解的事。你不僅會遇到完美的師父——你會遇到神本身。

靜心想想奧地利詩人里爾克（Rainer Maria Rilke）的這些話：

祈禱：對誰呢？我無法告訴你。祈禱是我們人性的光輝突然起火；它是無限的，朝著無目的的方向，一個我們的願望暴烈的附屬物，遨遊宇宙，沒有任何目的地。哦！但是我知道今天早上祈禱之前，我離那些貪婪的人有多遠，問神是否存在。如果祂不在或還不存在，那又有什麼差別呢？我的祈禱會帶祂進入存在，當祈禱上升到達天堂，它完全是一件創造性的事情。如果神因為它投射出它本身而完全不堅持，那就更好了：我們會一再做它，它在永恆裡就會比較不那麼破舊。

祈禱產生神，祈禱產生完美的師父。祈禱是創造性的，祈禱顯現——它就是啟示。它使你為啟示而準備。

人不應該去尋找師父：人應該學會如何祈禱……然後師父就會來。師父會以他自己的步調來臨，或者他呼喚你來，無論你在哪裡，但隨後的旅程是完全不同的——當你被呼喚而來，那個品質是不同的，強度是不同的。你不覺得你將要去：你覺得你是被呼喚的。你知道不可能抵抗它，它是不可抗拒的。你被拉著！彷彿一個巨大的磁鐵拉著你。你是無助的，但你是興奮的，因為你被選中了。你跳著舞而來到，你是幸運的，你被選中了。

只要準備好，無論你在哪裡。不要問：是否沒有完美的師父，準備成為門徒有什麼重要？不用擔心，師父總是存在的，那就是里爾克這些美麗話語的涵義：

> 祈禱是我們人性的光輝突然起火；它是無限的，朝著無目的的方向……

在開始的時候，你不知道你的祈禱會往哪裡去；它不可能有任何地址，不可能有任何方向。你怎麼能夠對神祈禱？你不知道神——那就是為什麼你祈禱著。你想要知道什麼是神，但是你不知道。那就是為什麼你傾吐出你的心事，它等待著未知來占有你。這就是信仰，這就是信任。

懷疑的頭腦首先想要確定是否有神：「那樣我才會祈禱。」里爾克是正確的：

哦！但是我知道今天早上祈禱之前，我離那些貪婪的人有多遠，問神是否存在。

「我們會祈禱，只要神存在。」——那麼你將永遠不會祈禱，因為你將永遠不知道，沒有祈禱，神仍然存在。你已經為祈禱訂出一個不可能的條件，它是不被實現的。你必須祈禱，不要問神是否存在這個問題。在這個點上，神是無關緊要的，在這個點上，使祈禱變成可能的。

祈禱是心對未知的一首歌。也許祂在，也許祂不在，但那不是重點。當人們傾吐出心聲，他們是喜悅的，祈禱本身就是一個喜悅。神是否存在是次要的，祈禱是主要的。當祈禱是主要的，它就顯露出神，它打開你的眼睛。它創造了神，當你被點燃時，突然間世界變得著火了。當你的心在燃燒著，突然間你看到整個世界跟著神性，跟著未知，跟著神祕燃燒了。

如果祂不在或還不存在，那又有什麼差別呢？

這是很美的，這是一個真正具有宗教性的人所說的話。

我的祈禱會帶祂進入存在……

祈禱會變成子宮，我會透過我的祈禱生出神。這是蘇菲的方法，里爾克幾乎反映著蘇菲的那個心。但這是愛人、詩人和神祕家一直感覺到的。

如果祂不再存在或還不存在，那又有什麼差別呢？我的祈禱會帶祂進入存在，當祈禱上升到達天堂，它完全是一件創造性的事情。如果神因為它投射出它本身而完全不堅持，那就更好了：我們會一再做它，它在永恆裡就會比較不那麼破舊。

我們會繼續做，我們會繼續創造神。事實上，這不是創造：這是啟示。但是對那些祈禱的人，神首次被顯露的人，這看起來像創造——彷彿祈禱創造了祂。祂就顯露，祈禱從你的眼睛拿掉了一層厚厚的黑暗，你的心開始悸動，你跟整體落入天韻裡。突然間，神就在那裡。

但是在神出現之前，師父會先出現，師父是你和神之間的連結。首先祈禱顯露師父，那是第一步，旅程的一半。第二步，神出現了，旅程就完成了。

祈禱是天真的：它正等待那個永遠不會來到的人……祈求某個東西或某個不存在的人，至少現在不存在。「如果真有愛著人的神，請祂說話。現在！」

這就是詩人塞內卡（Seneca）在他的悲劇《賽斯提斯》（*Thyestes*）裡說的：「我對祢說，我挑釁祢——祢在那裡，只要給我一點暗示，一小段話，一個手勢，那就可以。祢在嗎？」你對著天空一千零一次地吶喊，沒有任何反應。你的祈禱消失在虛無裡。但是即使祈禱消失在虛無裡，毫無從對方、從彼岸的回應，祈禱還是持續改變著你。

效果是非常顯著的。它可能不會改變你外在的現實，但是它會持續改變你的內在。你會變得更柔軟、更女性化，有一天當你真正溶解了，當你不再是堅硬的，當你是一個流動，回應就會來到——那不是來自彼岸，那是來自你存在最內在的核心。那就是彼岸。

但是在那發生之前，你會來到此岸與彼岸、這邊和那邊之間的連結——那個連結就是師父。其實去尋求完美的師父是愚蠢的，因為成為師父就是成為完美。沒有不完美的師父和完美的師父這樣的分類。師父就是完美的！如果他對你而言並不是完美的，那只是因為他沒有兌現你某個完美的想法。師父從來不兌現任何人的想法。他活在自己的生命中，但是他活在完美裡。

記住，當我使用這個詞「完美」，我是以完成的意義在使用它，我從來不以你的感覺來使用它。這是一個經常會發生的問題，當我說「完美」，你開始以為「他會像這樣，他會像那樣……他會永遠不生氣」。但是曾經有師父生氣過，當他們生氣，他們會完美地生氣。

甚至拉瑪那．馬哈希，那樣靜默的聖者，有時也會生氣，那時他是真的生氣。他生氣過，純粹的生氣。有一天，有個學者來找他，開始問著愚蠢的問題。拉瑪那聽著，他的問題很長，他引用經文來支持他的問題。而拉瑪那一再地說：「請你靜心！你唯一需要做的事就是問：我是誰？沒有其他問題。」

但是那個人不聽，他就持續一直說著、說著。突然間，門徒們簡直不敢相信，拉瑪那拿著那個人的東西，要把他趕走，那個人變得很害怕，他逃到房間外面，拉瑪那緊追著他到修道院的邊界，然後拉瑪那笑著走回來。門徒們簡直不敢相信，他們說：「但是，你生氣了？」

他說：「要看到它的完美。」

如果你有師父永遠不生氣、不應該生氣的想法，那時就會有困難。如果你有師父不應該看起來很擔心的想法，你就會有困難。克里虛那穆提有時看起來很擔心，他並不擔心他自己，但是他擔心你。他持續說著一件事情而人們無法了解，人們繼續在自己的無知裡堅持著，他變得非常非常生氣，幾乎就在崩潰的邊緣。

有一個人來找我，他說：「我一直以為克里虛那穆提必定像一尊佛，但是今天在他的演講裡，我看到他——他變得非常生氣，毫無理由可言！」

我說：「你告訴我整個故事。」

他說：「他說其實沒有方法是必要的，沒有靜心是必要的。你必須拋棄所有的方法，所有的靜心，所有的路徑。然後一個老女人，一個很老的女人站了起來，問道：『怎麼做呢？』然後他就變得非常生氣。」

我說：「我知道那個老女人，因為她也到過我這裡，而且我可以了解；我感受到克里虛那穆提的所有憐憫。那個女人有將近五十年一直聽著克里虛那穆提講道，她總是常來的一個聽眾，她總是坐在那個角落，有五十年。每當克里虛那穆提來到孟買，她就會在那裡。克里虛那穆提必定對她也是累了，她總是問『怎麼做』，他不斷地說沒有『怎麼做』——方法意味著怎麼做。當我們說沒有方法，我們就是說沒有『怎麼做』。要嘛此刻立即成道，或者保持未成道——那是你的決定——但是沒有怎麼做。決定要或不要成道，但是不要問怎麼做。沒有怎麼做！要嘛睜開眼睛去看，或者保持閉著你的眼睛做夢，但是不要問怎麼做。」

「五十多年來，他一直說著同樣的東西，而這個女人仍然堅持。她總是站起來，並且問：『怎麼做？』這是很自然的，他不是以你以為的生氣而真的生氣：這是他的回應，這是他的慈悲。這有不同的品質，他是很慈悲的！他愛！他想要幫忙！但是當他看到你一再地在相同的輪迴裡，為了喚醒你，他就變得全然地生氣。」

「完美的想法在你的頭腦裡，你認為他應該像這樣，他應該像那樣，他應該像……事實上，他不像任何人，他就像他自己。人只有在垂死的時候才是真實的，而他總是全然的。無論他做什麼，他總是全然在那裡面，他從來不是局部的，從來不是零碎的。如果他生氣，那時他會全然地生氣，如果他愛，他會全然地愛，那個全然是唯一的品質，那就是我說的『完美』。」

所有的師父都是完美的，所以沒有尋找完美師父的問題。要變得越來越是個門徒，這就是你必須開始的旅程。

他讀過很多書，拜訪過一個接一個的聖者，他聽演講、與人討論和做各種練習，但他總是發現自己仍然在質疑或不確定。

經過了二十年，他遇到了一個人，這個人的一言一行完全符合他心目中完全自覺的人的想法。

現在他帶著某個想法有二十年之久。

他正在尋找一個複製品。他已經決定了完美師父的模樣；現在所需要的就是要某個人去契合他的模樣。記住，這是他的想法，某個人必須去契合。這是自我，純粹的自我。這不是謙卑，這不是門徒的方式，這不是謙卑的人的方式，這不是真正求道者的方式。

他是透過一個結論來運作。他已經決定他的結論是對的。你的結論怎麼可能會是對的？如果你的結論是對的，你自己就是一個完美的師父，也就不需要任何師父了。

經過了二十年，他遇到了一個人，這個人的一言一行完全符合他心目中完全自覺的人的想法。

這必定是一個巧合。

他抓住機會對這個人說：「你對我來說似乎是一個完美的師父。如果你是的話，我追尋完美師父的旅程就在此結束了。」

但是看看，「如果」仍然堅持。因為在他的無知裡，他有某個結論已經出現了，他怎麼可能信任呢？如果他不能找到某個跟自己想法相符的人，他就不是師父。如果他發現有某個人相符，那只是巧合，現在更大的疑問出現了：也許他的想法是對的，也許他的想法是錯的。因此才會有「如果」。於是他說：

你對我來說似乎是一個完美的師父。如果你是的話，我追尋完美師父的旅程就在此結束了。」

「以那個名稱所描述的，我確實是。」師父說。

對於師父，所有這些都只是名稱。稱他為佛，稱他為成道的人、基督、彌賽亞、完美的師父——這些都只是名稱。它們沒有描述到他的實體，這些都只是標籤。也許人們需要它們，但是師父並不需要它們。他已經到家了，在那裡所有的字眼都變得毫無意義。他已經到了話語不存在的那個靜默，到了無語的靜默。

所以師父說：

「以那個名稱所描述的，我確實是。」師父說。

他不說「我是」或「我不是」。他只是說：「是的，人們以那個名稱描述我。」

「那麼，我請求你，收我為門徒。」

但是這個人自己根本沒有準備好成為門徒。現在他突然要求被接受。

「我不可能答應，」師父說：「因為當你還渴望完美師父的時候；相對我而言，我……只需要完美的門徒。」

二十年的追尋浪費掉了，二十年的追尋付諸流水。而師父是正確的。他說：「你怎麼想？如果你想要完美的師父，那完美的師父卻想要完美的門徒。去，變得完美！去，先成為門徒！」人們認為門徒沒有東西被達成，要成為一個門徒需要很多的紀律。Discipline「紀律」和Disciple「門徒」，這兩個英文字字根是相同的，原來的字根的意思是「學習的能力」。這個人是沒有學習能力的，二十年來，他一直帶著他設定的結論移動。他沒有學到任何一件東西，二十年來，他遇到很多聖者，但是他對自己的想法比對那些聖者更珍惜。他沒有看到他遇到的那些聖者的實體，他保持局限在他的自我。

而現在他說：「因為你符合我的想法，我認為你就是完美的師父。並不是說你是完美的師父，只是因為你符合我的想法。」現在，你是誰？你的想法怎麼能夠判定？它們如何判定？你從哪裡蒐集來的？從書本？從討論？從爭論？它們都是借來的。在你的無知裡，你蒐集了各式各樣的廢話。

事實上，當你讀一本書，你不了解那裡面所寫的東西——你只能了解你的無知所可能了解的。你怎麼能了解《古蘭經》？要了解《古蘭經》，你需要有一顆穆罕默德的心。你怎麼能了解《吉踏經》？要了解《吉踏經》，你需要有克里希那的意識。

聽幾個故事：

「媽咪，」小吉米說：「我想和隔壁的卡蘿一起住。」

「但是你們倆都只有六歲大，」他的母親笑著說：「你們會住在哪裡？」

「在她的臥室裡。」

「你們怎麼獨立生活？你們沒有任何錢——你們怎麼辦，如果寶寶出生了？」

「嗯，」吉米認真地說：「我們應該會沒問題，到目前為止……如果她生了蛋，那時我就孵護在它們上面！」

無知的人幾乎像個孩子一樣，像這個孩子吉米。你能有什麼完美的想法？師父的？神的？你的想法將是幼稚的。你會繼續了解你所能理解的，那些話語總是含糊的。它們不具有真實的意義，它們是你投射的話語。這些話語只是虛有的，你必須填入你真實的意義。

兩個嬉皮滑著水，滑過路易斯安那州的沼澤地。當一個嬉皮踏上乾的陸地上，另一個嬉皮說：「嗨，老哥，有一隻鱷魚剛剛咬掉了我的腿。」

「哪一隻？」第一個嬉皮說。

「我不知道，老哥，我無法認得是這一隻或另一隻。」

話語不一定相應，這要看你給它們什麼意義。

醫生被請去看診一個帶領同性戀生活的女人。當被請求解釋她感覺怎麼樣時，她說：「我最近睡得不多。昨天晚上我們離開戲院後，在卡爾頓吃飯，然後喝酒，我真的感覺我的胃腸出了毛病。」

「我很確信這一點，」他說：「妳必須減肥(diet)。」

「哦，醫生，好棒喔！」她說：「要染(dye)什麼顏色？」

或：

一個愛爾蘭人拜訪美國，談到美國奇怪的習俗。「你拿了一杯薑汁，」他說：「並添加了威士忌使它變得濃烈，然後再加水使它淡化；然後又加檸檬使它酸一些，再加糖使它甜一些，你舉起了玻璃杯，並說：『這是為了你。』然後你自己把它喝光！」

當你看到某些東西，你讀到某些東西，你會替它加入意義。但它始終是你的意義，它不可能是別人的。所以你盡可能持續閱讀很多書籍，你會聚集很多垃圾——但意義會是你的。你可能引述《聖經》，但事實上你引述的只會是你自己。

這已經發生好幾世紀了。當一本經文被翻譯成另一種語言，在它裡面就會有很大的改變。這發生在《聖經》，因為耶穌用阿拉姆語說話，然後它被翻譯成希伯來文，然後再翻譯成希臘文，然後再從希臘文翻譯成英文。它被翻譯了這麼多次，它原有的味道已經完全喪失了，它不再是相同的，它不可能是相同的。這麼多次的翻譯，這麼多人的翻譯。在這些翻譯之間，他們已經加上他們自己的意義。

在約翰福音8：24，我們讀到：「除非你們相信我是祂，否則你們就會在你們的罪惡裡死掉……」這裡的「祂」這個字根本不在原來發現的手稿裡。早期的翻譯者由於缺少受詞而困惑，因此他們假設有一個字不見了，他們改變了原文：「除非你們相信『我在』。」——這是原來的說法：「除非你們相信『我是』。」他們不得不改變它；它看起來是不完整的：「你是誰，只是說『我是』？它看起來是不完整的？」所以他們把它改為：「除非你們相信我是祂——我是神。」

因此，那個美和很重要的原始意義遺失了。在《聖經》裡，它依然是這樣寫：「我是祂。」耶穌只是說：「我在！」那個「我在」就是存在的那個品質。他不是說「我是神」——因為如果你說「我是神」，你已經接受了「我」和「神」的二元性。那時「是」只是二元性之間的橋樑。

當耶穌說「我在」，他只是在說你可以稱它為神，或者你也可以稱它為「我」。這是同樣的事物——同一個事物的兩種表達方式。

這樣還好，遠優於《奧義書》上面寫的「你是那個」，它接受了二元性。它接受了，還去否認。耶穌是遠遠超越的，在他的述文裡，他說：「我在。」

摩西問神，當他在山頂遇見了祂：「人們會問我關於祢。我要怎麼說呢？」祂說：「只要去告訴他們，神說『我就是我在』。」

奇怪的話語，但是意義重大。

當耶穌說話，他是從祂的意識說話；祂把祂的意識倒進入他。但是當這句話到達了你，只是一句空話到達，祂的靈性遺失在路途中。然後你將你自己的理解填入空話，你說你曾經在《聖經》讀到，或者你曾經在《古蘭經》或《吠陀經》讀到，但是你只讀到你自己。

所有的經文就像鏡子——你只能夠看到你的臉。記住：如果一隻猴子看到鏡子，牠不會發現一個天使在裡面。

這個人閱讀過、聽講過、討論過、練習過，但是疑問依然存在。二十年的追尋，他遇到過很多聖者，但是對任何一位都感到不滿意。即使他遇到了神，他也不會感到滿意的！也許，誰知道，他也許都遇到過神了——因為神以這麼多的形式來到……

有個關於偉大神祕家穆罕默德的故事：

穆罕默德住在一間清真寺裡，但是他有一個印度信徒。這個印度人是一個婆羅門，會幫他煮食物，並且提到清真寺來，他的住處離清真寺五英里遠。除非師父吃過，否則他會坐在那裡等著——而師父是一個瘋狂的人。有時他會在早上吃，有時在下午，有時在晚上，有時在深夜。而門徒會等待，直到師父吃過了他才會吃。所以有時他不得不持續餓了一整天。在他回到家的時候，他很累，因此他會想：「明天，此時誰願意再準備食物？」他餓著睡著了。

有一天，師父說：「聽著，你不用走這麼遠的路了，我自己可以去你那裡，所以明天你準備好食物，我就會來。來這裡天氣太熱了，而且有時你必須等待一整天——現在改變它。你準備好，我就會來。」

第二天，他為師父準備好美味的食物，因為師父第一次要來，他激動不已。這是恩典：他的師父要來他家！他裝飾了房子，他鋪鮮花在路徑上……但是，沒有人出現，只有一隻狗。他把狗趕出去，因為狗想要追貓，他奮力追趕，而狗還是會回來並且嘗試奪取食物。他見過很多狗，但是這隻狗很奇怪。他打了狗，但牠還是會回來。他真的痛打了牠一頓，然後他看到眼淚從狗的眼睛裡流出來，之後牠就消失了。

一直到了晚上，他等待著，那時他想：「這個人瘋了——他可能已經忘記了。」於是他提著食物，去到清真寺——他看到眼淚在師父的眼睛裡。同樣的淚水！他很困惑，他說：「你為什麼在哭呢？」

他說：「為什麼我不哭？你打了我這麼多次！」

而門徒說：「你在說什麼？我怎麼可能打你呢？你就一直沒出現，而你答應過的！」

師父說：「我來過了——而且不只一次，至少有十二次！」

然後門徒想起狗——狗恰好有十二次曾經試圖進入。

師父說：「你現在必須能夠看到無形的，不要太過於固執在形體。我為什麼只以這個形體，在這個身體被想到呢？你為什麼不能在其他形體上發現我呢？」

所以我說，也許這個偉大的求道者已經遇到過神……事實上，你怎麼能避掉神？你遇到任何人，你總是遇到神。但是他有偉大的想法，甚至神也不可能滿足那些想法。他仍然處在空虛、懷疑、不信任，因而追尋一直持續著。

有一天，當他遇到一個人滿足了他的想法，他產生了另一個問題。那時師父說：

我不可能答應——我不可能接受你為門徒——因為當你還渴望完美師父的時候；相對我而

言，我……只需要完美的門徒。

師父說：「這二十年來，如果你準備好自己成為門徒，你會更早發現我。你遇到過我很多次了，但是你都錯過了，而這次你必定也會錯過。」

這是蘇菲的方法，要跟師父接觸與交融：成為門徒。不要追尋師父，要尋找門徒圈。讓我再說一遍：「當門徒準備好了，師父就會出現。」

第2章 交融存在

問題　奧修，你昨天提到當一個門徒必須在祈禱裡——但究竟什麼是祈禱呢？

祈禱是復活、重生的經驗，是新的視野、新的層次看待事物的新方式，是新的存在方式的誕生。祈禱不是某件你要做的事，祈禱是某件你要成為的事。它是一種存在的狀態，它跟你在寺廟、清真寺、教堂說的話語無關，它是跟存在的一種無聲的對話，它是跟全部整體的共鳴和諧。跟整體落入和諧就是祈禱。

那個經驗是非常浩大的，它是不可能被確切說清楚的，它是說不清的。所有的定義都無能為力，每個定義只能談到有關它的某些事，但也只是某些事，還有很多事沒有被提到。

祈禱是這樣浩大的經驗，它也涵蓋矛盾。因此一個人可能說：祈禱就是靜默——他是對的，絕對正確。而另一個人可能說：祈禱是一種對話——他也一樣是對的，因為祈禱是一個在靜默中的對話。現在，對話和靜默似乎是矛盾的。在對話中你說話，在靜默中你聽到。在對話中你溝通，在靜默中你只是在那裡——沒有什麼可說的。

對神有什麼可說的？祂在第一時間就知道一切你可能說的。你可能跪拜，你可能慶祝。但是你的跪拜，你的慶祝，你的感恩，你的感激，它們仍然只是說話的方式。你嘗試著說出不用話語的某些東西，因為話語很渺小，而內心深處真的想要說出某些東西。

所以它是一個對話，透過靜默。在某個意義上，它是一個溝通，因為你在那裡，整個存在變成你心愛的，整個存在變成「你」，而且沒有「我」，沒有「你」——兩者都消失了。兩者相遇而融合成一體，一個有機的整體。正如露珠消失在海洋，你消失了。你和存在之間沒有分離，因此哪裡有對話？

這兩個定義都是對的。那些說祈禱是一個對話的人——基督教徒說那樣，猶太教徒說那樣，印度教徒說那樣——他們都是對的。但他們所談到的只是被稱為祈禱的浩大經驗的一個片段。佛教徒說：沒有對話。耆那教徒說：沒有對話——因為沒有「我」，沒有「你」，只有絕對的靜默。他們也是對的，但是那樣就很難確切地說清楚祈禱

它必須留在含糊不清，它必須留在難以理解。你對它可能只有一瞥，轉瞬即逝的一瞥，但是你不可能把整個祈禱握在你的手中，它不可能被減少到只是一個簡單的定義。

正如科學給了定義，宗教不可能給它們定義。你問科學：科學是確切的。你問：「什麼是

水？」它就說：「H_2O」，就這麼簡單！H_2O之後沒有其他——全部說完了，因為水是一個客體，它可能被分析。

祈禱是主體。它不是能被分析的客體。事實上，你不可能展示你的祈禱給任何人。如果有人堅持認為「我沒有看到任何祈禱在你的內在」，你也不可能證明它。它就像愛——不太像水，比較像愛。那就是為什麼耶穌說：神就是愛。愛也是說不清楚的。

要時常記得一件事情：有在你之下的事物，也有在你之上的事物。事物在你之下，你可以確切認清它們。如果事物是在你之上，你無法確切地清楚說它們。它們比你大，當祈禱存在時，並不是祈禱存在你裡面——相反地，是你存在祈禱裡面。祈禱比你高，你只是振動在那個巨大的維度裡，那個豐富裡。

但是，我們都被教導，要確切認清每一件事物。如果你不能夠確切認清某件事物，頭腦就會試圖否認它。也因為這樣，那個不斷想要確切認清每一件事物的欲望，破壞了生命中很多美好的價值。

因為你無法確切認清神，所以頭腦說：「那麼神不可能存在。」因為你無法確切認清愛，因此頭腦說：「愛只是在做夢，沒有別的。」因為你無法確切認清美，所以頭腦說：「美只是幻想，它不是一個真理。」然而當這種情況之後，世界還留下什麼？那個時候世界不再是美的，不再有愛，不再有善——因為不再有神。那時這個世界只剩下「空虛」這個意義。並不是說世界就只有「空虛」這個意義，而是因為你想要確切認清一切的瘋狂欲望，使它變成只剩下「空虛」

這個意義。

意義是很微妙的東西，它就像一朵花的香味。你不可能用你的手抓住它——但是它在那裡，無論你是否能捕捉到它，它依然在那裡。無論你是否能將它保存在一個安全的容器裡，它依然在那裡！

你怎麼能夠定義音樂？如果你去定義它，你就會摧毀它。那時它只是一群聲音的安排，僅此而已。它是噪音被安排在使它聽起來不再吵雜那樣的一種方式。只是一種舒緩的噪音。那就是對於音樂的一切嗎？音樂是比音符更多，比全部音符的總和更多的東西。

如果你持續一再地問這個問題……那麼詩歌是什麼？只是一組文字的某個安排？它不是。它是發生在一組文字某個安排的某些東西，但它又比文字某個安排本身更多的東西。它不是文法，它不是語言——它是某些超越的東西。它被文字挑起，在文字被使用的某個時機使詩歌發生。

確切地說那就是音樂。樂器被使用，音符被使用，聲音被使用來給那個靜默，因此音樂就發生了。兩個聲音之間是音樂，兩個話語之間是詩歌，兩條線之間就是所有重要的東西。它從不在線上而總是在線與線之間，人必須學習讀到間歇、間隔。

儘管如此，關於祈禱還有幾件事情可以被談到——但它們不會是確切的，因此我不可能滿足你的欲望。祈禱的那個本質就會禁止它，嘗試做某些違背祈禱本質的事就是褻瀆。

所以關於祈禱，我可以說的第一件事是：無限感激的感覺，一個感恩。你在這裡，在這個美麗的世界裡，跟這些樹木和河流，山脈和星星一起。在這個巨大的美麗裡，你跳動著，你是活生生的。這個機會你不是賺來的，它是一件禮物，祈禱是為生命的這個禮物感恩。只要去呼吸就那麼喜悅，只要張開眼睛就看到盎綠的景色。只要去聽鳥兒嘰嘰喳喳的叫聲，或流水的聲音，或靜默的夜裡，鵝絨般的黑暗，或是黎明的太陽升起……它不是我們賺來的！它已經給了我們，我們甚至還不曾感謝過。

是否有神，那是無關緊要的——感恩是必須的。人們都認為：「如果有神，那麼我們就會感謝祂。」我告訴你，正好相反：「如果你開始感謝，你就會發現祂。」沒有其他方法。如果你開始感到感激，你就會發現祂，因為祂只發生在感恩的那個維度。

就像你不能從耳朵看到，你不能從眼睛聽到——眼睛只能看，耳朵只能聽——完全就是那樣，只有感激能找到神，能感覺到神。感恩是你對神的知覺，祈禱就是那個知覺。

第二件事：祈禱是生活的一種方式。這並不是說你一大早就必須做它，像一種儀式。如果它是一種儀式，它就沒有意義了。如果它是儀式，它不會使你變成宗教性的——它會使你變成印度教徒，使你變成伊斯蘭教徒，但不會是宗教性的。祈禱必須是某個絕對非形式的事情，是屬於內心的而不是儀式的。不是說你在早晨無論如何要完成的事，因為你必須做它，而且你已經被教導要做到——它已經變成了責任。如果你不做它，你會覺得有點內疚；或者是做著它，而你不會從它感到任何喜悅。當你不做它，只有內疚會出現。為了避免那個內疚，你繼續做著它。這就不是祈禱。

祈禱是生活的一種方式。我的意思是什麼呢？一個祈禱的人一天二十四小時保持在祈禱裡。他睡覺在祈禱；他的睡眠是一種祈禱。他放鬆進入睡眠就好像他正放鬆在神的膝上。當他要睡覺，他睡在神裡。當他醒來，他醒來在神裡。當他睜開眼睛，第一件事來到他的心、來到他的存在的就是感恩，徹底的感恩。他吃神，他喝神，他走在神裡。他呼吸在神裡，他呼吸神。他的二十四小時都是在連續的祈禱裡，它持續著就像背景音樂。無論他在做什麼，都沒有任何差別——祈禱持續著。

我不是說你應該開始複誦「南無、南無、南無……」或「阿拉、阿拉、阿拉……」，這不是複誦的問題。如果你開始複誦「南無、南無、南無……」，那時它會是你生活中的一種干擾。那時你將不能正確地走在對的路上，因為你的頭腦會被劃分。然後你將無法全然地做任何工作。

所以我並不是說要複誦任何東西。它不是口頭複誦的問題。它只是一種感覺、存在。就像在夜裡，母親在睡覺，而她的孩子就睡在她的旁邊……氣候可能是雨季，烏雲和雷聲在天空發威，她不會被烏雲和雷聲所驚醒。但是如果孩子只是變得有點不舒服，開始哭泣，她會立刻醒來。雷聲不能叫醒她，但是她的孩子卻能……即使在她的睡夢中，她存在的部分記得孩子，那就是祈禱。

你住在市場裡，你工作，但是內心深處，在你生命的那個核心，你持續在敬拜神——祈禱繼續，感恩繼續。有時在表面，當你有個靜默的片刻；否則它就在暗地裡繼續。

祈禱是生活的一種方式，不是一種請求的方式。它不是強迫的，不是想要脫離權力和占有而生活，而是在祈求被允許成為那樣。請求是苛求的反面，請求是有風險的。它是對著靜默和存在的不確定性，把你自己託付給它。

祈禱從不苛求。不可能有任何苛求在祈禱裡，因為我們不能要求任何東西。但是我們可以請求，就像一個小孩子請求他的媽媽。在他裡面沒有要求；他很無助，他是依賴的，他只是請求。當他餓了，他就哭——那就是祈禱，它就像孩子般的無助。

我們是那麼渺小，存在是那麼無垠……我們只待在這裡片刻，存在一直在這裡，而且永遠會在這裡。我們只是這個無限海洋裡的小波瀾，我們可以請求，但是我們不能要求。我們可以請求，因為我們對著存在不是陌生人，我們不是外人，我們屬於它，我們是它的一部分。存在生出我們，是存在的欲望，我們才在。我們可以請求，但是在請求中，沒有要求。如果它實現了，我們感恩。如果它沒有實現，我們也感恩。記住那一點，那就是祈禱的美。

如果它實現了，明顯地，我們感恩。如果它沒有實現，我們仍然要感恩。為什麼我們仍然要感恩，即使它沒有實現？因為了解祈禱的人，生活在祈禱的人，會了解有時我們請求的東西是對我們沒有好處的。存在更了解，如果它有需要，它就會被實現。如果它不需要，它就不會被實現。

我聽說過：

一個小孩子的玩偶被打破了。當她看著小碎片哭泣時，她對哥哥說：「我要祈求神把碎片拼在一起。」

「你期待神會回應你的祈禱？」他問。

「你會看到神回答的。」她預言。

兩個小時後，哥哥回來了，他問小女孩：「嗯，神回答了嗎？」

「是的，」她指著碎片回答：「祂說：不行。」

這就是祈禱。你可以請求，但是你不能要求。如果祂那時說不，那完全是好的。最後，決定由祂。要求意味著決定已經做出，要求意味著你要神按照你的意志。請求只是意味著：「我把我的欲望擺在祢面前，請遵照祢的意志——祢的事會被完成，祢的國會來臨。」耶穌在十字架上的這些最後話語——這就是祈禱！

荷蘭的大詩人休布・奧斯特休斯(Huub Oosterhuis)說：

沒有人能夠沒有話語而祈禱，因為沒有人存在語言之外，而且每件事物都是對話。

現在，你明白了嗎？佛陀說：祈禱是靜默。兩者都是對的，奧斯特休斯也是對的。從某個角度來說，這是真的：沒有人能夠沒有話語而祈禱——因為沒有人存在語言之外。語言對我們幾乎就像海洋對魚。語言是我們的海洋。

所以奧斯特休斯是對的。因為他是一個詩人，他了解語言的重要。只有詩人了解語言的重要——不是語言學家，不是文法學家。文法學家只知道語言的身體，而詩人知道它的心，它的靈魂，它的精神，它無形的維度。

他是對的：沒有人存在語言之外，而且每件事物都是對話。

是的，祈禱是一種對話。部分對著整體說話，部分對著整體表達，你必須要學習這種對話。在你的內在，是否曾經出現過想跟樹木交談的欲望呢？明知它們不會回答。你是否曾經想要對著枝椏上的玫瑰花打招呼呢？你可能沒有說出來，因為這看起來很荒謬，但是在你的內在，有沒有這個欲望出現呢？你是否曾經想要對星星說話呢？如果你沒有，那麼你是沒有感覺能力的。你是否曾經想要觸摸石頭，帶著很大的愛和激情？你想感覺它的質感！你是否曾經想對所有圍繞著你的無形說某些話？那就是祈禱，就是對話。

人必須鼓起勇氣。是的，人必須是非常勇敢的——只有這樣，祈禱才能夠發生。進入一個教堂祈禱是很容易的，因為人們接受那樣，沒有人會說你瘋了。事實上，人們會認為你是很有宗教性的，一個好人，一個好的印度教徒、基督教徒、天主教徒。人們會因為它而尊重你。但是如果你開始對著樹說話……只要看到：你能夠跟教堂裡的十字架說話，那是死掉的樹木——你卻不能跟活生生的樹說話？如果你不能跟樹說話，你怎麼能夠跟十字架說話呢？

開始跟存在、跟自然交談。帶一點瘋狂，有時要走出你所謂理智的監獄。驅使你變瘋的，就是這些所謂的理智。每天有好幾千人發瘋。全球每天都有好幾千人自殺。好幾百萬人繼續過著枯燥和單調的生活，沒有別的原因——只因為他們沒有祈禱。他們一直沒辦法對著存在說話，他們一直沒辦法傾訴心聲。你知道在現代世界，為什麼心理分析已經變得如此重要嗎？因為人們忘記了如何祈禱。

牧師正被心理分析師取代的唯一原因是：人們過去都對著自然傾訴心聲；現在他們沒有任何方式可以來傾訴心聲。他們去找心理分析師，他們為它付出金錢。心理分析師傾聽——個案傾訴他們的心聲，這是絕對毫無意義的。你可以坐在你的花園裡做同樣的事，而樹是更好的心理分析師，因為它們聚精會神地聽著，那麼專注。對著石頭說話！你可以說任何事情，它們不會被冒犯。你可以傾吐你的心聲，你的負擔就會消失，你的緊張就會消失。

過去，人們總是過著這樣無牽掛的生活。唯一的原因是：每個人都能進入祈禱。這是自然的，人們會去對著山峰、河流、太陽或月亮說話……這些都是神的面孔！祂的幾個面相，活生生的，流動的，脈動的，此時此刻的。

當我說開始跟自然說話，我正給予你祈禱的第一課。教會是人造的。凡是人造的，要避免它——因為人造的東西帶有各種那個人在他裡面的神經病。為什麼不去找某個神造的東西呢？如果你想要感受神，就去到某個被祂所製造的東西那裡，在那裡你可以找到祂的簽名。

教會是人造的，寺廟也是，錫克教堂也是。在那裡你只會發現人和他的政治。在那裡你會發現人和他所有的愚蠢。樹木不愚蠢，星星不愚蠢。你只要去見它們，你只要打開你的心——開始跟自然對話。有一天奇蹟會發生，當突然間，你看到樹回應了——那時你就會了解什麼是祈禱，那時你就會了解——奧斯特休斯所說的：祈禱是一種對話。是的，樹有一天會回答你，只要你等待足夠長的時間。只要你去對樹說話，你要真的對它說話，僅此而已。這要花一點點時間。

而人類一直以來，如此破壞性地對待樹木，使得樹木已經變得封閉了。要讓樹木感覺到你不是一個瘋子，你不是暴力的、攻擊的。你是帶著愛而來，你想要感受到神。而造物者只能夠在祂的創作物裡被感受到——那就是旅程的開始。

所以首先祈禱必須是一個對話——跟誰對話？跟自然對話。因此即使是無神論者也可以進入它。首先跟自然進入對話——這是祈禱的ＡＢＣ。然後，慢慢慢慢地，開始跟自然進入靜默。坐在玫瑰花叢的旁邊，進入浩大的靜默，你和玫瑰花叢之間沒有話語，只有靜默脈動著……靜默的波動。

當祂顯現在自然裡，透過對話，你就會知道神，透過靜默，你就會知道神。當祂未顯現，透過對話，你就會知道神如同創造物，透過靜默，你就會知道神如同創造者。

所以佛陀也是對的；他談到最終在祈禱裡。而最終只有可能在你所做的眼前的事物裡。最終只有透過眼前的事才會顯現。

古代猶太教有一個字：MARANATHA——它意味著「來吧，主啊，來吧！」那就是祈禱。「我準備好了，我的心將為你打開！我等著。來吧，主啊，來吧！」

一個極大的等待，所有的門都打開了，所有的窗戶也都打開了，為了祂的微風吹過你，和祂的太陽來到你最深的核心，並用陽光充滿了你：「來吧，主啊，來吧！」

猶太教有另一個字；那就是Hosanna——那個意思是：「來吧，拯救我們！來吧，從我們的無知裡拯救我們！來吧，從我們的局限，從這個我們自己創造的監獄，拯救我們！來吧，給我們自由！快來拯救——來吧，解放我們！」

基督的名字耶穌，意味著一個解放的人。原文是Jehoshuah或Jesus，它意味著一個要來解放Hosanna和Jehoshuah的人——這兩個字來自同一個希伯來文字根，它們就像問題和答案，希望和實現，祈禱和祈禱的回答。

如果你真的跟神進入強烈的激情，它就被回答。耶穌就是對很多人祈禱的回答。佛陀就是對很多人祈禱的回答，馬哈維亞也是，穆罕默德也是。這些都是答案！把他們當成回答，給予那些祈禱過的人們。

就在幾天前，我告訴過你：當門徒準備好了，師父就會出現——沒有其他辦法。當門徒真的準備好他的心，打開了他自己，變得脆弱，丟掉了他的盔甲，師父立刻就會出現。門徒是問題，師父就是答案。

祈禱就是問題和答案之間，門徒和師父之間，追尋者和被追尋者之間，眼前和最終之間，欲望和實現之間的橋樑。

祈禱是從我們愛的經驗產生出來的，祈禱是我們互相表達的方式。有時，你有沒有感覺到那個差別？我們使用同樣的話語，但是品質卻很不同。當你對著某個你不關心的人說「你」，這個字是一樣的，但是在它裡面沒有祈禱。而當你對著你愛的女人或男人說「你」時，這個字的品質是不同的。當你對你愛的女人說「妳」，那裡就有祈禱，那裡就有愛。這個字是脈動的，活生生的，流動的。當你對著某個在市場裡的人說「你」，這個字是僵死的。

祈禱，慢慢慢慢地，從愛的經驗出現。當一個人愛上另一個人，就會有如此巨大的喜悅產生，慢慢慢慢地，這對於夠聰明、夠明白的人而言，它很清楚能夠知道：「如果愛上一個人就有這麼多的喜悅來臨，那如果我愛上整體，會有多少喜悅來臨！」愛是前往祈禱的道路。

當人們相愛時，他們對彼此祈禱。看看戀人們的眼睛，當他們相互看著對方。那個看就是神聖的，它可能是短暫的，它可能會失去，但有某個片刻，那個火焰在那裡。有某個片刻，客人已經超越到達了。人們對彼此祈禱，當他們相愛時。一個人對另一個人尊敬地、親密地、拚命地說「你」——冀望地、期待地、緊張地，他的聲音追尋著、愛撫著。

當人們相愛時，這也許是那個對神的祈禱，因而產生人們互相說話的這種方式。是的，那就是它如何慢慢慢慢地開始進入到人們的意識裡——如果我們能對存在說「祢」，帶著很大的愛、期待、迫切、追尋、懇求、請求，帶著淚水，帶著希望，帶著無助；如果我們能對存在說「祢」，那就是祈禱，祈禱的起始。有一天，有個點會來到，當「我」和「祢」都消失了——那就是祈禱漸漸顯現的結果。

在過去的時代裡，祈禱是非常重要的，因此，沒有任何一本經文提到這個問題：什麼是祈禱？《吠陀經》沒有提到這個問題，《古蘭經》沒有提到這個問題。那個時候祈禱被認為是非常重要的，它對人們是那麼理所當然……當有一件事是理所當然的，就沒有人會問那個問題。現代的人們都在問：祈禱是什麼？愛是什麼？這些東西都從人們的生命裡消失了；它們就變成了問題。

如果你回溯到人類意識的開端，沒有人會問：什麼是神？誰是神？神是否存在？這幾乎就像神跟人們走在地球上，祂跟人們生活在地球上那麼明顯，沒有人會提出這個問題。只要想想看——有沒有人提出這個問題：什麼是太陽？什麼是光？沒有人會問這個問題。

但是如果有一天，全人類突然都失明了，一段時間之後，有個長眼睛的人來到，那時人們會問他：什麼是太陽？什麼是光？問題只會顯示出我們落入了什麼樣的貧乏。

在《聖經》裡，沒有祈禱這個詞。它是那麼普遍的經驗，甚至不需要給它一個字——它那麼重要以至於在希伯來文中很難翻譯這個字pray、prayer。祈禱著是在呼喚著、歡慶著、笑著、哭著、流露著、懇求著，端看人們的感覺如何。但是沒有給它任何一個單字。

人類已經喪失了很多能力，而其中最重要的一個就是祈禱的能力——因為只有透過祈禱，我們才能建構一座橋樑在我們小小的自己和無限之間。

你說：究竟什麼是祈禱呢？

我不能確切地定義它——我只能夠指出。我可以提示，我可以給予你一些方向。你將必須透過自己的經驗去了解它。

據說人們可以被分成三大類：那些使事情發生的人，那些看事情發生的人，和那些懷疑發生什麼事的人。請成為第一類的人，進入祈禱——那就是了解它唯一的路徑。去愛，如果你想知道什麼是愛；品嚐它的味道。你如何對從未嚐過酒的人解釋酒是什麼？他從來沒有喝醉過，就沒有辦法解釋。你所能夠做的事就是邀請他，讓他喝，讓他感到失落，讓他忘掉這個世界，讓他在醉酒的世界裡消失……他就會知道。那就是了解的唯一途徑。

祈禱是一種醉酒，祈禱使人跟神酒醉。但是只有喝醉的人明白，究竟它是什麼。即使那些明白它的人也不能把它變成文字。讓它變成一個經驗，讓我們不僅討論它——讓我們進入它。在這個片刻，如果你感恩，一個巨大的靜默會包圍著你，一個極大的祝福會開始圍繞著你。在這個片刻！此時此刻！你可以感謝所有那些整體為你完成的事。

如果你是一個具有宗教性的人，你就能夠以神的術語想到整體；如果你不是，就沒有必要使用「神」這個字。忘掉關於它的一切，話語並不重要。把它稱作「整體」，只是感覺到它對你做了事，它給了你那麼多，而且它持續在注入你那麼多。而你從來沒有感謝過它；你是那麼不知感恩。而它還是持續在注入！它的分享，它的給予是無條件的。

當感恩出現在你內在的那一刻——這件事可能就出現在這個片刻——就有祈禱。沒有紛擾在你的內在，一切都在靜止中。但是突然一個人感覺想要對某個未知的力量，對某個神祕的力量鞠躬禮拜。那個鞠躬禮拜就是祈禱。

每次當我坐下來寫一個問題給你，在我寫完之前，答案總是來到。然而這個寫給你而想被回答的欲望依然存在。這是什麼欲望？附註：我知道答案。

Anahata，沒有答案會是有幫助的——那就是為什麼欲望依然存在。問題出現了，而如果你默默地等待，答案就會出現。事實上，答案在那裡，那就是為什麼問題會出現。答案在那裡，在問題出現在你內在之前。

答案就隱藏在問題本身。如果你深深地進入問題，你會找到答案。問題不是別的，就是環繞著答案的堅硬外殼。你總是能夠找到答案，如果你等待足夠長的時間。如果你默默地等待，但是仍然沒有答案會是有幫助的——那就是為什麼詢問的欲望依然存在。

人必須超越問題和超越答案——因為給予答案會在它本身產生新的問題。所以如果一個問題被回答了，答案會反過來產生十個問題……而接著下去。你可能一直繼續下去，你可能一直繼續追尋又追尋，你永遠不會到達。

當所有的問題消失了——不僅問題，還有所有答案——那時詢問的欲望就會消失。在問題消失之前，欲望永遠不會消失。

你的附註，讓我想起了一個非常著名的蘇菲故事：

蘇菲神祕家正要到麥加HAJJ朝聖。他來到一個小鎮，甚至在他到達小鎮之前，有關偉大的神祕家將要來到小鎮的消息早已先到達了，因此整個小鎮鎮民紛紛聚集。這個神祕家是非常靜默的一位，鎮民請求他對他們演講開示：「我們一直等了好幾個月，現在你來了，我們不能讓你走，除非我們聽到了你的東西。」

師父不願意。他說：「可是我沒有什麼可以說的。」但他們就是不聽。他們堅持著，師父說：「那個我了解的，不可能被說！」但他們就是不聽。師父越是不願意，自然地，他們就越有興趣。

他們說：「我們會坐在這裡，我們會禁食，直到你給我們一個訊息——因為很少有這樣一個成道的人經過這個小村落，我們不能讓你走。」

所以師父答應了。他們去到清真寺。整個小鎮鎮民聚集起來，帶著師父將會說什麼的很大期待。他們早就非常清楚知道，之前，他從沒有在任何其他村落說過話。他一直在旅行，從千里而來，大家一直詢問著他，但是他保持靜默。他們都非常高興——這是一個特權！師父已經同意對他們說話了。

師父來了。他面對著觀眾，問了一個問題：「你們知道我將要對你們說的事嗎？」

他們都說：「我們怎麼會知道？我們不知道。」他們都說：「我們都不知道你將要說什麼事。」

師父說：「那麼，我不能對不知道我會說什麼事的人，這樣無知的人說話！」

人們都非常困惑，而師父卻走掉了，他們的欲望變得更加熾熱。他們以為他們的回答不對。

「是啊，師父是對的：他怎麼能夠對這樣無知的人說話？」他們趕了上去，請師父回來，他們說：「你再問一次，我們的回答錯了，但是你已經來了——再給我們一次機會。」

師父走回來，他說：「你們知道我將要對你們說的事嗎？」

他們說：「是的！我們全部的人都知道你將要說什麼事。」

師父說：「那麼，結束了！如果你們已經知道，那麼還有什麼需要我來告訴你們的呢？這樣一個成道的小鎮！」

現在人們更加困惑，師父又離開了他們。他們彼此之間詳細地討論著；整個小鎮只被一件事給逼急：「該怎麼辦？明天早上他就要離去！某個方法必須被找到。」

他們交談，他們討論，而他們找到一個方法，在半夜裡，他們叫醒師父，他們說：「我們又來了——我們的回答又錯了，對不起。你再問一次！」

師父回到了清真寺，他又問道：「你們知道我將要對你們說的事嗎？」有一半的人說：「知道。」另一半的人說：「不知道。」那就是唯一的方法。現在看他怎麼再逃掉？

而師父說：「哈，哈，哈！因此那些知道的人應該告訴那些不知道的人，怎麼還需要我呢？」師父告訴人們：「交給你們之間交談就可以，我完全沒有必要說什麼。」

事實上，如果你深入到你自己的問題，你不需要問任何人。所有的問題都是不必要的，因為任何我給你的答案，都在你的內在。我只是讓它顯現，我幫助它浮出在你的內在。我沒有現成的答案給你，這並不是說我的答案是固定而永遠不變的。

你問了問題，我看進你的問題。

我試著讓你做自己應該做的，然後在那裡找到答案，我讓你看清楚它。師父的工作就是使你看清楚你自己的答案。他帶來稀有的東西，他不給你任何答案。師父不是學者，他不是教授，他不給你答案。他只是帶來清晰的能力。

所以如果你在這裡……當Anahata在這裡，他一直在聽著我，清晰度增長著，透明度增長著。所以每當問題出現在他內在，頓時答案就在那裡。這是很美的，它應該是這樣的——對每一個人。那時我才會省下麻煩。

但是記住：它不是疑問被回答的問題，更多的東西是必要的。只有「更多的東西」才是甘露，那會滿足你，實現你，解掉你的渴。那個傳達——那個能量的傳達，從師父到門徒，就像火苗從點燃的蠟燭跳到未燃的蠟燭。這不是一個答案或問題的問題，它不是口頭上的，它不是智力上的，它是存在的問題。

這是需要的，一個火苗從我跳到你，讓你也變成火焰，被點燃，因而讓你裡面的存在不再是黑暗的。在黑暗裡，各式各樣的問題會出現。如果你變得更有智慧、清晰、警覺、覺知，你就會找到答案。

但是每個答案都會帶來更多問題。這是一個無窮盡令人厭煩的過程，你可能持續下去……那是不會轉化你的。那就是為什麼Anahata問的欲望仍然存在。

問題　我成為一個桑雅生，在我的社區造成了極大的躁動。他們以為我瘋了，但是我從來沒有這麼快樂，像我現在這樣受到祝福。奧修，對這你會說些什麼呢？

他們是對的！你是瘋了。他們有某個「理智是什麼」的想法，因為那個想法，他們不可能說你是理智的。如果你是理智的，那麼他們就是瘋了。他們那個想法只能夠允許理智存在：要嘛是他們或者是你。誰願意失去自己的理智？

他們對耶穌說同樣的事情：「你瘋了。」他們對蘇格拉底說同樣的事情：「你瘋了。」他們對我說同樣的事情，我瘋了。他們會對你說同樣的事情，你瘋了。他們不是真的在說關於你的任何事情；他們只是在說，你的存在會在他們的內在造成干擾。因為你的那個存在讓他們懷疑他們的理智。

因而自然地，那個懷疑變得非常非常強烈，因為你是喜悅的，你是快樂的，你是在慶祝，而他們是悲慘的。他們認為理智應該帶給人們喜悅，但它並沒有帶給他們喜悅。他們變得懷疑、多疑。每當他們遇到一個真正喜悅的人，他們就變得懷疑他們的整個生活：「有什麼不對嗎？」而且自然地，為了捍衛他們的生活方式，他們必須對你說你錯了。那是他們的防禦措施，不用對他們生氣，只要明白他們的問題。

他們的問題是他們的整個生活方式因為你的存在而受到威脅，他們會說你瘋了。如果變得難以容忍你的存在，他們就會謀殺你。他們對耶穌那樣做了，好幾世紀以來，他們對好幾千個神祕家那樣做了。而我正盡我的可能試著轉化你變成一個神祕家。

這個桑雅士不是普通的現象，這是個量子的跳躍到生命的奧祕。而且，當然，我正在給予你一個完全不同的視野。他們必然會反應，他們會很難跟你在一起。

我記得一個古老的故事，關於一位名叫Ａ２的大學教授：

Ａ２住在平面上。每一件東西在平面上只有兩個維度：高度和廣度。沒有東西有深度，如果朋友一轉側身，你就看不到他。人們活在扁扁的房子，吃扁扁的餐點，喝扁扁的可樂，思考扁扁的想法，活在扁扁的生命中。

Ａ２在大學教高等數學。有一天晚上，他跟他的某些朋友辦了一個聚會。樓上有他早熟的小兒子潘特岡試著睡著，當他輾轉在床上後，他開始做夢。他做了一個之前沒有人曾經做過的夢。突然間，潘特岡夢見每件東西都不僅有高度和廣度，而且有深度！房屋和樹木，尤其是女孩看起來非常不同。他感覺到不同，生活呈現了一個全新的視野。這個新的維度影響了人們思考和行為的方式。然後出乎意料地，如同夢的起始，夢就結束了。

潘特岡無法讓那樣的夢只留在他自己裡面。他赤腳踩在地板上，並且下樓來，走進他父親的聚會的中央。他穿著他皺巴巴的睡衣，站在那裡傾訴生命裡前所未聞的維度的夢。潘特岡試圖解釋深度看起來像什麼和感覺像什麼，人們沒有必要一直活在扁扁的小生命和思考著扁扁的小想法。他們可以扎下他們的根進入深度這個全新的維度。

Ａ２無法掩飾自己的尷尬。他也不能叫潘特岡閉嘴。聚會就草草地結束了。Ａ２試圖跟他的兒子辯論到深夜，但是潘特岡跺著他的腳，並不停地說著生命的另一個維度是存在的。

第二天早上，潘特岡跟任何願意聽他的人述說。人們以為這個可憐的男孩已經跟現實脫節了。所以為了他和他們的理智，他們把他關起來。

人們就是活在一個扁扁的平面上，他們已經失去深度的維度，那個維度就是神！我在這裡就是要教導你深度，一旦你開始生活在深度裡，你就會不斷地遇到困擾——困擾來自於人們。你會在你的內在充滿著幸福，非常幸福，這是以前你未曾擁有過的。你的生命會變得更豐富，每一刻都更豐富。你會了解所有事情，你從未知道的它們。整個存在會變成迷幻般美好。樹會更綠，玫瑰會更紅潤，第一次你會唱鳥的歌，第一次你會看到那個你一直閉著眼睛活著的仙境。你的生命會變成一個舞蹈，一首歌會在你的存在裡爆開。

但是從外面，從群體，從群眾會有喧囂。他們會說你已經發瘋了。他們會說不應該是這樣！你居然帶著這樣的放下跳舞、唱歌？帶著這樣的放下去愛、去生活？這是不被允許的，這是違反遊戲規則的。人們必須嚴肅而且憂傷，人們必須拉長著臉。至少聖人都不被預期會跳舞、唱歌或喜樂，聖人必須是一個僵死的人。

透過成為桑雅生，你已經進入了一個新的視野。那個視野會常常在一個不支持它，不可能支持它的世界，你不會得到人們的支持，你會跟他們碰撞。所以你必須學會一件事：當你跟人們交往，不要太快樂，保留著它，不要試圖談到深度的維度——除非有某人願意聽到它。你的舉止要保留就像你是悲傷的，就像你是一張長臉，就像你是一個僵死的聖人。避開人們，當你想要跳舞，就獨自跳舞。

這不是一個我給予你的新教導。蘇菲總是說，當你要祈禱，要在你單獨時祈禱。沒有人應該聽到它，沒有人應該知道它。甚至你的妻子都不要！在半夜裡，當你在極大的喜悅裡醒來，歡欣跪拜。不要讓妻子知道，因為她明天會跟鄰居交談，事情就會以各種誇張的方式傳出去，你就會有麻煩。

這些人們是活在一個很悲哀的生活裡，他們是神經質的，他們根本是不健康的、病態的。所以當有某個人轉變成健康的，他就必須非常警覺。

有一次，我有一個朋友瘋了。他被警察抓到——這個故事是古老的，在古印度被分割之前——他被關在巴基斯坦拉合爾(Lahore)的一所監獄裡。他被監禁在那裡九個月，過了六個月後，只是一場意外……他恢復理智了。他原本是瘋的，他發現一罐苯酚，所以他就喝了它。這罐苯酚必定來自浴室，他在浴室裡發現它，他原本是瘋的，所以他就喝了它。

自然地，它引起他很大的噁心，他腹瀉、嘔吐了十五天，但是那個腹瀉和嘔吐治好了他的瘋狂。也許這是個很好的排泄；所有在人體裡的毒素都被排出去了。經過了十五天，當他再次變得健康，噁心消失了，腹瀉消失了，他完全清醒了，那時麻煩就開始了。

六個月來，他一直跟一千兩百個瘋子生活在一起，沒有問題，因為他自己也瘋了。現在他恢復了理智，而一千兩百個瘋子……想想！有人拉著他的腿，有人試著坐在他的頭上——而他是理智的！他們半年來都是這樣做的，但是那時他自己也是瘋的，所以在裡面這樣沒有問題。

他去找監獄長，他說：「現在這樣是困難的——我現在很清醒。」但是監獄長就是不聽，他說：「他們都說自己是理智的——所有瘋狂的人都說他們承受不必要的折磨。他們是理智的！」每個瘋子都以為他是世界上最理智的人。事實上，心理學家說：當瘋狂的人認為他是瘋狂的那一天，他已經是理智的——因為瘋狂的人從來不認為他們是瘋狂的。所以沒有人會聽他的話。

那剩下的三個月，他告訴我就像是地獄一般，他開始向神祈禱：「讓我再次發瘋！」跟這些瘋狂的人生活在一起，甚至只有三個月，人們都會發瘋。

你正活在某一種世界，一個扁扁的世界，膚淺的，無喜樂，無深度。人們的生活都只是瑣細的小事，他們活著只是為了金錢或權力、聲望——這些都是毫無意義的。到了最終的結算，它們都沒有份量。當死神來臨，所有的金錢、權力和威望都消失了——而你就被丟進垃圾桶。沒有人會再記得你，你可能曾經是首相或國家的總統——沒有人會有一點關注。你可能曾經是世界上最富有的人，但死亡是最公平的。無論你是乞丐，還是富翁，死亡一視同仁。它來了就毀滅了一切，沒有任何例外。

人們活在一個扁扁的世界。因此當你開始移到深度的維度時，你就必須要有一點警覺——否則你會從外在遇到麻煩。內在的喜悅會增長，就如同它的增長，外在的衝突會等比率增長。所以除非你享受那個衝突，舉止就好像什麼也沒有發生在你身上。只是跟那些了解的人，分享你的快樂。

那就是為什麼撒桑共修是非常寶貴的。你可以跟其他的門徒分享你的喜悅，他們會了解。他們會很高興，透過你的喜悅，他們會很快樂。他們會看到什麼發生在你身上。但是不要繼續對那些不了解的人分享它——除非你喜歡這樣。

有一個聖人聽到了邪惡之城索多瑪。作為一個聖人，他帶著愛和關懷當地的市民而到了那個城市。當他看到環繞他的一切邪惡，他開始天天傳教、辯解和抗議。

經過多年以後，有朋友問：「所有的勞累是為了什麼？你一點也沒有改變他們！」

聖人回答說：「在這個瘋狂和罪惡之城裡，我必須出去呼喊、傳教、辯解和抗議——不是因為他們應該變成和我一樣，而是因為我不應該變成和他們一樣。」

所有你能做的和所有需要的就是：不要變成跟他們一樣。做每一件事，並採取每一種預防措施。如果你覺得有一個非常強烈的欲望想去分享給那些還不了解的人，那你就去，他們會對待你如同他們一直對待別人一樣。帶著了解深入它裡面；這時如果他們開始向你扔石頭，不要抱怨，這是你的選擇。如果他們把你釘在十字架上，不要抱怨。這就是你以你自己的方式選擇的。

一個農夫駕著他的馬車經過一間瘋人院。一個病患對他大聲喊說：「你的馬車上載什麼東西啊？」

「一車的馬糞。」農夫回答。

「你用馬糞來做什麼呢？」病患問。

「把它撒在草莓上。」農夫回答。

「那真的很瘋狂！」病患大聲喊叫：「你應該要來這裡面！我們都把糖和奶油撒在我們的草莓上。」

永遠要記得你是跟誰在說話……不然你會為自己製造麻煩。

問題　我的妻子非常反對講道理。她稱呼所有講道理都是「合理化」。什麼是講道理？什麼是合理化？

我可以了解你的困擾。講道理是男性，談情感是女性——因此有男人和女人。丈夫和妻子之間的溝通往往是困難的，他們總是大聲教訓對方，但是訊息從來不會到達對方——因為他們理解事物的方式是完全不同的。

事實上，因為方式的不同，那就是為什麼他們會對對方感興趣，他們相互被對方所吸引。他們是對立的兩極，就像電力的正極和負極一樣，他們被吸在一起。但因為他們是對立的，溝通變得非常困難，幾乎不可能。

男人總是用頭腦來交談，而女人總是用心來交談。現在這是兩種不同的語言；就像你講中國話，我講德國話，無法溝通。你可以問Hari Das，Hari Das講德國話，而他的女朋友Geeta講日本話。每個人都是這樣！所有的Hari Das和所有的Geeta都是這樣，語言是不同的。

他們正在爭吵著，丈夫說：「我們不要爭吵了，親愛的，讓我們理智地討論事情。」

「不要！」憤怒的妻子說：「每次我們理智地討論某件事，我就輸！」

如果女人準備要輸，只有那時候，她才能夠理性、理智地交談。每個女人都知道，「因為那樣，所以這樣」不是取勝之道。她會被打敗！因為男性的頭腦是講道理的專家。所以與其去談邏輯，不如就開始哭泣——現在你就被打敗了。你愛這個女人而她在哭泣，現在跟她再爭辯有什麼意義？你會說：「好吧，妳是對的。」她已經學會了方法，那淚水好用多了。所以這不是一個什麼是對的問題，這是一個誰贏的問題。

如果你真的想要跟你的女人溝通，或一個女人想要跟她的男人溝通，唯一的辦法就是兩者應該從理智和情感消失，兩者都應該變得更靜心。靜心既不是理智，也不是情感——它是超越，它超越了兩極，它是超越的。靜心帶著你們超越理智和超越情感；它既不是心的，也不是頭腦的。男人和女人之間任何交流和溝通，唯一的可能性就是靜心，否則，就不可能。

女人會說你的講道理是合理化，而當你的女人開始變得情緒化，你怎麼說呢？你會說她感情用事，這些都是譴責的字眼，合理化是譴責的字眼，當你稱女人的情感是「感情用事」，這也是譴責的字眼。你自己感覺是對的，而女人自己也感覺是對的。不同的思維方式，沒有人是對的，也沒有人是錯的——因為所有的思維方式都是錯的。無念的狀態才是對的，無情緒的狀態才是對的。

所以當你愛一個女人而女人也深深地愛你時，就有交融，因為在那個愛裡有靜心。但是愛來得快，去得也快。你們仍然沒有足夠的能力永久保有它，因此蜜月不久就消失了。當你愛上一個女人，一切都很好，你們彼此都贊同對方，從來沒有任何爭吵。你們是這麼地了解對方，這麼地憐惜對方，這麼地體諒對方。但當蜜月期結束之後，那時再細小的事情……那麼瑣細，當你們談論它們，你們會感到尷尬。這種事每天都會在我面前發生：

一對情侶來了，他們一直在爭吵，已經到了分手的邊緣。而我問：「發生什麼事？」那個男人對女人說：「妳說！」她說：「你說！」事實上，兩人都很尷尬，因為事情根本沒什麼，微不足道，只是一件小事。也許爭吵開始在……女人想要穿一件紗麗而男人不喜歡那個顏色，他說：「穿這件紗麗，我就不要帶妳去參加聚會！」

多麼愚蠢——兩者都很愚蠢，但是它可能觸發一個很大的爭吵。然後他們開始帶入更大的事情，所有他們的分歧立刻顯現出來，他們開始劍拔弩張。他們推出一大堆小事，繼續互相譴責對方：「你錯了——所有的講道理都只是合理化。」我不是說所有你的講理都是真的講道理——它有百分之九十九是合理化。我也不是說女人所有的情緒都是真的傷感——它有百分之九十九是感情用事。

頭腦是非常狡猾的——無論男人或女人，頭腦是非常詭詐的。

一個五十歲的男人娶了一個三十歲的女人。這段婚姻在他們的圈子裡造成相當多的議論。有一次，有人問新婚的男子關於年齡差距這麼大的問題，他回答說：「這根本不是壞事！當她看著我，她感覺成熟十歲，當我看著她，我感覺年輕十歲。因此那有什麼錯？我們都是四十歲！」

這是一個合理化。合理化是隱藏事情的一種方式，它是一個聰明的辦法，很聰明。你可以盡一切可能的合理化，你可以假裝它是合理的，但它不是。合理必須是客觀的，不帶著你的任何偏見。

有一次，有一個人來見我，他寫了很多本書，他是一所大學的超自然靈學研究機構負責人。他來見我，他說：「我試著去證明輪迴是一個科學的真理。」

我問他：「除非你已經證實了，否則就不要說它——因為那樣顯示了一種偏見，你已經接受它是一個科學真理的想法，現在需要的就只是證明它。這不是要成為客觀的或科學的，這不是要成為理性的。在內心深處，你是印度教徒，因而你接受這個理論。如果你是伊斯蘭教徒，你會試著證明『沒有輪迴，我要用科學證明它』。」

兩者都不是科學家。伊斯蘭教徒不相信，於是他試著藉由科學的幫忙來證明他的信仰。你也試著藉由科學的幫忙證明你的信仰，這些都是合理化。

一個單純理性的人沒有信仰，沒有偏見，沒有驗證的想法。他只是進入問詢而沒有判斷，沒有結論。那個問詢會決定出結論，它會是由問詢本身來決定。如果你有一個甚至潛伏的欲望想要證明某件事，你會證明它，但是你摧毀了它的科學性，它不再是合理的，它是理性的。

情感上也是此如。情感是純潔的；感情用事是招術。你見識過招術，女人知道如果她哭，她會是贏家。現在，有時根本她不會哭泣，因為哭泣沒有那麼容易被操縱。但是她試圖裝出它，她演出，她假裝。那些眼淚是假的，即使它們從眼睛流出來，它們都是假的——因為它們是被硬裝出來的。

感情用事是製造、操縱、狡詐的情感。理性是一回事；合理化是講道理的操縱，就像感情用事是情感的操縱。如果你是理性的，真正理性的，你就會變成科學家。如果你是真正情感的，你就會變成詩人。這些都是很美的事情，但是儘管如此，對話還是不太可能——只是會比較容易而已。而合理化和感情用事是很難有對話的，但是理智和情感就沒有那麼難——它仍然會有困難，但它會有憐憫，會互相努力想去了解對方。理性的男人會理性地試著去了解女人的觀點；而感性的女人會試著去了解男人的觀點——感性地，當然，憐憫會在那裡。

第一步是：丟掉所有的合理化和所有的感情用事。第二步是：丟掉理智和情感。然後在狂喜、靜心的狀態下就會有交融，而那個交融就是祈禱。在那個交融之中，當你說「祢」，沒有女人，只有神；沒有男人，只有神。

第3章

一顆滾動的石頭

流浪的求道者看見托缽僧在一間靜修院裡就對他說：「我曾經經歷過上百個氛圍和聽過眾多導師的教導，當老師不是一個具有靈性的人，我已經學會了如何辨別。而我還不能辨認出真正的導師或如何去發現一個真正的導師，但是完成一半的工作總比什麼都不會好。」托缽僧脫掉他的袈裟說：「可憐的人！變成無用的專家，就像只能檢測爛蘋果而沒有辦法知道清脆蘋果的特點。」

但是仍然有更壞的可能在你面前。你要謹慎，不要變得像這個故事裡的醫生：「為了檢驗一個醫生的能耐，國王派了幾個健康的人接受他的檢查，醫生卻給了每個人藥吃。當國王傳喚醫生並以詐欺之名指控他時，這個醫生回答：『大王！我看了這麼久的人都是病人，因此我開始設想每個人都生病了，因而誤以為健康的人明亮的眼睛就是發燒的跡象！』」

存在是一個辯證。它依賴於兩極的對立：男／女，陰／陽，生／死，日／夜。所有兩極的基礎就是正面和負面。正面不可能單獨存在，負面也不可能單獨存在。它們彼此互相依賴，它們是對立的，也不是對立的。

如果你了解這一點，你就擁有一支偉大的鑰匙在你的手裡：它們是對立而且互補的，因為它們不可能沒有對方而存在。對方供養它們——否定它們而供養它們。整個存在前進、移動、流動，因為有這兩個相對的河岸。沒有這兩個河岸，河流不可能流動。

一切都被分為這對立的兩極。它們相互吸引，也相互排斥。就像男人和女人：他們被對方吸引，但他們也相互排斥；他們想要靠近，但他們也相互抗拒；他們愛，他們也恨——它們全都在一起。你不可能將它們分開來，你不可能分開愛與恨，因為你不能將正面和負面分開。頂多，你可以強調其中一個比另一個多——如此而已。

就在前幾天，Yoga Chinmaya問了一個問題：「為什麼人有兩隻眼睛，兩隻耳朵，兩個腎臟，兩隻手，兩隻腳——為什麼都是兩個？」由於兩極。你的一個腎是男性，另一個腎是女性。你頭腦的一半是男性，另一半是女性。你不可能沒有這兩極而存在，如果不是這樣，你的身體會消失。

現代心理學最偉大的一個發現就是沒有純男人的男人，也沒有純女人的女人。每個男人都有一個女人在他的內在，每個女人都有一個男人在她的內在。

這兩極是必要的。

頭腦也分為兩個部分：頭腦的左半是男性的，頭腦的右半是女性的。我要這樣說才能向你解釋，為什麼有像禪和蘇菲這樣的一個現象——它們是對立的兩極。禪是透過負面的路徑；它基本上是男性導向的，它是智慧、靜心、覺知的路徑。蘇菲是透過正面的路徑；它是女性的。它是愛、肯定的路徑。

佛教徒透過否定來運作：這不是真理，那不是真理——無我、無我——禪宗僧璨說：「既非此，亦非彼。」持續否定、清除。當你清除了一切，那個依然存在而不能再被清除的就是真理。

蘇菲是基於正面的運作：不要否定，不要說不，要說是。不要以負面的方式追尋；要以絕對正面的方式運作。不要想到錯的，要想到對的。不要想到病態，要想到健康。不要想到荊棘，要想到花朵。不要想到醜陋、痛苦，要想到美麗和喜悅。

兩者都在那裡，而且你不能同時使用兩者——如果你同時使用兩者，你會發瘋。那就是當人發瘋時，真的會發生的事。他開始用他的兩極，而這兩極持續相互否定對方。那就是為什麼他變得癱瘓在他的智能裡。人必須只使用一個；另一個會以一個影子在那裡，只是對它補償。

在禪裡面，你使用「不」，慢慢地，所有毫無意義的東西都被從根部切除。但是有意義的依然留下來，因為有意義的不可能被切除。重要的東西依然被留下；那是不可能被摧毀的，它是堅不可摧的。所以沒有問題！遵循禪的人到達了。他們透過清除疾病，達到健康。這就是他們的方式。

蘇菲的方式正好相反：它透過正面，透過健康，透過說「是」來運作。慢慢地，它到達同一個目標。而且在方法上，蘇菲的路徑是更充滿喜悅、更充滿歌頌的，因為它流經愛的山谷和山脈。

禪流經沙漠。沙漠有它自己的美——它的靜默，它的浩瀚，空氣的純度——沙漠有它自己的美！如果你是沙漠的喜愛者，不要擔心，人們穿越了沙漠而到達最終。但如果你不是，那麼就沒有必要在沙漠裡折磨，還有綠色的山谷可選擇。

蘇菲透過綠色的山谷來運作。現在這也是很奇怪的，但這就是頭腦如何運作的：蘇菲在沙漠裡出生；禪在綠色的山谷裡出生，也許那就是為什麼它會這樣發生。住在沙漠裡的人無法選擇禪的路徑，他們已經在沙漠裡厭倦了沙漠。外面是無垠的沙漠，只有沙漠。他們不希望內在也選擇沙漠；否則，極性將會失去。外在是沙漠，內在他們必須創造一個愛的、正面的綠色山谷。那會使事情變得平衡，那會有助於辯證的處理。

蘇菲談到天堂，天堂花園的愛，他們想把神當做心愛的。他們談到酒；酒是他們的象徵。他們談到醉酒；他們是酒鬼，神性的酒鬼。他們在舞蹈和歌頌裡拋掉自己，他們飽餐一頓，他們慶祝。那似乎完全合乎邏輯。受夠了沙漠——他們必須透過內在的花園來平衡它。

佛教誕生在恆河的岸邊，世界上最肥沃的一塊土地，在喜馬拉雅山脈的屏蔽下，最美麗的地方。外面的一切都是美好的，外面的一切都是綠色的。現在想到內在也是綠色會是單調的，想到美麗的山谷和河流會很無聊。佛陀想到內在的空無，內在的沙漠，沙漠的寂靜，沙漠的絕對純度——沒有舞蹈，沒有歌頌。你無法想像佛陀在跳舞。

你無法想像魯米（Rumi，伊斯蘭教蘇菲派神祕主義詩人）不跳舞。如果魯米是任何東西，他只不過是一支舞蹈。他透過三十六小時不斷地跳舞來得到他的第一次三摩地。他跳了又跳……而他的狂喜就是這樣，使得好幾百人開始跳舞。他創造了這樣狂喜的氛圍，使得想來看他發生了什麼事的人都開始跳舞。當他達到他最終的三摩地時，好幾千人在他的周圍跳舞。那就是他如何達到的。他完全沉浸在醉酒裡，倒在地上好幾個小時——就像一個醉漢！當他睜開眼睛時，他看到了另一個世界，他本身帶來了超越。

佛陀得到他的最終三摩地，靜靜地坐著什麼事也不做——那麼完全地靜默，你可以把它想作那裡沒有人而只是一尊大理石雕像。佛陀的雕像是第一個被製作的，這不只是一個巧合，這開始於佛陀靜靜坐著像雕像一樣。他的雕像是第一個，然後才有其他人的雕像。他是那麼像雕像一樣，坐在菩提樹下，在他的靜默裡，他必定看來像一塊大理石：清涼、皓白、靜止。白色大理石變成了佛陀的暗喻。

但是你不可能製作魯米的雕像，因為他從來不會以同樣的姿勢持續兩個片刻。如果你想要製作魯米的雕像，你將必須製作出一個噴泉的雕像，或是在強風中的柳樹雕像，你不可能製作魯米的雕像。

佛陀出生而且生活在尼泊爾永恆的喜馬拉雅山脈、和它永恆之美的影子下。這又是一個兩極，外面是喜馬拉雅山脈的美景，而佛陀在追尋絕對否定的內在沙漠。魯米生活在沙漠裡；外面是無垠的沙漠，裡面他創建了一個小花園、天堂，一個有圍牆的花園。那就是「天堂」、firdaus這個字所說的意思——一個有圍牆的花園、綠洲。

蘇菲強調正面。我談到禪和蘇菲兩者，你必須做出選擇。選擇不應該來自頭腦；選擇應該來自你的全然。感覺兩者，感覺蘇菲在跳舞，感覺內觀。無論什麼適合你……當某個東西適合，你就會知道。沒有必要問任何人——因為它對你是有意義的，你對它是有意義的——突然間一切都落在同調中，一個很大的和諧就產生了。

不要由頭腦來決定，因為那時你可能在錯誤的方向運作。允許它透過你的整個存在來決定，感覺所有的可能性——那就是為什麼我提供一切可能的方向給你，因此每個人都可以找到某個適合他的，那時那就是你的路徑。

永遠不要強加你的路徑給別人，永遠不要，因為那可能不是別人的路徑。分享你的喜悅，但是永遠不要試圖改變任何人。分享你的經驗，但是永遠不要變成傳教士。「傳教士」這個詞是骯髒的。使你的心是可分享的——如果有人想分享就讓他分享，但是不要以任何方式，甚至間接嘗試轉變他到你的教條。

你的經驗、你的分享是美麗的——它是你的愛，它是你的憐憫。但是你的道理、你的教條、你的路徑是危險的，它可能不是別人的路徑。而當我說「別人」，我的意思不是指陌生人——這可能是你的孩子，也可能是你的妻子，也可能是妳的丈夫，也可能是你的哥哥。「別人」包括所有其他的人——甚至是妳的孩子，他是妳懷胎九個月生的，他是妳的骨肉、血液和精髓，他跟妳一起脈動九個月，但是他仍然必須活在自己的生命裡。他只是透過妳出生，但他不是妳的。他有他自己的個體性，他必須以他自己的方式開花。只要提供所有你經歷過的，所有好的，所有壞的；讓你的整個生命對孩子打開，但是永遠不要灌輸他。永遠不要試圖使他變成基督教徒或印度教徒或伊斯蘭教徒。要幫助他根據他的本質運作，沒有人知道哪個東西會在他的內在開花。只要幫助他，讓他成長變得更強壯。那就是愛。

當你開始灌輸你的想法，那不是愛，那是恨。你是害怕的，你是占有的，你是有野心的，你是自私的。

你想透過你的教條主宰別人，你想毀滅別人的靈性。你可能會以為你是在幫忙，但你不是在幫忙——你在阻礙成長。你只是在削弱別人，他將永遠不能原諒你。

那就是為什麼孩子們永遠不能原諒自己的父母——他們被灌輸，某些東西被強加給他們。這是一種強姦，最壞的一種：你戕害了他們的意識，你已經違反了生命最根本的法則，你已經干擾了他們的自由。生命最大的自由是朝著神成長的自由，每個人都必須以他自己的方式成長。

玫瑰必須提供它的香味，萬壽菊也是。萬壽菊不必變成玫瑰，它不可能。萬壽菊必須以自己的方式綻放；它必須自己提供。那個提供會被接受——只有來自你最內在的核心，植根於你的那個提供會被接受。

所以禪或蘇菲，你必須去感覺，而且也不用著急，繼續感覺。有一天，突然間，一切都落入和諧，一切都一起來到，而視野就會打開。

這個故事：

流浪的求道者看見托缽僧在一間靜修院裡就對他說：「我曾經經歷過上百個氛圍和聽過眾多導師的教導，當老師不是一個具有靈性的人，我已經學會了如何辨別。而我還不能辨認出真正的導師或如何去發現一個真正的導師，但是完成一半的工作總比什麼都不會好。」

這個人必定已經深深根植在負面裡，在否定裡。他本來可以很容易地成為佛陀的信徒，而不是蘇菲。他有頭腦的哲學傾向，質疑是他的風格，懷疑是他的思想體系，但那不是蘇菲的方式。這個故事的每個字都必須被理解，因為這些不只是故事。你不可能改變任何一個字。如果你這樣做你會改變整個故事的質感，整個味道，整個意義。

蘇菲以這種方式使用這些故事，它們有許多涵義，它們可以在許多層面被了解。

流浪的求道者……

求道者始終是流浪者，而那些真正想要跟師父求道的人會留下來，他們不會流浪。一個持續流浪的人是好奇的、貪婪的。他想要盡可能知道得更多。因此，他不可能跟一個師父留下來。而事情卻是這樣的，除非你跟一個師父留下來，在深深的親密裡，帶著極大的愛，否則你就不會長出根。你會是一塊滾動的石頭，在上面不會長青苔。你可能持續地滾動，永遠地滾動，但是藉著你的流浪你不會充實。事實上，你越流浪，你越變得貧乏，因為生命被浪費了，時間被浪費了。

這不是撒桑（SAT SANG）（編註：梵文的意思是「與真理智慧相伴」）的方式，蘇菲非常仰賴於跟師父的親密關係。如果你繼續從一個地方到另一個地方不斷地移植樹木，你會殺了樹木。植物什麼時候會增長它的根？你必須把它留在一片土地上足夠長的時間。如果它是季節性的花朵，那樣就沒有問題；它幾周之內開花，然後幾周之內就死掉。但如果是黎巴嫩的雪松，它必須活好幾千年，必須向天空長高，矗立在雲霄，那時若是一再地移植它會是有害的，那是在殺害它、謀殺它。

靈魂就像黎巴嫩的雪松，它不是季節性的花朵。師父是土壤，你必須根植於師父。你必須伸展你的根進入到他的存在，只有這樣你才會得到滋養，那樣就是撒桑。

如果你持續流浪著，你可能會蒐集到很多的信息，你可能會變得非常博學，但是你仍然會是無知的。也許更加無知，因為此時你會變得更自我。你會以為「我知道」——其實你不知道！你蒐集了許多不必要的包袱。你會變得越來越沉重、充塞，但這不是真正的成長。真正的成長完全不同，它需要時間、等待、耐心、愛心、親密、信任。

撒桑是趨近一個新生。變得靜默、寧靜，你聽到話語的背後，並且忘記它們。什麼都不做，而變得往內在，比所有的表達更深入，那樣就是撒桑。蘇菲仰賴於撒桑，它仰賴於跟師父的親密關係。你跟師父坐在一起，在深夜，在寂靜的夜裡，師父可能根本不說話，或者可能說一兩個字。你只是跟師父坐在一起，感覺他的存在，吸收他的存在，變成他能量的一部分。跟他一起呼吸，跟他一起脈動，慢慢慢慢地，自我就會融解。當它融解時，你從來不知道，因為沒有明顯的努力要去融解它。它以自己的步調融解了，就像太陽升起，雪就開始融化。

如果你來到師父面前，太陽已經開始升起。你需要做的不多；你不需要做任何，師父的存在就夠了，門徒只需要極大的信任、臣服。

流浪的求道者……

……這必定是一個好奇的人，強迫性的求道者。他繼續流浪著，繼續敲著一扇門到另一扇，他是一個乞丐。他從來沒有足夠的勇氣和耐心待在一個地方，因此他是無根的。

流浪的求道者看見托缽僧在一間靜修院裡……

托缽僧是一個喝醉神的人。你可以從他的雙眼看到：它們跟神的酒一樣的紅，你可以從他走路的樣子看到。你可以以一千零一種方式看到，他不只在身體裡——也在別的地方。他不僅是身體，他比身體更多，比他的身體和頭腦的總和更多。你可以感受到超越的存在，非常活生生的在他的內在，幾乎是有形的，對那些有眼睛看的人那是可見的。你可以看到跳舞的能量在他的周圍！他已經開花了——你可以聞到香味，他的細緻和他氛圍的甜味，他的氛圍就是葡萄酒。你永遠不會在一個禪師身上找到這樣的氛圍，那血液是完全不同的，因為禪師是透過負面實現的。他不可能醉，他是完全警覺和覺知的。在禪師身上，你會發現一支非常尖銳的劍，準備一刀砍死你。禪師是尖銳的！尖銳是因為他的覺知。

蘇菲師父醉了，柔軟、愛的沐浴。你會發現禪師有偉大的憐憫，而不是愛。因為他的覺知而憐憫，因為他的成道。但蘇菲是充滿了愛的，他的神就是愛。對於禪師，沒有神——只有徹底的空無。對於蘇菲，只有神沒有別的——他呼吸神，他吃神，他喝神，他住在神性裡，像魚一樣活在海洋裡。怎麼可能保持不醉？你可以在他走路、坐臥的方式看到，他是完全醉了。

葡萄酒成為蘇菲的最顯著的隱喻，這不是偶然的。波斯詩人奧瑪．開儼（Omar Khayyám）就是一個蘇菲師父——他完全被西方誤解了，因為翻譯者，尤其是英國作家菲茲傑拉德（Fitzgerald），他從字面取用了奧瑪．開儼的每一個字。它們是隱喻！它們不是字面上的意思。當奧瑪．開儼談到「女人」，他談的是神，因為蘇菲認為神是女人，不是男人。

印度教有時也認為神是女人，而總是當成「母親」。蘇菲認為女人就像心愛的，當女人是你的母親，這種關係是尊重，不是真正的愛情。當女人是你的母親，你就充滿崇敬，而不是充滿了愛。當女人是你心愛的，這是一個完全不同的關係。蘇菲是地球上唯一能夠大膽稱神為「心愛的」的人。

當蘇菲談到葡萄酒，他們是談到那個流進你的「神的愛」，如果你允許，如果你已經準備好接受禮物。如果你是在一個放鬆的狀態裡，它就會到來——它絕對會來，它確定會來。如果它不來，那只是顯示你的門是關閉的。

人們跟師父在一起生活，要學習如何打開自己的大門。這不是一個學習知識的問題：這是一個學習不同情況的存在的問題——一個敞開的存在，不是封閉的存在。

流浪的求道者看見托缽僧在一間靜修院裡……

「靜修院」這個詞也很重要，因為一個喝醉神的人是在家裡，他在靜修。他知道靜修是什麼；其他沒有人知道。

西元一九〇五年，愛因斯坦（Albert Einstein）宣稱沒有絕對的靜止。愛因斯坦是正確的：對外在世界而言，沒有絕對的靜止。事物永遠向前移動，即使事物似乎是靜態的，它還是在移動。即使是你房子的牆壁也是在恆常的動盪中，在混沌中。一切都在改變！沒有東西留滯而保持不變，沒有，甚至連喜馬拉雅山，它們也在不斷地變化，不斷地改變著。也許我們的生命很短，我們看不到那個變化。科學家說：如果我們能夠壓縮喜馬拉雅山的整個歷史成二十四小時，那時你會看到喜馬拉雅山就像在海洋中不斷變化的波浪。相較於我們的生命長度，變化是緩慢的，但變化是存在的。曾經有過一個時代，當喜馬拉雅山還不存在的時候。

你可能會驚訝地發現，喜馬拉雅山是世界上最年輕的山脈，它是青少年，它仍在增長中，它依然每年變得更高——只有幾英寸，但變化是連續的。

無論事物是持續向上成長，或是它開始向下墜落，變化是唯一永遠不變的事實。關於外在的世界，愛因斯坦是正確的，但是他不知道關於內在的東西。如果他知道任何內在的東西，他就不可能這樣說，沒有絕對的靜止——有的！

它不存在外面：它在內在裡面，在你生命中最深的核心。我知道它！我在它裡面。你也可能知道它。人只有當他開始認識到這個絕對靜止的內在時，他才算到達，你可以稱它為靈魂，稱它為神，稱它為涅槃，都可以。在你生命最深的、最終的核心有一個點——那個點是龍捲風的中心，那裡存有靜止。

這些蘇菲的故事都是隱喻。托缽僧待在靜修院裡，而求道者在流浪。求道者追尋著，托缽僧已經到達。他是一個悉達(SIDDHA)（編註：意思是「一個成功的人」）——他已經到達，無處可去。他回家了！他在家裡。

> 流浪的求道者看見托缽僧在一間靜修院裡就對他說：「我曾經經歷過上百個氛圍和聽過眾多導師的教導。」

記住，一個師父就夠了，一千零一個導師是不需要的。導師是老師、他們是師傅。師父不是老師，他不是導師，他不是師傅。師父的功能是在創造一個感染場——它不是一個教學，它是一個感染。他不教你某個東西，他只是在你周圍產生一個能量場，環繞著你，而在那個環繞的能量裡，某些東西開始從你自己內在回應著，那就是直覺。老師仰賴學費（tuition），他教導你。師父仰賴直覺（intuition）。

他創造一個情境。在那個情境下，某個在你之前沒有的東西開始運作，如此而已。但是他不給你任何東西，他是一個催化劑。他帶給你的只是那個你已經擁有的，並且從一開始就擁有的東西，但是你變得沒有覺知到它，你忘記了它。他提醒你，他挑起你內在睡著的東西。他在你內在挖了一個井——而那些井水是你的！他在你內在敲裂、爆破、搖晃，但是那裡面湧上來的井水是你的，真正是你的。他帶給你的是你自己的存在。

求道者對托缽僧說：

> 我曾經經歷過上百個氛圍和聽過眾多導師的教導。

他曾經從一扇門到另一扇，他一直像個乞丐帶著討飯的碗，詢問著真理，追尋著真理。他已經學了很多，他知道很多教條、經文。在哲學思考裡，他已經變得非常非常高效的。他說：

> 我曾經經歷過上百個氛圍和聽過眾多導師的教導。

他已經學會的所有一切是懷疑，他已經學會的所有一切是一種負面的心理。對於蘇菲所關注的，他已經學會的所有一切是沒有價值的。他學會了如何知道某人不是一個真正靈性的人，他學會了檢驗疾病，他學會了批評，他已經變得是批判的。

那就是發生在一個知識淵博的人身上的事：他變得批判的，但那並不是到達神的方式。人們必須變得充滿愛。如果你變得批判的，那是植根在仇恨、在對抗。變得批判的是你破壞性的一部分。

現在，這個人已經移動、流浪、聽到、學到了很多東西，而全部的結果是他只是變得有能力判定，當某個師父不是真正具有靈性的。這是什麼樣的豐富？你怎麼會因為它而變豐富了？但這是現在發生的情況。

除非你跟師父生活在一起足夠長的時間，否則你只會學到負面的東西。負面只是在表面，正面才是核心。負面可能在表面上，因為它沒有價值，而正面是寶藏。如果你去找一個師父，只有聽到他說什麼而不是他是什麼，你就不會知道它的正面性。

那就是發生在這個人身上的情況。這場災難發生在：

我曾經經歷過上百個氛圍和聽過眾多導師的教導，當老師不是一個具有靈性的人，我已經學會了如何辨別。而我還不能辨認出真正的導師或如何去發現一個真正的導師，但是完成一半的他正在自我安慰。尼采有一句名言。尼采是一個狂人，但是有時狂人會說出美麗的東西，他們有時會瞥見真理。他說：「完全不知道比知道部分好。不知道比知道一半好。」為什麼呢？一般的邏輯會說：知道某些東西至少比完全不知道好，但事實並非如此。

知道無用的東西會在你內在產生極大的悲傷、絕望、無意義。知道負面的東西會榨乾你所有生命的汁液。你會開始凍結，你會變得冷漠，你會變得沒有愛心。你會開始失去所有的希望，你會在絕望中，在痛苦中。而那正是發生在許多人身上的事。

例如，佛洛依德——他只知道負面的。他知道人的頭腦怎麼樣犯錯，但是他從來不知道任何那些可能是對的東西，他仰賴負面的一面。他變得非常專業於各種心靈的疾病——異常、變態、病症、神經病、精神病和所有那些疾病。但是他完全忘了，佛陀也曾經存在過。事實上，慢慢慢慢地，他變得越來越習慣於異常、變態、生病、不健康，他開始懷疑佛陀是否可能曾經存在過，他開始懷疑耶穌。不僅如此，心理分析師寫了書籍、論文來證明耶穌是神經質的。他們對佛陀沒有非常認真研究，但是如果他們研究，同樣情況也會發生。也許他們會對他使用某些其他的字眼——「壓抑」。如果他們想到拉瑪克里斯納（Ramakrishna），他們會說「歇斯底里」。而同樣對於穆罕默德，他們會說——「神經質」、「瘋狂」。

為什麼耶穌是神經質的？因為他跟神對話。他是神經質的，因為他在空中聽到聲音。他是神經質的，因為他覺得有某些東西我們不可能看到，只有他能夠看到。我們不能相信他，因為無論他覺得如何，他不能客觀地證明，他一定是瘋了。

只要思考佛洛依德說的。健康是不可能的，健康是可疑的。一個健康的、完整的、聖潔的人是可疑的。不僅可疑——而且是被譴責的。那時還剩下什麼？那時整個人類都必須活在絕望裡，沒有希望。

那正是佛洛依德在說的，人類是沒有希望的，人類最多可能忍受，但是不可能享受。事實上，他本人從不享樂——他忍受生命。他自己在很多方面是神經質的。他非常害怕死亡；他有很多恐懼。他是個非常容易憤怒的人，那麼強烈以至於當他進入憤怒裡，他會跌落在地上暈過去。他是那麼害怕死亡，以至於甚至一提到死亡就足以讓他顫抖。他是那麼有野心，那麼政治，他一直擔心別人密謀反對他。他是個偏執狂，因為懷疑，他摧毀了很多他的門徒，因為他無法容忍任何人越來越接近他——在智慧、領會的意義上更接近他。他想要的只是附屬、隨從，每當有個聰明的門徒——就像榮格（C. G. Jung）、阿德勒（Alfred Adler）和其他人——他們的唯一方法就是從師父身邊逃離。他的存在不是滋養而是有毒的。這個人一直對佛陀、老子、查拉圖斯特拉、耶穌和穆罕默德給予評斷，而這些人卻都是少數幾個真正健康的人。

只要想到一件事：如果疾病存在，那就足以證明健康也有可能——至少有可能。如果黑暗存在，光線就有可能。如果死亡存在，生命就是可能的。事實上，如果沒有生命，死亡怎麼可能存在？如果沒有健康，你如何決定某人生病了？如果沒有佛在世界裡，你如何決定誰瘋了？那麼每個人都瘋了！也許是不同種類的瘋狂，但是每個人都瘋了。

佛洛依德變得非常熟練於負面的東西，一個病症和疾病專家。這是很自然地，他的經驗是如此，因此他必須否定——他從來沒有遇見一個佛。那不是你遇見佛的方式，佛不會為了精神分析來找佛洛依德。四十年來，他只分析那些遭受一千零一種頭腦投射、恐懼的病患。很自然地，四十年來看著、聽著人們的夢和恐懼，以及害怕和分裂的人們，精神分裂、歇斯底里——自然地，過了四十年，如果他判定說：「我從來沒有見過一個健康的人。」在某種程度上，他是對的，他從來沒有見過一個健康的人。四十年是足夠的時間，他看診過好幾千個人。但是他卻忘記一件事：一個佛不會來躺在他的沙發上，談他的夢，因為事實上他沒有夢！

這發生過一次：

有一個人被帶來見我，他是個有名的通靈人，他閱讀人們思想的能力是強大的。只要坐在你面前一會兒，他就會變得靜默和專注，他會開始說出有什麼心思在你的頭腦裡移動著。

有人帶他來見我，他想要讀我的頭腦。我說：「好吧，你讀。」半小時過去了，然後他睜開眼睛，他說：「但是，沒有東西！——我能做什麼呢？」「你沒有讀到東西……？」

一個佛沒有夢，佛沒有任何思緒。佛不以自我而存在，所以怎麼可能他會害怕？即使是死亡，他也不會害怕。沒有死亡的問題，他早就死了——自我已經死了，而現在只有不朽、永恆。

佛為什麼會去維也納？似乎沒有理由。事實上，遲早有一天佛洛依德將必須來見佛，你會在這裡發現很多心理分析師。他們必須來——因為他們正在失去所有的觀點。

天天聽著人們的苦難，他們正在失去所有的希望。佛可以給他們再一次的希望，佛可以幫助他們再次欣喜若狂。他們一直帶著痛苦生活太久了，你知道心理分析師自殺的比率比起其他任何行業幾乎是兩倍嗎？心理分析師發瘋的比率比起其他任何行業幾乎是兩倍。不應該是這樣的！心理分析師不應該自殺，不應該發瘋。但是他們發瘋的更多，他們自殺的更多。

但是我了解，我同情他們。他們一生的工作是這樣的——痛苦再痛苦更痛苦——天天看到人們靈魂的傷痛和膿液滲出，他們活在地獄裡。

我聽說過：

一個心理分析師死了，他有一張上天堂的票，但是他去了地獄。魔鬼很驚訝，說：「但是你有一張上天堂的票——你為什麼來這裡？」

他說：「我是個心理分析師，我必須慢慢慢慢地習慣。現在，在天堂我會吃不消，我會無法相信它。先讓我活在地獄幾天，讓我對更好的東西習慣一些。」

心理分析師活在比地獄更差的處境。當然，他變得對健康盲目。但是在地平線上也有好的跡象：心理學的新方法正在不斷地演進。佛洛依德所做的一切，正被阿薩吉奧利（Roberto Assagioli）（編註：義大利精神科醫生，也是人本主義和超個人心理學領域的先驅）復原中。佛洛依德完成了心理分析學，全人心理學、人本心理學的趨勢正在復原中。這是很好的跡象！

但是這會發生，如果你一直蒐集知識而變得越來越無法根植於存在，你就會變成絕望本身，你就會變成痛苦本身。

這個人說：

> 我曾經經歷過上百個氛圍和聽過眾多導師的教導，當老師不是一個具有靈性的人，我已經學會了如何辨別。而我還不能辨認出真正的導師或如何去發現一個真正的導師，但是完成一半的工作總比什麼都不會好。

事實並非如此。只是變得善於負面，善於懷疑，善於事物的錯誤面，關於荊棘的技能高超、專業，不會對了解花朵有任何的幫助。你盡可能地去了解荊棘，對於你了解花朵是什麼不會有任何幫助。事實上，如果你知道得太多，你會開始不相信花朵。即使它們盛開了，你也會認為它們是幻想的。那就是佛洛依德說的：佛是幻想著他已經得道——因為沒有跡象！克里希那是幻想著他已經達到，耶穌只是幻想著跟神和天使交談。

我能夠了解為什麼這會發生。如果你也了解，這會對你有極大的幫助。

美國懷俄明州石油和養牛王后露露．澤薩斯，提到一個牧場主人總是抱怨他的靴子太緊。

「你為什麼不把它們加寬？」露露建議。

「我什麼也不改，」牧場主人回答：「這雙靴子太緊，那就是它們應該保持的方式。我每天一大早就得起床，圍捕所有在夜間跑出來的牲畜，修補牠們推倒的圍欄，照顧在塵暴中牧場的損害，然後在晚上聽著妻子對我關於要搬到城市的嘮叨。當我準備上床睡覺時，拉掉這雙太緊的靴子，這是一整天我得到的唯一真正的樂趣。」

負面的人變得封閉在監獄裡，他唯一的樂趣就是有時忘掉這一切。他喝太多酒了——靴子脫掉了，那雙太緊的靴子。或在性愛中——某個能夠放掉他自己和他緊張的地方。那是他生活中唯一的樂趣：每當他能夠忘掉他自己。

現在，這是愚蠢的，因為有某些方法你可以永遠忘掉自己。蘇菲就是一個方法——你能夠永遠淹死自己，沒有必要去尋找藥物。蘇菲帶給你最極致的藥物：神。一旦自我永遠離去，就沒有痛苦，沒有煩惱，沒有苦難，沒有地獄。

這是印度教上師拉瑪那．馬哈希（Ramana Maharshi）經歷突然敞開進入最終意識的方式，在那之中，他的個體識別幾乎完全丟掉了。家庭關係已經死掉了，年輕的拉瑪那決定直接探索死亡的經驗。比起任何喪親之痛，他的動機更多出於好奇。拉瑪那脫掉他的所有衣服，躺在他房間的地板，並且用很大的專注想像他的身體死了，他閉上了眼睛，模擬著深度睡眠的狀態。突然間閃過他眼簾的是，永恆和完整的原始意識躺在存在的源頭，最終意識就是存在的源頭。當他睜開他的眼睛，他已經是個完全不同的人。

發生了什麼事？某個人，一個關係死了。拉瑪那當時只有十七歲，他不是一個非常特殊的學生或任何人——他沒有什麼特別，除了一件事，那就是他的深度睡眠。他的睡眠是那麼地深，幾乎不可能把他叫醒。他的家人很累，他們需要持續地叫他，把他拉下床來……有時，睡眠常常出現在白天的任何時間——他可能在學校裡睡著，孩子們只好把他揹回家。其他的孩子可能在玩耍而他會睡倒在地面上，他們會戳他、搖他、打他，而他根本不在那裡。他們不得不揹著他回家。

那就是他唯一特別的，但是意義重大，因為深度睡眠很接近三摩地，那是三摩地的門檻。那也一直是我的特別之處。

這幾乎是我在大學的一個問題——因為我會睡著。我的老師很生氣，因為誰會想要看到有人在他的課堂上睡覺？我是哲學系的學生，班上沒有很多人，因為很少人去研究哲學。在我的碩士班上，我們只有三個學生，所以我會在老師面前睡著，他會來搖醒我。

有時這會發生，我是唯一的學生，另外兩個還沒有來。而他就看著我，說：「下課了！你回家吧！」我會回家，我可能自己入睡。有什麼意義呢？

深度睡眠是門檻，那就是為什麼這個事件是可能的。有人死了；拉瑪那時只有十七歲，他想：「什麼是死亡？讓我經驗它吧！」他脫掉他的衣服，模擬死亡，倒在地板上。他看過親戚躺地板上；因此他就以相同的方式，他躺在地板上，閉上眼睛，開始想著：「我要死了，我要死了，我要死了。」

他就死了！自我就消失了。而在這裡的自我消失，在那裡的神就出現了——在原始意識。當他睜開眼睛，他不再是同一個人。他立刻離開了家，對任何人一句話也不說。這不是一個遺棄，他只是離開了家，因為在那裡是沒有意義的。這並不是說他反對世界或任何東西。那不再有意義了，他走了出去，不再回來了。母親尋找他好幾年；十年後，終於，她發現他在印度東北部邊境的阿魯納查邦的一個山洞裡。他是一個完全不同的人，母親問他：「你為什麼不通知我？」

他說：「那個念頭從來沒有對我走來，事實上，念頭已經停止對我走來了，我坐了又坐，日子一天天過，沒有念頭進來。很好，你來了！跟我住在一起……」

這個原始意識就是神，無念意識就是神。這是蘇菲所談的，一旦你喝了這種酒，沒有別的東西需要你去忘掉你自己——因為你不再在那裡，沒有什麼需要去忘掉。

托缽僧脫掉他的袈裟說：「可憐的人！變成無用的專家，就像只能檢測爛蘋果而沒有辦法知道清脆蘋果的特點。」

脫掉袈裟是一個蘇菲的表達。事實上，蘇菲那樣做，他們那麼狂熱地愛上了人類，因而當他們看到你被困在一種不必要的痛苦中時，他們變得那麼關注，他們會為你變得很焦慮，是的，他們脫掉他們的衣服。

托缽僧脫掉他的袈裟說：「可憐的人！」

這就是苦難如何產生的。它是懷疑，它是負面，因而創造了苦難。它不是信任，因而創造了苦難，所有苦難的根源就在那裡。

變成無用的專家，就像只能檢測爛蘋果而沒有學到清脆蘋果的特點。

就在幾天前的晚上，我讀到關於一位哲學家的作品。他寫道：

我時常質疑為什麼一個爛蘋果放在清脆的蘋果桶中，會使得清脆的蘋果變爛，而清脆的蘋果放在爛蘋果桶中，不會使得所有的爛蘋果變得清脆。我也質疑為什麼一個感染天花的人，當他隨意徘徊在健康的人群中時，只是他的出現就會使許多健康的人生病，而健康的人走過病人的醫院，不會因為他的出現而使病人變得健康。

換句話說，如果祂是一個好神，為什麼祂會創造出一個健康的世界而這個健康似乎是沒有用的，反而腐朽和疾病似乎是會感染的。

但是有一天，我停止了質疑而去檢查所謂清脆的蘋果，我發現它也不是清脆的。哦，我知道水果攤老闆會反駁我，他會認為他的蘋果沒有缺陷。如果我堅持散播他賣的都是不完美的蘋果，他甚至可能會控告我誹謗。但是如果他一定要我證明，我可以證明它。我會要求他去看枝梗。在那裡，最重要的，所有最關鍵的地方，他會發現我所提到的致命傷。他會發現，蘋果已經從它的原生樹枝被拔離了，它已經從生命的源頭被拔離了。

當我發現這一點，我學到了生命最真實的事實：無論是水果、蔬菜或人類，沒有東西從生命的源頭被分離出來後還會是健全的！

一切都生病了——因為一切都從生命的源頭被分離了。除非你再次跟生命的源頭連結，否則你永遠不會是健康的。只有在神性裡才會是健康、整體和聖潔的。只有神的存在才能健全。但是我們已經完全忘記了神。我們已經開始離開源頭生活了，就好像一棵樹已經忘記了它的根——它將會死掉，它將會生病。

那就是為什麼整個人類生病了。佛洛依德和他的夥伴說得對，百分之九十九的人們都生病了！他們不再跟生命的源頭連結。但那百分之一的人就是希望，那些跟生命有連結的人。

我想對這個哲學家說：有些人的健康是會感染的。當一個佛移動，他的那個移動會開始治癒人們。

那就是耶穌神蹟的意義——他治癒了盲眼的人，突然間眼睛能夠看到了，他治癒了聾啞的人，他們開始能夠聆聽和回應，他治癒了殘障的人，他們不再跛腳。這些都是可能的，它並不是關於身體上的殘障：這是一些關於靈性上的殘障。每當帶著神性的人移動，那些幸運地跟神性一起生活的人，他們就會被療癒，靈性上的療癒。他們靈性的創傷會開始消失，他們再次開始長出了根。不久根找到生命的源頭，生命的活水，而一切再次轉為綠色，一切再次盛開綻放。春天來了，就慶祝。

那個慶祝就是蘇菲。

托缽僧說：

但是仍然有更壞的可能在你面前。你要謹慎，不要變得像這個故事裡的醫生：

「為了檢驗一個醫生的能耐，國王派了幾個健康的人接受他的檢查，醫生卻給了每個人藥吃。當國王傳喚醫生並以詐欺之名指控他時，這醫生回答：『大王！我看了這麼久的人都是病人，因此我開始設想每個人都生病了，因而誤以為健康的人明亮的眼睛就是發燒的跡象！』」

拉瑪克里斯納落入無意識是很健康的跡象，但心理學家會說他是落入了一種歇斯底里的狀態。歇斯底里的狀態和拉瑪克里斯納的進入無意識，但從外面看來一樣，從裡面看，它們是不一樣的。

拉瑪克里斯納已經從微小意識移到原始意識。他已經不再以一個「我」在那裡。他是以源頭、以目標在那裡。他是以存在本身在那裡，他是一個跟整體一體的人。當某人進入歇斯底里的狀態，他失去了他的意識，但是他沒有得到任何其他的意識。從外面看，它們是一樣的。

如果你看到佛睡著了和某個人睡著了，從外面你會看到什麼差別呢？他們看上去會差不多，但是他們是不一樣的。在佛的旁邊睡著的某個人是在深深的睡夢中，而佛的意識燃燒光亮如初。就像它在白天那樣，在夜晚它也是那樣，沒有什麼改變。但是從外面，它看起來是一樣的。

當某個人死了和一個佛死了，有什麼差別呢？差別是在內在；這是一個內在的故事。除非你是一個佛，否則你永遠不會知道。

當佛陀去世，沒有東西死亡。他沒有固執著生命，就沒有問題。佛陀只是滑出身體——就像你換掉你的衣服，完全就像那樣。你會覺得每次你換掉衣服，你就是要死了？完全就像那樣，佛陀只是滑出舊衣服，滑出了籠子，他的靈魂是自由的，而整個天空是可得的，他是全然地興奮的。在他的死亡裡，他是幸福的，因為他的死亡不是一個結束而是一個真正的新生。他正在步入一個比它之前擁有的更大的生命，這是從生命到更多的生命。

當你死亡，你是從生命移到沒有生命。從外面來看，它完全一樣。但從裡面看，它們根本不一樣。

這個故事是美麗的：

為了檢驗一個醫生的能耐，國王派了幾個健康的人接受他的檢查。

這個國王必定是異乎尋常的。但這是一個方法，這是東方的方式。真正的醫生不是一個只知道疾病是什麼的人：真正的醫生是一個知道健康是什麼的人。疾病甚至庸醫都可能知道，疾病不是那樣浩大的現象；它只是在表面上，任何人都可能學到它。但是健康是非常深奧的；它是不容易獲得的。只有高明的醫生才會知道健康是什麼。

你知道嗎？在古代曾經有過這種規則：醫生不是被請來治療疾病而是為了保持人們的健康的。人們都有他們自己的私人醫生。假如他的客戶沒有生病，醫生就會被支付診金。而現在，當我們生病，我們支付診金給醫生，他治療我們。這是完全不同的事情。

現在的想法是危險的，因為當你生病，支付診金給醫生，他就治療，你使他對你的疾病更感興趣，他的投注力變成在你的疾病。他想要你生病，好讓他能治療你。那個古代的想法是較優越的，他的投注力是在你的健康，而不是在你的疾病，所以他一直關注的是你不應該生病——因為如果一個人生病，他就不會被支付診金。醫生必須治療他而不收取任何費用；那是他的責任。

為了檢驗一個醫生的能耐，國王派了幾個健康的人接受他的檢查。

就好像佛被送去看佛洛依德醫生。佛洛依德會開處方，他一直開給他人處方。他會談到壓抑，他會談到偏執，他會談到這個和那個——然後他失敗了。那時，他還沒有意識到他在做什麼。只有遇到一個佛，才可能是對佛洛依德的檢驗，如果他能夠聲明佛是健康的，那時他就知道關於健康的某些東西。但是如何能夠使你認得一個佛，如果你自己不是一個佛？

醫生卻給了每個人藥吃。

當你去看醫生，他必須找到某些或其他不對勁的地方。試試看：當你感到完全健康時，去看醫生，他會使你感到非常不健康，他會發現一千零一件你不對勁的地方。他的投注力就是在那裡，但這是一種詐欺行為。

為了檢驗一個醫生的能耐，國王派了幾個健康的人接受他的檢查，醫生卻給了每個人藥吃。

當國王傳喚醫生並以詐欺之名指控他時，這個醫生回答：「大王！我看了這麼久的人都是病人，因此我開始設想每個人都生病了，因而誤以為健康的人明亮的眼睛就是發燒的跡象！」

這種事每天都會發生。當你們在這裡跳舞，而一個外人來了，看著你們跳舞，他會說：「這些人都瘋了，這是怎麼回事？」

那就是為什麼很難找到一個有同情心的記者，非常困難——因為他來了一兩天，他環顧四周，他看到各式各樣的東西，他從未在任何地方見過的東西。他變得憂心忡忡，他有他的偏見，認為這些東西只有瘋狂的人才會做。理智的人怎麼會做這些事情？因此這是一個瘋狂的地方。當他看見你們這麼快樂，他無法相信，因為快樂是不可能的。那時你們必定是被催眠的；某人催眠了你們。那就是為什麼你們感到快樂——這是一個幻覺。你們已經陷入一個幻象。

這些都是他的邏輯結論，因為他帶著偏見來。人們總是有偏見和成見，一層又一層的偏見。那就是為什麼這是很難使他們了解的事，人們一直在誤解像我這樣的人和他們的工作，原因就是醫生說的：

大王！我看了這麼久的人都是病人，因此我開始設想每個人都生病了，因而誤以為健康的人明亮的眼睛就是發燒的跡象！

托缽僧對求道者說：「你落入了變得負面的第一個陷阱，現在給你一個更壞的可能性——不要變成像這樣的醫生！你說：『我能夠知道誰不是一個具有靈性的人。』這是第一步，第二步會是一個合乎邏輯的結論。慢慢慢慢地，你會看到每個人都不是靈性的，你的結論自然會出現沒有人是有靈性的——一切都是虛假的，一切都是冒充、騙子、偽君子、吹牛者。」

「如果那樣你就沒有任何希望了，因為當你說沒有人是具有靈性的，你已經否定自己成為靈性的可能。當你說：『沒有佛曾經存在過。』你已經砍斷你的整個未來。如果你說世界上從沒出現過任何盛開綻放的人，那時你怎麼能夠允許你自己盛開綻放？那是一個更糟糕的可能性。」

托缽僧是對的。從這個故事要記得兩件事情。第一：正面地看——而不是去尋找誰不是靈性的人，試圖找到誰是靈性的人。不是用尋找荊棘，來找到玫瑰；不是用尋找黑暗，來找到星星；不是用尋找疾病，來找到健康。總是要正面地移動，然後就會有一個可能性，從一百個之中你可能找到那一個，在沙漠中的那個綠洲。跟著那個綠洲，你的生命會被轉化。那就是你的師父，和他在一起，你也會變成一個綠洲。

第二：蘇菲就是透過正面的路徑。禪透過負面來超越頭腦；蘇菲透過正面來超越頭腦。兩者都超越頭腦，兩者都超越它，因此兩者都達到相同的目標。

但是，讓我再說一遍，禪移動經過一片沙漠；蘇菲移動經過黑暗的、朦朧的、但是綠色開花的山谷。你選擇！但是不能從頭腦。感覺……跟著兩者脈動，在哪裡你感覺到你內在的音樂開始流動，那時，那一個就是了，你已經找到你的鑰匙了。

第4章 經由困惑

問題

奧修，你說話的那個片刻的觀點，無論你說什麼似乎都是對的，但它可能是矛盾的。你拉著聽者往一個方向去證實一個特定的觀點，而在同時，你又經由後門前往反面的觀點。它是盤旋複雜的——聽者難以了解什麼事可能發生。這是不是在愚弄聽者——除非他意識到，真正的答案藏在超越你所說的話語裡？

Gourishankar Bharati，所有的說法都是片刻的，沒有任何說法能夠涵蓋永恆。而那些宣稱他們的說法是永恆的人只是在說謊，他們不知道他們在說什麼。

此刻只能涵蓋這個片刻，所以凡是我此刻所說的只屬於這個片刻，它是那個片刻的花朵。如果下著雨，我會說天下著雨。之後，天可能不再下雨，雲層可能會散去，天可能變成陽光普照。

是的，我的說法對另一個片刻是矛盾的——但只有當它被宣稱它必須是永遠真實的時候才會是矛盾的。

我不是在給你教條。教條是一個帶著宣稱它是永遠真實的說法，我給你的只是片刻的花朵。我不是在給你一個永遠不會改變的系統，那是過去發生過的事情，而人們因為它已經受夠了。

佛陀所說的是對「他的」片刻所作的「他的」回應。穆罕默德所說的是他對他的生命所作的回應。它不可能永遠真實，如果它必須永遠真實，那麼生命永遠不會改變，然後生命就會變得呆滯。那就是為什麼相信教條的人變得呆滯，他們的生命不再是一個流動，它們不像河流，它們變得凍結。基督教徒、印度教徒、伊斯蘭教徒、佛教徒，他們都是凍結的人，他們失去了所有持續不斷變化的軌道。

除了改變，沒有什麼是永恆的。

如果我在這裡創造了教條，那時我將永遠不會自相矛盾。你會因為那樣而感到快樂！因為你有東西可以依靠。你來這裡不是想要成道，Gourishankar——你來這裡是想要成為知識淵博的人。我的努力不是為了傳授知識給你：我的努力是要喚醒你。我不能允許你固執在任何說法上——因此我自相矛盾。我總是趕快矛盾，因此你沒有任何時間去固執在任何東西上。我要從你身上拿掉所有的知識。我要你單獨一個人在完全的空無裡，跟它的清純和它的天真在一起。

那就是為什麼我的片刻就是為了這個片刻，它不宣稱任何超出它的東西。我的每個說法都只是為了這個片刻而說。盡情享受它！只要享受今天早上玫瑰花的盛開——充滿著它的芬芳，歌頌它，為它跳舞，為它慶祝。你是幸運的，你能夠看到這朵花。但是不要希望你可以永遠保有它。除非它是塑膠花。只有假的東西、人工的東西才可能是永遠不變的。

現實是不斷在變化的，它是光的流動，它是一條河流。明天我不知道我會說什麼，我不記得我昨天說了什麼。我絲毫不關心我的過去，而且也不關心我的未來，這個片刻就是我的全部，超越它就沒有別的存在。我完全跟過去斷開……並且沒有對未來的計畫。當明天來臨，我們就會看到。而我現在對你說的，將不會變成我的義務要持續永遠說著它。我也沒有義務一次又一次地證實我的過去。昨天已經過去，昨天所作的說法也是。

但是我了解你的問題。你的問題是：那麼應該相信什麼？如何相信？但是誰告訴你要相信任何東西？要開心！不要相信。你看不出這個差別嗎？它們所強調的是不同的。我不是在告訴你要相信任何東西。

當然，如果我在告訴你要相信某個東西，那麼我必須一再地堅持同樣的東西；我必須一再地說它。那將會是一種催眠，當某個東西不斷地被重複，你就變得被它所催眠。我在這裡不是要催眠你，我在這裡正好在做相反的事：要解除催眠你——不只是對我過去的說法，而且是對所有曾經存在的成道者的說法。

我必須摧毀你的知識，你的信仰。我必須摧毀任何你可能堅持的東西，沒有東西必須被留下來……

一個桑雅生已經做得很好。他稱我的路徑為「經由困惑」VIA CONFUSIVA——那是正確的。那是完全正確的，它既不是經由負面VIA NEGATIVA，也不是經由正面VIA POSITIVE——它是VIA CONFUSIVA。

如果你能在這麼多的困惑裡丟掉所有的信仰，走出了困惑就會清楚。什麼時候你感到困惑？確實在什麼時候？每當你的信仰被攻擊——你就變得多疑：現在應該相信什麼？每當懷疑出現……但是如果沒有信仰，怎麼可能有懷疑？

沒有信仰的人也不可能懷疑。沒有什麼要懷疑的。我用摧毀你的信仰來摧毀那個懷疑，你能夠看到這一點嗎？懷疑是信仰的影子。它看起來像是相反的——但它不是。只有信徒可能懷疑，如果你相信神，懷疑就可能出現。但是如果你不相信神，懷疑能從哪裡出現呢？懷疑怎麼可能出現？一個沒有任何信仰的人也將沒有任何懷疑。

當我說了某件事情，它違背了你的信仰，懷疑就出現：現在要怎麼選擇呢？你已經對你的信仰付出那麼多的賭注，你已經跟它生活了這麼長的時間，現在突然懷疑出現了，這動搖了你，這使你害怕。

如果我持續天天說著矛盾的事情，聽我說話是需要很大的勇氣的，Gourishanker，你要帶著很大的心願，很大的愛來了解我，強烈的渴望想要知道：「無論付出多少代價，我都要知道。如果所有信仰要被摧毀，所有系統必須被丟棄，所有宗教要被扔進火堆裡，我已經準備好了，而且我想要知道。」

當這個熱切的渴望在那裡，你就會和我相遇。那時你會了解我的矛盾，它是一種裝置，它在創造一個情境。我不會允許我的門徒有相信任何東西的任何可能，甚至不要相信我。當所有的信仰都離開了，還剩下什麼？你就像一面鏡子，反映著生命所有的氣氛，反映著所有的氣候。夏天來了，你是夏天……而冬天來了，你是冬天……。白天來了，你是白天……而夜晚來了，你是夜晚。

這個我稱之為全然，活在全然裡就是活在神性裡。

所有這一切我所說的，不是一種教條——它根本不是。它的目的是完全不同的，而且目的是那麼地不同，那就是為什麼這樣的問題會出現。當你去聽別人說法，他是在那裡針對性地提出一個哲理；他對你解釋他的哲理。我不解釋，因為我沒有哲理，我是完全反哲學的。

當你去見一個傳教士，他是在那裡對你解釋某一條他相信的教條；他在那裡想要轉化你。我在這裡不是要轉化你：我在這裡只是要摧毀你。

所以記住：所有的說法都是片刻的，就像所有的花朵都是片刻的。春天來了……有這麼多的花朵。然後春天走了，你從來不會去接近自然而說：「你看起來非常矛盾，花朵在哪裡？你怎麼能夠持續以這樣的方式在自相矛盾？」

道是矛盾的，它必須是，那就是生命的法則。但是你從來不去接近自然！如果布穀鳥叫著，然後突然毫無理由地停止了，你不會去接近布穀鳥說：「你為什麼停止了？這是那麼地矛盾！那麼美妙地叫著，然後落入靜默？要嘛保持靜默，要嘛持續叫著——要一致！」但是你不會那樣說。

在夏天的雨中，樹木是綠色的。冬天葉子會消失，枝幹會光禿禿的、赤裸裸的、乾乾的對著天空站著，但是你不會去接近樹木說：「你怎麼敢這麼矛盾！」

我是這個道的一部分，我不是一個哲學家。所以我所有的說法都是為了這個片刻。記住，沒有必要去相信它們，享用它們！咀嚼它們！當花正在那裡，喝它的美，它很快就會消失，在它消失之前，慶祝它的存在。

慶祝我！不要相信我，要慶祝我，那就是差別。讓我的存在是給你的盛宴，它不應該變成監獄，它不應該變成你頭腦的定義。它不應該用想法填入你，而是要用舞蹈和歌曲。

如果你想記得我，永遠不要記得我是哲學家、傳教士——不是，從來都不是，那些對我都是髒話。要記得我是詩人，你永遠不會去見一個詩人而對他說：「你是矛盾的。」因為你了解詩人沒有義務要一致，他可以以不同的心情唱一千首歌曲。當他是悲傷的，他就唱悲傷的歌；當他是快樂的，他就唱快樂的歌。你不會去質疑他……

我的存在是更詩意的。如果你真的想感受我的存在，你也必須學習詩的方法。藝術對我來說是最偉大的宗教——未來的宗教。美學對我來說就是祈禱。

第二：對我來說它們不是對立的。對你來說它們看起來是矛盾的；對我來說並沒有。對我來說根本沒有任何是矛盾的，因為每個矛盾都只不過是一個補償，沒有辦法真的矛盾。夜晚並不是白天的矛盾，它只是對白天的能量提供休息，在早上再次復活。如果沒有夜晚，也就沒有白天。透過夜晚，白天才能活躍，重新獲得活力。透過白天，夜晚才會出生。透過生命，死亡才會降臨，透過死亡，生命才會一再地回來。它們不是敵人，它們是朋友，它們是在同一場比賽的合作夥伴，它們是互補的。

所以如果你帶著極大的愛來了解我，你會看到那些看起來對你而言是矛盾的矛盾，因為你的了解是稀少的。當你的了解變得更多，當你移動到意識高一點的階段，那些矛盾就不會看起來像矛盾——它們會相互補償。它們會使任何我所說的變得更加豐富。

如果你只談到禪，它有一種豐富。如果你只談到蘇菲，它有另一種豐富。但是當你談到蘇菲和禪這兩者，你的豐富是廣大的，它比禪跟蘇菲的總和還大。它不只是禪加上蘇菲：它是禪乘以蘇菲——它是多方維度的。

因此，我繼續透過不同的窗口說法。有時我站在朝東邊打開的窗戶，我談到東方、太陽升起和早晨。有時我站在朝西邊打開的窗戶，我談到夜晚、日落和它的美麗。我持續改變著，因為有很多很多很多的窗戶通往神性。

耶穌說：在我神的宮殿裡有很多住所，有好幾百萬的可能性。那是神的無限大，因此你不可能耗盡祂。但是去關注全部的可能性，一定會使你無限的豐富。

所以對我而言，沒有對立面，只有互補。

第三：沒有答案、真實或不真實。我不會給你任何像這樣的答案，我給你的是洞悉生命的奧祕，不是答案而是見識到生命的奧祕。如果我的回答激起了你內在的奧祕，那我就成功了。如果我的回答對你變成一個答案，那我就失敗了。

不要把我的回答當做答案，我不是學校的老師。我沒有答案給你，因為我必須給你的是對奧祕和神奇的感官。

不過我了解，這是困難的——我講一種語言，你講另一種語言。當我說「語言」我的意思不是指英語、德語或法語。我的意思是……我的語言來自於我的存在，你的語言來自於你的存在。表面上，我們可能在講同一種語言，但是內心深處，我在對你說的事幾乎是不可翻譯的，不可能把它翻譯成你的語言。那麼為什麼，我還是在說它呢？

我只是瘋了，我無法抗拒。它在滿溢著，沒有辦法阻止它，我不得不說它——就像一朵雲背負著雨水，它必須下雨！無論你是否能浸透吸入它，那不是重點。岩石也許不能浸透吸入它。或者，某些土壤也許能浸透吸入它，那將會充滿綠意而美就出現了。但那一切都是未定，這是一件未定的事情，它可能發生，也可能不會發生，它要看你如何讓我進入。

我聽說過一個美麗的故事：

幾年前在法國舉辦了一場特殊的會議。英國和美國某些重要的哲學家都被邀請來參加他們的會談。他們交換意見，分享經驗，並且探討他們之間可能的「溝通」範圍。在非常融洽的氣氛下，會議舉行了，討論發生了，演講進行了。消耗不少的葡萄酒之後，許多友誼必定被建立了，但是顯然沒有哲學的溝通發生過。

例如，有神論的存在主義者馬賽爾（Gabriel Marcel）試圖解釋他對神的想法、恩典和超越。但他不斷地從觀眾，從其他哲學家遇到阻力：「但那樣你是什麼意思，你確定你不是說這樣？這怎麼可能……？這不是真的……？……等等……等等。」

過了一會兒，馬賽爾變得憤怒而聽眾也開始騷動不安。最後，聽眾中有人問馬賽爾，為什麼他不乾脆說出他是什麼意思。因為有一段時間，他只是一直試圖在解說，他只好回答說：「也許我無法對你解釋這個，但是如果我在這裡有一架鋼琴，我就可以彈出它。」

而因為沒有鋼琴，溝通就不可能。

但是我懷疑：即使有了鋼琴，它還是不會發生——因為對方也許也不了解音樂的語言。是的，那正是發生在這裡的事。我試著對你們說的是一種我聽到的音樂。口語上，它沒有被聽到。它是在流水的聲音裡，它是在穿過松樹的風聲裡，它是在鳥的歌聲裡，它是在黑暗的靜默裡，它是在太陽的跳動光線裡。它是在各種角落！但它是一種音樂。除非你能夠了解這樣的音樂，否則你將不能夠了解我，你會繼續誤解我。

你說：這是不是在愚弄聽者？

你必定是到這裡來蒐集某個信仰——這時當然你會覺得受騙，因為你不可能蒐集到任何信仰。相反地，你曾擁有過的東西會開始從你的手中滑落。如果你是來蒐集多一點知識，你會覺得受騙。當你離開，你會混亂更多，你會擁有更少。除了你自己，你會擁有更少。你會在這裡失去一些東西，我們搶走人們的知識。

所以你也許覺得有某種被愚弄的感覺。當我說了某件事，它看起來那麼清楚，那麼絕對地正確——而在下一個片刻，我就反駁它。那時我所說的反駁的事，它看起來再次是正確的。但是我會再次反駁它！

只要去想想人們，Gourishankar——你在這裡只有幾天——只要去想想，年復一年，一直在聽著我的人們。他們幾乎停止聽了，而一種新的溝通方式，一個共鳴已經開始。他們不再擔心我的話語，那不再是一個關注。他們已經失去對話語的熱情，我已經摧毀了它。

我已經反駁自己這麼多次，因此現在他們都知道這一點——沒有東西需要固執，明天我會把它拿走。因此什麼是重點？等明天。慢慢慢慢地，他們學會了不執著的美。慢慢慢慢地，他們學會了如何不受我的話語干擾，而直接溝通，共鳴……他們的能量開始跟我流動。它們能夠流動，只有當話語不再是重要的，然後某個更優越的東西就發生了。

那就是為什麼我一直在講這麼多。它不是透過話語跟你溝通：它是在摧毀話語本身的涵義。你會感到非常驚訝，為什麼我講了這麼多的原因是我想要毀滅話語中的所有涵義。聽著我，慢慢慢慢地它就消失。隨著話語涵義的消失，存在的連結就出現。那才是真正的起始點——當你開始聽到我的音樂，當你變得契合我的存在，當你呼吸了我。這會發生……這曾經發生在某個人身上。

Vasumati寫出這個：

今天和最近幾天的講道，只要你開始說話，我的身體躺在地板上，某件事就開始發生。你的聲音愛撫著我，鬆開我一條接一條的肌肉，輕輕地癱瘓我而拉我進入你的靜默，直到我就像一條海草，在你無限海洋的波浪裡。喔，奧修，我的心跟你一起死去，跟你一起起落，跟你一起呼吸。這可以說是，我跟你一起在愛裡，跟隨你、你的能量、溫暖和芳香一起存在嗎？當我靠近你，所有的問題就溶解了，沒有東西，只有我的心跳聲、雨聲和你的聲音。

是的，Vasumati，這就是它。當話語開始消失，某些更深刻、更深奧的東西發生了。師父和門徒的相遇，不是以兩個頭腦而是以兩個存在，融入對方，融進對方，落入對方。

不久，那個片刻會發生，當門徒不再是分開的，師父不再是單獨的。他們已經變成一體，那個合一就是所有門徒圈的目標。當那個合一發生了，你就了解了師父，你就喝醉了他，你就吸收了他。你就回到家了。

問題

有時候，當你說法時，我得到一種活在希臘左巴生活的景象——吃、喝、玩、樂——欲望的和熱情的，我想這就是法。另一個時候，我覺得你在說的法是要靜靜地坐著，警覺不動，要像個僧人。那麼，我們到底是誰——左巴或僧人——它們怎麼可能混在一起？我感覺你已成功地整合了矛盾，但是我們如何成為兩者，既是左巴受到激情和欲望的感動，也是佛陀無念、冷靜和沉著？

那是最終的合成——當左巴變成佛。我試著在這裡創造的不是希臘左巴，而是左巴佛。左巴是美的，但是缺少了某個東西。地球是他的，但是他缺少了天堂。他根著於大地，像一棵巨大的雪松，但是他卻沒有翅膀，他不能飛上天空。他有根，但是沒有翅膀。

吃、喝、玩、樂本身是好的：在它裡面沒有什麼錯，但它是不夠的，很快你就會感到厭倦。我們不能只是持續吃飯、喝酒、做愛。不久以後，快樂的旋轉木馬（merry-go-round）會變成悲傷的旋轉木馬（sorry-go-round）——因為它是重複的。只有一個很平庸的頭腦可以持續帶著它而覺得快樂。如果你有一點點的智慧，你遲早會發現這一切是完全徒勞的。你可以持續吃飯、喝酒、交媾多久？遲早問題必然會出現——這一切的重點是什麼？為什麼？這個問題是無法永久逃避的。如果你是非常聰明的人，它總是會在那裡，持續在那裡，為了答案敲擊著你的內心：給我答案！——為什麼？

還有一件事要記住：這並不是說貧窮、飢餓的人會變得對生命沮喪——不會的。他們不可能變得沮喪。他們還沒有活夠——他們怎麼可能會沮喪？他們仍然帶著希望，窮人總是帶著希望。窮人總是渴望某些事會發生，期待某些事會發生。如果不是今天，那就是明天或者後天。如果不是這輩子，那就是下輩子。

你是怎麼想的？這些在描繪天堂像是一個花花公子俱樂部的人——這些人是誰？這些生命錯過飢餓、貧窮的人，他們投射他們的欲望在天堂。在天堂裡有葡萄酒河，這些想像葡萄酒河的人是誰？他們必定在這裡錯過了。並且還有KALPAVRAKSHAS——許願實現樹。你坐在樹底下許願，而你許願的那個片刻，馬上它就實現。介於願望跟它的實現，甚至沒有經歷單一個片刻，願望跟實現之間沒有影子。它是立刻的，即時的！

這些人是誰？他們是飢餓、未曾能夠過他們想要的生活的人。他們怎麼可能對生命沮喪？他們還沒有經歷過——只有透過經驗，人才會知道這一切完全都是徒勞的。只有左巴才會知道這一切完全都是徒勞的。

佛陀他自己曾經是一個左巴。在他的國家，他擁有各種美女，他的父親安排了所有漂亮的女孩在他身邊。他擁有最美麗的宮殿——在不同的季節裡有不同的地方。他擁有全部可能或者在那個時代可能的奢侈品。他活在一個希臘左巴式的生活裡——但是當時他只有二十九歲，他變得完全地沮喪，他是一個很有智慧的人。如果他是一個平庸的人，那麼他就會一直活在那裡。但是不久，他看到了這一點：它是重複的，它是相同的。每天你吃，每天你跟女人做愛……他每天都有新的女人來跟他做愛。但是能快樂多久！不久，他就受夠了。

生活的經驗是非常痛苦的。只有在想像中，它是甜美的，在現實中，它是非常痛苦的。他從宮殿、女人、財富、奢侈和所有一切逃離了……

所以，我不反對希臘左巴，因為希臘左巴是左巴佛的基礎，佛是從那個經驗產生的。所以我完全贊成這個世界，因為我知道彼岸世界只能透過此岸世界被經驗。因此我不說從它逃離，Prabhu Maya；我不會對你說要變成僧人。僧人是一個反對左巴的人；他是一個逃離者，一個懦夫；他在緊急中做了某件事，出於不明智，他不是一個成熟的人。僧人是不成熟、貪婪的——為彼岸世界而貪婪，想早一點得到它。季節還沒有來到，而他還沒有成熟。

要活在這個世界，因為這個世界給予人一種成長、成熟、整合。這個世界的挑戰給予你一個歸於中心、覺知。而那個覺知會變成階梯，那時你可以從左巴移向佛。

但是讓我再次重申：只有左巴變成佛——佛從來不會是一個僧人。僧人從來不會是一個左巴，並且已經被佛這個字迷住了。僧人是個模仿者，他是虛假、偽裝的，他模仿佛陀。他可能是基督教徒，他可能是佛教徒，他可能是個耆那教徒——那並沒有太大的差別——但是他模仿佛陀。

當僧人遠離俗世，他持續跟它戰鬥，這不是一件輕鬆的事。他整個人被拉向俗世，他掙扎反抗它，他變得分裂。他整個人一半在俗世，另一半已經變得貪婪著彼岸。他被撕裂了，僧人基本上是一個精神分裂的人，他分裂成低階和高階。低階持續拉著他，他越壓抑，低階變得越來越有吸引力。因為他沒有活過低階，因此他不可能進入高階。

如果你想要進入高階，那只有當你已經活過低階的痛苦和狂喜才有可能。在蓮花變成蓮花之前，它必須行經汙泥——那個汙泥就是俗世。僧人已從汙泥逃離，他永遠不會變成蓮花。這就像一顆蓮子害怕落入汙泥——可能是出於自我：「我是一顆蓮子，我不能落入汙泥！」但之後它會保持是一顆種子；它永遠不會盛開成蓮花。如果它要盛開成蓮花，它必須落入汙泥，它必須活在這個矛盾。如果沒有這個活在汙泥的矛盾就沒有超越。

Maya，你問我：

有時候，當你說法時，我得到一種活在希臘左巴生活的景象——吃、喝、玩、樂——欲望的和熱情的，我想這就是法。另一個時候，我覺得你在說的法是要靜靜地坐著，警覺不動，要像個僧人。

不對，我會是最後一個要把你變成僧人的人——否則，為什麼這麼多僧人和尼姑反對我？我希望你變得根植於大地。我完全贊同尼采，他說：「我求求你，我的兄弟，保持忠實於此地，而不要相信那些談到彼岸希望的人！」用相信此地來學習你信任的第一課。此刻這就是你的家！

不要貪圖彼岸世界。活在這個世界，帶著強烈、帶著熱情活下來。帶著全然、帶著你的整個存在活下來。從那個全然的信任，從那個生命的熱情，去愛和喜悅，你就會變得能夠超越。

彼岸世界就隱藏在這個世界裡。佛就睡在左巴裡，它必須被喚醒。除了生活本身，沒有人能夠喚醒你。

我在這裡幫助你成為全然，無論你在哪裡，無論你是在什麼狀態——全然地活在那個狀態裡。只是全然地活在一件事情中，人才能夠超越它。

首先成為一個左巴，這個地球上的一朵花將透過它而有能力變成佛——彼岸的花朵。彼岸不是遠離這個世界；彼岸不是反對此岸世界：彼岸是隱藏在此岸。此岸是彼岸的唯一體現，而彼岸是此岸未體現的部分。

問題

親愛的奧修，

沒有綠洲，沒有沙漠，
沒有高山，沒有峽谷，
沒有夏天，沒有冬天，
沒有雨，沒有雪，
沒有對和錯！
沒有蘇菲，沒有禪，
沒有譚崔，沒有咒語，
沒有桂冠，沒有十字架，
沒有收穫，沒有失去！
全部在你裡面。
無限，永恆

對和錯！永遠跟著你！

Seeta，這是了解我的方法。我既不是蘇菲也不是禪，我既不是男性也不是女性，我既不正面也不負面，我在這裡幫你們超越所有的極性。因此我談到極性，這樣你們就可以了解它們，這樣你們就可能變得認識它們——以至於你們不會被它們所困住。

我跟你們談到蘇菲和禪，這樣有一天你能夠超越兩者。你必須超越所有的觀點！你必須超越各種教理、教條、路徑、方法、技巧。跟我在一起就是在超越的路上。我既不是有神論者，也不是無神論者，既不是印度教徒，也不是伊斯蘭教徒。

我只是一個覺知——充滿著愛。你也可能變成那樣，因為所有我所成為的，你都能夠成為，因為無論你在哪裡，我曾經有一天也在那裡，帶著同樣的痛苦，同樣的苦難，帶著同樣的二分法——帶著同樣的問題！我曾經就像你，那就是為什麼我說，你也可以像我一樣。

跟師父要跟一個曾經就像你一樣的人，因為只有那個人可以幫助你，那個曾經就像你一樣的人。如果師父從神那邊降臨，祂不可能有多大的幫助——因為祂從來就不曾是一個人。如果神親自來到地球上，並在你們之間走動，祂會是根本沒有任何幫助的。那就是為什麼祂從來沒有嘗試過。或者，也許祂已嘗試過而失敗了，所以祂放棄了整個計畫。

神不可能跟你溝通。祂從來就不曾是一個人，祂不會知道你在哪裡，祂不會知道你承受什麼苦。祂不會給你任何憐憫，祂不會有任何了解。祂是一直在你想要祂在的地方，距離會是非常遙遠的。即使神面對你，你和神之間也會有那樣的一個隔閡，那會是不可逾越的，因此師父才有意義。

師父是一個曾經就像你們一樣的人，一個從你們出現的人，一個從你們走出而走在前面的人。他知道所有旅程的痛苦，他知道整個人類的過去，他了解——那就是為什麼他有憐憫，他能夠幫忙，因為他仍然在身體裡。他的一隻手仍然在世界裡，他的另一隻手已經觸及了神。他能夠變成一座橋，師父是一座橋。

Seeta，這就是了解我的方法。不要讓它只是停留在頭腦裡。讓它充滿你身體的每個細胞和肌肉變成活力。讓它成為你的心跳，你的呼吸。

問題　為什麼神祕家講他們自己的語言？

他們有話要對你說，要跟你分享，但那些東西對你而言是從來沒有想過的。他們必須要明智地使用你的語言，而以這樣的方式，這樣的細微的差別，曲曲又折折，因而他們才可能給你一個某些不被你的語言涵蓋的東西。

那就是為什麼神祕家以某種方式使用語言，而不同的神祕家以不同的方式。蘇菲以寓言來說話；他們的信息全都在他們的故事裡。故事有一種美，即使孩子也能夠了解它們。他們可以傳達到最低的層次，那些無法了解更高層次的人，甚至他們也能了解這些故事。他會根據他的能力來了解，但是如果你持續靜心想過這些故事……人們必須靜心想過這些故事，這些都不是你讀一次就要把它們扔掉的故事，它們有極大的意涵隱藏在裡面。你必須一次又一次地挖掘，你必須要靜心。慢慢慢慢地，新的意涵會來臨。當你在憐憫中，在信賴中，在意識中，在靜心中增長，意涵就跟著增長。

蘇菲使用寓言說話。他們選擇了那種方式，因為世界上有這麼多的人，在生命的不同階段，不同的駐點。某些事情必須被告知，能夠被所有的人了解。此時，寓言有一種美：它可能被所有的人，以不同的方式來理解。它是極其無限的，那些無法了解的人們，甚至他們也可能享受它。如果今天他們能夠享受它，明天他們就可能會了解它。

馬哈維亞選擇了一個不同的方式。他根本不說話，語言已經被丟棄了。靜默是他的語言，他只是跟他的門徒坐著。現在這會是困難的；並非所有人都能了解它——只有最高層次的人能了解。據說關於馬哈維亞他的第一次講道，當然在靜默中，只有被神了解。那是一個沒有人了解的方式，要歷經數年後才有幾個人了解他。

若以信徒的數量而言，耆那教是最小的宗教。為什麼呢？原因是馬哈維亞不選擇可能被很多人可以了解的方式。他是一個非常非常精算的人——那就是這背後的原因。他想要精確，他不可能使用寓言，寓言基本上是不精準的。寓言必定是含糊不清的。因此才可能有很多意涵在它裡面；寓言有很多意涵在它裡面。它必須是一個魔術袋：你可以從它取出任何你想要的意涵。這會被很多人所了解。好幾百萬人都能夠了解，甚至孩子們也能夠讀它。因而，某些事會發生在他們身上。

馬哈維亞是非常精算的。他保持靜默——因為他知道，如果他說了某句話，它就不會像在他內在那樣準確，所以最好不要講話。靜默就是他的語言，只有少數非常進化的靈魂能夠了解他。

禪有自己不同的方法，它不使用寓言，它也不保持靜默。它使用觀照、謎語和不能被人的頭腦解決的東西。那是它用來摧毀人的頭腦的方法，這需要好幾年的時間。

當你在書裡讀到禪的故事，師父敲擊一個門徒，他立即就成道。永遠不要受騙——你不知道整個故事。他曾經靜心了二十六年，那個部分是沒有在故事裡被提到的。二十六年後，他才得到師父的敲擊；這並不適用於每個人。不要以為當你去見一個禪師，他會在你的頭上敲擊你，你就會成道。他不會敲擊你，他會很禮貌地跟你在一起。他會說：「先生，你來見我非常棒！我很高興你的出現。」不要以為他會敲擊你，這需要被賺得的，這需要好幾年才能得到師父的敲擊，那個敲擊只能夠在最後的片刻才會被給予。

當你和真實之間只剩下非常非常薄的一層，只要一個敲擊，這層就會被敲破，小鳥就從蛋裡出來……不過這隻鳥首先必須在蛋裡面，給予長大成熟的機會。不要在牠們成熟之前打破雞蛋，否則你會把小鳥殺害，你不會有任何幫助。

禪有它自己的方法，非常瘋狂，但是非常強大的力量。

你問我：為什麼神祕家講他們自己的語言？

他們必須這樣做。每個神祕家必須根據他的了解、能力，根據他的過去、經歷創造出一種語言。當耶穌說話，他是像一個木匠的兒子在說話。當佛陀說話，他是像一個皇帝在說話。那是他們的過去，當你說話，你必須使用你的過去。

佛陀不可能用像耶穌一樣的方式說話，他的術語一定是不同的。他從來沒有到過森林，他從來沒有砍過柴，他從來沒有鋸過木頭，他從來沒有帶著木柴到父親的工廠，他不知道如何根據木頭的新鮮氣味來裁切。他不會講那種語言，他不能使用牧羊人、羊和迷途的羔羊的寓言。不可能，他對牧羊人和羊不了解，而耶穌就能夠使用那個寓言。

佛陀是像一個國王在說話——朝廷的語言，哲學的語言，而不是普通人的語言。他不曾是一個普通的人——他怎麼能夠說那種語言？

所以每個神祕家必須使用他自己的語言。記住：語言是危險的。話語療癒和刺傷，鼓勵和散播困擾。使用話語是在使用一種非常非常危險的武器。它可能被用於外科手術；它也可能被用來割斷某人的咽喉。一個人必須非常純熟於使用話語，有很多神祕家決定根本不說話。而那些發言的神祕家，他們也不斷發言反對說話。而且即使他們非常非常聰明，非常有語言的經驗，非常善於表達，也是反對……

佛陀的說法似乎很難，對充滿想法和無明的我們是不可能的。梵我一如（That art thou）——

像海洋一樣的說法。你無法在它上面行走，你無法在它上面蓋房子，它的運作就像水穿透你的手指間。「如果你在路上見到佛陀，就殺了他。」——像山脈一樣的說法。你無法看透它，你不知道在它的背後是什麼。你不知道那意味著什麼、它是關於什麼的東西。

就在幾天前，我收到一封來自美國的信。某個人必定在我的某本書裡讀到一段話：「如果你在路上見到佛陀，就殺了他。」現在他非常生氣，他必定是個非常可憐的佛教徒。他是那麼生氣、懊惱，他在極大的憤怒中寫信給我：「你是誰來告訴我們要殺佛陀？你怎麼能說出這麼褻瀆神明的事？殺佛陀？佛陀必須被敬拜，而不是被殺害吧？佛陀是曾經走在地上最偉大的人。你說：『殺了佛陀，如果你在路上見到他。』是什麼意思？」

他是真的生氣了。我能夠了解他的憤怒。他不明白佛陀，他不明白這個偉大的說法。而且這個也不是我的說法，好幾世紀以來，禪宗的人一直在說著；這至少超過兩千年了。但是他也許不知道這件事，他必定想著我是反對佛陀的人。但佛陀是死的！如果我反對他，我如何能夠說要殺了他？

這些說法就像是山脈，高大的山脈。它們就像聖母峰，非常困難攀登。

他無法了解，這個美國人無法了解，因為他必定以基督教的方式被帶大，之後，他也許變得對佛陀有興趣。那就是問題，沒有基督教徒可能說這樣的話：「如果你在路上見到耶穌，就殺了他。」那不是他們的語言。他們會認為這是褻瀆神明的——那就是他在信中所寫的：「這是褻瀆神明的！你必定是一個無神論者，一個非宗教性的人，你必定是一個撒旦，才會說像『殺了佛』

這樣的話。」他的成長必定是基督教徒；那是另一種語言。他不知道禪說事情的方法。

這不是在說反對佛陀——它卻包含了佛陀的整個訊息！佛陀絕對會同意它。那就是他曾經做過的事，當他要離開世間的時候，他的最後一句話就是這一句。他對他正在飲泣的門徒阿難說：「不要為我哭泣！事實上，我對你一直是障礙，現在障礙快死了，你就自由了，這樣對你可能會變得更加容易開悟。」

阿難已經在這裡跟佛陀生活了四十年，活著還未開悟。佛陀走了二十四小時後，他就成道了。發生了什麼事？他執著於佛陀的想法。那個執著就是一個障礙。

這事也發生在拉瑪克里斯納的情況：

拉瑪克里斯納是地母神卡里(kali)的崇拜者。那時，他遇到一個非常非常奇怪的人多達布里(Totapuri)，世界上很少有一個像多達布里那樣的人。他就像達摩，一個很奇怪的人。他時常赤身露體走在路上，他完全擺脫各種道德、倫理、規則、法律。他是一個Paramahansa，一個生命解脫者——在他的生命裡他是自由的，完全地自由，自由是他的品質。他只是在恆河邊四處遊蕩，當他來到加爾各答的達克希涅斯瓦，拉瑪克里斯納看到他，變得對他感興趣。他從來沒有看過這樣的自由，這樣的優雅和這樣的美。他請求多達布里說：「幫助我。」

他看著拉瑪克里斯納說：「好！我會幫助你，但唯一的條件是：你必須摧毀這座地母神。」

拉瑪克里斯納開始發抖、顫抖著。他說：「你在說什麼？我怎麼可能摧毀地母神？她是我的母親，她一直幫我到現在，她是我全部的一切，她是我的靈魂，我的心，我會死的！」

多達布里說：「所以，你最好死掉，或者殺了這個母親。如果你真的想擁有自由，你必須摧毀所有的連結和所有的依附。這就是你的依附，你沒有依附你的妻子，因此那不是問題，你沒有依附錢財，那也不是問題，你沒有依附這個世間，因此那也不是問題。你的整個依附就是這個母親，這個地母神，我也知道它是美麗的，但是它仍然會使你遠離真理。」

拉瑪克里斯納靜坐在多達布里面前，但是當他閉上眼睛的那個片刻，地母神就帶著她所有的榮耀在那裡。他開始搖擺著，眼淚來到他的雙眼，他忘記了所有關於多達布里和他的自由。

多達布里搖醒他說：「你已經再次落入夢境，這些都是夢！你為什麼不拿一把劍把她砍成兩半？摧毀她！」

這發生了很多次，拉瑪克里斯納沒辦法……對於砍掉怎麼說？——他忘記了所有關於多達布里和他給予他的想法。他看著內在地母神的臉，它是那麼活生生地，那麼美麗，那麼充滿光明。這不是普通的經歷：這是最偉大的願景，最終形式的願景，神的形式，超越那個，那個只是無形的。

多達布里受夠了，他說：「現在，今天我會離開，在我離開之前，你再試一次，我帶來了這片玻璃。」

拉瑪克里斯納說：「為什麼？」

他說：「當我看到你的眼淚開始流出，我知道你開始動搖了，在你又因為地母神而產生最熱切的感動時，我會用這片玻璃切入你的第三眼，血液就會開始流出，我會深深地切入，只為了提醒你我在這裡，只為了提醒你：拿起劍，把地母砍成兩半！」

而拉瑪克里斯納說：「要從哪裡帶來劍？」

多達布里說：「從你把地母帶來的那裡，從同一個源頭——這些都是想像。」

那一天，拉瑪克里斯納試了。多達布里用那片玻璃切了他的第三眼。血液開始流出來，而他把玻璃深深推入第三眼。在覺知的某一片刻，拉瑪克里斯納拿了劍，把地母砍成兩半。地母消失了，無形敞開了大門。

有六天的時間，他處在三摩地中。當他回神時，他說的第一句話是：「最後的障礙已經去除，我無限感激你，多達布里師父——無限感激你，我最後的障礙已經去除。」

這就是禪宗的人所說的，或是我對你所說的意思：「如果你在路上見到佛陀，就殺了他。」事實上，我應該對你說：「如果你在路上見到我，就殺了我。」——因為你不可能遇見佛陀，但你可能會遇見我。「在路上」的意思，是指當你開始從形式轉向無形，你的師父會是最後一道障礙。你已經變得如此依附師父。你一直跟師父在這樣的愛裡。你已經透過他，享受了那麼多的樂趣和狂喜。砍掉他似乎簡直是忘恩負義的——不會，這不會。但這是禪宗談論的方式。

基督教徒會感到被冒犯，耆那教徒會感到被冒犯，印度教徒會感到被冒犯，伊斯蘭教徒會感到被冒犯——這不是正確的方式來談到你的師父！

不同的神祕家選擇了不同的說話方式，但如果你深入看，它並不是那麼不同。容器是不同的，但是內容物沒有不同。每個神祕家都必須選擇自己的說話方式，並且必須選擇他的門徒可以了解的方式。

一位心理學教授進行了一項實驗，來證明關於他的研究。他僱用了一個人用斧頭的反面劈打一塊原木。那個人被告知，他會收到他日常薪資的兩倍。這傢伙持續工作了半天，他放棄了，他說：「我必須看到木頭碎片飛濺。」

現在，一個砍木頭的人，如果他被告知要用斧頭的背面砍木頭，他很快就會失去他的熱情。他需要看到木頭碎片飛濺——它們維持他的熱情，它們維持他的移動，它們維持他的能量流動。那就是他的語言！他只能在那種語言裡工作。那是他的諾亞方舟——沒有那些，他就不能運作。

每個神祕家必須根據自己，並且根據那群聚集在他周圍的門徒而說話。每個神祕家吸引某一類的人。你沒有看到嗎：在這裡，某一類的人已經聚集——未來的人類。你不會找到正派的人在這裡，你找不到。不可能的，你不會在這裡找到清教徒、道學家。你不會在這裡找到偽君子。這是不適合他們的地方！我不是他們的人。

一位法國的東方哲學學者蓋農（Guenon）去見葛吉夫（Gurdjieff）。蓋農習慣住在巴黎，葛吉夫住在離巴黎幾英里遠的地方。蓋農只去過葛吉夫那裡一次，而且只待了半個小時他就回來了。

回來後他開始談論反對葛吉夫——他終其一生談論反對葛吉夫。他時常對人們說：「要逃離葛吉夫，就像你要逃離瘟疫一樣——就是要逃離他！他是地球上最危險的一種疾病。」發生了什麼事？蓋農是個道德家，他非常非常清教徒。在那半小時的時間裡，他所看到的是非常非常不同的。

葛吉夫常常強迫不喝酒的人盡可能地多喝。現在，那是他的方式。當一個人完全喝醉了，他會變得非常非常真實和誠實。這是一件非常糟糕的事情，但這就是那麼一回事。人們已經變得那麼虛假，因此，要看到他們的本來面目，你必須等待……只有當他們是絕對地喝醉的時候。那時，他們的面具就會滑落；他們無法戴著它們，他們非常地醉，一切都變得搖搖晃晃，他們開始顯現出他們的真實面目。

因此，每個門徒都必須透過那個折磨。這是一個折磨，對那些不曾喝酒過量或是反對酒精的人。試想印度前總理莫拉爾吉．德賽(Morarji Desai)，如果他曾去見了葛吉夫……！他會強迫人們喝那麼多酒，因而他們會跌坐在地上，開始說廢話、大喊大叫、咒罵。而那就是他觀看他們的方法：那時，他會靜靜地坐著，看著，聽著他們。一旦他了解你的實體，那就沒有問題——那時工作就會開始。但是只有當你喝醉的時候，你才會顯露你的真實，否則，你會戴著你的虛假臉孔。

這個道德家看到這種情況發生後，他被嚇呆了，他無法了解它。有時候，正派的人來到這裡後他們就逃走了；他們再也不會回來。這是一個不同種類的社區。我只能被新人類所了解，那些即將要生出的人，那些在道上的人。過去的人無法了解我，所以我必須使用未來的語言。

而你知道，每個人都必須使用自己的語言。

我聽說過，假如律師想給某人一個橘子，他可能會說：「我給你我所有的而且特別的擁有物與權益、權利名義和要求，以及在這橘子裡的裨益，連帶著它全部的果皮、果汁、果肉和果仔，還有所有附加的權利、好處，其中有完整的權力去咬、切、吸或吃這橘子，或者帶著或不帶著它的果皮、果汁、果肉、果仔丟掉它，或後續的任何東西或產生物，或在任何契約或憑據，以何種辦法或無論何種特質，對相反的情況也是如此原則。」

此時，他只是要給某人一個橘子！但這是一個律師說話的方式，法律的方式。

兩個流浪漢坐在樹底下。第一個流浪漢躺在樹下公園的長椅上說：「我剛剛夢見我擁有一份工作。」

第二個流浪漢說：「是啊，你看起來很累。」

有各式各樣的語言。神祕家也是以各種形式展現，而且當然，他們必須使用他們希望被人們所了解的語言，而他們所使用的語言必須表達他們的經驗。

卡比爾（Kabir）以一種方式說話，克里希那以另一種，那納克（Nanak）（編註：錫克教的宗師及創始人）又是另一種——他們是不同世紀的人，在不同的氣氛、不同的氛圍下，他們對著不同類型和不同潛力的人說話。

問題　為什麼我那麼善待他人，而對我自己這麼嚴苛？

讓我告訴你一個故事：

「牧師，」有一個充滿煩惱的年輕馬車夫抱怨說：「我對我的馬束手無策，牠們不吃任何東西，只吃漢堡和薯條。牠們已經那麼瘦了，我擔心牠們不會維持多久。」

「讓我問你一件事，」牧師說：「你天天祈禱？」

「嗯，呃——呃——不常。」車夫結結巴巴地說。

「你總是每頓飯前洗手？」

「不一定。」

「在你吃飯之前，你有請求神的祝福？」

「沒有！」車夫簡潔回答。

「那麼一切都非常清楚，」牧師說：「這是跟神的補償規則有關，無法改變。因為你吃得像一隻馬，你的馬就得吃得像一個人。」

Deva Sharan，你問：為什麼我那麼善待他人，而對我自己這麼嚴苛？

這是補償的定律。如果你對他人那麼好，你會對自己嚴苛。你其實是想要對他人嚴苛，但是你隱藏它，你壓制它，它變得積累在你裡面。而你不能對他人嚴苛；你已經被教導不要對他人嚴苛。所以最後，你去哪裡倒你的垃圾？你只好留下來。

這幾乎經常在發生：善待他人的人總是對自己嚴苛——他們必須是這樣。這世上通常只有兩種人：謀殺者和自殺者。謀殺者對他人是危險的，非常危險——他們可能殺人。而對他人不危險的人，往往對自己是危險的——他們可能自殺。

沒有必要把自己歸類在這兩個類型之一，你可以去超越它們，那就是我的教導。沒有必要事先決定，你必須要對他人嚴苛，或者你必須要善待他人。你只要覺知到你自己，這不是對任何人嚴苛或善待的問題——你只要覺知你自己的內在。第一個會發生的效應是你會變得善待自己。變得覺知的第一個漣漪是變得善待自己——覺知的第一個漣漪就是愛自己。

你會驚訝地知道這一點，因為你一直被教導說愛自己就是自私的——它不是。它是所有無私的愛的基石。愛自己是所有可能的愛的基礎——愛你的妻子，愛你的孩子，愛你的神。除非你愛你自己，否則你不可能愛任何其他人。

靜心想想耶穌的話語：要愛你的鄰居就像愛你自己一樣。但你自己是第一優先的。人們已經開始愛著他們的鄰居，卻忘記了他們沒有愛自己。所以當你愛你的鄰居，你不會發覺他非常熱絡——你必須愛他，因為你已經被教導，而這是禮貌、文明與文化，尊重透過它而來，你愛你的鄰居——你就會恨你自己。那時補償定律就會運作。

如果你恨你自己，你怎麼能夠愛你的鄰居？你只能假裝；你只能在表面上顯現，內心深處，你想要謀殺他。內心深處，你充滿仇恨。這是發生在人們的情況。

我的做法是完全不同的：成為覺知的！第一個產生的漣漪會是愛自己，你會愛你自己，因為你最接近你自己。並且它必須從那裡開始，就像你在無聲的湖泊上丟一塊石頭，漣漪就出現，起初它們只是出現在石頭周圍，然後它們蔓延到達岸邊。然後它們持續蔓延著……

愛自己。為了那個，你必須非常覺知。只有覺知的人能夠愛自己，因為只有覺知的人知道：「我不在那裡，但是神在。」你怎麼能夠愛自己？你不知道誰在那裡。你甚至在那裡還沒有嚐到任何東西，你沒有看到任何人在那裡，它全都是黑暗。

你已經被教導說你是醜的，你是不值得的：「改善自己，成為這個，成為那個！」沒有人告訴過你要接受自己。每個人都告訴你要駁斥自己，所以你恨你自己，然後你變得對自己嚴苛，仇恨是嚴苛的。Deva Sharan，那時無論你持續思考著：「我很柔軟，善待他人。」那個柔軟和善待就是虛偽，它不是真實的——它不可能是真實的。

一個真正善待他人的人只可能出現在：假如你是善待自己的，從那裡開始。忘掉所有關於你已被告知的，你的優先順序是錯的。不要把他人當做比你自己更重要，沒有人比你更重要。你是世界上最重要的人，你是世界的中心。我不是在告訴你，要變成自我主義者：我只是在說一個事實——那就是，每個人都是整個世界，整個宇宙的中心。神存在你裡面，你必須成為中心。我不是在說別人不是中心——每個人都是。但是你怎麼會了解他人的重要，如果你不知道你的重要？

要愛自己，從這個愛出發，對他人的大愛就會出現，因為他們也像你一樣。

問題　什麼是牧師的商業祕密？它們怎麼能夠剝削人類那麼久？

這非常簡單。只要幾個故事就會使你清楚：

兩個音樂系的學生討論著他們所兼職的工作。一個人說：「我晚上在歌劇裡工作，當一個拿著一支長矛的角色。」

他的朋友問：「在這麼晚的夜裡，你怎麼有辦法保持清醒？」

「很簡單，」第一個人回答：「在我後面的人也拿著一支長矛。」

第二個故事：

皮茨牧師已經允諾那天早上，要對著他的教徒敘述地獄的恐怖。

「兄弟姊妹們，」他吟誦道：「有些人曾經看過鐵水從熔爐裡流出來，不是嗎？它是白色、火熱而嘶嘶作響的。嗯，我說的這個地方，他們用那玩意兒做冰淇淋。」

沃克牧師站在他的教徒面前，高談闊論性交的邪惡。在對性的罪惡進行了二十分鐘的咆哮之後，他站直身子，靠在講壇上，大聲說道：「兄弟姊妹們，如果你們當中有任何人犯了通姦罪，願你的舌頭貼著你的嘴巴低聲訴說。」

如果你令人感到害怕，你自己也會變得害怕，這是雙向的。因此這不僅僅是牧師使你變得害怕——他自己也會變得害怕，他也在發抖著。

恐懼一直是他們的商業祕密。他們對人們製造恐懼，當人們都嚇壞了，人們就準備變成奴隸，然後，他們就可以做任何事情。

我要你變得完全免於恐懼，沒有恐懼。這個存在是你的，沒有地獄——除非你決定創造一個。那麼這是你自己的事，那時你可以創造它。但是沒有地獄！全都是天堂。天堂不是到了最後，當你到達神的時候才有。不是！天堂是在通往神的道上一直都在，每個片刻都是天堂，整個旅程都是天堂。

天堂是一種看待事情的方式，地獄也是。但是在過去，恐懼一直被用來當做商業祕密。而且跟恐懼在一起的就是貪婪，這是同一枚硬幣的兩面。一邊是恐懼，另一邊是貪婪，兩者都被剝削。一個真正具有宗教性的人是一個免於恐懼和貪婪的人。

如果你是免於恐懼和貪婪的，你就能免於幾世紀以來，一直持續的剝削。正因為如此，宗教一直對人類沒有任何幫助；相反地，它一直是一個詛咒，不是祝福。丟掉恐懼和貪婪，喜悅地活著！就在這個片刻，像在天堂般地活著，此刻。

生活……愛……存在……存在……忘記所有的恐懼，沒有什麼需要害怕的。我們是這個存在的一部分，這個存在不是跟我們對立的，它是非常友善的。它創造了我們！它怎麼可能是有敵意的？沒有人坐在那裡，計算著你的罪過，在那裡也沒有人要懲罰你。神是沒有什麼可怕的。

如果有恐懼，你就不能夠愛。恐懼殺死了愛的所有能力。世界上所有的語言，像是「敬畏神」這樣的句子——它們是醜陋的詞句。丟掉它們，永遠不要使用它們。讓這個宗教是愛的宗教——被神愛著。那時，你就逃出牧師的魔掌和陷阱了。

而且不只是你逃出牧師的魔掌和陷阱——你也解放了牧師，他也是為你受著苦。他不斷地對你談論著關於地獄和天堂，他自己也變得相信它。並不是說只有你是受害者——他也是受害者。這對所有人都已經變成一場噩夢。

這就是我所說的，在俗世裡，新的宗教意識：免於恐懼和貪婪。整個能量必須像慶祝一樣地被傾注……

第5章

對！就像那樣

一群有著各種信仰的人們前去拜訪一位蘇菲導師，他們對他說：「請接受我們成為你的門徒，因為我們看到在我們的宗教裡，沒有留下真理，我們確信你所教導的是唯一正確通往真理的路徑。」

蘇菲導師說：「你們曾經聽過蒙古旭烈兀汗和他入侵敘利亞的事蹟嗎？讓我告訴你。」

在巴格達阿拔斯王朝時期，哈里發穆斯塔欣的大臣艾哈曼德(Ahmad)引蒙古軍進入他主公的領土。當旭烈兀打贏了巴格達的戰爭，艾哈曼德出去迎接他，要求給予賞賜。旭烈兀說：「你想得到回報？」大臣回答說：「是的。」

旭烈兀告訴他：「你已經背叛你自己的主公來找我，你還指望我相信你會忠實於我？」他下令以吊刑處決艾哈曼德。

蘇菲師父說：「在你請求任何人接受你之前，要先問你自己，是不是單純因為你沒有遵循你舊有導師的路徑。假如你做到了這個遵循，那時再來請求成為門徒。」

人類最基本的問題是什麼呢？它不是無知，它是知識。知識總是借來的，它從來不是原創的。

知識是世界上最大的欺騙力量。它使人們變得狡猾、虛偽、自私。它給予人們錯誤的觀念，以為他們知道真理是什麼，以為他們知道什麼是「真理的路徑」。因為這樣，他們持續在錯過。

他們遇到真理很多次，但是他們無法看到。他們的眼睛充滿了知識，因而盲目。一個有知識的人是個瞎子。他是狡猾和聰明的，但是他沒有智慧。狡猾和聰明看起來像是有智慧，但那只是外表。不要被外表欺騙了，因為在那裡根植著人們的基本困惑——在他的聰明，他的狡猾，他的知識淵博裡。

人們必須忘掉這一切，只有那時才能變成門徒。如果你早已經知道，你就不能成為門徒；你的那個知識會妨礙你。當你知道，你怎麼能降服呢？知識永遠不會降服。只有天真才能夠有那個量子的大跳躍。

降服只有出於天真才是可能的，因為出於天真而產生信任，出於天真才是所有的宗教信仰。

我聽說過一個美麗的故事：

一個偉大的師父如斯亞（Zusya）在德國遭受放逐。他來到一個猶太教改革派的城市。當他們看到他的方式，他們嘲笑他，以為他瘋了。當他走進會堂，會堂中的某些人取笑他，當孩子們看到他們的父母譏笑著他，他們也以為他瘋了，開始拉他，強拉他的皮帶。那時他對孩子們招了招手說：「我親愛的孩子們，大家靠過來，我來告訴你們一些事情。」孩子們以為他會展示給他們看一個把戲。他們都站著圍繞在他身邊。他對他們說：「我親愛的孩子們，好好看著我，你們的眼神不要離開我。」

孩子們以為他是要展示給他們看某個東西，都睜大眼睛看著他，他也看著每一個孩子。在那之後，他告訴他們回家去。

當孩子們回到了家，父母給予他們食物時，他們拒絕吃。一個孩子說，不要吃肉。另一個說，人怎麼能吃不乾淨的肉。所有的孩子都不肯吃。他們說菜不乾淨，食物不乾淨。

那時，就像女人常做的，有人去找另一個家長並告訴她，她的兒子突然間從祈禱房回家後就不肯吃飯；無論給他什麼，他就是說這是不乾淨的。然後，她的鄰居說她的兒子也不肯吃，大聲喊說每個東西都是不乾淨的，而且人們不能在她的家裡祈禱，因為她的頭髮裸露。然後另一位鄰居走進來，訴說她的兒子也是一樣——整個小鎮都很驚嚇。然後，他們每個人都了解到，他們的兒子不是唯一突然變得虔誠的人。他們說，他們曾嘲笑以為是瘋子的那個訪客，莫非是一個聖人。藉著看著孩子們，他灌輸了他們某些他存在的東西。父母們感到害怕，他們已經羞辱了他，於是他們跑去乞求他的原諒。

如斯亞笑著原諒了他們。他也想要看進他們的眼睛，但是他們卻盡可能地趕快逃掉了。

在這個美麗的奇聞軼事中，發生了什麼事？孩子是天真的，他們準備好看進這個奇怪師父的眼睛。他們變得連結了！有一個片刻，他們迷失進入了師父的浩瀚；有一個片刻，師父流入他們。那裡有相會、融合、共鳴。

只是看進他們的眼睛一些片刻，某些東西就轉化了——被那個人的單純，那個人的聖潔。他存在的某些東西灑入孩子們的眼睛，他們不再相同，他們的視野改變了。

但是大人們卻逃離了，他們害怕直視師父的眼睛。他們害怕的是什麼？他們是狡猾、聰明、豐富的知識。他們必定想到：「這是一種催眠或什麼，這個人是個魔術師或什麼。」他們必定想到一千零一件事：「對於我們，時機還沒有成熟，我們不可能走上這個遙遠的旅程。那個片刻還沒有來到，我們必須等待，我們必須要做一千零一件其他的事，然後才……」

他們不是天真的。甚至他們的道歉也是出於狡猾；它不是出於愛和了解。他們害怕：如果這個人是那麼陌生而強大，他可能會對他們做某些不好的事。他們的道歉。不是出於了解，不是出於謙遜，而是出於恐懼。

但是孩子們？——他們只是跟師父同調和諧！

耶穌是對的，當他說：除非你像小孩一樣，否則你不會進入我神的王國。

耶穌站在市場裡；眾人都站在他身邊，有一個人問，一個拉比（編註：猶太導師）：「你講了這麼多關於神的王國，但是誰會有足夠的能力，足夠的純度，足夠的善良，足夠的聖潔，進入你神的王國？什麼樣特點的人會被允許進入？」

耶穌看一看四周。拉比以為他會說：「像你這樣的人。」一個城市裡的富人，他曾捐出很大的猶太教堂，一直是個慈善的人，他以為他會說：「像你這樣的人。」還有一個操練過全部自古以來被告知的所有儀式、祈禱的人。他一直遵守每個規則及律法。他是個有道德的人，被稱為聖人。他以為：「當然，他會發現我，他會說：『像你這樣的人。』」

但是他們都失望了。他的目光移動著……他停駐在一個剛剛站在人群中的小孩子。他抱起孩子，展示給人們：「那些像這個小孩子一樣的人，他們將能夠進入我神的王國。」

跟著神性進入和諧，這是天真。知識是一個不和諧的音調，知識是一座中國長城。知識是一層盔甲，是你反抗神祕的防禦牆，但那就是現在所發生的事。

人們是知識豐富的，因而開始探索真理。他們理所當然地認定一件事，以為他們已經知道它是什麼。現在這只是一個追尋的問題，他們將能夠識別它，他們知道它的特性。

但是事實並非如此。除非你了解真理，否則沒有辦法知道它，沒有經文能敘述它。沒有任何人可能給你真理的知識。師父從來不給你真理的知識；他只是把他的真理展示給你。如果你是勇敢的，如果你是天真的，如果你是敞開的，準備要跳，準備死在師父裡面，那時你就會知道真理——不是關於真理的一些知識，而是它的一個經驗。真理總是以一個經驗來到，它一直是存在的。

記住：這些都是障礙。一直遵循所有儀式的人以為他知道，他是一個偉大的瑜伽行者，他未曾遺漏瑜伽的任何一個規則。現在他以為他能，但他不能！這不是儀式來使你準備好。遵循儀式的人是愚蠢的人，他們遵循儀式，但是儀式被無意識地遵循。他們會找到方法和手段持續在遵循儀式，並且保持不變。

我聽說過：

一個貪杯的顧客去到酒吧，點了六杯威士忌。酒保給他倒在六個杯子裡。「現在，請把它們在我面前排成一列，好嗎？」顧客要求說。然後，他付了錢，並告訴他不用找了。他灌下排列中的第一杯酒，然後重複這個程序，喝了第三和第五杯酒。之後他說：「晚安！」他轉身要離開。

「對不起！」酒保說：「你還留了三杯沒喝。」

「是，我知道，」他說：「醫生說，他不在意我喝奇數杯(odd、少杯)酒。」

你總是可以找到辦法，遵循儀式的人一直是狡猾的。

一個政客，曾經跟著朋友成功地獵捕到熊，卻隱瞞了他的緊張，儘管他在營地的第一天晚上是無法入眠的。在早晨，他們就開始往獵場前進，兩個人走了一小段距離後，當他們遇到新的熊的足跡，熱切的冒險家確認那些是大熊留下的。

「告訴你，我們最好是這樣做，」政客聰明地說：「你往前走，看牠往哪裡去，我會往後走，看看牠是從哪裡來的！」

記住，那個人是多麼狡猾、多麼政治的，他總是能從某個儀式、規章、紀律找出方法，他可以用它而保持不被觸及。他可以繼續做著儀式，而且保持不被它轉化。那就是為什麼你看到在這個世界裡，這麼多的人到了猶太教堂、教會、寺廟、清真寺、錫克教堂——而仍然保持一樣！好幾百萬的人都在祈禱著，但是似乎沒有祈禱存在在那裡，世界上似乎沒有祈禱的芳香。只有仇恨和憎恨，似乎沒有愛！怎麼可能有好幾百萬人每天祈禱而沒有愛盛開？很多人祈禱而沒有同情心！某些在內心深處的東西必定是錯的，根本是錯的。

祈禱是虛假的。它被做是因為它必須要做，它是一種義務被履行，但是沒有心在裡面。狡猾的人總是讓他的心遠離一切他在做的；他只是假裝，他透過空洞的姿態，他是那麼地狡猾，以至於他總是能找到一個漏洞，逃避它。

人們的基本問題不是無知，而是知識。無知從來不會使人狡猾。

所以那些真正準備好要成為門徒的人，他們必須丟掉的只有一件東西，那就是他們的知識。他們必須再次變得無知，而當你變得有意識的無知，無知就變得明亮。整個重點就是意識，你可能保持無意識而非常有知識，但你的知識會保持是黑暗、淒涼、僵死的。如果你變得有意識的無知，即使你的無知也會成道。它是光亮的，它是充滿著光的。

記住：當你覺知地看著你的生命，你必定會再次變得無知——因為知識本身是不可能的，生命保持是一個奧祕，你沒有辦法去除這個神祕。那就是知識正試圖在做的：讓生命去神祕化，它試圖摧毀奧祕，它要使一切都清楚地被解釋清楚。

知識的整個努力就是如何從存在驅逐奧祕。但奧祕不可能被驅逐，這是它的最終本質。奧祕是生命的核心，生命就是奧祕——它們是同義詞。

所以有知識的人無法摧毀生命的奧祕。他只是用很厚的知識布簾蓋住眼睛，並開始想著他知道……但他什麼都不知道。

它在你看起來很陌生，很矛盾，但它卻是如此。那個知道的人，什麼都不知道。而這個知道他是無知的人開始明白了，整個重點就是覺知。

有覺知的無知就是門徒圈——覺知的無知，但是人們活在無意識中，他們持續摸索著。在無意識中，他們去見師父們，在無意識中，他們繼續跟著師父，他們昏睡著。遲早他們會變得厭煩，因為什麼事都沒有發生。如果你保持不覺知，沒有任何東西會發生，你不可能跟師父有所連結。人們保持狡猾、聰明，甚至當他們跟師父在一起的時候。什麼也不會發生，沒有任何東西可能發生在知識豐富的情況之下。

遲早他們會決定，這不是正確的師父——他們不曾想到：「我是正確的門徒了嗎？」那應該是個基本問題。誰是不是正確的師父，這不是你的事情，你怎麼能夠決定？你不知道師父是什麼。你甚至還不是一個門徒！你甚至還沒有踏出第一步，而你卻思考著、決定著、並判斷著最後一步。你最好是保持安靜。

只要一再地想到一件事，一再地提醒自己：「我是正確的門徒嗎？我準備好學習了嗎？我放棄我的知識了嗎？我帶著一個敞開的心嗎？我在做事時，是否試著變得更覺知？我的祈禱覺知嗎？當我坐在師父的身邊，我坐在那裡是覺知的、警覺的、有意識的嗎？當我聽著師父，我是真的在聽嗎？」

聽是一回事：傾聽又是另一回事。聽是簡單的；任何人都會聽。凡是有耳朵的人都能夠聽，但傾聽是稀有的。當你的耳朵和你的心是在一起時，那時傾聽才會發生。當你聽，你的心是充滿了念頭的；風暴還在繼續，交通仍在繼續。各類噪音、念頭、偏見……透過人群，是的，你聽得到，但是你不能傾聽。對於傾聽，靜默是必要的。在你內在，應該沒有雲霧、沒有念頭攪拌。只是一個純粹的靜默，那時傾聽才會發生。

門徒必須一再地問：「我真的是門徒嗎？」如果你對這些問題保持警覺，你就會在生活裡發現很多師父。但是假如你沒有覺知到它，你也許會遇見一個佛而空手離去。

漢克騎著一匹馬馳騁在原野上，他哼唱著歌。突然間，他的馬往後退停了下來。在他的面前是一條巨大的蛇。漢克拔出了槍，正要射擊時，蛇喊道：「別開槍！如果你饒我一命，我有能力實現任何你許的三個願望！」

「好吧！」這樣他也沒有什麼損失，漢克說：「我的第一個願望是想要有一張英俊得像保羅紐曼的臉。其次，我希望有一個像拳王阿里那樣強健的身體，最後一個願望是，我希望能夠有像我現在騎的這匹馬一樣強大的性能力！」

「同意！」蛇說：「當你明天醒來，你就會擁有所有這些東西。」

隔天早晨，漢克醒來，他衝到鏡子前面。果然，他有了一張像保羅紐曼的臉，他也看到了一雙像拳王阿理一樣巨大的肩膀和手臂。然後，在極大的興奮之下，他低頭往下看，他發出一個令人毛骨悚然的嚎叫。

「天哪！我完全忘了！」他自言自語說：「昨天我騎的是一匹母馬！」

人活在無意識、無覺知中。你甚至可能跟佛在一起，而沒有什麼在你身上發生。你的無意識會是一座山。

佛的氛圍是非常柔嫩的。它們無法穿透你無意識的山，如果你是覺知的，只有在那個時候，那些柔嫩的氛圍才能穿透你。它們是微妙的，它們不是暴力的，它們不是積極的。它們甚至不會敲你的門，它們不會強迫進入你，佛的氛圍不可能強迫。它們非常靜默地來到，如果你是完全寧靜的，只會在那時你才能覺知到它們的存在。它們來到，不帶任何聲音……就像玫瑰花瓣飄落在地面上，是的，就像那樣。

但決定師父是錯的很容易。事實上，那幫助你留在你舊有的模式中：你能做什麼？——師父是錯的。然後，你持續從一個師父轉移到另一個，而且期待著……但是你仍然保持不變！如果你錯過了一個師父，你會錯過所有的師父。事實上，你越是從一個師父離開到另一個師父，你只是變得越來越習慣於錯過，你變得越來越習慣於它。你正學習著如何錯過。如果你錯過了一個，你會容易錯過第二個，而後再錯過第三個會更容易。如果你已經轉移過許多師父，慢慢慢慢地，你變得如此有效率地錯過，這幾乎是可以確定的，你永遠不會在任何地方找到一個師父。

那就是為什麼人們無法找到師父——不是師父不存在。生命是如此豐富！存在總是給予你所有成長的可能性。師父是可得的，而且總是在。在任何時候，在任何國家，他們都是可得的。在任何氛圍，在地球上，無論多黑暗的時代，師父總是可得的。事實上，越是黑暗，越有更多的可能性，師父是存在可得的。

克里希那說：當它是黑暗而宗教被摧毀的時候，我就會來到，我總是來到。

所以黑暗、悲慘的時代，就是師父盛開綻放的機會。當人們生病時，醫生就來到。大自然總是會平衡，它始終供給你需要的需求。

只要看到：女人懷孕了，她的整個身體開始為孩子準備著。在孩子出生的時候，突然間，她的乳房充滿乳汁。孩子還沒有出生，而食物就準備好了。自然提供所有那些必要的——即使對一個甚至沒有請求，也不能夠請求的孩子。在孩子來臨之前，食物就來到了。在飢餓之前，食物就來了。在口渴之前，水就來了。

在門徒之前，師父就來了。所以，如果你是一個門徒，你一定會找到一個師父，這從來沒有例外。如果你不能夠找到師父，再想一想，靜心思考它——你是門徒嗎？而你會發現，你太充滿知識了，那就是為什麼你不能成為門徒。

門徒意味著一個準備好要學習的人，而一個充滿知識的人還沒有準備好要學習。他是準備好要去教訓人，他沒有準備好要學習。

你是門徒嗎？門徒是一個準備好降服、跪拜、丟掉他的頭腦的人。你準備好死掉了嗎？你準備好賭上你所有的一切了嗎？似乎沒有人準備要死掉。事實上，人們需要師父，不是為了死掉，而是為了永遠活著。他們想要變得永生，他們想要找到長生不老藥，那會使他們永生。他們希望找到某個東西，使他們能夠對抗死亡。是的，那是能夠找到的！但是你必須先滿足條件，而條件是：只有那些準備好要死掉的人才會得到永生。

一個很古老的故事，一個真實的故事，但具有很重要的意義：

在西藏的某個寺院裡，有一個僧人被認定已經死亡，他被葬在一個墓室裡。過了一段時間，他恢復了意識，恐怖和內心衝突就來臨了。墓室的大門只有在有其他弟兄死亡的時候，才會被再度打開，或者要喊得夠大聲或敲得夠重，才會被聽見，但那都是不可能的。這個不幸的人要怎麼辦呢？他是要忍著飢餓和乾渴，在他已死去的弟兄們旁邊等待死亡嗎？他開始祈禱——但是要祈禱神使他健康的弟兄趕快死掉嗎？那是他可以出去唯一的可能：如果有人很快死亡。

面對這麼恐怖的情境——你能夠想像那景象——我們親愛的僧人挺過來了，並且仍然活著。他以吃著穿過小氣孔掉進墓室的昆蟲、舔著從牆壁滴入的骯髒污水，讓自己活了下來。

經過了好多年，當又有人死掉，墓室被打開了，他們發現那個不幸的他，帶著他的白鬍子活下來了。

此時，他是全盲的，但是他仍然活著。他被救了出來，後來他至少還活超過十年以上。

人們依附著生命——即使是在活著比死了還要痛苦的時候。只要想到這個人！吃著昆蟲，跟屍體和屍氣活著。想到那個墓室：好幾百具屍體圍繞著，只是舔著從牆壁涎下的骯髒水滴，只能等待和祈禱有人死掉。他失明了！長年累月在黑暗中，但是仍然希望活下去。

這就是對生命的渴望，這就是對生活的欲望。而要跟師父在一起，人必須準備好要死掉——不是身體的，而是那些無形的自我。但是甚至讓自我死掉的想法也會使人想要逃掉。

如果想要跟師父接觸，你必須要慢慢慢慢地消失：自我必須死掉。耶穌說：除非你重生……

但是如果你不死，你怎麼能重生？重生必須先有死亡。這個死亡必須比身體的死亡更深，因為身體的死亡並不是很大的死亡，很快你就會被再次生出。你在這裡死掉了，在幾個片刻以內，你就又進入另一個子宮。甚至沒有間隙：你失去了一個身體，你立即得到另一個身體。

但在師父的存在裡死亡是真正的死亡，它是真實的自殺，自我永遠消失了。那是降服的意義，它是很困難的。門徒來了，他也會鞠躬，但那個鞠躬是假的。他說：「我任由你處置。」但那不過是一種空洞的姿態。

教育班長經過了一個小時有關對國王和國家的責任、自己要生先士卒……等等的演講後，指著一個士兵說：「對不對——你！為什麼士兵應該要準備為國捐軀？」

這個士兵抓了一陣頭皮，然後笑著說：「你說得對啊！先生——我為什麼應該要準備為國捐軀啊？」

只要想到死亡的驚嚇。不要笑那些從如斯亞逃走的人——如斯亞就是死亡。師父就是死亡。那就是古老的經文所說的：一個師父就是一個死亡。那些人逃走了！孩子們是天真的。他們不會害怕，因為他們不知道，看進師父的眼睛會是什麼。

人們總是避免看進師父的眼睛。他們總是避免靠得太近，因為太靠近就會融化，就會消失，就永遠不再是一樣了。

記住這些事情……這個故事：

一群有著各種信仰的人們前去拜訪一位蘇菲導師，他們對他說：「請接受我們成為你的門徒，因為我們看到在我們的宗教裡，沒有留下真理，我們確信你所教導的是唯一正確通往真理的路徑。」

讓我們進入故事中每個重要的字：

一群有著各種信仰的人們前去拜訪一位蘇菲導師……

蘇菲導師，蘇菲師父，不是在那裡要摧毀你的宗教，而是要實現它。如果他摧毀任何東西，那意味著它不是宗教——那就是為什麼他要摧毀它。如果它是宗教，他會支持它，他會增強它。他不反對任何路徑，所有路徑都是神的路徑。所以如果他發現某人走在一條道路上，他會給予他一切的支持。他不會把你從你一直關注的道路上引入歧途，他會增強它。

蘇菲師父不是傳教士。他對於轉換人們從一個宗教到另一個宗教不感興趣。他對於轉換人們從無宗教到宗教，當然有興趣，但不是從基督教到伊斯蘭教，或伊斯蘭教到佛教，或從佛教到印度教。蘇菲對於改變人們的身分、表面的身分不感興趣。這絕不會有太大的差別，我曾經見過很多印度教徒，他們已經成為基督教徒——他們保持一樣，沒有東西曾經改變過。這不可能改變！因為他們被調教過。

我曾經跟一個朋友住在一起，他的父親轉信基督教，但他們仍然認為他們自己是婆羅門。他們認為婆羅門的神聖是不可侵犯的。他們是基督教的婆羅門，但他們是婆羅門。整個事情還在繼續。我曾經見過基督教徒成為印度教徒，這沒有什麼差別。

我曾聽說傳奇人物目拉·那斯魯丁在他的晚年成為一個無神論者。有一天，他試圖對某人宣導他的無神論，他說：「沒有神——但穆罕默德是他唯一的先知。」

這是很困難的。你可能變成無神論者，但如果你曾經是伊斯蘭教徒，內心深處，你仍然是一個伊斯蘭教徒——穆罕默德是唯一的先知。

我也曾經聽過另一個無神論者快死的時候，他說：「感謝神，沒有神！」

要從你的調教逃離是非常困難的。蘇菲師父對於改變你的儀式不感興趣，但是他對於給予你越來越多宗教的品質當然有興趣。這不是一個形式的問題：這是品質的問題。無論你去到清真寺或寺廟都沒有關係！真實的東西是祈禱——你在哪裡祈禱是無關緊要的。

只要永遠記住，這就是蘇菲的方法：你在哪裡祈禱是無關緊要的——祈禱才是重點。你對誰跪拜是無關緊要的——跪拜才是重點。你對誰降服是毫無意義的——但是你的降服是非常重要的。降服才是重點，降服的對象只是一個藉口。

你可能去見一個師父A而降服，或去見師父B而降服，或去見師父C而降服——這都沒有差別。如果你降服了，你已經開始走向神。師父只是一個藉口，任何師父都可以。因此什麼是你的喜好，無論誰是你的喜好，無論在哪裡你覺得降服比較容易，就降服吧！蘇菲幫助你降服、祈禱。無論你用阿拉伯語，或是用梵文，或是用希伯來文祈禱，都無關緊要，重點是你的祈禱。

我聽說過：

五歲的馬特在牧師的布道中，發出一個響亮的口哨，他的祖母飆出責罵。

「你到底為什麼要做這樣的事？」她要求解釋。

「很長一段時間，我一直在祈禱神來教我吹口哨，」他解釋說：「而今天早上，祂做了。」

一個孩子的祈禱是孩子的祈禱。他能祈求什麼呢？他祈求神給他吹口哨的能力。只要看看人們的祈禱，他們都在祈求什麼，你會發現那些全都像孩子一樣。有人祈求錢財……這也只不過是一個吹口哨的能力，因此大家能看到誰吹口哨更大聲、更尖銳，能打敗別人的口哨聲。那就是錢財的那一回事：這樣你就能吹口哨。有人在祈禱成為總理或總統，那也是一樣的：祈求被給予吹口哨的能力，使得響亮整個國家，整個世界都聽得到。

所有的祈求都是為了自我，為了某些重要的事，為了某些優越。全都是想要戰勝別人，全都是想要勝過競爭對手。如果你的心充滿了競爭、妒忌，你怎麼可能祈禱？如果你的心不是充滿了愛，你怎麼可能祈禱？

真正的祈禱並沒有祈求任何東西，真正的祈禱是一種表達感謝。這只是對神的感恩，對祂所給予的一切，在這裡面沒有抱怨。

蘇菲師父是一個為了根本的宗教幫助你的人。而根本的宗教只有一個，印度教、基督教、耆那教、佛教、猶太教——這些都是形式，不同的儀式的形式。這些是不同的語言，但是訊息只有一個。

一群有著各種信仰的人們前去拜訪一位蘇菲導師，他們對他說：「請接受我們成為你的門徒，因為我們看到在我們的宗教裡，沒有留下真理，我們確信你所教導的是唯一正確通往真理的路徑。」

現在，這些人都曾是某個人的追隨者。當你去見蘇菲師父，他不會那麼容易就接受你——因為你一直是某個人的追隨者。你一直在那裡做什麼？如果你錯過了那個師父，你也會錯過這個。改變有什麼意義？也許你會感覺幾天，因為你再次在一種蜜月裡，一個新的戀情。但是如果舊的戀情結束，這個遲早也會結束。它可能會給你一點刺激和感覺，你也許會再次開始做夢、期望，但是沒有什麼事會發生。本質上不會，因為你會持續做著那些你跟你舊師父做的同樣的事。除非你改變，除非你了解到你的內在欠缺的某些東西，那不是在師父，而是在你的內在。除非你負責任地說：「我一直在錯過。」否則接受門徒是沒有意義的，蘇菲師父不會接受你的。但是如果一個門徒來了，他已經做了所有他能做的事，他們的門會是打開的。

我想請你想想佛陀：在他的追尋裡，他見了很多師父——那是門徒應該做的。他對許多師父降服，他全然地降服，他沒有退縮。在那個時代，無論跟任何師父在一起，他都會降服，他會全然地做到。

據說他的師父最後對他說：「很抱歉，其實我們還沒有得道，我們是冒牌者。你揭露了我們，我們無法欺騙你，我們不懂事。我們的欺騙持續著，因為來見我們的人，從來不聽我們所說的——他們從來不聽，所以我們從來沒有暴露。你是第一個做了任何我們所說的人，現在我們都對你感到抱歉。原諒我們！」

那就是師父們所說的話。他們不是師父，但是佛陀的誠意，他的誠實，使得即使是那些騙子也會感到抱歉。他這麼辛苦工作，有時他們的要求是愚蠢的。

例如：一個師父，所謂的師父，對他說：「你持續地減少你的食物，直到你只需吃一粒米——持續地減少，慢慢慢慢地。」他做到那些。他變得剩下骨頭；所有血肉都消失了，他只剩一具骷髏。師父曾經對很多人說這句話，但是從來沒有人遵從它，所以沒有問題。但是這個人，他的真誠，他的全然忠誠，他的信任……當有這麼多的信任，甚至那個剝削信任的人也無法剝削這樣的信任。

據說他跪在佛陀腳前說：「對不起，請原諒我，我得罪了你和神，我犯了罪，我從來沒有想過有任何人會遵從我所說的。我一直在做這樣奇怪的要求，沒有人會遵從，而當沒有人遵從，就沒有被揭露的問題。」

那就是為什麼你所謂的師父持續對你苛求著不可能的事。他們會說：「壓抑性愛，永遠不要想到任何漂亮女人，甚至在你的夢裡。」此時，他們先說：「壓抑性愛。」如果你壓抑它，你的夢將會變得充滿著性慾。然後他們說，甚至夢到性愛也是一種罪過——你會永遠無法達到神。如果你遵從他們，你就會遇到困難。但是沒有人遵從。

而當人們沒有遵從，他們就覺得內疚：「我們一直沒有遵從師父。」出於他們的內疚，他們觸摸他的腳；出於他們的內疚，他們繼續追隨著他。

佛陀從一個師父到另一個。六年來，他在全國各地旅行，這種事總是在發生，他的誠意一直都是這樣，因而每個師父都告訴他：「請你原諒我們，你去別的地方追尋吧！」他追尋了很久，去見了很多人，但是他從來沒有要離開師父，直到師父親自對他說：「現在請你離開我，這變得不堪忍受。你持續做著任何我所說的，而沒有任何事情發生，因為我所說的完全都是捏造的，猜測的。我還不知道我自己。」

這就是門徒的方式。如果這樣的門徒來見一個蘇菲師父，他會歡迎他，他會用他的心擁抱他，他會帶他去他最內在的懷裡。但是這些人不是那樣。他們對師父說：

請接受我們成為你的門徒，因為我們看到在我們的宗教裡，沒有留下真理……

你怎麼能夠看到？你是那麼地盲目。你怎麼能夠看到在你的宗教裡沒有真理？這個論斷是自我的。真正的求道者會說：「也許是有，但我是一個盲人，我無法看到。給我眼睛！幫我看到。」真正的求道者會說：「這並不是說沒有真理在宗教裡，但是我一直不能夠看到它，這一定是我的問題。」他會擔負一切責任在他自己身上。

把責任推給別人是一個古老的自我把戲。當心它！它從來不想要自己承擔責任。它總是持續在抱怨別人。如果你沒有達成，那麼都是別人的錯，但是你沒有錯。

如果你持續遵循任何你正在做的，而且你真誠地去做，如果你全然的做了，而仍然什麼都沒有發生的話，那麼就是可以轉移的時候了。蘇菲師父只接受那些以這樣的方式轉移的人。但是這些人在說：

請接受我們成為你的門徒，因為我們看到在我們的宗教裡，沒有留下真理，我們確信……

只有愚蠢的人可能確信這樣的奧祕。

聰明的人會猶豫；聰明的人不會這麼確信，不可能會。你怎麼可能確信？而他們說：

……我們確信你所教導的是唯一正確通往真理的路徑。

這一點，他們必定也對其他的老師說過。

目拉．那斯魯丁愛上了一個女人。在一個滿月的夜晚，他坐在沙灘上，告訴那個女人：「你是世界上最漂亮的女人。我從來沒有見過任何一個女人像妳如此美麗，永遠不會有吧！」那個女人激動不已，她的自我膨脹起來。目拉看著她又說：「抱歉，對不起，讓我提醒妳一件事：這件事以前我已經告訴過很多女人，而且我不能承諾妳，未來我不會對別的女人也這樣說。妳不是僅有的一個——我對每個女人都這樣說。這一直是我的做法。」

這些人對這個師父說：「你所教導的是唯一正確通往真理的路徑。」他們必定也對別人說過同樣的話。他們的話沒有意義。他們經常一再地使用。他們真正在說的是：「我們很聰明，因而我們能夠看到真理在哪裡，誰是真的，誰是真正的完美師父，我們是如此的聰明，因為我們知道你是唯一正確通往真理的路徑。」

他們不是在說任何關於師父或真理或真理路徑的事。他們只是以一種間接的方式在說：「我們很聰明，因為我們可以了解你是誰。」但是你無法欺騙師父，因為無論你說什麼，他都會看透它。

遇到一個師父就是遇到一面鏡子，你不可能賄賂師父。你不可能，因為他沒有自我。現在，他們在說著，這是某件偉大的事情。這幾乎就像對一個女人說：「你是世界上最美麗的女人。」當你對宗教導師說：「你是唯一正確通往真理的路徑。」這幾乎是一樣的。

那就是所謂的老師們一直夢寐以求的。他們等待有人說它。如果師父一直是假裝的，他就會非常珍惜這些門徒。他會對他的其他門徒宣布：「看啊！這些都是我一直在等待的真實的人！這些是懂我的人。」但是真正的師父是沒有自我的，他沒有留下任何自我——蘇菲稱之為Fana——他消失了。真正的師父是真實的空，一個空無。他只反映門徒，你沒有辦法去挑起他的自我，因為真正的師父沒有自我。

蘇菲導師說：「你們曾經聽過蒙古旭烈兀汗和他入侵敘利亞的事蹟嗎？讓我告訴你。」

在巴格達阿拔斯王朝時期，哈里發穆斯塔欣的大臣艾哈曼德引蒙古軍進入他主公的領土。當旭烈兀打贏了巴格達的戰爭，艾哈曼德出去迎接他，要求給予賞賜。旭烈兀說：「你想得到回報？」大臣回答說：「是的。」

旭烈兀告訴他：「你已經背叛你自己的主公來找我，你還指望我相信你會忠實於我？」他下令以吊刑處決艾哈曼德。

蘇菲師父以一個奇怪的故事講給那些聲明說「你是真正的路徑，你是真正的師父」的人聽。師父必須說如是的真理，他必須是絕對地坦誠，他承擔不起禮貌。如果它必須是嚴厲的，那時它就會是嚴厲的。如果它會讓人受傷，那它就傷害，但是師父必須如是地說。

現在，他是在說：「你已經背叛了你的舊師父，你前來見我——我怎麼能相信你不會背叛我？你沒有跟隨你的舊師父，因為我可以看到你攜帶著垃圾，我可以看到你的知識垃圾。」「如果你遵從了任何師父，那時第一件事你就會丟掉知識垃圾。你擁有這麼多的知識，因為那些知識，你說著什麼是真實的，什麼是不真實的，什麼宗教該信仰和什麼宗教不該信仰，什麼是正確的道路，什麼是不正確的道路。這是根據你的知識，你是如此充塞著這些牛糞！我怎麼能相信你遵從了師父，你曾經是任何人的門徒嗎？你從來不曾是門徒，那是可以確定的。不管那些師父是真還是假，那不是你的事。有一件事是可以確定的：你根本不曾是個門徒。你也將要對我做同樣的事，我怎麼能接受你？為什麼我應該接受？只是再次被背叛？」

有一個蘇菲的故事：

有一個男人愛上了一個女人，他那麼熱烈以至於他願意為她做任何事情。那個女人索求著，一直索求著。最後她說：「還剩下一個條件需要被實現，只有這樣，我才會是你的。你太眷戀你的母親——除非你殺了她，你把她的心放在碟子上當做給我的禮物，否則我不可能是你的。這是我最後的一個條件。」

他已經履行了很多條件。

他衝回家，殺死了他的母親，取出了她的心臟。而當他回來時，他是那麼匆忙，他是在如此激情的盲目中，因而他在路上跌倒了。那個碟子摔落破掉了，那個心臟也因為摔落而破裂成好幾塊，但是從那幾塊傳來一個聲音：「我的兒子啊，走路小心一點。」

他蒐集了那幾塊心臟，他沒有什麼心情去聽它。

他蒐集了那幾塊心臟，他趕去見了女人，他供出心臟。女人看著它——她被嚇呆了。她說：「結束了！如果你能殺死自己的母親，我就不能相信你了，你也可能為了任何其他女人殺了我，你是個危險的男人。你滾出我的房子！再也不要回來！關係完全結束了。要是你當初說不，我就會是你的，但是你錯過了。」

這個故事是一樣的，具有相同的味道、相同的涵義和相同的訊息。如果你能這麼輕易地背叛你的舊師父，這麼輕易地譴責他們，蘇菲師父怎麼能相信你？你會對他做同樣的事。

你看到重點了嗎？如果一個信印度教的人輕易地變成基督教徒，基督教傳教士只是欺騙自己——因為如果他不是一個真正的印度教徒，他就可能欺騙，他怎麼可能成為真正的基督教徒？

一個真正的基督教徒和真正的印度教徒是相同的，差異只是介於不真實的基督教徒和不真實的印度教徒。

真理只有一個，真實的道路只有一條。它不屬於任何人，它不是任何人的財產。它不是我的道，佛陀的道，克里希那的道和查拉圖斯特拉的道——它就只是道。佛陀、查拉圖斯特拉、老子，他們都走在它上面。它只有一條！真的不會有太多的道。很多人走在道上，但是道只有一條。它是那麼巨大，他們甚至不曾相會在道上。

蘇菲師父的要求非常重要。你必須了解它。他說：「你已經背叛了自己的師父——你也可能背叛我，我不想對像你一樣的人做任何事。回去吧！」

他告訴他們這個故事：

在巴格達阿拔斯王朝時期，哈里發穆斯塔欣的大臣艾哈曼德引蒙古軍進入他主公的領土。

他背叛了他的主公，現在他想要得到獎勵。旭烈兀汗對他做得很好。這是獎勵。

他下令以吊刑處決艾哈曼德。

「這個人是不值得信賴的，他背叛了信賴他這麼久的主公——我怎麼能信賴這個人？我不能單獨留下他；他是危險的，他可能更容易對我做同樣的事，因為我只是一個陌生人，他甚至不曾真實對待他的主公，他的主公不是陌生人，他的主公曾經那麼信任他，而他還能背叛他，並且幫我摧毀他，現在他想要得到回報，這個人是叛徒！」

蘇菲師父說：

在你請求任何人接受你之前，要先問你自己，是不是單純因為你沒有遵循你舊有導師的路徑。假如你做到了這個遵循，那時再來請求成為門徒。

他並不是在說，我不會接受你，而是他訂了一個簡單的條件：「你遵從你的舊師父了嗎？你做到他曾經告訴過你要做的事了嗎？你有沒有用任何方法去實踐它呢？如果你已經實踐了，如果你都做到了，如果你對它確實了解了，你做了一切你可能做的，而它對你無效，你對它全心全意毫無保留，你不是聰明和狡猾的，你不只是個旁觀者，你曾經參與過師父的存在，如果你能確定這一點，如果你滿意你做為門徒的表現——再來找我，我會接受你的。」

在這個世界上，這是經常發生的事。人們持續從一個師父轉移到另一個；像塊浮木，他們敲了很多門，但是他們從來沒有敲足夠長的時間，所以門不開。他們沒有耐心，他們並沒有做任何事情。他們只是跑來跑去——就好像某個人會給他們真理。真理不是一個被給予的東西，它不能被轉送，你必須賺取它，你必須先懷著它。它必須在你內在出生，你必須為它變成一個子宮，它是某個活生生的東西，你必須把你的生命能量倒進去。你必須在你的存在裡使它復活，你必須創造它。神不是坐在某個地方，所以你可能會發現祂，神必須被創造！

因此那些尋找神的人，以為祂是藏在某個地方，他們可以去搜尋而找到祂，他們正徒勞地追尋著。你不只是要發現神：你還必須要創造祂。每個虔誠的心都可以創造出神，這是你的創造。但是人們持續想著神，就好像它是某個像商品一樣的東西，你可以購買它。

有一個國王來見馬哈維亞，他的名字是普雷森吉特（Presenjit），是那個時代非常有名的國王。他曾經見過很多師父，他曾經見過佛陀，他曾經見過Ajit Keshkambali，Prabuddha Katyana，Makkhli Goshal，Sanjay Vilethiputta——很多導師。然後，他來見馬哈維亞，他問馬哈維亞：「給我你所說的靜心，把它賣給我吧！我準備為它付出，無論價格多高。」

一個世俗的人——只知道如何購買一件東西，以為好像一切都可以用錢買到。如果他愛上一個女人，他就買了那個女人而錯過了愛——因為愛不可能被購買。你可能買到身體，而不是靈魂。愛必須是賺來的，你必須變成值得愛。

現在，他來見馬哈維亞，問這麼一個愚蠢的問題。馬哈維亞必定笑了起來。他說：「聽著！你為什麼那麼麻煩跑這麼遠的路到這座森林裡來？在你自己的居所附近，有一個人——他是我的門徒，一個很貧窮的人——他非常想賣他的靜心。他是那麼貧窮，就去找他吧！我不需要你的東西，所以我沒有任何心情去賣我的靜心給你。去吧！從一個很貧窮的人購買它，他也許會決定賣掉它。」

這是一個笑話。普雷森吉特趕著他的馬車，來到了窮人的茅屋。它是那麼可憐的一間小茅屋，他以為：「當然，這個人會賣，我甚至可能買到這個人──更遑論靜心！」

那個人來了，一個很貧窮的人，他幾乎赤身露體，但是他的身體是那麼地美和優雅──你可以看到他的身體散發著光。國王覺得：「馬哈維亞是對的──這個人已經得到它了。」

看看他的臉──那麼煥發！他說：「請告訴我，你想要什麼東西。我是前來購買你的靜心、你的三摩地的。而我準備給你要求的任何東西。」

那個人猶豫著。要怎麼對國王說呢？顯然地，國王想著：「他正在猶豫著價格。」所以他說：「不要擔心，你可以說出任何價碼。」

但是那個人說：「這不是價格的問題。」

國王說：「根本不用擔心它。我可能給你我的整個王國，因為當我一旦決定要購買一件東西，我總是能買得到它。只要你喊出價格！」

但是那個人說：「我很抱歉……我不想對你說不，但你要的是什麼東西啊？這是荒謬的！我不可能賣它，它不是一件東西，它不是物件，它只發生在我身上。馬哈維亞必定對你開了玩笑，你回到師父那邊吧。他只是讓你來到這邊，因此你就可以了解，即使你給了貧窮的乞丐你的王國，他也不可能賣他的靜心或三摩地。你沒辦法購買它，它是無價的，它根本不是一種商品。」

但人們繼續想著神是商品，三摩地是商品，成道是商品：「給我們……」它不是！你必須變成它，你必須要被轉化，只有你的努力能夠轉化你自己。師父能指給你路徑，但是你必須遵循。

蘇菲師父說：

在你請求任何人接受你之前，要先問你自己，是不是單純因為你沒有遵循你舊有導師的路徑。

因為你錯過了，你還沒有準備好說你不是門徒。因為你還不曾是一個門徒，反而你還說師父是錯誤的。你不說「我沒有遵循路徑」，你還聲稱那個路徑是錯的，在它裡面，不再有真理。

假如你做到了這個遵循……

「因為你做了你所能做的一切，更多對你是不可能的，而在那裡什麼都沒有發生，那時再來找我，那時我才會準備幫助你，但是要先實踐那些。」

這必須被每個門徒、每個求道者了解。你跟我一起在這裡，如果你不進入那個我為你提供的空間，你遲早會開始思考：「什麼事都沒發生，我在這裡做什麼？我必須去尋找別的門。我必須離開從別人那裡去求，我必須離開從別的地方的人去學習。」但是空間有提供給你，大門是敞開的，而你不走進來。你仍然在門外徘徊，你一直以一千零一個方式假裝你在轉移著，但是你卻沒有動。

移動只有當你全然地跟我在一起，才是可能的——假如你甚至連一小部分都不願跟我在一起，移動進入門是不可能的。你必須以一個整體的有機體移動。你不能留在外面，你不能留任何東西在外面。你將必須全然地移入！只有那時你才能算是移動。你不能部分地移動，記住！

因此那些全然和我在一起的人，他們就移動了。而那些只是部分在這裡的人，有一些人試圖判斷這是否值得冒險，閒逛著，算計著。如果你算計著，你就不是門徒。如果你正試圖弄清楚，那你還不是門徒，因為這不是算計出來的問題。它是那麼巨大，你不可能弄清楚。它是那麼浩瀚，你無法算計它。它比你大，所以你不可能掌握它在你的手中。你必須要準備消失、蒸發。你必須死掉，只有那時……你才會復活。

門徒必須變成神話中的鳥——鳳凰：他必須消失在火中，從灰燼裡新的人類才會誕生。

那些準備好的人，那些能夠冒險的人，那些勇敢的人，只有他們才會達到。其餘的人會開始思考：「也許這不是正確的門，這不是正確的道路，這不是對的師父，我應該去別的地方。我為什麼要在這裡浪費我的時間呢？」但是在別的地方，你也會做同樣的事。你可能一再地走下去，生生世世，流浪和漂泊，永遠不會到達。

那就是你的前世，你一直在做的！你不是新的，沒有人是新的，全都是老前輩。你一直在這裡，直到永永遠遠，從一開始你一直都在這裡。我知道在這裡有些人曾經跟佛陀在一起而錯過了。我知道在這裡有些人曾經跟魯米在一起而錯過了。我知道在這裡有些人曾經跟耶穌在一起而錯過了。

這不是新的。這不是說你第一次跟師父在一起。你已經有很多次了。而每次你都錯過了，你譴責師父，而不反省你自己。

算計的人總是準備要聽取有關於真理，但當來到細節時，當必須做某些事時，當真理開始變成實際的實境時，那個時候問題就出現了。

有一句維根斯坦（Ludwig Wittgenstein）的名言：不要尋找意義，而要尋找用途。以同樣的方式，在維根斯坦的好幾千年前，老子說：意義就是用途，使用才有意義。當你尋找它，你就不能看到它。當你想聽它，你就不能聽到它。但是當你使用它，它就是取之不盡、用之不竭的。

師父在這裡不是要給你一個教義，而是要給你一個引導。師父在這裡不是要哲理化，因為我們已經有比我們需要的更多的哲理了，已經太多了。師父在這裡是來協助你走路，你是跛腳的。師父在這裡是來治療、治好你的跛腳，你的盲目，你的麻痺。他是一個醫生，他不是一個哲學家。但人們總是準備要聽某些抽象的東西，那些抽象的東西從來沒有接觸到你的生命。

記住：師父不是要傳授抽象的真理給你，而是要告訴你生活中某些必須被實踐的東西，某些必須變成你生活方式的東西。

極大的勇氣是必要的，極大的努力和極大的紀律是有必要的，去改變，去轉化一個人的生活方式。如果你不能，不要詛咒你一直遵循的路徑，因為你從未真正遵循過它。

一個人到汽車公司的展覽場，對著站在勞斯萊斯旁邊的業務員走過去，詢問前往男士廁所的路徑。

這路徑是有一點複雜，業務員離開了他的崗位，護送那個人到廁所門口。那個人謝了業務員，並問他為什麼費了這麼的大周章來幫忙。

「因為，」那個業務員說：「你是我在這裡一整天，第一個真正詢問我的人。」

如果你真的想跟師父在一起，你將必須成為一個真正的問詢者。不是對哲理的好奇，而是涉及到你的生死的問詢，一個會蛻變你的問詢，一個會轉化生命的問詢。

你有能力飛上天空，但你卻躲在你的繭裡面。那些繭必須被打破——而它會傷痛。它會傷痛是因為你認為那些繭是你的防禦，你的安全，你認為那些繭是你的家。但它們卻是你的牢房。

師父必須摧毀牢房，使得囚犯可以被釋放。但是囚犯已經變得跟牢房太認同了，因此他裝飾它，他甚至可能會在牢房裡掛起師父的照片。他也許敬拜師父，但是在監獄牢房裡，他聽不到師父所說的話，那個牢房必須被打破。除非你摧毀了牢房，並且跟師父合作摧毀它，否則你不會變成自由的。

成為自由的就是了解真理的唯一途徑。自由就是真理，自由就是神，自由就是涅槃。

第 6 章

只有狂喜

問題　內在世界的經驗，如何與外在實體相關聯？

Anurag，沒有兩個實體，所有的二元性都只是概念上的。實體只有一個，這是頭腦的遊戲：較低的和較高的，好的和壞的，內部和外部，天堂和地獄。這是頭腦給區分的！實體永遠保持是不分的，它就是一個。你不可能標註出哪裡是內部的結束和哪裡是外部的開始，它是不可能被劃分的。

內部就是外部而外部就是內部，它們絕對是一體的。

如果能夠看到這個，就能免於所有的區分和所有的精神分裂。

為了知性的目的劃分，這是好的。以歸類來了解事情，這是好的。但是要了解實體，人們必須拋棄所有的類別，所有頭腦的概念，因為它們是局限的，它們必須以局限來定義。你無法定義無限，你必須區分並且切成片段。只有部分可能被定義，整體是不可能被定義的。

但是你把整體切成片段的那一刻，它就不再是真實的，整體只能保持是完整的。

只要聽老子《道德經》第三十四章的這些話語：

大道流向所有的地方，
向左邊和向右邊。
萬物都依它而存在，
它不會拋棄它們。
到了完成，它就放下，
沒有宣揚。
它慈愛和滋養萬物，
而不主宰它們。

道持續流著——向左邊，向右邊，對罪人，對聖人，它是可得的。它繼續沐浴所有萬物。它沒有較高的和較低的，被接受遴選的和被排拒譴責的區分。大道流向所有的地方……它沒有界限。它從一件東西跳到另一件。從男人到女人，從陰到陽。陰持續轉成陽，而陽持續轉成陰。

有些片刻……你有沒有察覺到，在自己的存在裡你也許是平常的男人，但有時你根本不是男人，你是女人。妳也許是平常的女人，但有時妳是男人。道持續流動著，沒有任何東西可以阻擋它。在每個男性的意識裡會有某些女性的片刻，而在每個女性的意識裡會有某些男性的片刻。男人和女人是一體的，不可分割的，一個硬幣的兩面。

大道流向所有的地方，
向左邊和向右邊。
萬物都依它而存在……

它是有能量的，有意識的，它是幸福的一片無形的海洋——它是真理，它是意識，它是幸福。但即使是這三個詞也不是三件東西。在基督教，三位一體的想法是美麗的，但是不會有三個神——只有一個神，三個面。印度教三神一體的想法更是美麗的：一個神有三個面孔。事實上，神有很多面孔，就像人一樣。

神意味著整體。你要把神擺在哪裡？在外部的實體，還是在內部？當你戀愛，你心愛的人變成你內在實體的一部分。他或她對你是外在？你對他或她是外在？所有那些舊的類別開始在消失——那就是愛情的美麗，因為它使你覺知到整體無形的單一。

到了完成，它就放下，沒有宣揚。

神保持靜默，道保持靜默，它放下沒有宣揚。

它慈愛和滋養萬物，
沒有區別，
而不主宰它們。

那是另一件非常棒的事情。對於道，對於真正的神：它不霸道！當你的神變成霸道的片刻，你的自我已經進入你的神，你偽造了神，你的頭腦腐化了祂們。你已經把你所有的廢話帶進神的概念，你對那個概念下了毒。

道慈愛和滋養萬物，
而不主宰它們。

因此道是純粹有幫助的東西——它從來不強迫。道從來不談服從，而只是談與道和諧相處。內在和外在和諧，絕對的和諧。它們是音符，兩個音符，同樣的音樂——兩種樂器在同一個樂團中，在絕對的和諧中：成為和諧就是道的方式。

當覺知到真實的那個片刻，人們意識到的不是人不應該違背道或神，而是人就是不能違背道或神。

你就是不能，別無選擇！儘管你繼續相信著什麼，你也許認為你自己是個個體——你不是，因為你不是分開的。你的思維只是你的思維，它是一個私下的念頭。它對應到的根本不是實體，因此，它會為你產生苦難。

內在和外在的這個想法為人們創造了太多苦難，因為在那時候，人們開始拋棄外在的。那就是棄世的念頭如何出現的：「拋棄外在，只在內在！」但是你怎麼能做得到呢？

樹上有一個蘋果，它是外在的。如果你吃了它，它就變成內在：它會是你的血，你的骨頭，你的骨髓。它什麼時候變成內在？外部如何變成內在？有一天，你會死去，而在你內在的一切會再次變成外在，回歸到土地。它會滋養一些蘋果樹，更多的蘋果會長出來。

你的呼吸吸入，它變成內在，然後你必須吐出來。呼吸在哪裡變成內在？觀照！那就是佛陀說的：觀照你的呼吸——看到它在哪裡變成內在和它在哪裡再次變成外在。只要觀照著你的呼吸，所有的區別都會消失。你會看到它是同一個循環。內在就是外在，而外在就是內在。

當你看到這個，在你呼吸循環的那一刻，你就解決了一個很大的問題，一個很大的二分法溶解了。那時你不再是一個身體或是一個靈魂，那時你不會談這些話語。那時所有這些話語都只是幼稚的——也許是有用的，但是它們沒有真理。只是有用的，實用的。

Anurag，你問我：內在世界的經驗，如何與外在實體相關聯？

這不是有沒有關聯的問題！因為它們不是兩個，它們本就是一體的。這時常會變成你們一個很大的問題。但問題基本上是假的，所有給出的答案也都會是假的。一旦你以錯誤的問題開始，你就會一再地得出錯誤的結論。

至少五千年來，人類一直困惑於一件事：身／心的問題。它們是如何有關聯的？首先，你區分……區分就是虛假的。沒有身體和心靈是分開的，它是身心靈，它是一個實體。心靈只是以身體的方式來看，而身體也是以心靈的方式來看。它是同樣的實體，從不同的角度來看，它不是兩個。但一旦你認為身體和心靈是兩個，那時問題就出現了：它們如何產生關聯？

只要看看一個小小的動作：你想抬起你的手——你是怎麼做它的？這麼簡單的現象，抬起你的手——你怎麼做它的？哲學家一直感到困惑而沒有能力回答這個問題，它是怎麼發生的？因為這個內在和外在：它們是心靈和身體在抬起——身體怎麼能夠遵循心靈的命令？

心靈是無形的，非物質的；身體是有形的，物質的——物質怎麼能夠遵循心靈？連結是什麼？這是如何轉化為肢體語言的？這是如何呼應的？但是對我來說，問題根本是錯的：沒有兩個實體在你身上——它們全部是一體的。那時這個問題就消失了。

你問我，內在世界的經驗，如何與外在實體相關聯？沒有內在和外在的問題。它們不相關聯，它們是一體的。兩個戀人如何彼此關聯？如果他們是戀人，他們就不相關聯——他們就只是一體。在愛裡面，他們知道一體。如果他們不是戀人，那麼他們就相關聯，那時關聯也不多。它有更多衝突而少有關聯，它比在一起有更多的爭鬥。

如果愛情發生了，就在那一刻，這變得非常清楚，因為沒有區分。然後他們開始在和諧中運作，而不是和諧必須從外部強加給它。沒有，它是以自己的步調而來到，沒有費力，沒有培養，沒有條件。它只是發生，就像樹木向上生長……就像那樣。就像鳥能夠飛翔……就像那樣。就像花朵能夠綻放……就像那樣。這是自然的。

內在和外在都處於絕對的和諧中，沒有區分。但是人類卻創造了區分而對它產生了很多焦慮。丟掉區分，超越焦慮。

丟掉二分法，人們就會變得更有宗教性。不要想讓自己從俗世分離出來，那就是為什麼禪宗的人說：俗世就是涅槃，沒有其他的成道。

那就是為什麼那天，我談到左巴和佛陀。左巴是外向的，佛陀是內向的。左巴不知道他是誰。佛陀拋棄了俗世，他只是想到他是誰，他的整個意識移向內在。左巴是對女人、酒、舞蹈和歌唱感興趣；他的整個能量移向外在。

對我來說，完美的師父會是一個沒有區分的人。他往所有的方向流動——內在、外在——因為根本沒有問題，它全部是一個流動。在這個流動裡，就會知道神。

問題　我愛上了朋友的妻子，而他也愛上了我的妻子——這不是很奇怪嗎？

這一定是的，整個生命是奇怪的。事情發生在這裡，奇怪的事情，我能了解你的問題。沒有丈夫會相信有人會愛上他的妻子——儘管他可能愛上別人的妻子。但是有人愛上了他的妻子？他是如此受夠了那個女人，他看不到任何美在她裡面，所有的醜陋浮出了表面。

一個男人回到家看到他的夥伴跟他的妻子在做愛。夥伴非常害怕：「現在會有麻煩了。」而那個男人走過來拍了拍他的肩膀，並且說：「跟我一起到另一個房間去，我想跟你談談。」那個夥伴顫抖著：「現在會有危險了——也許會有某些打鬥或什麼的。」那個男人帶他到另一個房間，關上了門，然後說：「告訴我一件事：我必須跟她做愛，但是為什麼你也必須？你發生了什麼事？你是瘋了還是怎麼了？」

我能夠了解你的問題：有人愛上你的妻子？讓我告訴你一件軼事：

有一天早上，兩個男人去打高爾夫球，但是不能如他們所要的打快一點，因為在他們前面要打的洞，有兩個女人打得太慢了。

最後，出自他們的無奈，其中一個男人開始走向女人，請求她們停止那麼多的閒聊趕快打球，或者請讓出男人的路。

他走到了距離女人一百英尺的地方後突然停了下來，轉身跑回到他的朋友那邊。

「最好你去，」他說：「其中一個是我的妻子，而另一個是我的情婦。」

因此第二個男人開始走向女人。他在距離女人一百五十英尺處，他也轉頭往回跑。他回到他的朋友那裡說：「這世界真小！」

問題

猶太族的宗教，就像禪一樣，它是基於無形的，它不允許偶像崇拜。但是在我生活在印度過去的這八年裡，我放掉了這個想法，我深深的愛上偶像崇拜，我不僅跟隨你，也跟隨印度的宗教，以及它眾多的神像和故事——羅摩、克里希那、濕婆……等等。我喜歡讓我的房間裡裝飾著你的照片，還有這些所有的神，讓自己浸泡圍繞在印度神話世界中的男神和女神裡，雖然理智上，我知道它是幻象。

我也喜歡印度的樹木、天空和自然，以及印度人的偶像——一般的和特別的——在印度大型讓人心動的歡樂舞蹈裡，我似乎活了過來，那是我住在西方從未能感覺到的。

我的頭腦知道無形概念的真理和「殺佛」的想法，但我的心卻是完全沉浸在偶像的熱愛和崇拜中。以這些我自己的方式，我甚至不再有成道的欲望，寧願愛佛陀而不是成為他。

這是否意味著我是耽擱在某處，需要你變成多達布里(Totapuri)劃我的額頭？或者是否可以讓我留在我此刻狂喜、心動的世界呢？

Ananda Prem，猶太族的神是無形的概念和禪的概念是不一樣的。禪沒有神的概念——因為妳怎麼可能有無形的神的概念？那是荒謬的！當妳有了概念的那一刻，妳就產生了偶像。那就是為什麼禪從不談論神，佛陀從來沒有提到神。他曾經一再地被問，但是他保持靜默，他不會說什麼。

如果妳談到無形的神，妳是在說什麼？妳說的「無形的神」是什麼意思？如果妳沉思在無形的神，妳會驚奇地發現：要嘛妳必須像佛陀、像禪丟掉神的概念，要嘛妳必須創造某個偶像。要嘛無形可以留下，而神必須離去，要嘛神可以留下，然後無形必須離去。

所以記住：禪沒有神的概念，無形不能被稱為神。妳以任何名字稱呼它的那一刻，妳就給了它某個偶像；無形就被偽造，就被摧毀，它不再是無形的。關於無形的神，妳只能靜默。妳甚至不能說那麼多——說神是無形的，那是冒犯！那是褻瀆！妳不能以任何方式定義：甚至妳不能說神是無法定義的，因為那變成了定義。妳說了某個東西，妳已經說了某個東西，而妳卻在說沒有東西可能被說。

以那個方式，佛陀是非常合乎邏輯的，禪是很清楚的，猶太教就沒有那麼清楚。他反對創造神的形像，那是真的——但是它的太過於反對，只是顯示出它是被形像的想法給纏住了。那就是為何伊斯蘭教徒也是被纏住的，因為它們是猶太教的一個分支。

猶太教被制約在任何寺廟都不應該有神像。而伊斯蘭教徒更進一步：如果妳發現任何雕像，摧毀它們！

為什麼猶太教不允許偶像崇拜？那個否定偶像的努力顯示妳多少仍然依附著偶像。這不是無形！這可能是反對偶像的態度，而不是無形。

禪是真正的無形。Prem說：

猶太族的宗教，就像禪一樣，它是基於無形的，它不允許偶像崇拜。

如果神是無形的，妳是誰要允許或不允許？這個允許的想法就是對自由的破壞。猶太教沒有給人們自由。這不只是一個意外，因為所有的革命家都來自猶太族，這是一種叛逆。從耶穌到佛洛依德，所有的革命家都來自猶太族。為什麼呢？沒有任何其他宗教創造了那麼多的革命家——沒有其他的宗教是如此拘束的。

如果宗教是自由的，革命家在那裡就無事可做。印度教沒有創造出任何革命家，佛教沒有創造出任何革命家。為什麼呢？因為自由是如此的全然！重點是什麼？

如果耶穌在印度出生，沒有人會想到他，因為他是革命家。人們會允許，因為毫無問題——是誰在那裡允許或不允許？這是每個人自己的選擇。

因為猶太族沒有被允許偶像崇拜，所以耶穌就誕生了。耶穌是基督教徒，因為好幾百萬人使他變成了神的形像。然後，這一再地發生著。

馬克思出自於猶太族，愛因斯坦和佛洛依德也是。為什麼？猶太宗教是非常拘束的，它沒有禪的味道。

而當我談到猶太族，我撇開了哈西德（編註：猶太教正統派的一支，受到猶太神祕主義的影響）的師父們，他們有禪的味道，但是猶太族也不接受他們。他們被認為是叛逆的，而每當一個宗教變得太關注於允許和不允許，它就變成儀式、呆滯、死板。它變成形式的。

只要看到這一點：猶太教談到神的無形，他們的整個宗教就變成了絕對的形式！只是儀式，沒有內在的東西，沒有心的東西，只是社交的形式。

我聽說過：

在美國佛蒙特州，有一對夫妻登記住進一間小旅館。他們被要求出示結婚證書，那個男子亮出捕魚許可證給近視的接待員，那證件放在桌子上。

夫婦倆上樓後，接待員更仔細地審查證件後，衝了上去。他拍著門大喊說：「如果妳還沒有做，就不要做了！這不是一張可以做它的證件！」

誰可以允許？誰可以給妳做任何事的證照？如果有任何可能，去知道神，神是透過自由，它是透過絕對的自由。

妳說：但是來到印度，我已經放掉了這個想法……

這是好事，妳已經放掉了這個想法——那只是一個想法，而不是妳的經驗。但是現在妳已經移到正好相反的另一個想法。那就是自古以來，發生在猶太族的事。當他們反叛，他們就移到相反的想法上，這總是會發生。妳移到另一個極端。

現在，Prem妳說已經放掉了這個想法。妳也許移動了，但是妳卻移向反方向。現在妳是被各種神靈所包圍：羅摩、克里希那、濕婆……在印度，有好幾百萬種神靈。據說在印度，神靈比人還多。

我知道有人整天迷失在禮拜中。我曾經跟一個人住過，他至少有三百座雕像在他的小廟裡，他自己的廟。三百座各種男神和女神的雕像，從凌晨四點，他就開始禮拜——你必須要照顧三百座神。為它就花了半天的時間。而且他是那麼匆忙，他連一個都不能好好禮拜，因為他知道「此刻，還有兩百九十九座在等待著」，他必須匆匆跑到每一座雕像去做禮拜。他必須小心，否則某一座可能會生氣——那些三百座嫉妒的神，你必須要對每一座付出同樣的關注。

他越來越瘋狂！我說：「你會發瘋！三百座神靈太多了。」

現在Prem說她感到狂喜。是的，妳會感到狂喜，因為妳移到了相反的極端。這給了妳自由的感覺，但這不是真正的自由——因為不久妳就會失去它。很快妳就會變得疲倦，而那時就有各種可能，頭腦會開始再移到另一個極端。而真理正好就在中間，記住。真理正好就在中間。

人只有剛好移動在中間，否則，就會變成極端的受害者。

現在，從無形的神的想法，妳變成好幾千座偶像的受害者。只要剛好在中間，在那裡這些就都會消失了；既不是有形也不是無形，當有了完全的靜默——那裡就是家。

Prem說：我甚至不再有成道的欲望，寧願愛佛陀而不是成為他……

讀了妳的問題，Prem，我開始變得擔心佛陀。這是完全沒問題的，妳會喜愛佛陀——但你知道什麼是佛？妳的愛只會是帶著毒素的愛。事實上，妳的愛根本不是愛。只有成道以後，愛才會流出。在那之前，它只是一個愛的假象。

妳可以繼續愛著佛陀，但妳永遠不會知道什麼是佛——妳怎麼能夠愛？妳的愛只可能是一種假象、幻覺。

妳以前曾經愛過人，現在妳對佛陀投射相同的虛幻能量。如果佛陀還活著，他不會允許它。他會以各種方式試圖摧毀它，因為他會認為妳在這個幻想裡，在這個夢裡。妳也許會感覺不錯，但這是一個夢，遲早妳會醒來，那時妳會看到妳一直在浪費妳的生命。

是的，有興奮，但是沒有狂喜。而且，不要以為妳的興奮就是狂喜。它們看起來很像，生命中最大的危險就是來自看起來很像的東西。興奮看起來像狂喜——但它不是。狂喜沒有興奮，它是一個非常寧靜的狀態。狂喜是絕對的靜默、空無。它就是成道！

現在，妳說：我甚至不再有成道的欲望……

在某方面，那樣是好的，因為如果妳沒有任何成道的欲望，成道變得更加可能。但以妳說話的方式看來，妳是執著的，妳是害怕的。這正好不是沒有欲望的說法：這是排斥的說法。妳害怕成道，妳害怕變得那麼有覺知——因為那時，所有這些虛無縹緲的愛會消失，所有這些包圍著妳的神話諸神會顯得愚蠢。妳將必須把祂們扔進河裡。妳將必須丟掉祂們，因為祂們不必要地占據著空間。

妳不可能愛佛陀，除非妳變成佛！而變成佛就是成道，那就是狂喜。

Prem，妳不是在狂喜中。妳不是在心動的興奮中，妳也許正享受著這個旅程，但是會有多久呢？而這些圍在妳四周的神像，無非就是妳的投射，妳創造了祂們。妳可能把妳的能量放進羅摩，然後他就變成活的，但它是妳的能量。

為什麼不把妳自己變成活生生的？為什麼把它放進羅摩，要讓他活起來？為什麼要偏離那麼遠？而妳說：

這是否意味著我是耽擱在某處，需要你變成多達布里劃我的額頭？

我不是多達布里，拉瑪克里斯納太過於執著偶像，而多達布里卻太過於執著無形。我根本不執著！對我來說，兩者是相同的，執著偶像或執著無形都是一樣的。我不是給妳無形的神，我不是在試圖透過無形去替代偶像——不是，我要妳放下偶像和無形兩者，而只是……免於所有的幻象。只要存在就好。靜心默想詩人傑克．凱魯亞克(Jack Kerouac)的這幾行字：

沒有道來迷失。
如果有一個道，
那麼
當太陽照耀在池塘上
我往西走，你往東，
哪一個人讓真的太陽
跟隨？
哪一個人往真的太陽追逐？
因為沒有一個是真的，
沒有真的一個道。

而太陽是一種錯覺的
一個道乘以二
再乘以一百萬倍。
因為沒有道，沒有諸佛，
沒有諸法，沒有觀念，
只有一個狂喜，
而正確的想法
就是正念
因此道就是無道
無論如何是某個道。

只有狂喜，狂喜無關偶像或無形。狂喜無關猶太教、印度教、佛教，只有狂喜。那個是什麼？我教導你們的只是那個，而那個是什麼？那個是如此完全寧靜，一動也不動，哪兒也不去，不渴望任何東西，不夢想任何東西——神或無神，偶像或無形——根本沒有念頭。無論是偶像的念頭，或是無形的念頭，都是一樣的。妳不能像一面鏡子一樣的靜默嗎？甚至無物反映！鏡子是空的，那是一個狂喜。

那個狂喜就是神，它的味道就是神。神不是一個偶像或無形的人。神就是在妳的舌頭嚐到味道的那一刻——幸福的那一刻，道的那一刻，當一切停止，時間停止，世界停止的那一刻。

我根本不是多達布里。他非常執著於無形，不然他為什麼要刻意去切拉瑪克里斯納的額頭？我不會那樣做。為了什麼？我並沒有任何興趣去改變妳，從一個位置到另一個位置，從一個理念到另一個理念。它們都是觀點，我的努力就只是為了讓妳免於各種觀點——拉瑪克里斯納和多達布里兩者。

現在發生了什麼事妳知道嗎？那正是我擔心的，Prem，它可能發生在妳身上。在那六天之後，拉瑪克里斯納說：「我最後的障礙已經放下。」然後他至少還活了十年的時間——他繼續對卡里地母神敬拜。到他死的那一天，他的嘴裡仍然念著卡里的名字：「讚頌卡里，讚頌卡里！」這一天，他死的那一刻，它不是無形的，它再次是偶像崇拜的。發生了什麼事？有幾天，他留在無形的興奮中，然後他累了，他再次移向另一端。

不要過量，不要在極端，要在中間。正好在中間就是門。如果妳想到時間，過去沒有門，未來沒有門——就在現在，那正好在中間。如果妳想到偶像和無形沒有門，而其實門正好在兩者之間。既非此也非彼——只是恰好在兩者之間。既非靈魂也非身體，不要變成唯心主義者或唯物主義者。不要想到外在的實體或是內在的心靈。只是正好在中間！

要經常持續想著中間，慢慢慢慢地放鬆在中間，讓極端溶解。這樣妳就回到家了。

問題　親愛的奧修，請告訴我——我們在前世相遇過嗎？

Chidvilas，我們甚至在這一世都還沒有相遇。你在說什麼——前世嗎？你曾經在這裡，我曾經在這裡，但是相遇還沒有發生。我持續試著去遇到你，你持續逃避著。你很靈巧，很聰明。你是知道的！而為了避免這個相遇，你對前世有興趣。

要問我為什麼我們這一世還沒有相遇，不要問前世，我們在前世是否曾經相遇有任何幫助嗎？此刻，我們又不能回到過去；我們對它什麼事都做不了。它結束了！但這就是頭腦怎麼運作的，它總是逃離現在。它發現路徑也許是在過去，或是在未來。那些都是把戲，那是頭腦拯救它自己的策略。為什麼你要對「前世」有興趣？它結束了，它消失了，它不再存在了！它不存在任何地方。即使我們曾經相遇過，它也是無關緊要的。

唯一重要的事情是：我在這裡，你在這裡，但是相遇還沒有發生。如果相遇發生，你就會成道。只有那樣才是重要的，當你成道的那一天，相遇就發生了。否則有什麼意義呢？

我知道你明白，因為你也問了另一個問題，這會使它更清楚。Chidvilas問：

> 我強烈地感覺要再次去經歷那個美麗的點化儀式！當你允許我進入你的王國，我錯過了我該得的什麼東西？對於這個感覺和錯過，請扔出一些光來。

你知道吧！你正在錯過。點化儀式也沒有什麼幫助——沒有儀式會是有幫助的。這不是任何儀式的問題，這是冒險的問題。你必須要有足夠的勇氣來遇見我，面對我，面對我所提供給你的實體。你持續逃避著，以這種方式，你繼續逃跑著。

你的頭腦充滿了知識。所以你總是能夠找到藉口、解釋、合理化。那就是為什麼相遇沒有發生。現在這是另一種出自你知識的努力：你想知道我們是否已經在某個前世相遇。

如果我說是，你的自我將會被加強。你會開始想著你自己是非常特別的，那是在它裡面的欲望。所以即使我們曾經遇見過，我也不會說出來。所有我想要說的是：此刻跟我相遇！因為對我來說也許不再有來世了。你也許不會再遇到我，不可能了，不要錯過這個機會。

記住：點化儀式是不會有幫助的。它必須不只是一個儀式——它必須是存在的。你被點化為桑雅生，但那也是不會有幫助的。只是變成為桑雅生，你不會變成一體，這只是一個初步的行動。它會有幫助，它帶你靠近一些，它使你敞開一些，信任一些。但它不是完結！

真正的點化會發生在某一天，當你丟掉你所有的頭腦，你只是看進我，不帶著想法，不帶著知識，只帶著天真。

記得如斯亞和那些看進他眼睛裡的孩子。有一天，當你看進我的眼睛，就像你是一個孩子那樣看，天真，不帶著過去，不帶著未來，那時相遇就會發生。

而那個相遇會轉化你。我在等待著它，我正在為它工作著，我無處不在地圍繞著你。但是到目前為止，它還沒有發生——因為你繼續逃避著。

停止逃避吧！

問題　為什麼心理治療師被叫做Shrinks（壓縮）？

因為他們就是。這個字確切地描述了心理治療師在做什麼——他們壓縮人們，他們壓縮人們由正常人變成病人。那就是他們的工作，他們在壓縮人們。

當你去見一個心理治療師，你作為一個人，帶著尊嚴去了，他們立刻將你削弱貼標籤：你是一個精神分裂者、偏執狂、神經病。你馬上被壓縮！你不再是有尊嚴的一個人，一個標籤貼上了你，你就是疾病！你必須被處理。

把你削弱縮減成病人，心理治療師就變得更強大。他縮減讓你變得越弱小，他就感覺到越強大。

這是個古老的把戲，只是名稱改變了。在過去這是牧師的工作，而現在這是心理治療師的工作。在過去，牧師削弱著你——牧師試圖去創造你內疚的感覺，試圖去創造你多少有錯的感覺，因此你需要被改變，因此你不能被接受你的如是，因此你要準備下地獄。

牧師的全部努力就是為了縮減你成為一個罪犯、罪人。牧師在你裡面創造了一種內疚的感覺。現在這個工作已經由心理治療師接手了，心理治療師是新時代的牧師。他削弱你，他不會增強你。他不會對你的光輝、對你的存在敬重。相反地，他會使你感到沒有價值。

那就是為什麼我們在這裡試圖創造一種新的療法——在這個療法裡，你不會被削弱而生病，你會被加強，被擴展。治療師不是在這裡標記你生病了，而是在這裡幫助你知道你不是生病了，因此，誰說你生病了？因此，關於你自己，你是帶著錯誤的觀念。誰告訴你，你是不值得的呢？你是非常寶貴的。

這是我在這裡的整個努力：幫助你擴展。

心理治療師和牧師和所謂的老師們，他們都在對人們做同樣的事：他們一直在壓縮人們。他們已經削弱人們為爬蟲，爬行在地上，醜陋，害怕看到鏡子裡自己的臉孔。不敢直視自己的生命，因為僅有的無非都是錯誤的、傷口和膿包。

我在這裡的工作是建立一個完全不同類型的治療。「治療」這個詞的意思就是療癒。什麼可以療癒？愛可以療癒，愛就是治療。沒有別的治療，不是精神分析，不是心理分析，只有愛可以療癒。療癒是愛的作用，而且愛擴展你的意識。它允許你飛得越來越高而碰觸到星星，它使你覺得受到尊重。它使你覺得你在存在裡是被需要的，因為沒有你，存在裡會有些缺失，沒有你，就會有一個不圓滿的空洞。你是必要的，沒有你，這個存在可能是不一樣的。你不是一個意外，你的本質是存在必要的。

讓我再提醒你一次：如斯亞是一位最美的師父——你可以稱呼他為完美的師父。有一天，他在猶太教堂祈禱時被抓。為什麼被抓？因為人們覺得很生氣。他在對神說：「聽著，我需要祢所以祢也需要我，沒有祢我將一無所有。而我要對祢說：沒有我，祢也將一無所有。因為祢，我才是我，因為我，祢才是祢。」

人們都被冒犯了。他們說：「如斯亞，你在說什麼？你瘋了？」

他沒有發瘋，這是人跟神應該有的一個對話方式。這不是自我！根本不是，這是一個簡單的事實。即使是一根小小的葉草，也是像任何星星一樣有價值的。在存在裡沒有階級，沒有人較低，沒有人較高，我們全部都是一個有機體。

這是真正的治療。治療當它是真的時，只會是愛。治療當真時，會幫助你重新獲得自信，會幫助你綻放。

Buddha這個字來自字根bodha。在古代，bodha是指花蕾的綻放。它來自花的世界；bodha原本是指花蕾的綻放。後來它被喻指為：當一個人完全打開、綻放、釋放香味和色彩而在空中舞蹈時，他變成了佛——他已經完全打開了。

真正的治療是不會壓縮你的：它打開你。它使你的全體都綻放，它給你你曾經失去的寶藏。但是若從現代心理治療的角度，人們稱呼心理治療師們為shrinks——他們確實是。

事情就是這樣：他們就像他們治療的人們一樣生病了，有時候甚至更嚴重。我從來沒有遇到一個精神上沒有困擾的心理治療師。也許只是為了逃避自己的精神困擾，他對別人的精神困擾變得更有興趣，他在玩優越感。而他的病每天都變得越來越嚴重。

我聽說過：

一個電影演員告訴他的精神科醫生：「我吸引男人，而不是女人。」

精神科醫生回答說：「你來對地方了，太帥了！」

他們都患有同樣的問題，他們假裝在幫助人們。心理治療是發生在這個世紀最虛假的一件事，因此一個完全不同的方向是必要的。

人們惹上了麻煩——不是因為人們是錯誤的，而是因為人們在錯誤的處境長大。每個人天生都是完美健康且正常的，但是卻出生在一個神經質的社會裡，父母都是神經質的，老師都是神經質的，牧師都是神經質的，政客都是神經質的。他們都跳到小孩子身上，他們開始操縱他，他們逼他發瘋。

到目前為止，我們還沒有開發出合適的教養方式。科學仍然非常簡陋、原始。我們已經從牛車發展到飛機，但是就孩子的撫養方面，我們就像過去的原始社會，我們在那部分並沒有進化。父母繼續把他們的病注入孩子身上，而孩子們是無助的受害者。在他們的世代，他們將沒有什麼可以給自己的孩子們——他們將必須給出自己的疾病，那就是他們擁有的一切。

人們本來不是神經質的，而這是一個神經質的氛圍環境。

而且，只是用分析著人們的神經元，你也不可能轉化他們。只是透過分析，最多你能幫助他們作一點點調整。你能讓他們感覺到生命就是如此。佛洛依德說：沒有生命喜樂的可能性——人只能忍受它。

如果你透過精神分析，遲早你會看到生命就是如此：全部都是廢話，全部都是垃圾，全部都是這些神經質的欲望——生命就是這樣！人們開始跟它妥協。人們失去希望，變得妥協。憤怒的反抗有什麼意義？那也是茫然，沒有喜樂的可能。

精神分析是非常悲觀的，這是非常奇怪的！人們說佛陀是悲觀的，甚至佛洛依德和他學派的人也說佛陀是悲觀的，這真的很奇怪。佛陀不是悲觀的，婆羅門教商羯羅不是，魯米也不是。這些人並不悲觀，雖然他們說生命充滿了痛苦，他們說這只是讓你知道它不應該是這樣，它不必是這樣。

生命是苦難，他們一再地說，因為生命可以是幸福的。他們只是挑動你把你的生命放在自己的手中，它可以轉化為幸福。但他們不是悲觀主義者。

佛洛依德是一個悲觀主義者。心理治療師是悲觀主義者。他們接受了生命全都只是這樣；人必須忍受它，人無論如何必須忍受。他們使人們能夠應付它，但是這並不夠多。只是去應付它——然後死亡就來到……

不是的，生命可以是一場舞蹈，生命可以是一首歌。一個真正的治療不僅會幫助你用色調來應對：它會幫助你變得更有活力。它會幫助你去獲得更豐富的生命。它會幫助你達到永恆的幸福。只有這時，它才是治療。但是這時，它已不再是一種壓縮了——這時它就是擴展。

事實上，希伯來文的天堂原本指的就是擴展。當耶穌說：天國就在你們心裡，他是在說，如果你擴展，如果你對著那無窮盡的存在擴展，那就是所謂的天國。

真正的治療會是一個完全不同的色彩、形狀、味道，這就是為什麼我對治療有這麼多的興趣。在整個印度，你不會找到任何其他人對治療有這麼多的興趣。有治療在一個修行村是聞所未聞的，但我的興趣是深藏在它本身，因為我知道治療對人們正做著很大的偏差。它已經移向一個非常非常悲觀的維度。

治療是現代人的宗教。只是持續談《聖經》、《古蘭經》和《吠陀經》幾乎已經過時，這是沒有意義的，這是不相關的。人必須談論關於在人們的生命中，他們所面對的處境和實際的問題。

治療是一件必須改變、改造的東西，使它能夠變成療癒的力量，使它能夠帶你走向更完整而神聖的一體。

問題

真正的問題存在嗎？所有的問題都只是頭腦的遊戲嗎？覺知會使問題消失，或是有一種可能性，覺知會帶來壓抑嗎？我發現每當我覺得有點歸於中心而覺知時，通常我不覺得有任何問題，但是當我不在中心，所有的老問題又回來了，它們看起來更大。這是壓抑嗎？

Ratna，所有的問題都是來自於沒有覺知。沒有覺知產生了問題，這就是唯一真正的問題。所以當妳變得警覺、覺知，問題就消失了——它們不會被壓抑！如果妳壓抑它們，妳將永遠不會變得覺知，記住！一個壓抑自己的人會害怕變得覺知。當你變得覺知的那一刻，那些被壓抑的問題會出現。覺知會把它們帶出來。

這就像妳在妳的房子裡藏著垃圾，妳會害怕把光線帶進來，因為那時妳將必須看到所有妳一直藏在那裡的垃圾。妳不能把光線帶進來。

有一次，我住在一個村莊幾天。那裡有一條河，非常髒——只是那麼一條小溪，你甚至不能稱之為河。沒有其他辦法，沒有其他供水。有一位客人來和我住在一起。現在，我心裡有點困惑，怎麼帶他去那條骯髒的河流？所以我一大早就帶他去，在凌晨四點鐘，我們喜歡那時的氛圍，而且我們還談到美，因為月亮在那裡，河水真的看起來很美。他喜歡，而他說：「我從來沒有見過這麼美麗的地方。」

我說：「那是完全沒問題的，但是白天永遠不要來。」

他說：「為什麼？」

我說：「就是不要來。」

當然，他還是白天衝去了，早晨他就回來了。我聽到他說：「那麼骯髒的地方！」

但是它看起來那麼美麗。

如果妳壓抑，妳會害怕變得覺知。那就是為什麼有好幾百萬的人都害怕變得覺知。覺知會把光帶進妳的內在，然後妳會看到所有的蠍子、蛇和狼……那是很可怕的。人們保持待在黑暗中，至少他可以繼續假裝一切都沒有問題。

覺知會釋放所有被壓抑的東西。覺知從來不壓抑——相反的，它會釋放壓抑。

但Ratna的經驗是真實的。如果妳變得覺知，問題就會消失。當然，疑問就會產生：是不是覺知壓抑了那些問題呢？——否則它們怎麼會突然消失了？當覺知失去了，中心跑掉了，妳不再是那麼覺知，問題又彈出來——而它們比以前更強大！所以你自然的結論是：覺知壓抑了它們。但事實並非如此。

當妳是不覺知的，妳就會產生問題。不覺知有它自己的語言——那就是問題的語言。這就像當妳在黑暗裡摸索一樣。一件東西掉了，妳撞上另一件東西。因為黑暗，就會有很多問題。如果光來了，妳就不會撞到桌子，沒有東西會掉落。現在妳可以輕鬆地移動，妳將能夠看到。但當它是黑暗的，在自己的屋子裡移動，很多意外會發生。在夜間妳也許無法找到門，妳也許無法找到東西在哪裡。

在黑暗中，妳生活的方式會產生問題。只有黑暗或不覺知懂得問題的語言；它沒有解決方案。即使一個解決方案給了妳，在妳的不覺知下，妳會從它製造出另外的問題。那就是持續在發生的事情：如果我對妳說某個東西，妳卻了解成完全不同的東西，妳是從妳的立場來了解。

一位老處女教師在暑假裡拜訪了美國優勝美地的保留區。她發現靠著樹幹站著一位印地安大勇士，她非常好奇他的性生活。

「像你這樣一位大勇士，在這裡沒有年輕的印地安女人如何得到滿足？」她問。

印地安人不可置信地瞪著她，然後說：「妳有看見牛吧？」

「是的，我有看見牛……你是不是說？」

「是的，」勇士說：「我對牛做愛。此外，妳有看到馬吧？」

「是的，」老處女嚇壞了說：「我有看到馬。」

「我對馬做愛。」

「噢，親愛的（dear）！」發狂的老處女哭喊。

「不，」嘀咕一聲，印地安人黯然地說：「我不對鹿（deer）做愛，跑的太快。」

沒有覺知，以自己的方式來了解，那就是為什麼佛陀總是被誤解。那是無法避免的，要了解佛陀將需要很大的覺知——因為他活在一個沒有問題的世界！那裡有一切的解答而沒有問題。而妳活在一個只有各種疑問而沒有解答的世界，妳活在那麼遙遠……就像妳活在不同的星球。

他持續從那裡叫喊著，但無論什麼東西達到妳，就變成完全不同的東西。而且對於妳所了解的，妳總是能夠找到合理的說法，妳可能變得很會論證，也很會防衛。

吉列姆坐在證人席上，他已經平靜地回答了檢察官的所有問題。現在輪到法官的詢問。

「難道被告真的希望這個法庭接受他的故事，在他的房屋內他組裝的蒸餾器，沒有被用來非法生產威士忌？」

「是的，法官先生！」吉列姆說：「我買了那個當成新鮮的東西，一個話題物件，我現在不會，未來也不會操作它，當做蒸餾器生產威士忌。」

「一派胡言！」法官怒吼：「對這個法庭而言，那個設備的擁有就足以證明你是有罪的！」

「那麼，法官先生，我想你最好也控告我強姦你的女兒！」

「什麼！」法官尖叫：「你也強姦了我的女兒嗎？」

「沒有，先生」吉列姆說：「但她昨天晚上在我家——我確定有做它的裝備！」

頭腦是非常狡猾和聰明的，它可以用各種巧妙的方式爭辯。它甚至能找到各種合理化的說詞和證明；它可以給你你已經正確理解的感覺。

但Ratna的問題是非常重要的。對在這裡的每一個人，它是重要的。因為這是你們必須變得越來越覺知的地方，覺知必須形成一種氛圍。

真正的問題存在嗎？

它們存在，只有當妳是不覺知的時候。如果不覺知在那裡，它們是存在的。正如夢境，當妳睡著的時候它存在——它們是真實的嗎？是的，當妳睡著了，它們是絕對真實的。但是當妳醒來時，妳知道它們是虛幻的。它們是沉睡意識的一部分。如果妳沒有歸於中心，沒有警覺，那麼問題就存在。如果妳變得歸於中心、警覺、覺知、觀照，那麼問題就消散、蒸發了。

所有的問題都只是頭腦的遊戲嗎？

是的，它們都只是頭腦的遊戲。而頭腦不過是不覺知的另一個名稱。

覺知會使問題消失，或是有一種可能性，覺知會帶來壓抑嗎？

這取決於妳。它有一點危險，如果妳強迫自己覺知，它會是壓抑的。如果妳允許覺知占有妳，它會是不壓抑的。如果妳練習覺知，固執地，如果它是一種意志，那時妳會壓抑。意志總是壓抑，意志是壓抑的源頭。只要有意志，就會有壓抑。

所以妳的覺知必須不是出於意志力，它必須出於了解。它必須放鬆，它必須是一種放手、不強迫。這是要了解的最重要的事。如果妳試著去變得覺知，妳就會壓抑。

例如：憤怒已經出現，而妳試著去變得覺知到憤怒——頑固地，強制地，猛烈地，積極地，主動地帶著意志。帶著那個努力，憤怒會退去。它會落入妳的無意識水庫，它會移到妳存在的地下室，並且在那裡等候。當妳的努力走了……努力是不可能一直持續的，因為努力會疲乏。妳可能堅持努力一下子，一會兒，幾個小時或幾天，但是遲早妳會需要一個假期。妳會疲乏在整個努力中，而在妳渡假的那一刻，憤怒就會回來，帶著更大的力量——因為當它被壓抑，它變得被加壓。每當任何能量被加壓，它就得到更多能量，它變得更加壓縮。所以每當蓋子打開，妳的努力、意志和強壓被解除，它就會爆炸成狂野的暴怒。

這就是培養怒氣的人們身上所發生的事。他們會抑制自己的憤怒，但是他們會製造出更大的怒氣。憤怒是短暫的，怒氣是慢性的，憤怒是沒有什麼可擔心的——它來了又走。就像是一陣微風。但怒氣是危險的，它會變成妳的一部分，它會變成妳的基礎，它總是在那裡。妳是否認識一些總是在生氣的人？他們也許完全不顯露他們的憤怒，但他們總是在生氣。不論他們在做什麼，他們都在怒氣中，怒氣不斷地在他們底下流動，像股暗流。而它影響他們的愛，它影響他們的友誼，它影響他們的那個氛圍。他們變得糟糕，他們變得醜陋。他們也許根本不生氣，但他們內在累積了很多的怒氣。

通常那些為了細故而變得生氣的人反而是比較好的人，他們從來不處在怒氣裡。妳可以信任他們，他們不可能殺人或自殺。他們將永遠不會聚集那麼多的毒物。稍許毒物產生了，他們就扔掉。他們永遠是新鮮的、健康的。他們在生活中會產生憤怒，但是他們不蒐集它，他們不囤積它。

而那些所謂的好人，可敬的人，聖人……等等，他們才是真正危險的人——他們持續累積著。有一天它會爆炸。如果它不爆炸，它必定變成他們的生命形式。它將變成慢性病。

千萬不要透過意志力來覺知。任何用意志力帶來的東西都是錯誤的。那要如何帶來覺知呢？了解它，當憤怒來臨時，試著去了解為什麼它會來到；試著去了解，不帶任何譴責，也不帶任何理由，不帶任何評價。只是看著它，妳應該在中立的位置，只是看著它。

就像妳看著天空的雲在移動：在內在的天空，一片憤怒的雲在移動——看著它。看看它是什麼？深入看到它，嘗試去了解它。而妳會發現有一個情況發生：憤怒的雲消失了，因為妳深入看到它，別的東西被發現了——也許是自我受傷了，那就是為什麼妳會變得生氣。現在看著這個自我的雲，它是更微細的。繼續看著它，深入地看著它。

從來沒有人能夠在自我裡面發現任何東西。所以如果妳深入它，妳不會找到；而當你已經找不到，它就不再存在。然後突然有一個很大的光——來自了解，來自穿透，來自觀照，不帶著努力，不帶著意志，不帶著論定認為它應該像這樣或應該像那樣。一個中立的觀照、覺知就產生了。這個覺知具有美和祝福，這個覺知會療癒妳。

如果這個覺知來臨，妳永遠不會厭倦它，因為首先它沒有被強制，因此沒有需要任何的假期！

只要想想：基督教，猶太教的神，過了六天累了，必須在第七天休息。在東方，我們沒有任何神安息的概念。為什麼？這看起來對祂有點辛苦。東方的神繼續工作著——沒有假期。為什麼在東方沒有神的安息日？事實上，發生在東方的假期，在辦公室、在學校和學院的假期，都是從西方帶來的。否則，根本沒有假期的問題，因為生活從完全不同的視野被看到，它是玩耍，不是工作。

猶太神一定是累了。六天的工作，這麼長的工作時間，而那麼挫敗！祂一定是太累了。終於，到了最後，祂創造了人類，從此以後祂並沒有再創造任何東西。這顯示了什麼：祂變得很厭倦自己的創作物，因此人類之後，祂就停止再創造了。祂說：「夠了就是夠了！」

但東方神是創造力的連續。它是玩耍。讓妳的覺知是一個玩耍，毫不費力、輕鬆，然後它可以變成一個連續，它會在那裡，它不會迷失。

我的感覺是Ratna必定做這個努力太多了。那就是為什麼她說：

我發現每當我覺得有點歸於中心而覺知時，通常我不覺得有任何問題，但是當我不在中心，所有的老問題又回來了，它們看起來更大。這是壓抑嗎？

必定有那麼一點點，否則那些問題不會再回來。一旦妳已經深入看過任何問題，輕鬆地看，它就被永遠完結了，因為所有的憤怒都是一樣的。如果妳已經深入看過一個憤怒的處境，妳就永遠了解了，它就結束了，妳就從它解放了，而所有被捲入憤怒的能量都會是妳的。而所有被捲入貪婪的能量也都是妳的。突然間，人會發現自己擁有很大的能量水庫。那時人就能跳舞、滿溢，帶著喜悅。那時生命不再是忍受，而變成享受。那時生命是一種慶祝。

除非妳的覺知不帶著意志，否則妳會壓抑。而壓抑是非常微妙的。然後總是當覺知消失了，被壓抑的東西會跑出來，並且以更大的形式，帶著復仇。它會報復的。

Ratna，不要以任何方式強迫自己覺知。讓它成長，變得更加輕鬆、平和、寧靜、接受。人必須接受所有一切——好的和壞的，成功和失敗，愛和恨——所有，人都必須接受。在那個接受裡，放鬆就發生。而覺知不過是放鬆的香味。它是放手的開花。

然後問題就消失，永遠消失……

問題　奧修，這是怎麼一回事呢？

Brenda，我不知道，我不認為任何人知道，或任何人曾經知道。佛陀、耶穌基督、克里希那，沒有人知道。沒有人知道，這是美麗的，因為一旦知道，所有的歡樂都會失去。這是一個奧祕，這是無窮的奧妙。沒有辦法去解密它，沒有辦法去知道它是什麼，所有的知識都失敗。天真會成功，因為天真可以說：「我不知道。」

第7章 它也會吞噬你

這是關於一位托缽僧有一次在街上阻擋了國王的故事。
國王說：「你好大膽！一個沒有用的人竟敢阻斷你君王的去路？」
托缽僧回答：「你怎麼可能成為一位君王，你甚至不能填滿我的化緣缽？」
他伸出他的缽，國王下令將金子填入其中。
但是不久，當缽看起來像是快被金幣填滿的時候，金幣卻消失了，缽再次是空的。
一袋又一袋的金子被拿了過來，驚人的缽仍然吞噬了金幣。
「住手！」國王喊叫：「這個騙子想要清空我的財庫！」
「對於你，」托缽僧說：「我正在清空你的財庫，但對於別人，我只是展示著真理。」
「真理是？」國王問道。

「真理是這個缽就是人的欲望，而金子是人提供的。人若是沒有做任何的改變，吞噬的能力是不會有止盡的。看！這個缽幾乎吃掉你全部的財富，但它仍然是空的，而它沒有在任何方面分享金子的本質。」

「如果你關心，」托缽僧繼續說：「踏進這個缽，它也會吞噬你。那時，國王如何能保住自己作為有用的人呢？」

人總是在「成為」的過程。而不是一個「在」，因此才會有這麼多的苦難、焦慮、痛苦。動物在，樹木在，山脈在，神也在——人卻不在。人總是努力要成為……。

樹木沒有試著要成為什麼，他們只是在。神也沒有試著要成為什麼，祂是帶著在的一體。人介於兩者之間——當然會緊張、拉扯、四分五裂。他一部分的存在想要跟動物成為一體，另一部分的存在卻想要上升高入雲霄，成為神。

人保持在這個拔河戰裡。

惠特曼(Whitman)說：「在我的生命裡曾經有許多片刻，我有再次變成動物的欲望，因為牠們是那麼免於渴望，免於痛苦，免於競爭，免於野心。」

當你看進牛的眼睛，或看進貓、狗的眼睛——一切似乎那麼安祥而靜默，彷彿這個片刻就是一切！但是當你看進人的心靈，你會發現瘋狂，並且不只一種而是一大群，不是一個人而是在整個瘋人院裡。有這麼多的瘋子在喊叫著、渴望著、詢問著和要求著。而且欲望之間是互相矛盾的，如果你實現了一個，另一個一定變得無法實現。如果你實現了另一個，那時這個又會變成問題。

你不可能滿足一個人！他的各個部分之間沒有溝通。一隻手想要完成一件事，另一隻手也許想要消滅它。你的一部分不斷在貪圖過去，另一部分卻在努力想要達到未來。這樣你怎麼可能放心？你怎麼可能在家？

有時去聽聽是什麼持續在你的頭腦裡。

你曾經觀察過自己的內在發生了什麼嗎？在你存在的一個片段和另一個片段之間，沒有溝通！你不是一，你是多。因為多重的欲望，你是多的。你想成為這麼多的東西。

首先，在你想要成為什麼的那一刻，你就失去了你的存在。在「成為」什麼的雲霧中，存在就失去了。當你開始以成為什麼的方式來思考的那一刻，你就不再了解你是誰了。當「成為」被拋棄，能量就會轉回到你身上。

那就是耶穌說的轉化——回到源頭。那是古印度哲學家波顛闍利說的PRATYAHAR——回到自己。那是馬哈維亞說的PRATIKRAMAN——轉回到自己的存在。

我們一直在衝——衝向未來的某個地方。我們一直衝得那麼快，因為生命是短暫的，時間是短暫的。我們一直在衝，但我們到達哪裡了？我們只有到達我們的墳墓。沒有東西曾經被實現，因為那些欲望的本質是無法被實現的。

試著去了解欲望的本質。那裡只有欺騙，只有海市蜃樓，只有幻象存在。如果人們了解欲望是什麼，人們就成佛了。如果人們能夠看到欲望是徒勞的，欲望對你就不再有效，那個維度就消失了。你要覺知到沒有任何欲望曾經被滿足，欲望的本質是不可能被滿足的，它的本質就是無法實現的，你不需要去拋棄它。

那些想拋棄欲望的人並不了解。那些了解的人，他們不拋棄——沒有什麼需要拋棄的！簡單地說，只要覺知，欲望就與你不再有關聯，它是從你的手中滑落——而不是你拋棄它。它只是變得毫無意義，在那個了解的當下，你就免於它了。

桑雅士的整個工作就是了解欲望的本質。欲望的本質是什麼？

第一：它總是熱中於那個不存在的。現在，看進它，靜心想過它。這是欲望的那個本質：要求那個不存在的。它怎麼可能被實現？當你擁有它，欲望就開始轉移。

你看到一棟漂亮的房子，你渴望它，你期待著它，你夢到它，你努力工作好幾年，然後有一天，房子是你的了，但是你會很驚訝地發現：當房子是你的那一刻，欲望不在這棟房子上了，欲望已經轉移到別的事情上了。欲望從來不在當下，它只可能在未來。未來是它的空間，它的土壤；它生長在那裡。現在不是它的土壤，在此時它就死了——立即死亡。所以當房子是你的時候，突然間你會感到驚訝：你一直夢想著的房子那些美夢在哪裡？房子已經是你的了，但是那些夢想在哪裡？它們已經飛走了。

英國詩人拜倫（Byron）愛上了一個女人。他愛上很多女人，據說大約有六十個——他活得不長。而他對每個女人都說：「沒有妳我活不下去。」他是在欺騙。那欺騙也許不是有意識的，因為他是個好人，這可能是無意識的。他也許不曾故意這樣做，但它發生了。每當他對一個女人產生了興趣，整個世界都會消失，那個女人會是他的目標。

他是一個英俊的男人，有才華，是個天才。而女人總是對有某種天賦的人、某種天才感興趣。女人總是對內在的某些東西感興趣，而拜倫就有！那個神奇的觸摸，那個磁性。所以他很容易讓任何女人愛上他，但是愛情不會持續幾天，頂多幾個星期，然後拜倫會轉移到別的女人。

有一次他愛上了一個女人，而她非常非常堅持：「除非你跟我結婚，否則我沒有興趣跟你在一起。你說你準備為我而死——我不想讓你為我而死，我只要你跟我結婚。」

現在，那是一個更大的要求。死亡是很容易的——它是那麼詩意，那麼浪漫——但跟女人一起生活和結婚是毫無詩意的。拜倫試圖逃避再逃避，但這個女人也是聰明的。她已經聽過很多有關拜倫的故事，因為這一直發生著：「只要幾周或者幾天之後，他的興趣就消失了。他會開始盯著其他女人，彷彿他根本不曾認識她，彷彿她不曾存在過。」

這個女人開始迴避拜倫，她越迴避拜倫，他變得越癡情，那就是欲望的本質。這個女人越難以接近，他就越瘋狂。這個女人製造的障礙越多，他就越想要得到她。現在他準備做任何事了——甚至結婚。結果他們就結婚了。

當他們結婚的那一天……拜倫和他的妻子走下教堂的台階，婚禮的鐘聲仍然在響著，客人仍然在教堂，他們走了出來，拜倫牽著女人的手，為了她，幾個月以來他一直夢想著，一直無法入睡，一直不能去想別的事。這幾個月以來，她一直是他的整個生命。

突然間，他看到另一個女人路過……有一個片刻他忘記了身邊這個女人，他剛剛結婚的女人。他的手滑出這個女人的手，這個女人看到發生了什麼事。拜倫那雙眼睛一直聚焦在某個女人的身上，她問拜倫：「你在幹什麼？」

拜倫說：「我很抱歉，但是我必須真實對妳說。當我看到那個女人時，我的整個能量都移向她了，我徹底忘了妳。我把我的手從妳的手抽出來，這是不自覺的。在那一刻，妳停止存在了。我知道我曾經發瘋似的追過妳，但是在我們結婚的那一刻，某個東西就消失了。綠洲不再是綠洲，妳只是一個普通的女人。」

如果你有警覺，你會看到這個情況在你身上一再地發生。當你追求某一件東西——有一天你得到它了！但所有的快樂只是那在等待、夢想、幻想的時候，當你得到它時，它就結束了——因為欲望不可能活在當下。欲望不可能跟那個你擁有的一起生活。欲望只能活在虛無裡……

你擁有的東西從來都不是欲望的對象——怎麼會這樣？你沒有的東西才是欲望的對象。所以每當你擁有了，在你擁有它的那一刻，它就不再是欲望的對象了，這就是欲望的本質。因此欲望只是驅使你再驅使你……到虛無的地點！這是一個惡性循環。你持續轉移著，你有很多的轉移……為了虛無費力忙碌著！

但那就是人被抓住的地方。人被欲望抓住，跟你是不是在俗世無關，有好幾千人放棄了俗世而不了解欲望的本質——他們仍然保持不變。他們可能遷移到喜馬拉雅山或寺院——天主教、印度教、基督教、伊斯蘭教——他們可能去西藏，但是沒有什麼事會發生。

事實上，這又是另一個欲望的遊戲。現在，他們不再渴望俗世的東西——他們在渴望超越的東西。現在他們渴望神，他們渴望樂園，他們渴望天堂，他們渴望涅槃、開悟，但是他們持續在渴望！渴望才是問題，而不是你所渴望的對象。欲望可以跟任何對象生活，它可以跟錢生活，它可以跟權力、聲望、尊敬生活；它也可以跟神生活，它可以跟成道生活，任何對象都可以。

如果你不了解欲望，你會持續改變你欲望的對象，而那個欲望會持續，並且你會在它的手掌裡。

這是一個非常無意識的狀態。你是因為欲望而痛苦，但你以為你是由於對象而痛苦。人們以為他們是由於他們的妻子、她們的丈夫、孩子、社會、人們而痛苦。不是，根本不是。你只是由於一件事而痛苦：欲望。

來到它的根本原因，並試著去了解這個根本原因。我強調的是了解。我不是在說為它做一些事。我不是說不要渴望——不，根本不是。我在說的是完全不同的東西：深入去看欲望，靜心思考欲望，深入到它。盡可能深入地去看它，一層又一層，穿透進入它，穿透到它的核心。

在那個穿透裡，隨之而來的會是放棄，那不是由你創造的。隨之而來的放棄，它是一件禮物。因為它是從了解而來，你不需要培養它，你不需要練習它。那個來臨就是轉化，你經歷了一個突變。

讓這個變成你永遠的準則：那些你所做的事將保持是膚淺的——你就是膚淺的，在深度裡，你能夠做什麼呢？你所有的作為都是沒有任何幫助的。不要再做了。現在要改變重點，這不是做的問題。

桑雅生不是做的問題：它是覺知、了解、觀察、觀照的問題。觀照欲望。

在人以外的其他生物，沒有欲望，沒有需要。老虎餓了，牠尋找獵物。當牠不餓時，就沒有欲望。

有一天，一隻老虎和一隻兔子進入餐廳。老虎點了可口可樂。服務員問兔子：「你想要點什麼，你的朋友只點了可口可樂──他不是餓了嗎？」

兔子說：「你在說什麼？如果他餓了，我會在這裡嗎？他在之前已經吃過早餐了。他不餓──那就是為什麼我才跟著他。」

如果老虎餓了，牠就吃！但是當牠不餓時，牠不囤積。牠從來不去想到未來，明天對牠是不存在的。當春天來臨時，樹木開花；它們不為它做準備，它們不幻想它，它們沒有開花的極大欲望。它們不經過排練；它們不培養情緒，它們不做瑜伽。當春天來臨時，它們就開花！這是簡單的，這是自發的。這不是出於欲望──因此才有自然的美，因此自然才有極大的沉靜。沒有欲望，欲望還沒有進入，它不可能進入，因為對於渴望要進入，一點點覺知是必要的──否則，你怎麼會想到明天？你怎麼會想到死亡？你怎麼會想到超越？你怎麼會規畫未來？

覺知是必要的──我們已經看到佛陀是完全覺知的：欲望再次消失。佛陀再次自發地生活，就像一棵樹，一塊岩石，一條河流。當然，有一個很大的差別，佛陀是有意識的，而樹是無意識的。但是也有一個很大的相似點：兩者都是完全存在當下。

佛陀存在在當下，因為他是完全清醒的；樹木存在在當下，因為它是完全無意識的。有一點是相似的，兩者都是非二元性的。佛陀是純粹的意識——只有意識。CHINMATRAM——只是意識，在它裡面不涉及二元性。而樹木是無意識的——ACHINMATRAM——只是無意識，不涉及二元性，純粹、一體。

當二元性出現，緊張就出現。帶著二元性，就會有拔河。人是二元性的，人有一部分變成了有意識，而大部分依然還在無意識中。人就像一座冰山——只有冰山露出一角是有意識的，十分之一。十分之九仍是在水底下，無意識。這兩者之間必然有衝突、內部交戰。

人總是不斷的內部交戰。有意識說：「這樣做！」無意識說：「那樣做！」它們是完全不同的東西。它們無法了解對方，沒有任何溝通的可能性。一個說一件事，另一個說另一件事，它們之間從來沒有過任何溝通。

因為這個分裂，人保持在動盪中。如果他聽意識的話，他是一個人。假如他聽無意識的話，他完全是另一個人。那就是為什麼人以很多方式被分割。不僅心理上——生理學，生理上，人劃分了自己。身體的上半部似乎高一些；下半部似乎低一些。你跟身體的上半部認同；你沒有跟身體的下半部認同。跟下半部認同似乎是動物，而你不斷地在壓抑它。

由於這些壓抑，就出現了一道中國長城，你不是一體的。不是一體，就沒有祥和的可能性。

動物在祥和中，佛陀在祥和中。人呢？人只在水深火熱中。

有時候人會想要變成像動物一樣。那就是為什麼毒品有這麼大的吸引力：它們幫助你某些時刻失去你的意識，那時你再次是一體的。它也許是酒精，也許是現代的藥物，但是它們給你一個釋放——從緊張的生活中釋放。你放鬆，你變得平靜，突然你再次是一體的。生活似乎不再是連續的戰鬥，在那當中，失敗是絕對確定的。

當你喝醉了，你可以再次跳舞，再次唱歌，再次愛。不再有競爭，不再是政治的。但是你能留在那個麻醉狀態多久？你必須從它走出來，它不可能變成一個永久的狀態。而當你回來時，那些擔心，那些憂慮都在等著你——它們帶著報復跳上你。然後它就變成一件邪惡的事：當你變得太過於憂慮，你就陷入迷藥帶來的昏迷；然後你再回來，而憂慮還在那裡——它們同時長大了。當你在昏迷中昏睡時，它們成長著，它們倍增著，它們不會等你。當你回來時，它們變得更加強大了。

人不斷想要陷入，但是他所有的努力，頂多只能片刻成功。但這是比較容易的——陷入。它總是比較容易，因為它是下坡。想要幸福的另一種方法是成佛，但那是上坡的工作；人必須要成長，在意識裡成長。那是唯一的成長，切記！在意識裡成長才是唯一的成長。轉化你內在的黑暗變成永恆的光芒，用光和覺知填入你的整個存在——那就是成長。

只要看看你的生活，你有多少意識。你會驚訝地發現——它是少到可以忽略不計，它幾乎是零。你的意識是非常脆弱的，它甚至不只是膚淺。有人侮辱了你，你的意識就不見了，你就帶著憤怒、瘋狂而沸騰著。有人稱讚了你，你的意識也不見了，你就張狂，你就自大。

當你路過，只要兩個站在路邊的人開始笑著，你就受傷了。他們也許不是嘲笑你——有好幾千件事可以被嘲笑，你不是唯一可被嘲笑的。當他們開始竊竊私語，你會開始思考，他們必定在耳語批評你，否則他們為什麼要耳語？為什麼他們不能大聲說話？懷疑已經出現，而你在動盪中。你的意識在哪裡？

麗娜走進區公所申報她的第六個出生的孩子。

「可是，小姐，這是妳同一個父親的第六個孩子，」公務員說：「妳為什麼不嫁給他呢？」

「你無聊喔？」麗娜回答：「我又不喜歡畜生！」

那麼妳為什麼繼續跟這個男人做愛？人們繼續做著一千零一件事而不知道他們為什麼要做它們。他們只是做著它們，因為他們沒有什麼事可做；他們只是做者它們，保持他們被占有。

一個男人要結婚了，他的朋友問他：「怎麼可能呢？你才在兩、三天前被介紹給這個女人。你就落入愛河嗎？」

他說：「沒那回事！我們在俱樂部跳舞，幾分鐘後，我找不到對她說什麼，所以我就建議結婚。」

你可能會嘲笑他，但是想想你自己……它們都是出自於無意識，或者只是因為你找不到什麼別的話說？而人必須說些什麼。試著想想：當你跟朋友或你的妻子或妳的丈夫談話，你是真的在談話，還是它只是必須說些什麼？靜默顯得那麼尷尬。只是因為某些東西必須說話，你就說它，而後它產生了麻煩。如果你停止說太多話，你百分之九十九的麻煩會消失。

我聽說過：

一個獵人走進叢林。他在一棵樹底下發現了一個骷髏頭。他就坐在骷髏頭旁邊。閒來無事，那裡沒有其他人，他就順口對骷髏頭說：「哈囉！」

骷髏頭回說：「哈囉！」他被嚇到了。他說：「妳能說話嗎？」

骷髏頭說：「是的！」

那人問：「是什麼把妳帶來這裡的？」骷髏頭說：「廢話太多。」

他很害怕，他就逃離那個地方。他簡直不敢相信，立刻跑去見國王，因為這是一個神奇的現象。他告訴國王：「人們不會相信我所看到的事情，我親耳聽到骷髏頭說話！我說：『哈囉！』我從來沒想到……骷髏頭回說：『哈囉！』」

他還在顫抖。

「我問了骷髏頭，她就回答！她說：『是的，』她能夠說話。」

國王說：「你一定是在開玩笑。」

他說：「不！我敢打賭！」

國王說：「好吧，帶我去看看。」

整個宮廷的人隨後跟著國王去到那裡，當然骷髏頭也在那裡，那人走近骷髏頭說：「哈囉！」她沒有回答。他高喊：「哈囉！」骷髏頭仍然保持靜默。他說：「妳發生了什麼事？」但是無人回應。

國王說：「我本來就知道。你可能是一個瘋子，或者你有些詭計在你的頭腦裡。砍掉這個人的腦袋！」

那人被砍了頭，丟在那裡，國王回去了。當國王回去後，骷髏頭對那人頭說：「哈囉！」

他說：「妳這個傻瓜！妳那時候為什麼不說話？」

骷髏頭問道：「是什麼把你帶來這裡的？」

那人頭說：「廢話太多。」

如果你不說太多廢話，你百分之九十九的麻煩會消失。但是還有什麼事可做？生活是那麼空虛！人們無論如何會想去填滿它，補充它，填充它，使它看起來好像它是滿的。欲望無限制地驅使你，它們使你持續往前進，它們使你覺得某些事正在發生或將要發生。它們使你期待著。

它們使你持續在移動中；否則，你怎麼會移動？但所有那些欲望都是無意識的。你不知道它們從哪裡來，它們是怎麼占有你的，它們的源頭在哪裡。

阿姆斯壯被帶進法庭，因為他不供養他的妻子。

「年輕人，」法官說：「你老婆說你有十二個孩子而你不供養他們。一個不供養他家庭的人，怎麼會想要有這麼多孩子呢？」

「閣下，」阿姆斯壯說：「當我得到那份感情時，我就覺得我能夠供養整個世界。」

你是從哪裡來的那種感覺？它來自你最內在核心的某個地方，它是黑暗的，而你從來沒有摸索過它是從哪裡來的。人唯一需要做的事情就是從無意識產生的痛苦和問題中脫身，唯一的關鍵就是要變得更加覺知。

這是什麼意思？當我說變得更加覺知，它是指去除掉你的慣性。記住這一點：去除掉你的慣性。當你在走路，這原本是一個自動的習慣，但是當你帶著覺知，完全清醒地走路，那會有不一樣的品質發生。

佛陀說：當你站起來，覺知地站起來；當你坐下來，覺知地坐下來。當你說某件事，覺知地說出來。當你聽某件事，覺知地聽。當你吃，覺知地吃。

曾經發生過一件事：

就在佛陀開悟之前幾天，這件事發生了。佛陀與他的五個門徒在路上走著。有一隻蒼蠅飛來，停在佛陀的額頭上。只是出於無意識的習慣，佛陀揮揮手，蒼蠅飛走了，但是佛陀突然在路上停了下來，五個門徒看到發生的事：此時，佛陀又舉起他的手，很覺知、慢慢地揮走蒼蠅——牠並不在那裡！

門徒們不解，他們說：「你在幹什麼？蒼蠅早就飛走了！當你第一次揮你的手時，蒼蠅早就飛走了。你現在在做什麼呢？」

佛陀說：「我當時無意識地做它，它是自動的，就像是機器人。此時，我正在做我應該做的。蒼蠅在不在那裡——那不是重點——此時我正在做我應該做的。我覺知地移動我的手，慢慢地，帶著全然的覺知、關照。我的心不在別處，我的整個心集中在這個簡單的動作——手移動著，那時我的揮手，是帶著大慈大悲對著蒼蠅的。」

「這是第一次，我走著，環顧四周。蒼蠅飛過來，我身體的機器部分動作了，而我並不在其中。」

那就是當你學到了某些東西時所發生的事。如果你開始學開車，一開始，你必須非常警覺——對很多東西警覺：車輪、油門、剎車和在路上的人。你必須意識到所有這些東西。慢慢慢慢地，一旦你學會了開車，你根本不必去想任何東西，一切都已經變成自動化。此時你可以唱一首歌，抽一根菸，聽收音機，跟朋友聊天——你可以做任何事情！此時，駕駛的部分，不需要關注，你的關注是自由的。

這是生活的必然狀況，所以無論你學會了什麼，你總是轉給了機器人。那時是機器人在做它。平常生活中這是完全沒有問題的，但是，慢慢慢慢地，你的機器人會變得越來越大，而你的小小意識卻保持仍然是小小的。

人必須對自己所做的事，去除自動化的慣性。而你會驚訝地發現：如果你去除自動化的慣性，很大的意識就會被釋放。

只要覺知地走半個小時，你會很驚訝地發現，你看到和感覺到的是那麼地平靜，它是那麼地祥和與寧靜。只是坐在你的椅子上，靜靜地看著你吸進、呼出的氣息。看著你呼吸的每一個步驟：它接觸了你的鼻孔，鼻子的內腔，它是移動的，它接觸了你的喉嚨，它移動了，它深入到了你的肺；你能感覺到肚子膨脹了一些。然後你感覺到它停止了一會兒，沒有移動。然後回程：肚皮回落，空氣呼了出去；再次你感覺到同樣的路徑。它離開了你的鼻孔……而再次片刻的間隙。然後再次新鮮的空氣移進來。

如果你只是看著這樣一個簡單的過程，你會驚訝地發現：一個小時的觀照呼吸會帶給你這麼多的靜默和這麼多的警覺，那是你在你的生活裡從未感覺到的。而那就是差別。那個差別會慢慢慢慢地轉化你的整個生活，然後你就可以改變每一件事：吃飯、走路、呼吸——甚至做愛也能變成一個非常覺知、警覺的特殊事情。

然後你可以從每個地方，意識持續澆注。慢慢慢慢地，平衡改變了：相較於你是無意識的，你變得擁有更多的覺知。然後你開始走向神，你開始從動物界移動，越走越遠。當一個人完全地覺知，所有的欲望都消失了，就像當早晨的太陽升起，露珠就消失了。

欲望不必被拋棄，它們必須被使用在意識的成長。

現在，這個著名的蘇菲的故事——它是最大的寶石之一：

這是關於一位托缽僧有一次在街上阻擋了國王的故事。

國王說：「你好大膽！一個沒有用的人竟敢阻斷你君王的去路？」

我們會進入到這個寓言裡每一個重要的詞：

這是關於一位托缽僧……

托缽僧是一個已經到達的人。托缽僧是一個完成了旅程的人，他的輪迴完結了。托缽僧是一個不再有任何欲望、無欲狀態的人。無欲的狀態是幸福的狀態——SATCHITANANDA——這是真理的、覺知的、幸福的狀態。托缽僧是成長的最高點。

這是關於一位托缽僧有一次阻擋了國王的故事……

現在，這個托缽僧看起來像一個乞丐，但他卻是真正的國王。而國王看起來雖然像一個國王，但他只不過是一個乞丐。托缽僧身無分文，但是擁有一切。透過放掉所有的欲望，他是充滿神性的。他不需要要求更多。

托缽僧活著像一個乞丐，但那只是從外表來看。如果你能夠看進他，如果你有眼睛可以看，如果你有一點點警覺，你會發現他是發光的，你會在他身上找到神的高貴，存在的所有輝煌。他是存在最富有的人。

斯瓦米．拉瑪（Swami Ram）（編註：印度瑜伽士，首批受到西方科學家矚目的瑜伽士之一）常常自稱是皇帝。當他去了美國，人們無法了解。在東方，我們了解；在東方，現在這已經變成一個明確的結論了。好幾千年以來的經驗一再地證實了這一點，只有像佛陀一樣的人才是真正的皇帝。而一般所謂的皇帝們只是乞丐，多少隱藏著他們內在的空虛。

國王、總統和總理都不過是充滿自卑感的人們。因此他們製造了自己周圍許多聲音，向別人展示：「我們不是小人物，我們是大人物！」一個試圖證明自己是大人物的人，在內心深處，只是顯示他害怕他是什麼也不是的人。如果他成為一個國家的總統，他當然可以證明——至少對那些傻瓜們，他能證明自己是個大人物。而且看在那些愚昧人們的眼裡，他自己也相信：「當這麼多人相信我是大人物，我一定是一個大人物。」他騙了別人也騙了自己。這是一種自我欺騙，東方知道這一點。

東方已經知道真正的皇帝。它也知道那些真正的乞丐。你會驚訝地發現：東方從來沒有興趣寫皇帝、總理和所有那些神經質的人的歷史。東方的興趣一直在佛陀、拉馬、克里希那。

西方非常不解，為什麼我們對歷史不感興趣。我們一直在寫真正的歷史——因為真正的歷史是由人類意識演進而組成的。真正的歷史跟金錢無關，真正的歷史跟權力政治無關，真正的歷史只做一件事：那就是誰帶著光、宗教的光、幸福、意識來到這個世界；帶著人類的成長更進了一步。

但是當斯瓦米．拉瑪去了美國，人們當然不了解他。他是一個乞丐，而他自稱是皇帝！人們開始問他：「你為什麼自稱是皇帝？你沒有任何東西啊！」

他笑了，他說：「那就是為什麼我是皇帝——因為我沒有任何東西，因為我什麼都不需要！我是皇帝，因為我所需要的都有了。你們的皇帝不是皇帝，因為他們從來不曾有過他們所需要的，他們的欲望會繼續加乘它們自己，他們會過著乞丐的生活，他們會死於乞丐的生命。」

只要看進富人們的內心——他們必須被憐憫，他們比窮人更窮。有時在一個窮人的內心裡，你會發現一顆寶石，發著光，而很少在一個富人的內心發現寶石，為了要致富，他必須賣掉他的靈魂。為了要成為首相或總統，他必須摧毀他自己，他必須妥協。他必須調整成愚蠢的人類、大多數人的需求狀態。他能帶領人們只有當他跟隨他們——所以你們偉大的領導者都不過是大眾和暴民的偉大追隨者。

這是關於一位托缽僧有一次在街上阻擋了國王的故事。

為什麼在街上？因為國王總是一直往前走。他一直在尋找更多；他總是在街上，他總是在旅途中，因為有很多事情尚待被實現。

當亞歷山大來到印度，古希臘哲學家第歐根尼(Diogenes)問他——一個很稀有的人，第歐根尼……他赤裸著身體生活，就像馬哈維亞，一個完全幸福的人。他問亞歷山大：「你要去哪裡？」

亞歷山大說：「我要去征服整個世界！」

第歐根尼問：「然後呢？然後你會做什麼？」

亞歷山大有點困惑，因為沒有人問過這個問題：「然後呢？」他聳聳肩接著說：「然後，我就休息。」

第歐根尼開始笑著——那瘋狂的大笑，只有成道的人才能做到。尷尬的亞歷山大說：「你為什麼笑？」

他說：「我在笑，因為我此刻就已經在休息了！」

他在河邊躺著，全身赤裸，那是個清晨。新鮮的空氣，太陽正在升起，鳥兒正在歌唱，這些全都是幸福。他說：「你這個傻瓜！我在休息了，而當你征服了整個世界時，你才會休息，那時又有什麼意義？如果我能夠不用征服世界就休息，你為什麼不能？來吧！躺在我的旁邊！這個河岸非常大，它可以容納我們兩個。沒有任何問題，不用競爭。」

亞歷山大被這個人催眠了。他說：「你是對的。沒有人敢對我說這些，我了解這一點，但是現在我不可能停下來，因為我正在我的旅途中，我正在路上，我必須去征服和完成事情，然後我會來。」

第歐根尼說：「你可以去！但是要記住：那條路是無止境的，你永遠不可能再回來。」它永遠不會結束，在死亡來臨之前，誰曾經完成過？它完全就像那樣發生了，亞歷山大不再回來。他死了，他永遠沒有回到他的國家；他在路途中死了。在他奄奄一息的那一刻，只有第歐根尼在他的心中。在那一刻，只是想到他必定看到自己有多窮，而第歐根尼有多富有——他有多像乞丐。乞求、乞求又乞求……沒有終點！而他就要死了。

因為第歐根尼的記憶，他告訴他的將軍們：「當你們把我的遺體載到墓地時，讓我的雙手掛出來——在棺材外。」

「為什麼？」將軍問：「我們從來沒有聽說過任何像那樣的傳統。」

他說：「因為這樣，每個人都可以看到第歐根尼是對的——我正要兩手空空地死去。讓他們看到我的手，我的整個生命是空虛的，我兩手空空地死去，什麼都沒有！」

每一個國王都是一直在街上。

這是關於一位托缽僧有一次在街上阻擋了國王的故事。國王說：「你好大膽！一個沒有用的人竟敢阻斷你君王的去路？」

這是很難看到的，誰是有用的人，誰是沒用的人。這需要很大的觀照才能看到它，那些外表顯現有用的人不是，他們只是偽裝者。那些根本不顯現的人才是真正有用的人。

托缽僧回答：「你怎麼可能成為一位君王，你甚至不能填滿我的化緣缽？」

現在蘇菲師父創造了一個情境，那一定是出於他很大的同情心。他創造了一個情境，一個罕見的情境。他說：「你和王國？你以為自己是有用的人？如果你是，那麼就做這件簡單的事，我得到了這個乞討的碗，你能裝滿它嗎？」

國王一定是笑道：「這個人瘋了。這麼小的乞討碗，我不能裝滿？」

他伸出他的缽，國王下令將金子填入其中。

但是不久，當缽看起來像是快被金幣填滿的時候，金幣卻消失了，缽再次是空的。

一袋又一袋的金子被拿了過來，驚人的缽仍然吞噬了金幣。

「住手！」國王喊叫：「這個騙子想要清空我的財庫！」

他仍然無法看到重點。這是很難看到重點的。師父在他面前，師父見到了門徒。師父是在創造一種情境。但是人們都很固執——固執在他們的糊塗事中，固執在他們的意識形態中，固執在他們的觀念和偏見中。

「住手！」國王喊叫：「這個騙子想要清空我的財庫！」

師父看起來像是一個騙子，就好像他在覬覦他的財庫。當然，他是在覬覦他，但不是在覬覦他的財庫。師父總是覬覦門徒，但是你可能錯過，因為有時候，也許你的整個心會以錯的方式詮釋那個情境。

國王只知道錢、錢又是錢，他只知道一種語言——金錢的語言。此時，國王確定，這個人在欺騙他。他只能看到：「乞討的碗是一個把戲，它不能夠被填滿，他會清空我的整個財庫。他抓到我了——他挑釁我，此時他在欺騙。」

「對於你，」托缽僧說：「我正在清空你的財庫……」

……因為你無法看到那個超越的。你的眼睛只專注於金錢，你只能想到錢，所有事情總是被你以金錢來詮釋——好像金錢就是一切，但生命還有更多：錢沒什麼！

「對於你，我正在清空你的財庫，」托缽僧說：「但對於別人，我只是展示著真理。」

誰是這些別人呢？托缽僧必定被他的門徒包圍著。這是給國王的一個情境，而且也是給他的門徒的一個情境。對於那些門徒，他展示著一個真理。他展示著什麼真理？國王問：「真理？什麼真理？」

真理是這個缽就是人的欲望……

這個缽是由人的頭腦做成的。這個缽是由人的腦殼做成的。它代表了人的頭腦——他不斷在渴望成為這個，成為那個，得到、獲利。它代表貪婪。它代表不斷的努力成為你以外的別種東西，到別的地方，成為更多，擁有更多。這種要更多的瘋狂由這個缽所代表。

真理是這個缽就是人的欲望，而金子是人提供的……

神給了遠遠超過你真正需要的，遠遠超過你應得的。神一直對你沐浴著，不斷的沐浴著禮物，你還沒有賺得它們。但是看看人們的不知感激，要對神感謝甚至是不可能的。我們持續對神抱怨，我們繼續要求更多，所有你的祈禱都不過是為了要求更多。

你曾經祈禱而不要求任何東西嗎？直接或間接地？

一個女人，年輕的女人，聽到了神祕家說：「妳不應該為自己請求神的任何東西，要為別人請求，然後祈禱就會被聽到。要因為憐憫而請求。」

這個年輕女人很擔心……其實她去見神祕家只是為了得到她想要的。她想要一個丈夫，她已經是晚婚了。她必定是其貌不揚，普通的女人；她必定是貧窮或怎樣的女人。但是現在神祕家說：「不要為妳自己而請求，只有這樣，祈禱才會應驗。」那麼，祈禱有什麼意義呢？隨後，她找到了一個方法。

她走進聖殿，向神祈禱：「神啊！請給我母親一個漂亮的女婿。」

直接或間接地，所有你的祈禱都是需求。你的需求毒害了祈禱，砍了它的翅膀。然後它無法接近神。只有那些沒有需求的祈禱能夠輕盈地飛進那富庶之地。

真理是這個缽就是人的欲望，而金子是人提供的。人若是沒有做任何的改變，吞噬的能力是不會有止盡的。……

人們持續吞噬著。你可以繼續給予自己欲望。你給予越多，需求就出現越多，而挫折會一直持續。人和他的欲望之間的距離會一直保持不變。它是一個世界上的常數，不變的。

你和地平線之間的距離一直保持不變。你可以繼續下去，無論你是持續徒步，或是你在飛機上趕路，都沒有差別——地平線依然在那裡，永遠在那裡。你往地平線越接近，它持續越往後退。你從未接近過。

這並不是說人們沒有給出任何東西。只要想到這個美！這個存在的祝福，這個靜默，這個喜悅，這個慶祝！你曾經為了一朵玫瑰花感謝神嗎？如果沒有，那麼你打算何時去感謝祂？你曾經為了露珠在清晨的陽光下，像珍珠般從青草葉片悄悄地滑落而感謝神嗎？有時，當陽光穿透它們，一個小彩虹出現在它們附近。你沒有看過這樣的美？這樣的詩？這樣持續不斷存在的慶祝？你打算何時去感謝神呢？你還在等什麼？你忘記感謝了嗎？你忘記在感恩中跪拜了嗎？

那些知道的人，他們總是感謝和讚美，甚至在你不會覺得那讚美是可能的某些片刻。

讓我提醒你關於如斯亞，一個會瘋狂跑和跳的神祕家，他跳著舞進入猶太教堂，那麼瘋狂，那麼狂野，因而其他所有在猶太教堂裡的人會逃跑，因為他會翻桌。每個來阻止他和他的舞蹈的人都會被拋出。他的舞蹈是這樣放浪，以至於他忘記了其他人！他也忘記了自己——在那樣的片刻裡，只有神存在。

如斯亞的兒子死了，他唯一的兒子，他非常喜愛這個兒子。你知道嗎？他跳舞！他一路跳著舞到墓地。他跳著舞，喜悅的淚水從他的眼睛流下來。他對神說：「看！祢給了我這樣美麗而且純潔的靈魂，而我歸還了這個美麗純潔的靈魂，就如它原有的美麗，它根本沒有被污染。祢看到了嗎？我把祢的禮物歸還給祢了，我很高興，對於這幾天祢給了我這個禮物，我非常感激。這必定是孩子必須回家的時候了。」

如果你看到了，那麼所有一切都會變成慶祝的理由。如果你無法看到，那麼所有一切都是你抱怨的原因。

真理是這個缽就是人的欲望，而金子是人提供的。人若是沒有做任何的改變，吞噬的能力是不會有止盡的。

東西繼續沐浴著你，而你從來不改變，你頂多保持一樣！你吞噬一切，但是沒有東西轉化你。

看！這個缽幾乎吃掉你全部的財富，但它仍然是空的，而它沒有在任何方面分享金子的本質。

記住這一點。如果你開始覺得感恩，你就會被轉化。你會開始改變，你的生命會從廉價金屬變成黃金——那就是鍊金術，那就是桑雅生。桑雅生是最純淨的鍊金術，新的鍊金術，它是轉化劣質到更高的科學，而那個橋接就是感恩。

要懂得感恩！你可以搜尋到無限個可以讓你感恩的理由。在早晨，太陽升起時，跳舞和唱歌，神已經在太陽裡出現了。到了晚上，當太陽落下，唱歌和跳舞！不久，夜晚帶著它美麗的黑暗和所有那些星星來臨。那時神祕會圍繞著你，黑暗的神祕，黑暗的涼意，黑暗的靜默和它無窮的音樂圍繞著你。

只要持續感恩、慶祝，你就會變成宗教性的。而且慢慢慢慢地，你會深深覺得每一個感恩轉化了你。欲望永遠不會轉化，只有感恩會轉化——它們是截然相反的。欲望的意思是：「給我更多！我在抱怨，我在要求。」感恩說：「祢給了我這麼多，首先我從不當它是應得的。我很感激，我想表達感謝。」

要了解這一點。欲望說：「給我更多！」感恩說：「祢已經給了我這麼多！不會再有任何東西是需要的了，這就足以讓我跟它永久生活了。」欲望帶你進入未來。感恩使你靜止在目前，感恩是靜心。它靜默在當下……而整體打開了，好幾千朵蓮花盛開在你的存在。

那個香味轉化你，那個香味會填滿你的化緣缽。你會變成皇帝，你不再是乞丐。

這就是我在這裡想給你的。但是如果你想要，它就不能被給予。如果你不想要，它就能被給予。如果你要求它，你就會錯過。如果你不求它而且你慶祝，你就已經得到它了！

「如果你關心，」托缽僧繼續說：「踏進這個缽，它也會吞噬你。那時，國王如何能保住自己作為有用的人呢？」

是的，那就是真正發生的事情。你的渴望一直持續更多，吞噬了所有你持續在蒐集的，而到最後它也會吞噬你。那就是死亡：被自己的欲望吞噬，被你自己飢餓的頭腦吃掉了。那就是死亡，遲早，你會步入缽裡，那個缽就是你的墳墓。

托缽僧是正確的：

如果你關心，踏進這個缽，它也會吞噬你。那時，國王如何能保住自己作為任何有用的人呢？

「你在說什麼？」托缽僧說：「你覺得你自己是有用的人，你甚至無法填滿這個小小的化緣缽，你以為你是一個國王？忘記所有關於國王的廢話。你的王國是沒有任何價值的；它甚至不能填滿一個乞丐的缽。它有什麼價值？即使你踏進它，你就會消失，你比乞丐的乞討缽還小，你是某個有用的人？你在說什麼廢話？你不是！」

一個人只有當他停止渴望的時候，才會變成有用的人。當你的渴望停止的那一刻，你就是你自己。突然間，你變得覺知到你內在的存在。

有一個著名的古代寓言：

有十個男子迅速涉水通過一條危險的河流。到達對岸後，他們清點看看是否所有的人都已經平安渡河。但是每個人都點過了，都只有九名。一位路人聽到他們哭喊著一個戰友的損失，路人重新計算一次人數，發現總共有十名。然後，他要求每個人重新計算，當有一個人重新計算時，他仍然只有算到九個。這個陌生人碰觸他的胸口說：「你就是第十名！」

那就是一個師父的功能：他把他的手放在你的心口對你說：「你就是第十名！」你持續到處在追尋，除了你自己。你只算到其他人，忘了你自己。你可能永遠繼續在尋找那一個，你不會找到的——因為那一個就是你！

一個人變成皇帝，是在他發現自己的那一刻。

以同樣的方式，一個偉大的科學家亞瑟·愛丁頓（A.S. Eddington）說：「我們在未知的海岸發現了一個奇怪的足跡，我們發明了深奧的理論，一個又一個，我們挖掘它的起源，最後我們成功了，我們重新建構產生足跡的生物。瞧！它是我們自己的足跡。」

你是第十名。如果這個簡單的要點變得對你有用，你就是皇帝。那麼生命中所有的寶物都會為你敞開，所有的奧祕都已在其中。

但每個人都搶著去找它在什麼地方……而它就在你的內在。追尋不是在外面，追尋是在內在。神不是在外面，神是在你裡面。往外尋找，你會徒然。停止尋找，看進內在，你就找到它，瞧！它是我們自己的足跡。

第十名迷失了，而第十名就是你。

第8章

草木自己生長

問題　「覺知的無知」究竟是什麼意思？難道這是要承認人的最終根本是無知？還是它有更多？

Ashoka，覺知的無知、有意識的無知不是無知。它是意識的最終狀態，它是純粹的知道。當然，它沒有知識，因此它被稱為無知。它是知道，絕對的知道、清楚、透明。沒有知識的蒐集。

覺知的無知意味著天真和有意識。如果天真是無意識的，遲早會被知識所破壞。無意識總是隨時準備要破壞、污染、分心。

意識是指歸於中心，覺知——你無法被分心。你留在你的知道裡，但是你不積累知識。知識總是過去的：知道是在當下，就是此時。它猶如一面鏡子：如果某物來到它面前，鏡子就反映，但是當它走了，鏡子就又空了。這是覺知的無知——它是鏡子的反映：它反映了，但是它並不蒐集。它不像相機的底片。

一張相機的底片是知識淵博的。某物反射進入它的片刻，它就抓住保持某件物體的影像。它變成附著影像。鏡子保持不附著——可用的、開放的、脆弱的，沒有防守，總是處女的。這是童貞：沒有東西要破壞，東西來了又離開。

你問我：「覺知的無知」究竟是什麼意思？

它就是意識，知道的意識。我稱它為無知，因為它無法聲稱任何知識——那就是為什麼。它不能說「我知道」。

當梁武帝問達摩：「你是誰？」他只是說：「我不知道。」這就是覺知的無知。我們誤會他了，他認為：「那有什麼意義？如果你甚至不知道你是誰，我和你之間又有什麼差別？我也不知道我是誰。」我們只是無知。達摩是有意識的無知。「意識」使一切有差異——它轉化無知的整體品質。使無知變得明亮，充滿光明——不是充滿知識而是充滿光明。

你問：難道這是要承認人的最終根本是無知？

不是的，人根本不存在，所以人怎麼可能有「最終根本是無知」這件事？想想看，人是你的聲稱，你向全世界宣告說：「我在！」

那些知道的人，他們所知道的東西完全不同。他們知道「我不在——神在」，他們知道「我的存在是一個虛構。『我』作為一個獨立的實體從來沒有存在過，我只是海洋裡的一個波浪。」但是當波浪產生並接觸到雲端，它可能相信「我在」，海洋同時笑著和咆哮著，並且知道這個波浪已經瘋了。不久，這個波浪將再次消失在海洋裡。甚至當它在那裡時，它也不是跟海洋分離的。你不可能從海洋分離出一個波浪！你能夠存在單一片刻，而沒有宇宙環繞著你嗎？一個片刻也不可能。

所以，你是誰？你是什麼？

難道這是要承認人的最終根本是無知？

不是，有意識的無知知道人是不存在的。有絕對的寂靜在，但從來沒有人在。你夢見過它；它是你的夢。你什麼都不是，你只是你夢裡的一個意象。

第二，無知並不意味著人是無知的。它只是意味著生命是最終的神祕。重點不在你的無知，記住它，因為自我是非常狡猾的，它甚至可能在無知的想法裡存活。它可能說：「我很無知——

我是無知的，但是我在。」

首先，它透過知識聲稱它的存在：「我的知識是有效的，沒有別人的知識是有效的。」現在，它聲稱：「沒有知識是有效的──我是無知的，但是我在。」現在，無知的背後，「我」再次隱藏在裡面。它換了另一張臉孔，另一個新面具，一個新人物，但這只是老把戲玩新規則。形式已經改變，但內容是一樣的──同樣的夢，同樣愚蠢的夢。

當我說無知，我所強調的從來不是「我」。我強調的是存在最終的奧祕。無知是最終的，因為存在不可能縮減為知識。它是一個奧祕，保持是一個奧祕。你不能夠解密它。

事實上，你越試著去解密它，它就變得越來越神祕。

只要看看：五千年來人類心靈的演化──它有助於以任何方式去解密存在嗎？存在已經變得比以往任何時候更加神祕。回到五千年前：只有數量有限的星星，因為在夜晚透過眼睛看，你不可能計算超過三千顆星星。當夜晚是黑暗的，充滿了星星而且沒有雲霧，透過眼睛看，頂多可以算出三千顆星星。到底有多少星星在那裡？現在他們說：「我們已經算到有三萬億顆星星，我們常見的只有三千顆，現在有三萬億顆星星，而這還沒結束：這只是計數的開始。」

存在持續推移，它似乎不可能結束在某個地方。

當吠陀神祕家看著天空，它是神祕的。當你仰望著天空，它是更為神祕的。吠陀神祕家會對你感到嫉妒──但是你卻從不仰望天空。

好幾千年來，人們相信生命、存在是由物質構成的。現在物理學家說沒這回事──全都是能量。他們一直不能解決物質的奧祕。這個奧祕已經變得非常深奧。現在沒有物質——它全都是能量。

什麼是能量？現在，即使要定義它也是困難的——因為跟物質對比來定義它就有可能。現在沒有物質，如何定義它呢？定義迷失了。在它純粹的神祕面紗裡，人們為它作出定義的努力，使它甚至看起來更加神祕。

如果你進入現代物理學，你會感到驚訝。神祕家看起來沒有那麼神祕了——所有的神和天上的天使、靈魂，他們看起來沒那麼神祕了。物理學的現代世界是更為神祕的，不可思議的神祕。無限的空間……

愛因斯坦說，它持續擴大……變成什麼呢？他說：「我們還不知道會變成什麼，但有一點是確定的：它會持續擴大。」

存在正在擴大，變成什麼呢？當然，問題出現了。必定有超出它的某些空間，但那是無法說的。以這個存在的定義，那是被禁止的，因為當我們說「存在」，我們的意思是所有這一切，包括空間，所有這一切，那麼它是如何展開？變成什麼呢？沒有什麼東西留在它外面！

這幾乎就像有一天你去市場，你把你自己放在你自己的口袋，那樣神祕。你可能把自己放在自己的口袋嗎？它應該是——如果存在能夠擴大，不管有任何東西都會被擴大納入。所有的空間都在，在它的口袋裡，它持續擴大進入自己的口袋！看起來很荒謬，禪宗公案都比不上它。

愛因斯坦說世界是有限的，那也是神祕的。如果世界是有限的，那麼必定有什麼東西來定義它，必定有一個界限！如果你稱呼它為有限的，那麼就必定有一個界限。但是為了製造一個界限，你將必須接受某些超越界限的東西，否則界限不可能被劃出來。界限只可能被劃出在兩個東西之間！

因為有鄰居，你才可能把柵欄放在房子的周圍。如果沒有鄰居，沒有什麼存在超出你的柵欄，你打算把柵欄放在哪裡？你將如何決定「這是我們應該放柵欄的地方」，因為「這部分屬於我，而它的外面沒有什麼東西」？

但愛因斯坦說：「我們無法解釋它，但這就是這麼一回事，世界是有限的，而且沒有界限。無界限的有限！」荒謬！不合邏輯！

所以當我說「覺知的無知」，我的意思不是說你是無知的：我的意思是生命是那麼巨大而存在是那麼無垠，因此你沒有辦法捉摸它，你無法衡量它；它是無法被衡量的。

「覺知的無知」究竟是什麼意思？難道這是要承認人的最終根本是無知？還是它有更多？

如果沒有更多的話，那麼這個奧祕就解掉了。總是有更多的東西！並且總是會有更多的東西。無論怎麼說永遠都不會足夠——始終會有更多。

我不是說「什麼都不用說，你心裡明白就足夠了」——甚至那樣也是不夠的，沒有什麼是足夠的。當我說存在是神祕的，就是那個意思。

只要看到這一點就可以令人感到謙卑。要看到這一點，讓它沉入你的心。跪拜在這個奧祕之前，那是深不可測的——不僅是未知的，而且是不可知的——這就是祈禱。

問題

我記得
我放手
我忘記
我放手
我跟生命的熱愛
不斷加深
仍然，我不無疑慮
而向前躍入！
舞蹈變幻莫測
而我允許周圍一切……
透過聲音融入……
啊，奧修——謝謝你

一個關於兩性的問題：

男人—女人，禪—蘇菲……

任何人可能涵蓋這一切嗎？

是的，Kavita，我涵蓋這一切——妳也可以，因為存在是巨大的。存在既不是男性也不是女性。身體是男性和女性，心靈是男性和女性。但存在不是這樣，存在只是存在。

在妳存在的那個核心，沒有男人，沒有女人。意識是超越兩性的。當妳觀照到妳的身體，如果你是男人，你會看到男人的身體在那裡；如果妳是女人，妳會看到女人的身體在那裡。但觀照是觀照，不是男人或女人，觀照兩者都不是。觀照只是在那裡——一個觀照，僅此而已。一個意識，一個覺知。

那個覺知領會一切。當妳變成一個觀照，當妳變成一個佛，一切都了解了。那時沒有兩性的問題。

世界並不只是兩極。那就是基督教三位一體思想和印度教三神一體概念的意義。世界不是一分為二——世界是三。三是非常基礎的。二是在表面，三是在中心。男人—女人在表面。禪—蘇菲在表面。但是當妳移入更深，當妳深深潛入到妳的存在，妳到達中心，一切都消失了。只有一個在，一種純淨、純粹的存在。

Kavita，這是可能的——不僅是可能的，它必須是可能的。那就是我在這裡的工作。妳的路徑，不管是蘇菲還是禪，當妳到達中心，忘掉這一切。當那個目標達到了，這路徑，這些分歧的路徑必須被忘掉。

人可能從很多方向爬上一座山，可以選擇不同的路線。而當你們前進在不同的道路上，你們看起來就像移動在不同的方向，有時也可能在相反的方向。一個人朝北走，另一個人往南走，但是最後，當你們到達頂峰，你們會來到同一個地方。

在頂峰，佛陀是基督，基督是克里希那，克里希那是穆罕默德，穆罕默德是查拉圖斯特拉，查拉圖斯特拉是老子。在頂峰，一切的差別都溶解了。

所以Kavita，現在是禪，是蘇菲，當妳到達了頂峰就是禪／蘇菲——那時忘掉所有關於它的一切！但是在道路上……人必須在某個道路上前進。所有的道路都是好的，因為它們全都導向相同的目標。所有的門都是好的，因為它們導向相同的神社。

妳說：

我記得
我放手
我忘記
我放手
我跟生命的熱愛
不斷加深

不用擔心！你在道路上，懷疑是完全自然的。如果妳不懷疑，那意味著妳達到了頂峰。它們只是消失在頂峰。它們有某個目的的——它們鞭策妳，它們使妳繼續走。

懷疑不一定是障礙，這取決於妳，看妳如何使用妳的懷疑。它們可能變成障礙，如果妳只是因為懷疑而停止移動，妳說：「除非我的懷疑解決，否則我不會移動。」那時懷疑變成了一塊石頭。但是如果妳說：「懷疑是有的，但儘管如此，我還是要移動，因為這是解決它的唯一辦法……除非我達到更高的，否則我解決不了這個懷疑。」——一個更好的願景，從一個高處，會有所幫助。

如果妳仍然執著於妳在的空間，妳的懷疑沒有解決，因為那些懷疑是由頭腦而產生的。如果妳仍然執著於那個狀態，懷疑將持續存在；它們每天都會變得更強壯。

懷疑不是靠別人回答妳而解決的。這些不是哲學的懷疑——這些是存在的懷疑。它們只能透過經驗來解決。當妳往上移一點，它們就會消失。妳達到了另一種心境。在那種心境的狀態下，它們就不能存在。突然間它們消失了，好像它們不曾存在過。

儘管有懷疑，人必須持續移動。事實上，人們必須以懷疑的驅使來移動。聆聽懷疑而對懷疑說：「好吧！我會記得你，但要解決你的唯一途徑是在我的意識裡我應該去高一點的地方，我應該變得多一點的警覺。這是我的無警覺創造了你，這是我的無意識創造了你，餵食你，滋養你。這是我的機械性狀態造就了你，那就是原因。」

如果妳嘗試解決妳的懷疑在妳在的地方，妳可能蒐集很多很多的答案，它們會讓妳有知識，它們會用信息填滿妳，但是懷疑依然留在某地。表面上，妳也許開始假裝妳知道，但是妳會知道妳不知道。而且它會啃噬妳的心。

妳可能學到答案，妳可能開始對別人訴說那些答案，但是妳的存在，妳的生活型態，會顯示妳不知道。

那是西方和東方哲學之間的差異。它們不應該使用同一個稱呼，因為它們的做法是那麼不同，根本不同，截然相反。

西方哲學家思考，但是他們從來沒有改變他們的意識狀態。他思考，他在哪裡。他努力思考，他非常邏輯地思考。他試圖以各種方式來解決問題，他發現很多解決方案。但是這些解決方案無助於他的生命。如果它們甚至無助於他的生命，它們如何能夠有助於別人的生命？

例如：英國思想家和哲學家大衛．休謨（David Hume），得出了與佛陀同樣的結論。如果他生在東方他早就成佛了，但不幸的是他生在西方。

他得出了和佛陀相同的結論，但不是透過改變他的意識，而是透過邏輯論證。佛陀成道了，休謨保持未成道。佛陀到達極樂狀態；休謨依然以同樣的方式爬行在地面上。佛陀創造了一個新的傳統，即使在今天依然鮮活著；二十五個世紀過去了，很多人都因為佛陀而開花了。

休謨創造了什麼？休謨也創造了極大的爭論，即使今天的書籍中都還在寫休謨，論證持續著。但它只是論證；沒有任何一個人被它轉化了。

而諷刺的是，休謨和佛陀得出的結論是完全一樣的。從佛陀來看，沒有自我；那是他的實現，他靜心，他越來越深入到他的存在。他找遍內在每一個角落，他沒有發現任何人在那裡。那就是他的釋放，自我帶著一切苦難和地獄消失了。

自我沒有被發現，因此所有被自我創造的問題都消失了。當源頭消失了，所有的副產品就同步消失了。當找不到自我，就只有靜默——那個靜默就是幸福，那個靜默就是祝福。

當找不到自我，一切就光明、煥發。整個存在就流入，佛陀變成一個能容納整個存在的空間。他自己轉化了，而好幾千個其他的人由於他的洞察也轉化了。記住，這是一個洞察。

大衛．休謨發生了什麼事？他也是來到同一個點，但它不是一個洞察——它是一個前景。記住這兩個詞。從字面上看，它們是有意思的：洞察、前景。他得出相同的結論，像一個前景。他討論、爭論、思考、思想、沉思、集思——為問題做了一切，但是從未進入。

他來到了要點，完全一樣，至少在外觀上是一樣的，沒有自己。自己不可能存在，但這不是在他生命的一次偉大革命；它只是在他論文的一個美的結論，而他仍然保持是同一個人！結論前和結論後，在這個人身上沒有一點不同。他繼續以同樣的方式展現作為。

如果你侮辱了他，他會生氣，但佛陀不會，那就是差別。他會生氣，而他卻說沒有自己，他會忘記他的所有哲學，那個哲學不是他的洞察。他會說：「那是哲學——那是另一回事。但是當你侮辱我，我就要報復！」

當佛陀被侮辱了，他微笑。他說：「你來晚了一點，你應該十年前來，那時我很有可能在那裡。要是你十年前侮辱了我，我會瘋狂地回應。你來晚了一點，我對你感到抱歉，因為現在沒有人會回應，我聽到你說的話，但它只是透過我而經過。它從一只耳朵進來，它就從另一只耳朵出去，裡面沒有人去抓住它。我很抱歉，我為你感到同情。」

這就是東方跟西方的差異。西方哲學就是哲學——愛知識，愛智慧。東方哲學，赫塞（Hesse）創造了一個我喜歡的字。他創造了一個新的字；他稱之為PHILOSIA——它意味著「愛看到」。PHILOSIA意味著「看」，那是東方哲學術語DARSHAN的完整翻譯——去看。它就是PHILOSIA——它就是洞察，它就是看進去。

西方哲學是一種對知識的探索，而東方哲學或PHILOSIA是一種對知道的探索。知識往外看；知道往內看。知識蒐集信息；知道不蒐集任何信息——它只是進去看誰在那裡。「我是誰？」它的問詢不是受詞，它的問詢是主詞。

Kavita，懷疑會繼續存在。它們只在妳最後一階時會離開，在那之前它們從不離開，要創造性地使用它們。讓每個懷疑被轉化成一個驅使。懷疑只是說妳必須再走遠一點，再高一點。懷疑說：「我感覺還不滿意——你現在所有的我都還不滿意，你必須再走更深一些。」

不要被懷疑所阻止；那不是懷疑的功能。不要開始爭吵，不要開始思考，因為使用思考妳會變成一個大衛．休謨，妳會保持是相同的人。

我在這裡的工作是產生佛陀。除非妳成佛，否則懷疑會繼續。妳可能解決一個懷疑，它會從另一個角落再出現。它是相同的懷疑以新的形狀，新的形式。妳在這裡壓抑它，它會從那裡彈出來，妳會發瘋。沒有必要！注意看懷疑，感謝懷疑，說：「好吧，我會走遠一點，以便於你能被解決掉。」

它就像這樣：

一名男子坐在一棵大樹上。他的朋友坐在樹底下。樹上的男子採了一些水果，而樹下的男子等待和蒐集任何落下的水果。樹上的男子說：「我看到一輛牛車來了。」他在高高的樹頂上；他能看到很遠。

樹底下的人看著樹上男子所指的方向，他說：「我懷疑——我沒有看到，沒有牛車。你在說什麼？你能騙得了我嗎？我有眼睛，我不是盲目的，沒有牛車來！」而在上面的男子說：「是的，它來了！」

他們開始在爭吵。爭論有幫助嗎？在樹上的男子能說服不在樹上的男子牛車來了嗎？無論如何聰明，他只能在他的爭論裡，他怎麼證明那個男子無法看到牛車？

這個人怎麼做呢？首先他試圖以各種方式爭論，他說：「它來了，它是紅色的。一台是黑色的，一台是白色的，是這樣那樣，」他描述了一切：「那個人有鬍子。」和其他一切，但這是徒勞的。

然後他看出真理了：「他怎麼能看到？他的眼界是有限的。」於是，他打電話給樹下的人說：「你上來，你爬上樹，我會指牛車給你看。」

現在，如果在樹下的人說：「只要你說服我牛車在那裡，我會上去。」那時就沒有辦法。但是如果他爬上樹，他看到了牛車，而懷疑得到解決，就不會再有爭論。他道了歉，他說：「我感到抱歉，我不必要跟你爭論，這不是爭論的問題，你從這裡有更好的視野。」

這就是自古以來，諸佛一直在做的事。他們說：「我們從這裡有更好的視野。從這個角度，你就能看到什麼東西，再靠近我們一些，不要持續爭論。」

這並不是說諸佛無法爭論——他們當然可以爭論，他們可以爭論的比你更好。但這是沒有意義的！他們可能透過他們的論據使你靜默，但是他們無法說服你。他們可以摧毀所有你的論證，但是即使那樣，也不會有幫助——你將不能夠看到牛車。而整個重點是怎麼去看，因為只有親眼看到才會相信。

Kavita，繼續爬樹，我在打電話給妳。我能看到，妳還不能看到，懷疑會持續存在。讓那些懷疑幫妳更快、更早爬上去。讓它變成一個急迫性，讓那些懷疑形成一個緊迫性。懷疑本身不是錯的——這一切取決於妳如何使用它們，它們可能變成祝福。

問題

焦慮是如何和欲望相關的？看到人們在渴望比看到人們在「焦慮」似乎更容易——事實上，至少在英語裡，「焦慮」沒有動詞。我是在渴望我的焦慮或在焦慮欲望不過是焦慮的逃避。就一般而言，欲望不會產生焦慮，但焦慮會產生欲望。人就是會有焦慮。

讓我告訴你：動物沒有焦慮，因為牠們沒有要成為什麼——牠們只是在。狗就是狗，老虎就是老虎，沒有問題！老虎不會試著想要成為老虎。牠就是！牠已經是了！沒有「成為」的問題。

在動物的世界裡沒有焦慮。在諸佛的世界裡也沒有焦慮，他們到達了，他們成為了。他們是悉達（SIDDHAS）、一個成功的人——他們是人類。他們沒有任何目標，旅途結束了，他們回到家了。

因此動物的眼睛和諸佛的眼睛是相似的。同樣的靜默！同樣的天真，同樣的深度，同樣的純度。然而差別也很大：動物是無意識的，諸佛是有意識的。因此，動物的眼睛是天真的，但是不發光，牠們沒有焦慮，但是也沒有慶祝；沒有絕望，但是也沒有狂喜。在諸佛的眼睛裡，你一樣不會找到焦慮，你不會找到苦難；你不會找到不斷的催促要成為這個，要成為那個。你找不到，但是會有一個不斷的狂喜溢出——和平、祝福、幸福。

介於這兩者之間的就是人：半動物，半佛，而那就是焦慮存在的地方，憂慮就是這個緊張。你的一部分想要回到動物，它持續把你向後拉。它說：「回來！這曾是如此地美麗——你要去哪裡？」

另一部分持續期待未來。你知道得很清楚，成佛是你的命運。種子在那裡！種子持續對你說：「找到土壤，對的土壤，你就會成佛。不要回頭！向前走……」

這個拔河就是焦慮。焦慮是要被了解的一個最重要的名詞，因為它不只是一個名詞：這是人類發現自己存在的那個困境。人類最根本的困境就是焦慮：成為還是不成為？成為這個還是那個？往哪裡去？人類被卡在一個十字路口，所有的可能性都打開了。但是如果你選擇一個，你必須放棄其他——人類因而恐懼。你也許會選擇錯的。如果你往右邊走——誰知道？——往左邊的路徑可能是一條正確的道路。

有些人們、老闆們、小販們持續喊著：「往右邊走！這才是正確的道路。」「往左邊走——這才是正確的道路！」「跟我們走，這才是唯一的道路！」「跟基督教、或印度教、或佛教走……其他全部都是錯的，你會下地獄。」

這時人就癱瘓了！人們站在十字路口，聽著這些人的喊叫，他癱瘓了。該往哪裡去？要聽誰的？應該相信誰？如何能夠確定你會在正確的軌道上？人因此產生極大的疑慮，極大的懷疑，極大的焦慮。

在你內心深處，某個東西把你拉回來：「最好重新變成動物，落入醉酒。服用藥物，或變成色魔。或變得暴力——殺人！」為什麼世界上有這麼多的暴力？過去的動物持續把你拉回來，你的人性只有薄薄一層。任何時刻，你可能會變成一隻狼，你可能會變成老虎；你可能會把對方撕成碎片。任何時刻！你可能殺人。

而且不僅你可能殺死別人：你也可能殺死自己。自殺和謀殺，不斷地拉著你。毀滅呼喊著你，誘惑著你。

然後有諸佛……偶爾你看到一個人，你迷上了。他在他那迷人的空間，他有那個魔術，用它把你的未來突然變成你的禮物。至少在他面前，至少當你跟他震動時，你忘記所有過去的動物，你開始像天使一般飛翔在天空。那些人也在那裡。

這就是焦慮：要到哪裡去呢？該怎麼做呢？無論你做什麼，焦慮依然存在。如果你成為動物，佛的部分會繼續反抗它。去做一些你的動物部分感覺很好的事情，但是你佛的部分開始在你裡面產生內疚。即使是大殺手，在他謀殺任何人之前，也會有極大的痛苦在他內在發生。因為他佛的部分試圖要阻止他：「你在幹什麼？」他也許會聽，也許不會聽——但是他會後悔！多年後，他會後悔他所做的事，他不應該那樣做。

小偷，在他翻入別人的房子之前，他會一再地被佛的部分警告：「不要做，還有時間——逃走！」如果你做了，你會感到內疚。如果你不做，你也會感到內疚。因為如果你不做，你離開，你回家，那時你無法睡覺，因為動物的部分持續說：「你是個傻瓜！這麼多錢，而且那麼容易取得，並且沒有人在房子裡，全部街坊鄰居都睡了，而且你沒有被抓到的可能——你只是一個徹底的傻瓜！為什麼你要回來？還有時間——再去吧！」

如果你遵循其中的一部分，另一部分就會使你感到內疚，反之亦然，這就是焦慮。這種焦慮是實際存在的，這並不是說某些人遭受它，某些人不遭受——不是。它是存在的：每個人一出生就進入它。人類一誕生就進入它，人類一誕生就進入焦慮。那是他們的挑戰，那是他們所要解決的問題——那就是問題，他們必須超越。

現在，有兩種方法可以超越它。第一個是俗世的方法——你可以稱它為欲望，欲望是隱藏這種焦慮的方法。你瘋狂地，急於賺錢。你變得那麼地被賺錢所吸引，因而你忘了所有生存的焦慮。那時就沒有時間去思考真實的問題。那時你會拋開一切，你只想要進入追求金錢，更多的錢。而當你得到了錢，越來越多的欲望就產生了。這種對於金錢或政治權力的渴望，不過是你焦慮的蓋子。

那就是為什麼人們都很害怕，當他們單獨在家無所事事時。那就是為什麼退休的人變得非常非常的不安，不舒服，他們死的很快。聽說——現在心理學研究證明了這一點——退休的人會比假如他仍然在職的時候早死十年。早死十年？為什麼？因為他一直壓抑他工作的焦慮。他曾經追逐財富，政治權力；沒有時間給焦慮。

現在有了全部的時間而無所事事，他坐在他的扶手椅子上，他只有一件事——焦慮。他沒有其他事情可做！現在他一生所有壓抑的焦慮——那些否認存在的部分開始報復了。它殺人！他生病了，心臟病發作了，他變成癱瘓。這一切會發生，但這些情況更多可能是因為心理，而不是因為身體。

當一個人成功時，他的欲望帶著他越離越遠，他保持健康。政客當他們在位時，幾乎都是健康的；但當他們失去權力時，他們突然變老了。當一個人在賺錢、有盈利和收入時，他保持是健康的。但當他失敗了，當他破產了，那時突然間，一個晚上，他所有的頭髮可能就變白了。

欲望是一種逃避焦慮的方法，但也只是為了逃避。用欲望，你無法摧毀它。欲望給你的小焦慮，記住，非常小的焦慮，那是不存在的。當然，當你賺了錢，你會有一些焦慮：市場和市場瓜分，像那樣的事，以及價格。你投資了這麼多錢——你要從它獲利，還是你要損失？這些小焦慮。和真正的焦慮相比，這些沒什麼——這些都是逃避真實的把戲。

當然，當你有雄心得到政治權力，你會有一千零一個焦慮。但是它們都沒什麼！和根本的焦慮相比，它們只是小玩意兒。

你問我：焦慮是如何和欲望相關的？

欲望是一種焦慮的掩飾。它是一個詭計，一個策略。而靜心就是要發覺它。

那就是為什麼人們不能靜靜地坐著，甚至幾分鐘。因為當他們靜靜地坐著，焦慮就開始出現，他們變得非常害怕。那就是為什麼人們會問，即使在靜心時：「我們應該做些什麼？我們能誦經嗎？」那時口頭禪會變成你的掩飾。那時你可以複誦：「羅摩、羅摩、羅摩……」你可以持續複誦。這種複誦讓你的焦慮被壓抑住。

真正的靜心是禪、內觀。真正的靜心是靜靜地坐著，什麼也不做。只是什麼都不做，靜靜地坐著，那才是真正的靜心。沒有別的技巧，沒有口頭禪必須複誦。沒有禱告必須要做，沒有神的名字要被闡明。你只需坐下……但這是世界上最難做的事。雖然它看起來這麼簡單！

當我一再地說：

靜靜地坐著
什麼都不做
春天來了
草木自己生長……

你以為這是很容易的：「我們可以坐下來，春天會來，草木會自己生長。」這是世界上最辛苦、最困難和最艱鉅的一件事：靜靜地坐著，什麼都不做。但這就是最棒的靜心。

什麼是靜心？只是允許你如是的存在，而不用任何方式來掩飾。所以瑪哈禮希．瑪赫西．優濟（Maharishi Mahesh Yogi）的超覺靜坐根本不是靜心。它既不是靜心，也不是超然的。它只是一個愚弄人們的策略。

而美國需要這樣的人來愚弄他們。美國人需要某些東西來掩飾他們的焦慮。因為現在錢在那裡，很多錢，現在追逐財富也不能變成一個長久的掩飾了。社會是富裕的，人們擁有一切你可能的欲望。現在要怎樣？現在焦慮在敲門，焦慮在說：「好了，現在你擁有兩個車庫——現在要怎樣？讓我進來！現在你有一棟在山上的房子，另一棟在沙灘上的房子，一艘美麗的遊艇，還有什麼？……現在讓我進來！你曾經告訴我：『等一下！先讓我有一棟在山上的房子，另一棟在沙灘上的房子，先讓我買一艘漂亮的遊艇。』現在你全都有了——現在讓我進來，我不能再等待！」

焦慮在敲著美國人的門。當一個社會豐裕了，它總是敲著。當一個社會是貧窮的，超覺靜坐是沒有必要的。那就是為什麼在印度沒有人去麻煩瑪哈禮希．瑪赫西．優濟。誰那麼麻煩？人們有那麼多的方法，那麼容易去掩飾自己的不安。

但是當所有的欲望都被完成了，該怎麼辦？某個新的東西是需要的。那時很多新的大門必須被打開：去月球！一個公司正在銷售往月球的機票。當然，這必定是一家日本人的公司——一九八五年一月。人們在購買，它已經被訂光了，機票在黑市出售。

「怎麼辦？讓我們去月球吧！至少我們可以用那個來掩飾。我們必須去月球，我們可以對焦慮說：『等一下！先讓我去月球，然後我會看著你，再等一下。』」或是做超覺靜坐。任何愚蠢的字，複誦它，我叫它口頭禪。持續複誦它，那變成一條毯子蓋著你。

真正的靜心不是一種技巧。真正的靜心只是放鬆，靜靜地坐著，讓它發生，無論它發生什麼。允許整個焦慮出現，浮出水面。並看著它，看著它。什麼都不做來改變它。觀照，這才是真正的靜心。

在那個觀照中，你的佛性會變得越來越強大，觀照會滋養你的佛性。你的佛性越強大，你的焦慮就越少。當你的佛性完整的那一天，你所有的焦慮就都消失了。

焦慮是如何和欲望相關的？看到人們在渴望比看到人們在「焦慮」似乎更容易。

是的，看到人們在渴望是比較容易的，因為這是你在做什麼。焦慮不是你在做某件事：你出生在它裡面。它跟你做的事無關，你天生焦慮！那就是為什麼你很難看到它——這是第一個原因。

第二個原因：你不想看到它，因為它是可怕的，人們感覺到它會讓你發瘋，因此最好避免它，保持它在背後，不面對它。

這件事每天都在發生。

就在幾個月前，一個很漂亮的人拿了桑雅生。他一直是個騙子，在我看入他的眼睛那一刻，他變得很害怕我。我說：「你是什麼樣的騙子？現在我要來欺騙你。」我給了他一些團體——他逃走，他沒有參加那些團體。他變得很驚恐！有幾個月沒有再聽到他。

然後他指派他的律師來這裡看——騙子就是騙子——來找出「這裡真正在發生什麼事？進入這裡是好的嗎？」律師來到了這裡，他看了看。他必定回報說「沒有什麼好害怕的，你可以再去」，他就鼓起勇氣回來了。

我告訴他：「你是個膽小鬼。你過去是什麼樣的騙子呢？這次不要再試圖逃跑。」我再次給了他幾個團體——他又消失了！

現在我收到了來自新加坡的信。他說：「奧修，我在這裡讀你的書，聽你的演講帶，但是我變得很害怕，因為你再次給了我這些團體——我必定會暴露一切自己攜帶的所有垃圾，我必定會暴露我的整個生命。我將必須要裸露，要真誠，要真實，那樣會使我害怕，但是我會來……我讀，我聽，我再次聚集勇氣，我會來。」

這事發生在很多人身上：我給他們團體；一天，兩天後，他們從團體逃脫了。什麼恐懼發生了？暴露的恐懼。這並不是說他們將被暴露給別人：恐懼基本上是「我會接觸到自己」，「我必定會看到我一直在隱藏的」。一旦你知道了，它就不可能再隱藏了。

那就是為什麼之前我告訴你要靜心，我送你進入原型治療，進入面對團體——我送你進入不同的團體。這樣一來，首先：你的掩蓋被拿走了，你被留在裸露裡，精神上的裸露。然後靜心變得更容易，因為靜心不過是跟你自己在你的全然裡。

是的，看到欲望是容易的：

看到人們在渴望比看到人們在「焦慮」似乎更容易。

要看到人們在焦慮需要膽量。這真的只有那些有勇氣的人做得到。

事實上，至少在英語裡，「焦慮」沒有動詞。

我們的語言就像我們一樣是假的。我們的語言是被我們所製造的。它們反映我們。事實上，一個真實的語言不會有任何的名詞，將只有動詞。如果它必須面對生命的真實，它只能有動詞而沒有名詞。

當你說：「這是一棵樹。」你是在偽造，因為沒有靜態的樹在任何地方。一棵樹是一個在樹化。它在成長，它不斷在動！一片新葉子長大了，而老葉子落下了。一個新的花蕾盛開了。當你說「這是一棵樹」的時候，它已經不再是同一棵樹，你的宣稱已經過時了。它已經是另一棵樹了！

當你說：「這是一條河。」你是什麼意思？河是一條河流；它是不斷在流動著的。男人和女人也是。全部都是流動的、動態的。一切的存在都是動詞。但我們的語言就像我們一樣是假的。它們必須存在——它們是我們的語言。

這也難怪，諸佛總是覺得很難對你們說真理——因為他們必須使用你們的語言，你們的語言是那麼反對真理。當沒有名詞是真實的，為什麼我們使用這麼多的名詞？生命不是生命，而是生活，戀愛不是戀愛，而是熱愛，死亡不是死亡，而是死去。為什麼我們全都要使用名詞呢？它給了我們一種控制的感覺。名詞是可以控制的；動詞不能被控制，動詞超越你。名詞是靜態的、死的，你可以操縱它們。動詞是活生生的，它們會從你的手指滑出；你無法掌握它們。

愛著必須被轉化成愛——那時它就容易解決。如果男人對女人說「我和你在愛著的狀態中」，只要看這有多大的差別，然後他說「我愛妳」。當他說「我愛妳」，他在說某個靜態的東西。隱含在其中的是「明天我也會愛」，它是一個靜態的現象。「我愛妳」它是明確的，它是絕對的，在它裡面不再有任何變化。

但是如果男人說「我在愛著的狀態中」，妳會很害怕，因為「在愛著的狀態中」？——它是一個過程。早上可能在那裡，晚上可能就不在了。然後會怎樣？

當有人對妳說「我愛妳」，名詞就是寫給妳的。當有人對妳說「我在愛著的狀態中」，它不是寫給妳的。他可能也愛著別人！這是危險的。妳不能擁有它。

名詞能被占有、蒐集。你可以變成主人。但是動詞不能被占有，它們持續下去……它們超越你；它們超越了所有你的了解，它們依然難以預測。名詞是可預測的，動詞是不可預測的。它們就像一朵雲，每一刻都在改變它的形式。

你不可能仰賴雲的形式。也許有大象在雲裡——它看起來像一頭大象。在你叫你孩子的時候：「到這裡來，快出來！有大象在天空中！」而在孩子過來的時候，它已經不再是一頭大象，大象分解了。雲朵不是一個固定的現象。現在我們要對孩子說什麼？他會說：「你說謊！大象在哪裡？」

事實上，沒有大象——移動的雲變成象，有時它變成馬……它是不可預測的。我們都非常害怕難以預測的東西，而生命是不可預測的，所以我們繼續保持自己被名詞所包圍，這樣感覺安全。

我們的語言反映了我們的頭腦，我們的無知，我們的無意識，我們的愚蠢，我們的嫉妒，我們的恐懼，我們的執著，我們的神經病。我們的語言代表我們在的一切。它是我們心靈的一種反映——它是一個心靈的產品。

那就是為什麼沒有像「焦慮著」的東西。「焦慮」——那時它就是固定的。然後你可以標記它：這是焦慮。你可以標記：這是愛。但是如果你看真愛，有時它改變成恨——真愛變成恨。現在它會困惑你，所以你標記不同：這是恨——這是愛。而你繞過連結，你從不看進連結。愛變成恨：恨變成愛。朋友變成敵人：敵人變成朋友。一切正在移入其他一切！這全部都是一個！

土地變成樹木……樹木變成空氣……它持續融入彼此……空氣被你呼吸……它變成你的血……一切正在移入其他一切。沒有什麼是不相關的，這些全部是一體的。

當你停止操作生活，當你靜靜地坐著，只是看，你會看到這全部一切極大的美，這種極其不可預測的生命過程，這種動態的活力。

那就是神！這個整體，這種相互依存的關係，這種相互聯繫的存在，在這裡，一切正在改變。這種流體的能量就是神……

問題　奧修，你曾經感到無聊嗎？為什麼不放棄修行村而住在森林裡？

Veetgyan，你在說什麼？什麼修行村？我住在森林裡！這些人是我的樹——橘子樹，輝耀著鮮花。你可能找到一個比這裡更狂野的叢林嗎？

而且在我身邊有這麼多漂亮的人們，我怎麼會無聊？這就是在慶祝存在？如果你覺得無聊，那只是表示你必定是不敏感的，你必定是很厚重的。你的頭腦必須被打破，否則，你在哪裡可以找到比這裡更好的存在？這是唯一僅有的存在，而且完美的存在。一切都是如它應當的。樹木是綠的，玫瑰是紅的。一切都是如它應當的！你怎麼會感到無聊？

無聊是由於不敏感。因為你是不敏感的，你看不到那些持續發生在你身邊的細微變化，因此它看起來像重複的：「太陽每天早上升起，同樣的太陽——人們如何能保持不會覺得無聊？」但它是不一樣的太陽！它不斷在變化。它是火——火如何能保持不變？看看火……它是不斷在變化的，火焰在變化。它是不斷流動的能量，太陽是液態的火。它從來都不會是一樣的。

但你以為這是一樣的，你沒有看到早晨，浮雲每天都是新的。它們的形式是新的，它們使用新的顏色，它們每天都慶祝太陽的來到。鳥兒、樹木和整個存在的每一刻都是新的，而且新鮮——就像早晨的露珠一樣新鮮。人們也都是！

但你是沉悶的，你是不敏感的。你以為它是你一起生活了二十年的同一個女人。你已經停止在看她了。你沒有看她很多年了，你不看進她的眼睛。你很久沒有碰她了，你忘記了她身體的氣味。那時這會是無聊的；那時這會一再地是同一個女人。

但這不是真的無聊——這只是你的眼睛蒐集了很多灰塵。生活變得越無聊，表示有越多的灰塵在你的眼睛裡。你蒐集了很多灰塵，生活就變得無聊，只是一個儀式。你持續做事，慢慢慢慢地，你所有的行為會變得機械化，像機器人。那時生活就是無聊的。

但是我從來沒有見過兩個片刻是相似的。每個片刻都有它自己的美，每個片刻都只有一次。如果你錯過它，你就永遠錯過了；它不會再重複。神是不重複的，神是非常原創的——祂從不唱同一首歌。

如果你再次聽到同樣的歌，那麼某個東西和你必定是錯的。

這發生過：

一個女人在唱歌，那是她的生日，她在深夜裡，唱到很晚。她的聲音太可怕了，但是鄰居們無論如何都容忍它，因為這只是一年一次才會有。因此，他們對這已經變得寬容。可是那個晚上，她持續，持續……它一直到真的很晚了，深夜兩點鐘，還在唱歌。有一個在她家門前的男人睡不著；他試圖以各種方式翻來覆去，做了超覺靜坐……等等，但是沒有任何幫助。她快把他逼瘋了，於是他打開他的窗戶，朝著她喊叫說：「夫人，現在是睡覺的時候了，停下來吧！否則我會發瘋！」

那個女人打開她的房門說：「你在說什麼？從我停下來到現在，已經快一個小時了！」

但是這個男子發生了什麼事？他已經瘋了。在一個小時前，她就停止了，但是他還在聽著、聽著、聽著……那是某個東西在他的腦海裡，那是他內心的留聲機。

只要觀看：當你看到一朵玫瑰花，你內心的留聲機會說：「你之前已經看過。它是一樣的玫瑰花，沒有什麼特別的地方。我看過更好的。」當你看著月亮，而內心的留聲機會說：「那又怎樣！這是同一個月亮，我們已經看過很多次了。」

有好幾百萬的人們從來不仰望天空。如果突然有一天晚上，所有的星星都消失了，他們也不會意識到它們。對他們而言，這可能需要幾天的時間才會發現；當訊息在報紙上說「所有的星星都從世界消失了」那時他們才會看天空，那時他們才會想念它們，他們才會大做文章，他們會說：「何其不幸！我們看不到星星已經好幾年了，它們曾經在這裡。」

你是無聊的，因為你內心的留聲機。在我裡面，我沒有。每個人都是新鮮的，每個片刻都是新鮮的。他們都不重複——他們都是獨一無二的。而我依然激動，我依然狂喜。

你的生活，Veetgyan，必定已經變成一個空洞的儀式。你甚至還沒有了解，你為什麼在做這些事情。你回到家，你親吻你的妻子——因為你必須這樣做，但是在它裡面，沒有吻，在它裡面也沒有狂喜，那只是一件沉悶的事情。如果你感覺到疲倦和無聊，我可以了解。

生活，慢慢慢慢地，變得那麼機械化，它失去了所有的意義。所有的意義從它洩漏掉了，然後它只是一個沉悶的儀式，這樣的生活是非宗教性的生活。而我對宗教的定義是：愉快地，狂喜地活著，激動每個片刻會敲著你的門，這就是宗教性地活著。

宗教不過是鍊金術的過程，在那裡面，所有你的不敏感會被溶解，而你會變得完全敏感、細膩。然後每個瞬間都是三摩地，是神，是成道。

第 9 章

大學者萬歲！

納瓦布．穆罕默德（Nawab Mohammed）的簡菲山（Jan-Fishan）可汗在德里，有一天他到外面去散步，他遇到一群人似乎有事在爭吵。

他問一個旁觀者：「這裡發生什麼事？」

那人說：「崇高的殿下，您的一個門徒正在反對這個地區人們的行為。」

簡菲山走進人群，對他的門徒說：「你自己解釋一下。」

那門徒說：「這些人一直懷有敵意。」

人們驚呼說：「不是的，相反地，我們在幫忙維護您的榮譽。」

「他們是怎麼說的？」簡菲山問。

「他們說：『大學者萬歲！』我告訴他們，這是學者的無知。學者要為人們的困惑和絕望負責。」

簡菲山可汗說：「這是學者們的高傲，很多時候，他們要為人們的苦難負責。但這也是你的高傲，自稱不是學者的人就是這個爭吵的原因。不要成為一個自外於平民百姓的學者就是一種成就。學者很少有智慧，他們只是塞滿思想、書籍而且固執的人。」

「這些人試圖在榮耀你，如果某些人認為泥土是黃金，假如有泥土在那裡，就要尊重。你不是他們的老師。」

「難道你不知道，在表現出那麼敏感而自負的樣子裡，你的行為舉止就已經像一個學者了。因此你就名符其實是一個學者了，即使它只是一個稱號。」

「謹守你自己，我的孩子！在高貴素養的路途上會有很多的滑路——你可能變成一個學者。」

存在是無法解釋、無可解釋、未知的——不僅如此，它也是不可知的。你沒有辦法知道它，因為沒有人是分開的，知識需要分離。你可以有愛存在，因為愛仰賴於融合，而我們已經跟存在融合在一起了，但是你可能不知道它。

知識意味著知者與被知者是分開的。但我們與存在沒有分離——我們就是它。它是我們的本性——我們怎麼可能知道它？宣稱知道是最大的高傲，宣稱知道是最大的自我，因此知識淵博的人持續錯過它。只有愛人知道，學者從來不知道。但是要變成一個愛人需要勇氣——你必須溶解與消失。

變得有知識不需要勇氣，那是懦夫的藏身之處。所有的懦夫都變成學者，因為他們不能夠愛，唯一留給他們的東西就是累積知識。但在那個本質中，知識是不可能的，所有他們宣稱的都是假的。

所有的知識都是虛假的，絕對是虛假的。甚至沒有一點是真實的，它不可能是真實的。只有愛是真實的，只有愛可以是真實的。

你有看到重點嗎？愛的方式就是融合的方式，而知識的方式就是分離的方式。愛就是結婚，知識就是離婚。愛了解，知識只是假裝。

記住它，因為頭腦總是試著成為知識淵博的。它始終在蒐集信息而避免轉變，信息是一種避免轉變的方式。你持續在蒐集……你可能變成一部活的百科全書，但是你仍然會保持不變。因為這不是人類成長的方式，這不是變得有智慧的方式。

知識淵博的人從來不是有智慧的，他不可能。他蒐集垃圾，並且以為它是珍貴的。但是第一步錯了，所以整個旅程都會是錯的。他越是認為他知道，他知道得越少。他越是認為自己接近知道真理，但其實他越是遠離真理。

存在是在的。如果你也是處於在的那種狀態，你就會明白它是什麼。但那不是知識，那是一個完全不同的層面。你會知道，而且你將無法把它降低為知識。你會看到，但是你將無法去形容它。奧祕不會以你的了解而被你破解——它會加深，它會增厚，生命會變得更加喜悅。

人們可能不知道，但是人們可以舞出它，可以唱出它。它永遠不可能變成知識，但是它可能變成狂喜，極大的狂喜，極大高潮。

蘇菲說：要避免成為學者、專家。避免！因為有時那會發生，有時罪人達到了，但是學者從來沒有達到。罪不是像知識淵博那麼大的東西，要正確地看，知識仍然是最終的罪行。

《聖經》裡這個故事需要再次被記住：亞當從天堂落下凡塵——不是因為任何罪行，而是因為他吃了知識樹上的水果。

在伊甸園有兩棵特殊的樹木：一棵是知識樹，另一棵是生命樹。亞當變得對知識樹感興趣。這在我們看起來很愚蠢，當我們讀到這個故事，會想為什麼他不從生命樹吃水果？但那也是每個人都在做的事——沒有人希望從生命樹吃水果，因為從生命樹吃水果，人必須通過一種死亡。

當你從生命樹吃水果的片刻，你會如你是地死去。你只是一時的，你的存在是世俗的。你會及時死去，你會誕生於永恆，那就是生命！——豐富的生活，永恆的生命。你會以微小的存在死去，你會以一滴水消失，然後你會以海洋出現。海洋會是你的復活！但是在那之前，露珠必須消失。

那就是恐懼。因為那個恐懼，亞當從不去接近生命樹。那就是為什麼你不去接近它。那就是為什麼好幾百萬的人去了大學，到圖書館，但是避免去找師父。

一個師父，完美的師父，就是生命樹。他不是老師，老師是知識樹：師父是生命樹。

師父不傳授知識，他傳授存在。他激起你的心，使它更有活力。他在你內在呼吸，給你一個新的韻律。他在你最深的核心接觸你，在那裡創造一個舞蹈。

亞當避免生命樹，所以其他每個人都這樣做。自古以來，人們一直在遵循亞當，知識樹非常吸引他。從蛇的誘惑是：「如果你從知識樹吃水果，你會變得像神一樣明智——你會變成一個神。」那就是知識的誘惑。人們以為「如果我能知道更多，那時我會更強大——我會變得像一個神」。透過知識，沒有人變成一個神，只有透過存在才可能。

蛇也在欺騙你。蛇不是某個外面的東西；牠的另一個名字就是你的頭腦。頭腦說：「知道更多——如果你知道得越多，你就會理解更多。」它非常邏輯地說服了你。

亞當吃掉了從知識樹摘下的水果，他的眼睛就對永恆閉上了，他就被時間的蜘蛛網捕獲了。而時間意味著死亡。神告訴亞當：「如果你從知識樹吃水果，你將失去永恆。你會失去不死的特質，你會變成一個凡人！」

這個寓言非常美麗。我一再地說它——它有非常多的面向。對我來說，這似乎是自古以來最偉大的寓言——它有那麼多的涵義。

如果你從知識樹吃水果，你會變成凡人——因為你會變得越來越局限在時間裡、在頭腦裡。時間和頭腦是同義詞，頭腦創造出時間——心理的時間，我的意思不是指按時間順序排列的時間，我指的是心理的時間。你越變得無念，你覺知到的時間越少。當你變成完美，你就變成了常數，完全不知道時間。那時一切就是永恆。

有一回，一個僧人來見我。他來自一個非常非常遙遠的地方，印度的噶倫堡鎮（Kalimpong）。他旅行好幾天來見我。他說：「我只有一個問詢，只為了那個，我就來了。」

「那個問詢是什麼？」我問。

他說：「我的問詢是：從你開悟，發生了什麼事？從你開悟，你經歷了什麼事？一直在發生什麼事？還有什麼？開悟之後，有什麼新的經驗？」

我說：「你不明白『悟』這個字。開悟之後，沒有任何事發生。所有發生停止了，消失了。人只有在。」

他簡直不敢相信。他說：「我無法相信，必定有某些事發生了。二十年過去了……一定有某些事發生！怎麼可能沒有什麼事情發生？」

我對他說：「你會感到困惑，但我說它就如它的是：開悟之前，沒有事曾發生過，因為所有發生的事就像在水面寫字。成道之後，也都沒有發生什麼，因為時間消失了。在那之前，所發生的一切是沒有價值的；現在它是沒有意義的，它就像一場夢，一旦你醒來，沒有事再發生過。並不是說太陽不升起，並不是說晚上不再布滿星星，並不是說花朵不再盛開——這一切都仍繼續著，但是在你內在什麼事也沒有發生，所有一切保持平靜和安靜。」

開悟之後就沒有傳記。開悟之後一切靜默——因為一切靜默就是永恆。事情發生在時間，頭腦產生時間，因為頭腦熱中於事情要發生；因為頭腦熱中於興奮，某些事情必須發生。如果什麼事都沒有發生，頭腦會變得非常不安。如果好的沒發生，讓它是壞的發生。如果幸福沒發生，那麼讓它是苦難。某些事必須在那裡，因此人們保持被占有。如果什麼事都沒有發生，那時你就會不知所措——那時為什麼還要存在？

所以頭腦繼續在創造新的方式，繼續投射到新的事件：「明天我必須這樣做，後天我必須那樣做。」頭腦不可能保持沒有事件，所以它投射事件。當事件投射了，時間就產生了——心理的時間。當沒有投射，時間就消失了。

那就是寓言的意思。神是對的，當祂對亞當說：不要從知識樹吃水果，否則你就會變成凡人。然後你將必須活在時空裡！你會被腐化——知識腐化你，你不再是天真的。你將失去信任，因為知識產生懷疑，而懷疑是靈魂的刺；它傷痛，它傷害。

但是亞當還是吃了知識樹上的水果，從那時起，每一個亞當都在做它。

蘇菲說我們必須逆轉整個過程。我們必須吐掉亞當所吃的。我們必須把它吐出來，我們必須變成單純的。有知識就會有時間，有時間就會有頭腦——這些全都糾纏著知識。而一旦沒有知識，沒有頭腦，沒有時間，你就回家了。

讓我再說一遍：罪人達到了，但是學者從來沒有達到。

我聽說過：

在第二次世界大戰期間，喬治・桑塔亞那（George Santayana），一個偉大的美國哲學家，有一次他說：「我在讀《奧義書》……從我的嘴裡面，拿掉不好的味道。」

《奧義書》？他為什麼要讀《奧義書》去從嘴裡拿掉不好的味道？《奧義書》不是知識：它們是純粹喜悅的文字，它們是令人愉悅的文字。它們是狂喜的射精，瘋狂神祕家的斷言。透過閱讀《奧義書》，你不可能變成知識淵博的。它們不爭論，它們不證明——它們只是聲明！

那就是老子所做的，佛陀所做的，埃及普羅提諾（Plotinus）、德國艾克哈特（Eckhart）、魯米、Al-Hillaj——所有的神祕家一直在做的事。他們說的不是知識：他們說的只是一個滿溢的喜悅。

當亞里斯多德說某些東西，它是知識。當普羅提諾說某些東西，它不是知識。你必須了解那個區別。當耶穌說某些東西，它不是知識；它只是他的狂喜。並不是他在說——它是透過他在說。透過他，神在說。他在說的不是知識。這是他的宣言：「我回到家了。」它必須被聲明。它必須從屋頂聲明，在市場聲明，但它不是知識！

如果你讀了《奧義書》，你就會看到它。沒有論點被提出，沒有三段論，沒有證據被給予。只是說，先知說：你就是那個——TAT-TVAM-ASI（梵文，意思是「You are THAT」）。完了！他對它不給任何論證，他不試圖去解釋它，他不提出一個哲理來說明它。這樣一個聲明，光禿禿的，赤裸裸的。

當《奧義書》首次被翻譯成非印度語言時，它對譯者是一個問題：「這些人持續在聲明而沒有給任何證明——什麼樣的哲學是這樣的？」這不是真正的哲學，這是宗教。那就是哲學和宗教最大的差異。

哲學證明、爭論、提議、爭辯、辯論：宗教聲明。宗教說：神在！沒有給予證明。如果你問神祕家，他會說：「看進我的眼睛，來吧！握住我的手！感覺它吧！」但這是一個爭論嗎？而且它不會去說服懷疑者。當你看進他的雙眼，你看不到任何東西。這只有信任才可能被說服，這只有門徒才可能被說服。

美國哲學家桑塔亞那（Santayana）對所有西方產生的知識感到無聊，他看得很清楚：「就是因為這個知識，世界大戰才會發生。」知識在世界製造仇恨，因為它製造了分離。

愛是不可能從知識產生的，因為愛是一種截然相反的維度。因此他說得很對：「我在讀《奧義書》，從我的嘴裡拿掉不好的味道。」——知識是不好的味道，這個醜陋的知識創造了醜陋的戰爭，凶狠的知識。

我還聽說：當叔本華（Schopenhauer）第一次看到了《奧義書》的譯文，他跳舞——真的！他頂著《奧義書》在他的頭上，他在他的花園裡跳舞。

他的學生有點不解。他們說：「他瘋了還是怎麼了？」他們問：「發生了什麼事？」

他說：「這就是我一直在尋找的東西——這不是知識，這是知道，這是真實的！」

當他快要死的時候，他說：「《奧義書》一直是我生命的慰藉，而且會是我死亡的慰藉。」

叔本華發生了什麼事？什麼是《奧義書》的美？什麼是蘇菲的美？什麼是禪的美？什麼是哈西德的美？美是在於它們不是知識——當然，你要有極大的了解，但那根本不是知識。會有極大的洞見在那裡，但是沒有哲學。你透過它們，不會變得更有知識：你會變得更天真。

宗教是存在的，哲學是分析的。知識必須是分析的；它不可能是存在的。知道必須是存在的；它不可能是分析的。如果你想要知道，忘記所有關於分析，否則，你會遇到很多知識，但是你永遠不會變成知道的人。

如果你想要知道一朵花，不要解剖它——否則你會摧毀它。跟它在一起，在絕對的寧靜裡，帶著一顆悸動、愛的心。吸它進來，跳舞圍繞著它，唱歌或保持靜默！彈吉他或吹長笛，這些都是方法。當你在吹長笛，花開始傾向你，花變得敞開。它知道……一個朋友來了。當杜鵑鳥在咕叫時，牠知道，當一隻孔雀舞蹈時，牠知道——牠也會知道你，如果你唱一首歌或吹長笛，或在牠周圍跳一支舞。這些都是牠知道的語言或靜默，牠知道——星星和地球的靜默。只是跟花默默地在一起！或是讓眼淚流出來，讓你的淚水滴在花朵上。它也明白那個語言。下雨的時候，它跟雲朵有接觸……但是要存在，不要分析，花會對你釋放它的祕密。祕密只能釋放給朋友。當你分析，你就是一個敵人。當科學家來到花朵旁，他以很對立的情緒來，非常自我、任性、固執、倔強，他像一個強暴者來。科學對自然是一種強暴。

要變成詩人，變成畫家，變成音樂家——這些都是存在的方式。花慢慢慢地，會對你聚集信任，它會知道：「這個人沒有危險，他不是科學家，他不是追求知識的人，他不會強暴我，他是一個愛人。」而且花會撤除所有的戒護、防備。突然就會有一個相會——一種知道，那不是知識。

那就是人如何去知道神。

記住這兩個詞：分析的和存在的。永遠不要是分析的，那是知識的路徑。要是存在的——那是知道的路徑。知道是在愛裡，在愛裡就是在祈禱。

在希臘的歷史上，這是一件眾所周知的事實，亞里斯多德制定了三段論的方法來解釋和檢驗有效的推理。在西方，他是邏輯之父。但是在同個一時間，幾乎同個一時間，印度另一個人工作在同一個議題——但是他是在完全不同的層面，完全不同的品質。他的名字是喬達摩——印度邏輯的創始人。它的差別是很大的。他們的三段論幾乎一樣，它們的邏輯幾乎一樣——但不同的是他們的目標。

亞里斯多德說：這是解釋和檢驗有效的推理。喬達摩創建類似的三段論形式，但是就如他在他的《正理經》開頭所述，這個研究的目的是在幫助人類實現至高無上的幸福——解放、解脫、狂喜、三摩地。

哲學本身不是目的：它是一種手段。如果有幫助，很好；如果沒有幫助，扔掉它，它是垃圾。用你的頭腦去超越頭腦，讓哲學在你的內在自殺。

那就是這個小故事的訊息。

納瓦布·穆罕默德的簡菲山可汗在德里，有一天他到外面去散步，他遇到一群人似乎有事在爭吵。他問一個旁觀者：「這裡發生什麼事？」

蘇菲師父相信情境，蘇菲師父和他的方法只用在某一個情境下，在某種情境下，他才能夠教導他的門徒。如果情境不在那裡，將會無法教導。

你可能敲擊鐵塊，只有當它是熱的時候，你可以給它任何形狀，但當它是冷的時候，那是不可能的。一個情境就是事情正熱的狀態。蘇菲師父總是在特殊情境下給予門徒特別的教訓，這也許需要幾年的時間，但是他們在情境的前後從來不說——從不說出。

所以要跟蘇菲師父在一起需要極大的耐心，因為他們不會說，除非情境出現。他可以教導你某些東西，但只有當情境準備好的時候。

師父路過，人群在那裡。

他問一個旁觀者：「這裡發生什麼事？」

那人說：「崇高的殿下，您的一個門徒正在反對這個地區人們的行為。」

現在，這幾乎總是發生在知識淵博的人身上。他們變得傲慢，他們變得自我。他們攜帶著比你更神聖的氣息在自己周圍。他們總是一直在尋找譴責，讓人感到內疚。這是自我滿足自己的方式，這不是一個知道的人的方式。

知道的人永遠不會使任何人感到內疚。知道的人幫助人們走出自己的錯誤模式，但是不會使他們感到內疚。這是一個偉大的藝術，最崇高的藝術。

人沒有錯，永遠沒有錯，那就是應該被理解的基礎。人在他最內在的核心永遠是對的——儘管也許他犯了表面上的幾個錯誤。但是那些錯誤都是暫時的，沒有多大的價值。他天生的善良是絕對的。

一旦一個人開始感到內疚，你就污染了他天生的善良。你已經深深地傷害了他；你已經在他的靈魂劃了一道傷口，所以藝術從來不在靈魂創造傷口。真正的師父總是間接的，他改變人們，他轉化人們，但他的方法總是間接的。正在被改變轉化的人從來不會知道——或者開始知道，只有當他改變了，當他轉化了。然後，他就感恩。

與師父的接觸是一種非常微妙的接觸。它從不攻擊，它從不侵犯，它從不暴力。在它裡面沒有譴責，只有慈悲，只有愛。他有很大的願望想要幫忙，但是他不會以任何的方式使這個人感覺他是錯的。

一旦你使人感覺他是錯的，你就在他的轉化過程裡建立了障礙。因為一旦他以為：「我錯了！」他就失去希望。如果他感到內疚，他就變得封閉起來；他不再對你敞開。一旦他感到內疚，他就變得防備。一旦他感到內疚，他就開始反擊。如果他一再地感覺內疚，他會開始接受這個觀點：「這就是我啊！當每個人都說：『你錯了！』那麼我必定是錯的。」然後他開始固執著自己的錯誤。然後他說：「現在，每個人都說我是錯的，所以我錯了，而我不可能是對的，那又何必成長呢？那麼只要像現在這樣就好，這就是我的命！這就是我一直被神所塑造的樣子，這就是我的父母把我養大的樣子，這就是社會怎麼教化我的。」他會找到一千零一個解釋，然後他就放棄了……他會忘記一切成長的可能性。

從來不要譴責一個人，不要使他感到內疚，這是一種犯罪行為。相反地，當你發現一個人做錯事，要挑起他天生的善良！提醒他，他的道，他天生的神性。先提醒他天生的神性，用那個記憶他就能看到他犯的是什麼錯。你甚至不需要指出它——他自己會知道。

把光帶給他！不要對任何人說：「你跌倒了，你打破了這個，你掉落在這個桌子上，這張桌子翻成四腳朝天了。」——不要說像那樣的事。把光帶給這個人，他會知道他做了什麼。但是在你這邊，不要指出他是錯的。

那人說：「崇高的殿下，您的一個門徒正在反對這個地區人們的行為。」

這是一個愚蠢的門徒。當我說「愚蠢」，我的意思不是在說他是沒知識的——愚蠢的人可能蒐集很多知識。知識淵博的人總是愚蠢的人。變成知識淵博的就是他們隱藏自己愚蠢的方式。他們掛滿證書和學位在自己周圍，而這讓他們感覺不錯！除了愚蠢的人，誰會關心學位和學者頭銜，以及證書和你通過了什麼考試？這始終是愚蠢的人才會對這些東西感興趣。這些都是他向世界證明說「我不愚蠢」的方式。但是在這個證明「我不愚蠢」的努力下，你只是在聲明你是愚蠢的。

一個明智的人不需要證明他是明智的——他的智慧就足夠了，它本身就是證明。這是不言自明的。這不需要證書，不需要學位，不需要學者頭銜。

簡菲山走進人群，對他的門徒說：「你自己解釋一下。」

這是一個熱的情境。人們在那裡而門徒在譴責他們，當然，他是聰明的，合乎邏輯的。他能夠透過經文證明；他能夠引用經文，證明人們是錯的，他們的行為是錯誤的。而他正在這樣做。突然師父出現在人群中，說：「你自己解釋一下！你在幹什麼？」

那門徒說：「這些人一直懷有敵意。」

現在，如果你是明智的，你就不可能這樣說。除非你有某個自我在你內在，否則你無法感覺任何人是敵意的。如果你有一個傷口在腳上，有人碰觸到它，它會痛——不是因為他的碰觸，而是因為傷口。如果他碰觸別的地方，它不會痛。它會痛，是因為傷口，不是因為他的碰觸。每當你感覺某人對你有敵意，記住：你必定有一個非常非常強的自我——他碰觸到傷口，他已經把他的手指放在你的自我上。因此他看起來是有敵意的；否則，就沒有問題！他只是他自己。他怎麼可能對你有敵意？即使他是有敵意的，那是他的問題；那不應該變成你的問題。

佛陀有很多次被人侮辱，人們用石頭扔他，虐待他……他笑著。有一次，他對一群已經帶有很大敵意的人說：「我感覺對你們很抱歉，你們幾乎在憤怒中！你們必定在燃燒，我感覺對你們很抱歉，我能夠做什麼來幫助你們呢？我如何能讓你們平靜下來？你們的靈性正在發燒！」

他不說關於他自己的任何事。他不說：「你們對我抱有敵意。」他不說：「你們為什麼對我抱有敵意？」他不說他自己的任何事；那根本不是重點。

有人問：「但是我們在敵視你，你卻感覺對我們抱歉？我們是敵人！我們想要徹底剷除你和你的學說，而你卻感覺對我們抱歉？」

佛陀說：「對！從你們那邊，你們也許是敵對的。」佛陀說：「例如你們可以扔燃燒的火炬進入河裡——它仍然是火，直到它接觸到河面，它接觸到河面的那一刻，它就冷卻下來。我是冷的，你們扔火在我身上——從你們那邊，它仍然是火，但是當它接觸到我的那一刻，它就變得冷卻，它就消失了！我沒有受傷，你們不可能傷害我——因為那個曾經被傷害的人不再存在了，那個自我消失了。」

「我搜尋了它，沒有發現，沒有人在我裡面——你怎麼可能對我抱有敵意，我不在了——你怎麼可能對我抱有敵意？」

那門徒說：「這些人一直懷有敵意。」

人們驚呼說：「不是的，相反地，我們在幫忙維護您的榮譽。」

「他們是怎麼說的？」簡菲山問。

「他們說：『大學者萬歲！』我告訴他們，這是學者的無知。學者要為人們的困惑和絕望負責。」

「他們告訴我：『大學者萬歲！』我在譴責學者們——就像蘇菲一直在做的——我在譴責學者和學者的頭銜，而這些愚蠢的人，他們說：『大學者萬歲！』這是一種侮辱，這是對我的敵意。」

「我在說學者是這個世界創造苦難的人，而他們叫我學者！這些人必須要被修正。」

簡菲山可汗說：「這是學者們的高傲，很多時候，他們要為人們的苦難負責。但這也是你的高傲，自稱不是學者的人就是這個爭吵的原因。不要成為一個自外於平民百姓的學者就是一種成就。學者很少有智慧，他們只是塞滿思想、書籍而且固執的人。」

師父在說，這些人是貧窮的人們，天真的人們。他們不了解文字裡偉大、渺小的差異。他們對你沒有敵意！根據他們自己的理解，他們是在讚美你。他們在說你不是普通的人——你是一個大學者。從他們那邊來看，這沒有什麼錯。而你從你超越了學者這個高傲的角度來譴責這些人，這是一個更大的自我。

超越知識是非常困難的，超越知識是在旅途中的最後一步，當一個人超越知識的那一刻，他就成道了。因為知識被丟棄的那一刻，他回到伊甸園了。

知識不是一座橋：它是一個障礙。屏障消失的那一刻，你突然發現你一直在家。你從未離開過它，你沒有去過任何地方。但是要記住：來到那一點是非常了不起的成就，為什麼呢？

通常的情況下，人們是無知的——無知會傷害。「我很無知，我很自卑。」

我的一個門徒，一個美麗的桑雅生，就是Shanti。她一再持續寫很多問題說：「奧修，我感覺很自卑，因為我只能做清潔工作或只能準備食物。我不能成為一個大團體的帶領者，我不能做某些重要的事，我不能成為大編輯，我很自卑。」

現在，這個可憐的Shanti受著不必要的痛苦。Shanti，你在做什麼？妳只是在我的旁邊！

但是頭腦繼續帶著這些想法：「我只是個清潔工或準備食物的人，我不是一個大團體的帶領者、治療師、編輯，或某個在辦公室裡重要的人，我是無名氏。」她接著問：「我應該怎麼辦？」

這是每個孩子一開始都會問的問題：「我應該怎麼做才能變得很重要，成為世界上某個特殊的人？」而只有幾個方法：要嘛有錢，比別人多；或者有更多的權力，比別人大；或者有更多的知識，比別人多。或者，如果你不能做任何事情，那麼至少放棄一切，成為一個偉大的聖雄。但是一定要做某些事！成為特殊的！

這些的自卑感，持續在拉扯和操縱你做某些事，人們以為這樣才能站出來，才能突出，才能讓人們知道你是誰。

你可以有錢。這並不難——許多愚蠢的人都有錢。你也可以變得政治勢力強大的，這不是問題——只有愚蠢的人會變得政治勢力強大的。你可以蒐集知識：這麼多愚蠢的人有這麼多的學位和學者頭銜、名稱、名氣。這根本沒有困難！但是內心深處，你將保持一樣不變。

這不是轉化你存在的方法。你可以有盡可能多的知識，但究竟是要怎樣才會使你更明白？也許別人會以為你知道很多，但是在你內心深處，你知道得很清楚：「這只是在記憶裡，我的存在還是保持沒被它觸及。」

然後，有一天，你可以蒐集另一種高傲，最大的一種，說：「我可以放棄一切知識，現在我會像蘇格拉底——他只知道一件事，那就是他什麼都不知道。」

但是在內心深處，你仍然希望人們認為你是蘇格拉底。你是一個塑造的蘇格拉底，合成的，只是湊成的而不是真正的蘇格拉底。

真正的蘇格拉底是如何發生的呢？這不是放棄知識並聲稱：「我已經放棄了知識，我不再是學者，對於學者頭銜，我不認為有任何價值。」——不是那樣的。真正的蘇格拉底只會發生在當慢慢慢慢地，你了解了生命和存在的不可知時——你了解存在的完全不可知、存在的絕對真如。你了解我們沒有辦法知道它，因為我們就是它！這並不是說你放棄學者頭銜就會達到的，不是的，而是當你愛上生命本身。這並不是說你燒掉你的經書就會達到的——那是很容易的。即使你燒了經書，你也會對經書付出太多關注；它們仍然對你很重要。

有一張禪宗僧人燒經書的名畫。假如我在那裡我會告訴他：「為什麼要燒它們？為什麼要這麼麻煩？保留它們，假如有時你沒有木柴可以煮你的茶，你可以使用它們。但是為什麼這麼辛苦要在大火堆燒？有一天，你可以煮你的食物，如果它是需要的——不用被任何人看到，不用展示出來。」這是一個展示：拿著你所有的經書到市場，在那裡焚燒它們。它是一個展示，你再次希望：「現在人們都會知道，我是真正的蘇格拉底。」

這不是要成為真正的蘇格拉底的方法。

真正會發生的情況是，它不是反對經書；真正會發生的是，它是深入到存在之中。經書都被忘記了！偶爾，人們可以研究一下它們，因為它們是老師父們的主張，美麗的主張。當然，你無法透過它們而變成一個知道的人，但它們對你的知道可能可以提供幫助。

當然，如果你看到太陽升起，你享受它，跟它共舞，有一天你見到印度梵文詩人卡利達斯，對日出畫了幾條非常美的線條，你會驚訝地發現：他說出你想說的東西！但是你不能，你沒有那個素養來表達。不是每個人都是卡利達斯。

記住：每個人都可以成佛，但不是每個人都可能成為卡利達斯。每個人都可以成佛，但不是每個人都可能成為莫扎特或貝多芬。每個人的潛力是成佛，因為佛是你的天性。但那些人都是具有特殊品質、特殊天賦的。卡利達斯是卡利達斯！他可以唱一首歌也許沒有其他人能夠再次唱出。莎士比亞是莎士比亞——他可以把字放在一起的方式……也許沒有人可以再次以同樣的方式把這些字放在一起。他是文字的魔術師，你也許不行。

經書是好的！透過它們，你無法變得有智慧，但是當你變得有智慧的那一天，你可以品嘗經書。你可以進入它們——到處看看——透過它們，極大的喜悅會出現！因為突然間，發生在你身上的洞見，被別人在五千年前就表達了。那時你們不只透過空間跟存在連結，你們也透過時間跟存在連結。一種新的擴展發生了。五千年前，有人在《吠陀經》唱一首歌，有一天，讀著它，你突然看到他偷了你的話！五千年已經消失。你和那個陌生、不知名的人之間，出現了一個結合、友誼、愛、親密關係。他變成了你的當代，你們不再是分開的！他已經看到你看事情的方式；他已經說出你想到而你無法說出的事情。

這些是兩個維度：一個是透過空間。透過空間，對於你們，我是當代。你們坐在我的面前——我們都是當代的人。透過時間，對於佛陀、耶穌、克里希那、魯米、Hillaj……等等數千人，我是當代。他們也正好坐在我的面前，就像你們坐在我的面前。在空間裡，你們坐在我的面前，在時間裡，他們坐在我的面前。

所以當我說某些關於佛陀、穆罕默德、老子的事情時，我不是在談論歷史人物——我是在說跟我同時代的人。而生命是非常豐富的，當你可以有佛陀在你的一邊，老子坐在另一邊，喝著一杯茶。生命是非常豐富的。

我不是在說燒書，它們都是有價值的。但它們的價值只對那些知道生命和存在的人。然後，他們甚至可以進入書籍，因為它們是生活的一部分。但是如果你不能進入一棵樹，進入樹的存在，你又怎麼能夠進入書的存在？不可能的。樹更活生生的，在空間當代對著你。你可以擁抱它。書只可能在時間變成當代的時候才能對著你——你將必須增長，你將必須擴大。你將必須變得如此巨大，因此時間和空間兩者消失在你的內在。那時不只是過去諸佛是你同時代的人，而且未來諸佛也是。那時整個存在存在於你的此刻，高潮、匯合，在這個片刻，所有一切曾經存在的，所有一切此時存在的，和所有一切將要存在的，都匯合到此時此地。那時的美是盛大的，而那個祝福是不可計算的，不可估量的。

師父問：「他們是怎麼說的？為什麼你覺得他們是敵對的？」

門徒說：「他們說：『大學者萬歲！』我告訴他們，這是學者的無知。學者要為人們的困惑和絕望負責。」

門徒在說真理，但他其實還不知道真理，他聽說過它。他只是在重複它；這是一種機械式的重複。他是一隻鸚鵡。

對門徒而言，那危險總是存在的：他們可能變成鸚鵡。那種危險必須避免。那種危險是很大的！它來得很緩慢，它會滲透到你的血液和骨頭裡，因而你從不會意識到它。

門徒持續聽著、聽著、聽著，有一天他們就開始重複。他們完全忘記了他們在說的事不是自己的。永遠不要重複那些不是你自己知道的！因為你會陷入麻煩，你的整個存在會反駁它。你會說一件事，而做另一件事——因為你的做來自於你，而你所說的是來自於你聽說過的。這會產生一個二分法和一個非常荒謬的處境。

每當你重複某些你不明白的東西，你的整個生命會反駁它，會掩飾它。

我正在讀一個美麗的故事。美國費城的居民總是一直在注意他們對完美的努力，就如下面的故事：

芬頓正在友愛之城（費城）拜訪，他決定在費城最高檔的餐廳用餐。

「你要點些什麼呢？」侍者問。

「我想要漢堡餐，」看完菜單後，芬頓回答。

過了幾分鐘，侍者回來了。他打開一個砂鍋蓋，裡面出現兩個漢堡。侍者從口袋裡拿出一對銀鉗，他使用它們將肉餡夾到用餐客人的盤子裡。

「我們從不用我們的手碰觸任何東西，」侍者面帶微笑地說。

「非常好，」芬頓說。

「衛生是我們的座右銘，」侍者回應：「我們從不用我們的手碰觸任何東西。」

「那太好了！」

「我們甚至有上廁所的特殊規則。看到這條繫在我圍裙上的小繩子了嗎？」

「我注意到所有的侍者都有它們。它是做什麼用的？」

「嗯，」侍者用他的銀鉗擺一顆大馬鈴薯在芬頓的盤子上，侍者說：「如果我必須上洗手間，我只需解開我的褲子，用那段繩子把它掏出來。那樣一切都會保持是衛生的。」

「但是你怎麼把它擺回去呢？」芬頓問。

「我不知道其他人，」侍者說：「但我都用這對鉗子。我們從不用我們的手碰觸任何東西。」

情況就是那樣……當你只是在重複，當你學會了一種形式而沒有變成你的存在，你的整個生命就會掩飾它。生命不只是在表面上生活；它有多種層次。

對於門徒的問題是，他聽著偉大的真理。師父持續分享任何他經歷過的事。你可能變成鸚鵡。記住它：要傾聽、學習，但是對於人們所說的話，除非它變成了你的經驗，否則永遠不要說。

你只能分享你的經驗，那時它有一種美。但是當你開始談論別人的經驗，它是醜陋的。

他們說：「大學者萬歲！」我告訴他們，這是學者的無知。學者要為人們的困惑和絕望負責。

你要知道，你只能在某個片刻知道真理，師父從他的視野說出，你從你的能力了解。師父像一個海洋；你只有你的小杯子——你不可能涵蓋海洋。要涵蓋海洋，你將必須打破你的杯子；那時你會涵蓋海洋。海洋不可能被涵蓋在頭腦的小杯子裡。頭腦必須完全被打破。如果你沒有頭腦，你就會涵蓋海洋。

但是在開始的時候，每個人都從頭腦聽，頭腦持續玩著把戲。你聽到一件事，而你了解到的是完全另外一件事。

一個醉漢在清晨時分穿過一扇門，他注意到一個牌子上寫著Ring The Bell For The Doctor。他就那樣做了，而一個睡眼惺忪的人來到門口。

「你想幹什麼？」那人問道。

「我想知道你為什麼不能自己按那該死的門鈴。」

寫在門上牌子的意思是「要看醫生請按門鈴」……現在醉漢醉了，他從他自己的酒醉裡了解，他在疑惑，為什麼醫生不能自己按門鈴，為什麼需要別人。

人們幾乎都帶著知識喝醉了，帶著自我喝醉了，帶著盲目喝醉了。他們以某種方式掌控自己。這是一個奇蹟，人們如何持續掌控自己而活了七十年。這實在是一個奇蹟。

一對年輕夫妻打算在公園的長椅上擁抱親熱，當聽到女孩說：「莫里斯，可以請你摘下你的眼鏡嗎？它們把我弄疼了。」他很快地甩掉它們而回到在做的事。

過了一會兒，再次聽到女孩說：「莫里斯，你能不能把你的眼鏡戴回來？你在親吻長椅了。」

只是薄薄的鏡片，只要有一點意識，它就足夠讓你進行你每天的工作。進入真實。真實會需要你的眼睛在你全部的存在裡——細看又細看。這會需要很大的覺知，需要很大的覺醒。

這個門徒聽到師父說在這個世界裡，學者一直是製造苦難的原因。是的，他們一直是。他們不了解他們在說什麼，他們為人類創造了太多的苦難。他們不了解他們在說什麼，他們一直在建議人們，他們已經毒害了人們的思想。

簡菲山可汗說：「這是學者們的高傲，很多時候，他們要為人們的苦難負責。但這也是你的高傲，自稱不是學者的人就是這個爭吵的原因。」

現在你在蒐集另一種高傲，它是較微妙的，比第一個更微妙。有人以為：「我是學者，一個大學者。」現在你以為你放棄了所有那些幼稚——你不再是學者，但其實你仍然是個學者。

不要成為一個自外於平民百姓的學者就是一種成就。

不要成為學者意味著不再對瑣碎的事有興趣：只有對真實、對最終的真實感興趣。不再對理論有興趣，只有對存在的經歷感興趣。

「你為什麼要浪費你的時間？」師父對門徒說：「你是誰可以去教導這些人？他們也許是無知的，他們也許不如你知道的多，但是他們並無意要對你有任何違抗。他們以為稱呼別人是大學者就是尊重。看看他們的意圖，他們的意圖是好的，他們是天真的。現在你在混淆他們，你不是在幫他們變得更加清楚。現在你會在他們裡面創造一個恐懼；現在他們會害怕，甚至害怕使用『學者』這個詞。而他們會無所適從，不知道如何尊重別人。」

「你沒有那個成就，因為不要成為學者是最高的一種意識。」

第一個階段是無知，第二個階段是知識，但兩者是相似的。第一種狀態是無意識的無知，第二種狀態是無意識的知識。而第三種狀態是有意識的無知。聖者再次變成孩子，那個循環完成了——以一個完全不同的方式，再次覺知成為一個孩子——這就是重生。

耶穌說：除非你重生，否則你將無法進入神的王國。這就是重生：除非你變成孩子，除非你再次變成無知，帶著絕對的意識，沒有什麼可知道的，沒有人知道……然後存在的真如打開了，有很大的狂喜和極大的祝福產生了。

是的，愛是存在的，舞蹈是存在的，慶祝是存在的，但是沒有知識。

「你為什麼要理會這些人，他們怎麼說的？你為什麼要在文字上有這麼多的興趣？而你看不出你的高傲？──因為你嘗試要去教導他們，你試圖在以一種微妙的方式來發聲、來引申說你不是學者──但你卻是一個學者，因為無論如何你所說的都不是你自己的經驗，你曾經聽到我說了，現在，你就像鸚鵡一樣在重複它。你必定一直在尋找這些人，這些人都是受害者。」

只要你有某些信息，你就會開始尋找某個人，你想在他的頭腦裡倒入你的訊息，否則，它會讓你產生一種不安。它讓你變得沉重，讓你想要說出來以減少負擔。

要保留某些你已經了解的訊息而不說給別人知道是非常困難的。人們四處走動，他們一直在等待一些受害者。

「學者很少有智慧，」師父說：「他們只是塞滿思想、書籍而且固執的人……」

「而你也一樣──你沒有改變。你還沒有被轉化，你被告知太多了，那是事實。信息那麼多，以至於你甚至無法消化它，你在這裡做的就只是一種腹瀉。你只是把它扔在這些可憐的人身上，他們沒有做任何事！你剛好找到藉口：『你們是有敵意的──你們叫我大學者，而學者是造成世界上苦難的原因。』」

沒有改變，知識從來沒有改變任何人。你保持一樣，知識持續累積在相同的層次。除非層次改變，除非你改變意識的狀態，否則沒有什麼幫助。你可以擁有世界上所有的經書在你身邊，但是你仍然會像以前一樣是淒慘的。

學者很少有智慧，他們只是塞滿思想、書籍且固執的人。

但是他們變得非常非常高傲，他們變得非常自我。

一個剛剛被晉升為副總裁的人對他的妻子吹噓了很多關於這件事，她終於反駁說：「副總裁是一毛錢一打，為什麼？在超市裡，他們甚至有副總裁負責賣李子。」

在憤怒之下，丈夫打電話給超市，期望反駁他的妻子，他要求和負責賣李子的副總裁通電話。

「哪一種？」超市的人回答說：「整包的，還是散裝的？」

總裁、副總裁、教授和學者，他們都持續在吹牛他們自己才是某個特殊的人。他們在鼻子上寫著：「你看我是誰，我不是普通的平凡人。」他們只是膨脹的自我，而只要一根小牙籤，氣球就會爆裂。

當心它！自我的方式是很狡猾的。除非你是非常非常覺知的，否則它會從後門持續回來。

這些人試圖在榮耀你，如果某些人認為泥土是黃金，假如有泥土在那裡，就要尊重。

這應該是一個真正人性的做法。如果這是他們的泥土，他們認為這是黃金，為什麼要打擾他們？這是他們的泥土。他們尊重它，他們認為它是黃金——讓他們快樂，無論任何他們所認為的。若非必要，請勿打擾他們。而：

你不是他們的老師。

師父是被允許打擾的，沒有其他人可以。為什麼？因為如果某個人打擾了人們，他只會帶來打擾，他將不能夠對人們有所幫助。他將不能夠再次創造和諧。他只會擾亂東西，他將不能創造其他替代的東西。他只會拆除舊建築……它可能是一片廢墟，但是仍然有人居住在它裡面。現在他們會在天空下，在雨天裡，在烈日下。請不要拆除建築物，除非你可以建造另一棟更好的。

記住：如果你不能給人們真理，就不要拿走他們的謊言。否則，他們會留在痛苦裡，他們的生活會變得不可能。帶著他們的謊言，至少他們仍然可以生活——他們在期待。不要破壞人們的信仰，如果你不能給他們真理。如果你不能給他們信任，不要破壞他們的信仰。如果你可以給他們真正的硬幣，那就拿掉他們的假硬幣，這是完全可以的。但只有師父是可以的，只有佛陀是可以的，搖晃、打碎、破壞，因為他們可以創造。因為對師父而言，破壞本身不是目標——師父的目標是創造。

難道你不知道，在表現出那麼敏感而自負的樣子裡，你的行為舉止就已經像一個學者了。因此你就名符其實是一個學者了，即使它只是一個稱號。

師父以美麗的方式使用了那個情境。他非常清楚地提醒門徒，他的舉止已經像一個學者了。他是一個偽裝者，但是他可能摧毀那些天真的人們，而他會享受他的能夠摧毀。他可以爭論，他可以使那些人閉嘴——雖然他無法說服，因為沒有爭論曾經說服過任何人。只有師父的存在才是令人信服的源頭，不是爭論。

謹守你自己，我的孩子！在高貴素養的路途上會有很多的滑路——你可能變成一個學者。

在蘇菲的世界裡，學者是最骯髒的東西。不是嗎？如果在路徑上跌倒太多次了，你就可能會變成一個學者。正如有人說：當一個詩人失敗了，他就變成一個評論家，可以這麼說：當一個聖者失敗了，他就變成一個學者。

對你們也是一樣，我說：

謹守你自己，我的孩子！在高貴素養的路途上會有很多的滑路——你可能變成一個學者。

成為學者，成為權威人士，這不是一個成就：它是一個失敗，它只是一個慰藉。你錯過了真正的寶藏，現在你擁有的只是老舊骯髒的書籍——那是一種負擔，而不是解放，書籍不可能解放。事實上，書籍本身等待著某人用它們來解放真理——它們怎麼能夠解放你？

當師父在那裡，他從充滿監禁的書裡解放出真理。那就是為什麼我選擇了這麼多的書籍來說法，很多真理都被囚禁在書裡——它們必須被解放。書籍本身無法解放你；死的書籍怎麼可能解放你？真理才能解放你。如果你知道真理，你也可能從書籍解放出真理來。

但要記住：如果你只是成為學者，這是不可能的。只有當你成為聖者，這才是可能的。而誰是聖者？再次成為一個孩子，一個有意識地知道知識是徒勞的、而且已經知道無知的極致之美的孩子。

第10章

佛陀和野獸

問題　人到底是什麼？

人只是一個也許、可能、潛能、成為、嚮往。大部分的人都還不存在，但人必須存在。那就是人的痛苦，也是狂喜。野獸——沒有成長的可能，牠是一個成品，牠們沒有可能尋求成為真理。因此，牠們沒有自由，野獸是絕對的束縛。野獸不知道牠的生死。野獸在，但是牠不知道牠在。

人在，而且人知道他在，但不知道他是誰。

人是一個不斷的過程，某些事情總是在發生。人是一個探險、朝聖。

沒有野獸曾經跳過它的命運，牠總是被預定的。野獸有絕對的命運，沒有什麼會是要不然的話，野獸是預先程式化的。人沒有預先程式化，人只是一個開始，有一千零一種事都是可能的。但人也因此焦慮：「成為這個或成為那個？去東方或去西方？要這樣生活或要那樣生活？什麼是對的？什麼會實現我？」

每個片刻人都必須做決定。而且顯然地，當你做決定時，你會顫抖，你可能隨時會出錯。事實上，出錯的可能性比較多。從一千零一種的方法裡，只有一個會是正確的。因此人會有極大的不安、痛苦：「我要去做它嗎？做我自己，我將會成功嗎？或者這只會是個漫長的徒勞努力，並且結束在挫折和失敗？我會知道生命的豐富？這個生命會變成一個基礎，為了一個更大的生命的來臨？或者除了死亡，什麼都沒有？在結束時，只有墳墓，或者有更多的東西？」

人是一個開放的存在。一切都有可能，但沒有什麼是確定的。野獸是絕對確定的，牠有一個定義，而人沒有定義。

所以當你問我：人到底是什麼？你問了一個錯誤的問題，人不是一個確定的東西。他只是一個模糊的渴望，非常非常模糊的演變的夢，事情也許是可能的，也許是不可能的。人總是猶豫的。每個片刻，人都被猶豫抓住，因為任何一步出錯都會摧毀你的整個生命。

人可能失去，野獸沒有失去的問題。但是因為人可能失去，人也可能獲得，它們兩者是一起的。人可以成長——人就是成長。種子可能變成一個開花，它只是未顯現，而它可能被顯現，那時就會有極大的輝煌，極大的祝福。

佛陀在，他知道他在，而且也知道他是誰。這些是成長的三種狀態：獸、人、佛。獸只有一個維度——牠在，牠存在，但牠完全不知道牠存在，因此牠無法想到死亡。

死亡對野獸不是一個問題。死亡會變成一個問題只能是當你知道你在的時候。帶著那個知道，恐懼會出現，某一天你也許就不在了。你的存在是短暫的，你可能消失在任何片刻。有一天你將會消失，死亡是必然會發生的。只有人知道關於死亡。

那就是為什麼人創造了宗教。宗教是人對死亡的反應，它是人要征服死亡的努力。沒有動物是宗教性的，不可能是。沒有死亡的意識，就沒有宗教的可能。但是在你能意識到死亡之前，你將必須意識到你存在，那是一個基本要求。

所以人知道他在——也變得注意到並且憂慮任何片刻他會不在，時間是短暫的。對於野獸，時間是不存在的。野獸活在一個沒有時間的世界，每個片刻，牠們既會不想到過去，也不會幻想未來。

人無法活在當下。他想到過去和一切懷舊的事情，他也想像、幻想、夢想著未來。

人活在過去和未來，野獸只活在現在。但牠們不知道這是現在，牠們無法意識到現在。只有一個知道過去和未來的人可以知道現在，因為現在是夾在過去和未來之間。

動物沒有焦慮。記憶無法打擾牠們，幻想挑不起牠們的心情。牠們是簡單的，存在沒有給牠們複雜性。當牠們活，牠們就活；當牠們死，牠們就死。牠們是天真的，時間沒有進入腐化牠們的存在。

但是人活在時間裡。人知道他在，但不知道他是誰。而那變成一個大問題：我是誰？這是一個基本的問題，因為任何人都可能問。出於這個基本問題就是一切哲學，一切宗教，一切詩歌，一切藝術回答它的不同方式。但問題只有一個：我是誰？

如果你試著去了解人的生命，你會看到這單一個問題的持續存在。是的，追逐金錢的人也試圖回答這個問題：我是誰？透過擁有金錢，他以為他會知道他是誰——他會知道他是一個富人，他會有某個身分地位。追逐權力的人試圖回答這個問題：我是誰？透過成為一個國家的總理，他會知道：我是總理。

但這些答案都是膚淺的，它是不會真正被滿足的。它們只能夠滿足那些平庸的人。它們不能滿足真正聰明的人。即使你已經變得非常富有，你的智力會持續在問：「你是誰？是的，你有錢，但你是誰？你不是錢——你不可能是那些你所擁有的錢。誰是擁有者？是的，你已經成為一個國家的總理，但那也只是一個功能，那不是你的存在，你是誰？這個曾經不是總理的人，現在是總理，明天也許不再是？這個總理的頭銜只是一個小插曲——在他的生命裡？」

問題依然存在。它不能被這些表面上的努力和奮鬥所回答。但人基本上只是以某種方式具有某個身分，變成丈夫，變成母親、父親、這個和那個……但你仍然沒有回答那個問題。妳作為母親或你作為父親僅僅是偶然的，在表面上。你最內在的核心仍然保持不變。

這不是你真正的身分，這只是冒充的身分。孩子會死——那時妳是誰？那時妳不是一個母親。丈夫也許會離開——那時妳是誰？那時妳不再是一個妻子。

這些身分是非常脆弱的，而人不斷地生活在身分的危機裡。他試圖努力解決自己身邊的某些定義，但是它們繼續滑出他的雙手。

只有宗教性的人真正在問問題，並且在正確的方向上問。

佛的存在是完全不一樣的：他知道他是誰——他已經看到他最內在的存在。他已經不再追尋在外在世界的身分，因為不可能有任何身分。外在的世界，它怎麼可能在？你是你的內在，你是你的本質，你是你的主體——你怎麼可能透過客體知道？

你也許有一棟漂亮的房子，但它是在外在。你也許擁有美麗的藝術、繪畫、古董藝術品，但它們都是在外在！它們不能定義你。有一天，房子著火了，你所有的身分都被燒毀了，而你正站在馬路上，再次不解：「我是誰？」

那就是為什麼人們自殺。如果他們的錢沒有了，如果他們破產了，他們就自殺。他們為什麼要自殺？人會驚愕——為什麼？錢可以再賺……深入看進他們——那是他們的身分。他們一直以為：「這就是我。」現在所有銀行存款已經都沒有了。那個問題再次出現：我是誰？他們浪費了他們的一生在創造那些銀行的存款。現在他們沒有準備再次進入那個努力，那樣太過分了，他們已經徹底失敗了。

事實上，經歷了破產，自殺發生了！他們的身分沒有了，他們現在不再知道他們是誰。他們的門面消失了，他們怎麼能夠活著而沒有門面？你的女人死了，你曾經愛過的……你自殺，或者你開始考慮自殺！因為那個女人是你的身分。現在你被單獨留下，空虛。而要再從那個起點開始，似乎太累了，最好完結這整個生命。

這是三個階段。當我說野獸，有很多像野獸的人，他們在——他們甚至不知道他們在，他們機械化地活著。有很多人——他們知道他們在，但他們不知道他們是誰。只有一小部分的人，那些罕見的人，知道他們是誰，他們變成三個維度的人。

人是獸和佛之間的橋樑。記住，人是一座橋樑，不要在橋樑上蓋你的房子；橋樑不是用來蓋房子的。這座橋必須被越過，不要保持只是一個人，否則你會留在焦慮和痛苦裡——因為人不是留下來的地方，它是要被通過的通道。它是一個梯子！你不能留在梯子上。它只是一個從一個點到另一個點的連結。

野獸在，牠是在知足的某種狀態。沒有焦慮，沒有恐懼，沒有死亡，沒有野心，沒有嚮往；完全平靜和寧靜。但是牠不知道，無意識。佛再次知足，佛完全在祥和裡，在家裡；祂已經到達了，旅途結束了。兩者之間就是人：半獸半佛。也因此產生了張力：一個部分將人往後拉，一個部分將人往前推。

人就被撕裂。

讓我再說一遍：人還不是一個存在。人已經失去了一種存在——野獸的存在。而人尚未達到另一種存在——佛的存在。人只是不斷地在這兩個存在之間移動。

你不可能走回去，因為存在沒有向後的移動。你不能讓時光倒流；時間只有一個維度：它向前流動。你只可能向前去。不要浪費你的時間在思考，你也可以是一隻野獸，可以活得像一隻野獸：吃、喝和歡樂。對於人類，這是不可能的，他將必須思考，他將必須考慮。他負擔不起無思考，而那樣做是非常危險的，因為那時你會被卡住，你會變成一池污水。你的新鮮感、你的活力是可能的，只要你持續流動，流動直到你到達海洋。那海洋我稱作佛——佛狀態的意識。

人必須變成佛。要創造一個強烈的欲望，那個強烈的渴望，將幫助你變成佛。熱情的搜尋它，拿出你的所有能量！帶著渴望變成燃燒……你就可能變成一個佛。在你成佛的那一天，你再次變成了存在——一個更高的存在，沒有什麼比那個高。

你問我：人到底是什麼？

作為人，人是沒有什麼確切的定義的——人只是一個模糊的現象，多雲、有霧。人不是確切的，因為他是一個群眾。人是很多人；因此他是模糊的。融合失去了，你沒有中心——只有透過意識，那個中心才會出現。人只是活得像一塊浮木。

那就是為什麼我說人是一個單純的也許，撲朔迷離的矛盾，荒謬的存在。他在而他不在，他是一個兩者之間，他是唯一可能開自己玩笑的動物。沒有動物可能開自己玩笑——只有人，因為人有變得有智慧的能力。

如果你不成長你的智慧，你的舉止會一直像一個傻瓜，那就是世界上大多數人在做的事。如果你是從超脫的觀點來看，你會驚訝地發現人們如何在生活……在這樣一個爛攤子，在這樣的困惑，在這樣的瘋狂。他們是如何在移動？他們根本不動——他們是在同一個地方慢跑。

如果你觀察人，你會驚訝地發現：要遇到一個有智慧的人是很罕見的。傻瓜、傻瓜……到處都是傻瓜。但是記住：沒有其他動物舉止像一個傻瓜。你見過一隻狗舉止像一個傻瓜嗎？從來沒有。因為牠們不可能是有智慧的，牠們不可能發生。觀察你自己，觀察你的愚蠢。在你的生活裡，時刻警覺你正在做什麼。這是一個寶貴的生命，那是你無法衡量的價值，你無法評估它。但因為它是存在給你的禮物，你不感激它的價值，你已經視它為理所當然。這是愚蠢的！不要視它為理所當然，這是一個成長的機會。

你必須回答神，你用你的生命做了什麼？你來的時候就像你走的時候一樣嗎？或甚至更糟糕呢？但除非你是一個佛，否則你將不能夠回答。因為成佛就是變成神——那就是你內在本質的可能性。除非你是一個神，否則你不會感到滿足。

只有這樣，你才會知道你究竟是什麼。現在，你什麼都不是，只是一個也許……

問題

親愛的奧修，我一直在聽你的話語有一段時間了，我可以接受你說的一切真理和非真理。但是有一個問題仍然在我的腦海：如果我的開悟取決於我跟整體與空無的關係，那麼我對一個人類師父降服的意義是什麼？

師父不是人類，只是看起來是人類，師父是到整體的一個通道。這是身為門徒的美，因為只有門徒才能看到師父不是人類。好奇的拜訪者，或是學生，他們到這裡來蒐集一點點知識，將無法看到那個。然後這個問題會出現。

Kenneth，你是對的：你在這裡，但你仍然跟我沒有關聯。你在這裡，但你尚未交給我。你在這裡，但你沒有參與我。

你是一個旁觀者，而不是參與者。更大的奧祕只提供給那些勇敢參與的人。不要保持是個旁觀者，否則我會保持是人類。變成參與者！你就會看到一個轉化的視野。你會看到某個在你內在的東西改變了。我還是一樣的！但是當你變成一個門徒，你就有眼睛可以看到師父不是人類。

如果師父是人類，他就不是師父，他只是一個老師。對學生，我仍然是一個老師。對旁觀者，我怎麼能提供我的整體？除非你接近……否則能有什麼門徒關係？——勇敢去接近某個師父，在那裡死亡是可能的，勇敢去接近火，在那裡你會被燒成灰燼。只有那時，才會有復活。

對把耶穌釘在十字架上的猶太人而言，耶穌是一個人類。但對路加（Luke），對湯瑪斯（Thomas），對馬可（Mark）而言，他不是一個人類。對門徒而言他是基督、神的兒子。對旁觀者、對群眾而言，他是木匠約瑟的兒子，一個普通人的兒子。記住，雖然他們在看同一個人，但他們根本沒有看到同樣的人，他們的視野造成了不同。

對門徒來說，佛陀不是人類。因此他們稱他為神。但是對旁觀者，他就像其他的人類。

問題是，門徒不可能證明它——這些東西是超越證明的。他們在，但是他們無法提供證明。而那些在說佛陀只是人類的人會看起來更合乎邏輯——因為佛陀會感覺到飢餓，會口渴、生病。

這些都是他是人類的證據！你需要什麼更多的證據？變得老邁，死於食物中毒。你需要什麼更多的證據？神怎麼會死？人類會死；神是永恆的。神怎麼可能會生病？佛陀會生病。他的私人醫生吉瓦卡（Jivaka）必須隨時跟著他。神是否需要醫生？只有人類需要醫生。

當天氣炎熱，佛陀出汗。你需要什麼更多的證據？當天氣寒冷，他不寒而慄。有一千零一個證據可以被蒐集在一起，證明他就跟我們一樣。有什麼差別？

門徒總是會不知所措，雖然門徒會對這些證據不屑而笑，因為這些只是人們曾經蒐集的愚蠢事物。它們是不相關的事實，因為門徒如此靠近了，他能夠跟師父的靈魂接觸了——師父的身體變得無關緊要了。身體只是一個載體。

如果我在駕駛汽車，車子壞了，但我沒有壞。如果汽車在嘎嘎作響發出各種噪音，那只是車子的結構有問題。人體也是一樣——一部車輛。但比身體更深的東西是存在的，比身體更高的東西是存在的。

師父是誰？一個跟整體同調的人。

愛上一個師父就是接近整體。對你來說，整體將只是一個詞。你可以知性地了解它。而那正是發生在Kenneth的情況。

他說：我一直在聽你的話語有一段時間了，我可以接受你說的一切真理和非真理。

這是一個知性的了解。你必定是一個聰明的人！所以我說的你了解。我沒有使用很艱深的文字；我的表達就像別人那樣簡單而常見的。我沒有使用專門術語，我沒有使用任何行話，因此你能夠了解。這是沒有問題的。

但是要了解我說的是一回事，要知道我又是另一回事。如果你只了解那些我在說的，你會是膚淺的；你會錯過重要的，因為重要的無法被說。可以說出的道，就不是真正的道。可以說出的神，就不是真正的神。宗教在其豐富的基礎上，保持不表達。

所以我在說的，不是我要說的那些。

佛陀正在經過一片森林。整個森林充滿了乾樹葉；樹葉掉落下來，這些樹木是裸露的。他的門徒阿難問他：「巴關（編註：指靈性上師），一個問題一直固執在我的腦海裡一遍又一遍，現在我必須要問它。這是我的問題：你告訴我們很多東西了——你已經說出全部你所知道的東西了嗎？或者這只是一部分？」

佛陀從地面拿起了幾片乾葉子在他的手裡說：「阿難，在我的手裡有多少葉子？」

阿難說：「不超過一打，只是一些些。」

佛陀說：「在這片森林裡有多少葉子？」

阿難說：「好幾百萬——不可能被計算。」

佛陀說：「情況也是一樣，阿難：我說過的就像在我手裡的這些葉子，我還沒有說的就像在這整片森林裡的葉子，但不要以為我是吝嗇鬼，以為我不說那些東西——它們就其本質而言是不可能被說的，它們是不可被說出的。」

學生只會學習那些已經被說的，而門徒會學習那些沒被說的、不能說的。對於學生，觸及文字，他會變成知識淵博的。對於門徒，觸及存在，他變得知道，而不是知識淵博的。

這是師父和門徒之間的關係。這是愛的故事！這是親密。這是一個比發生在任何其他的愛更加強烈的親密關係。當兩個人相愛，那是性慾，不久它就會消失。它是不會長久的，它是短暫的，因為性能量是短暫的，身體是短暫的。

師父和門徒之間是兩個靈魂的關係，這是永恆的。一旦建立，它就是永久的。

Kenneth，你說：我一直在聽你的話語有一段時間了，我可以接受你說的一切真理和非真理。

而且這也不是接受的問題。它是在我裡面被淹沒的問題！接受，你仍然保持是你自己。接受，你仍然沒有從你的自我走出來。你說：「是的，我的邏輯也說，這是正確的——我同意。」這是一種協議。你保留你，我保留我，有一種協議。但是當你溶解，它不是一種協議。這並不是說你接受我說的話，沒有接受或不接受的問題。

記住：如果你接受，任何一天，你也可能拒絕——因為沒有保證，明天我也會說同樣的事情。今天你接受了某些我說的東西；明天你也許無法接受。

但門徒是一個對接受、不接受都沒有意義的人。他在我的內在淹沒了。所以如果今天我在說一件事，他會喜悅地傾聽。而且從來不會產生一個是否接受它或拒絕它的想法——沒有任何問題，因為沒有分離。就好像我在說什麼，是他在說。這並不是說他同意，沒有人在那裡對它贊同。這並不是說他點頭同意——那個頭消失了；沒有東西點頭。然後明天，即使我說的剛好是它的相反，那也是沒有問題的，因為沒有人來拒絕。

昨天它像那樣，今天它像這樣，明天它會像那樣。他的同調跟我的存在是那麼全然，因為他了解。這不是接受的問題，而是極大的了解——那個了解沒有排斥，這是信任。師父和門徒之間綻放了一朵稱為信任的花朵。信任會引導你到神，到整體。

你說：但是有一個問題仍然在我的腦海……

那不是一個問題——那是好幾千個問題。一個問題凝聚所有可能的問題。

如果我的開悟取決於我跟整體與空無的關係……

是的，我一再地說：你的開悟取決於你——但不是你今天的樣子，不是你現在的樣子。這個

「你」必須離開。另一種「你」必須進入存在。這個「你」是屏障；開悟並不取決於它。否則，它可能已經發生了。這個「我」你攜帶著，Kenneth這個人在你裡面說「我」——不！這個開悟不取決於它。它是屏障，它是阻礙。

如果這個「我」死了，那時一個不同的現象會在你內在產生——它不再有「我」而只會是一種純粹的「在」。當你說「我在」，我是假的，在是真的。你將需要師父來摧毀你的「我」，釋放你的「在」。那個「在」，純粹存在，天真——那個「在」是通往開悟的門。

但是你將要在哪裡拋棄你的「我」？那個「我」被你那麼多的「在」環繞，以至於你甚至不能想像，「在」將意味著沒有「我」。事實上，這個問題會出現：哪有「在」，如果沒有「我」？「我」似乎更重要；「在」似乎只是影子。事實正好相反。

「我」是假的，「在」是真理。

當你對師父降服，你不是降服你的「在」——它無法被降服——你只要降服你的「我」。師父帶走你相信你有而你卻沒有的東西，師父只帶走你的疾病。而當所有的疾病都被帶走了，健康就恢復了。

健康不可能由師父給予，那是真的——因為給予的東西是被給予的，如果它是被給予的，它也可能被帶走。如果它是被給予的東西，某人可能偷走它。如果它是被給予的東西，你可能遺失在某個地方，失去它的踪跡。被給予的東西不是非常重要的。師父從不給你真理，他只是把你的謊言拿走。當謊言這些所有的岩石都被拿走了，真理就開始流動。那是你最內在的春天，沒有人需要把它給你。

但是誰會拿走你的「我」？誰會喝這個你的「我」的毒藥？你會需要某一個已經到達他的不朽的人——他可以喝你所有的毒藥。

你必定見過濕婆的照片，一個美麗的神話在那些照片的背後。如果你已經仔細看進濕婆的照片，你會看到他的喉嚨是藍色的，那是一個非常非常美麗的故事。提婆、神、反神、阿修羅搜遍了海洋尋找仙丹——但是你不可能直接找到仙丹，它被藏在深海裡。

他們找到的第一個東西不是仙丹，而是毒藥。現在誰應該喝毒藥？濕婆喝了它，那就是為什麼他的喉嚨變成藍色的。只有他才能喝它。

當門徒來見師父，他帶來各種毒藥。不知不覺中，他一直在滋養那些毒藥，而自我是最大的毒藥。在你沒有死之前，你的毒素必須被移除。誰將會去喝它？只有一個知道他是不死的人可能喝它。

師父喝從門徒系統排出的所有毒素。慢慢慢慢地，他從門徒身上拿走所有的毒素。有一天，當所有的毒素都被取出了，不朽就在那裡，在它所有的榮耀裡。

你對我說：但是有一個問題仍然在我的腦海：如果我的開悟取決於我……

當然它取決於你，但不是像現在的你。這個「你」是假的，這個「你」必須離開。這個

「你」必須停止，那時真正的你才會到達。

……如果我的開悟取決於我和我跟整體與空無的關係，那麼我對一個人類師父降服的意義是什麼？

你的開悟是取決於你跟整體與空無的關係，這是需要的——但是只要「你」在，你就會阻擋整體，你會鬥爭整體。你不可能跟整體相關聯。「你」必須離開，只有那個時候，關聯才會出現。

師父只需要帶走你身上一切不必要的——障礙、阻礙。師父會給你真實的存在，拿走你內在一切不真實的東西。當你對師父降服，你就能擁有真實。如果你早就有真實了，你就不會一直在這裡了。

你在這裡做什麼？為什麼你甚至還在聽我說話？為了什麼？這一切都取決於你和整體的關係……為什麼要聽我的？這必定是你某個深刻的自我被合理化。自我是非常聰明的。當它聽到這樣的陳述：開悟取決於你，自我說：「你看，所以它仰賴著我——沒有必要降服。」當有人說，這只是一個你的存在跟整體的問題，自我說：「千真萬確——沒有必要降服。」

我根本沒有興趣你是否對我降服——因為你有什麼？你只有疾病、毒藥，你只有苦難、挫折、絕望、焦慮。你有什麼？但是人們總是固執的，甚至對他們的苦難，他們也以為它是某種寶物。

觀照自我狡猾的方式。

當你對師父降服，你只是降服所有假的東西。而在那個降服中，師父只是一個藉口。如果你能直接對整體降服，那最好——你去對整體降服。但是你將去哪裡找到整體？在哪裡？你沒有眼睛去看到整體。整體不可能直接被碰到，你只會以間接的方式碰到它。你會愛上一個女人——降服！因為這個女人代表一種整體，它的女性面貌。你可能愛上一個朋友——降服！他代表另一種整體，它的另一個面貌，另一個窗口打開。你愛音樂——降服！

不要持續使用「整體」這個詞。「我為什麼應該要對音樂降服？我將對整體降服。我為什麼應該要對愛降服？我將對整體降服。我為什麼應該要對美降服？我將對整體降服。」

你會在哪裡找到整體？整體以好幾百萬種的形式存在……日出的美，夜的寂靜，朋友關愛的眼神，和女人溫暖的手。這些都是整體的所有姿勢，整體以這些方式來到，這些都是整體對你的展示。

師父是以整體有意識的方式在接近你。女人是無意識的，朋友是無意識的——他們是整體無意識的部分。師父是整體有意識的部分；因此，沒有師父的替代品。

耶穌是對的，他說：我就是道路——除非你經過我，否則你不會到達。每當師父說話，他是以過去、現在、未來所有的師父在說話。

問題　為什麼我這麼害怕問你問題？

每個人都是，因為要問問題意味著把你的頭擺在我的面前。而人們從來不知道我會拿你的頭做什麼。我可能敲擊，我可能砍它。我可能把它當做足球……沒有人知道！會害怕是很自然的。

有一件事是確定的，我會做某些激烈的事。害怕是稀鬆平常的，但是你仍然要問——因為那是你在這裡和我在這裡的目的。

假如有問題出現就要提問；不要害怕。如果你非常害怕，你可以做一件有些人常做的事：你可以用別人的名字來問，那時他得到敲擊而你享受。

有問題就要問，如果你不問，問題會持續存在。它也許是重要的；它也許有某些極為重要的東西。它也許會改變……答案也許會變成一個新的視野。儘管害怕，還是要持續提問——直到問題消失，提問者也消失。

但害怕是自然的。

我聽說過：

一個人去見醫生，抱怨他有一個無法控制的咳嗽。醫生給他一瓶蓖麻油說：「回家喝一整瓶，明天再來。」

第二天，當病人回來，醫生問：「你服用蓖麻油了嗎？」

那人回答說：「是的。」

然後，醫生繼續問：「你還在咳嗽？」

病人說：「是的，我繼續在咳嗽。」

醫生給了他第二瓶蓖麻油，說：「拿這瓶去，明天再來。」

隔天，那人回來了。醫生問他：「你還在咳嗽？」

病人說：「是的，我仍然經常咳嗽。」

然後，醫生給了他另一瓶蓖麻油，說：「今晚把這整瓶喝了，明天早晨再來。」

病人回來了，醫生看著可憐的人，說：「你現在還在咳嗽？」

病人顫抖地回答：「我不再咳嗽了——我害怕咳嗽。」

你持續在提問，我會持續給你蓖麻油瓶。遲早有一天你會害怕咳嗽——害怕提問題。

你的系統必須被清乾淨。你的問題不應該只是出於好奇，記住這一點。永遠不要只是出於好奇問問題；那是沒有意義的。如果問題對你有某些重要的東西，如果你的生命取決於它，如果它有某些跟你的生活方式、你的習慣有關——機械的，像機器人一樣——如果有某些東西關於它，如果它解決了你會變得越覺知，就問它。不要問那些哲學的問題，因為它們都不會改變你。要問有關內在心靈的問題——只有它們才會轉化你。

伯特蘭・羅素（Bertrand Russell）說過：對於生命，人有三種可能的方法存在。第一種是跟自然衝突，第二種是跟其他人類衝突，第三種是跟自己衝突。

第一種一直是西方哲學、西方科學、西方學說、西方思想的方法，跟自然爭鬥。如何改造自然是西方頭腦的目標──那變成根本的問題。他們一直無法改造自然，不僅如此，他們還摧毀了自然。他們破壞了自然的節奏，他們破壞了生態系統。他們在自然的和諧裡造成浩劫，現在似乎沒有回頭路，地球在死亡中。

似乎只有一種可能，那就是人類應該從這個星球遷移到另一個星球。一百年後，這個地球幾乎變成一具屍體，這個地球已經被科學強暴那麼多了，傷害、殘廢、癱瘓那麼多了，就因為那個方法：征服自然！人類變得完全被它吸引而忘了其他一切。

中國的頭腦以不同的方式轉移了。它唯一關注的是：如何跟人一起生活？它的關注一直是社會的，人是社會的動物。如何創造更好的道德？如何創造更好的社會制度？如何有一個更美好的社會？較高的文化？更好的文明？關於自然，中國的頭腦一直沒有衝突。它讚賞自然，它熱愛自然。自然對中國有審美價值，享受它！沒有必要去征服。慶祝它！沒有必要爭鬥。

對於中國的頭腦，基本問題一直是：我們應該如何使人更人性化？整個鬥爭是：人與人之間要如何摧毀──仇恨、怒氣、憤怒、獸性──野獸般的暴力？中國創造了一個曾經有過的最文明的文化。

印度的頭腦採取了第三條道路：如何改變自己？西方孕育了科學，中國誕生了更高品質的社會學，印度孕育了心理學的最高科學——靈魂的科學，那正是心理學的方法。事實上，西方心理學不應該稱它本身為心理學，因為它根本不是靈魂的科學。相反地，它只是觀察人類的行為——從外面，它思考關於人，把人當成物件。它降低了人的尊嚴，它把人變成一個機構。

對於西方心理學思考：人的內在是什麼？並不重要，一切重要的事是他在做什麼，他在如何運作——他的行為。但在印度的意識裡，只有一個基本的問題：如何認出自己？如何提高人的意識到達可能的最高峰？如何成佛？

這三種方法一直很流行。

永遠不要問一個不是真的有關你心靈成長的問題。在這裡，我的整個關注是幫助你變得更覺知，不要問愚蠢的問題。有時甚至很聰明的人會問愚蠢的問題。

幾天前晚上，我正在讀一本由偉大的印度教哲學家庫馬里爾(Kumaril)所寫的古老書籍。他批評佛陀許多地方，但有一點是很可笑的，我簡直不敢相信庫馬里爾這麼有智慧的人會提出這樣的問題！

據說——佛陀的門徒說的——佛陀是全知的。「全知」並不意味著他是一部大英百科全書。「全知」意味著他知道一切值得了解的事。「全知」意味著他知道一切有助於意識成長的事。而這個庫馬里爾做了什麼事呢？他說：「這是錯的，因為他不知道世界上有多少昆蟲。」現在，這個婆羅門庫馬里爾必定曾經是一個愚蠢的人。佛陀不知道世界上有多少昆蟲，所以他不是

「全知」。

有時這可能發生：你也許在表面上是一個聰明的人，你也許有邏輯很好的頭腦，但在內心深處，你仍然是愚蠢的。現在這是什麼樣的問題？只要想到它，就是那麼荒謬。

永遠不要問一個跟你靈性成長不相關的問題。而每當問題是有關你的靈性成長，把所有的恐懼擺一邊——你必須問它！即使我的回答會打碎你，即使我在你的頭上敲得很重，我會那樣做，我會用鍾敲打你的頭……我在我的手上經常拿著一把無形的鐵鎚，而每當我看到某個頭殼是值得打破的，我就真的打破它。

但是有一天你會很感激你的頭殼被打破，因為你曾經死於你的愚蠢。所以任何使你恐懼的原因，你必須問它，那是更靠近我的唯一途徑。每個問題都被問，被回答，它使你更靠近。

我不是說如果沒有問題你也必須問——那時就沒有問題。如果你沒有任何問題，就不要問。有時那也會發生，人們總是這樣，他們活在極端。有些人寫信給我：「這麼多人提問，我到現在還沒有問問題——我做錯什麼事了嗎？」如果你沒有問題，就沒有必要問。但是如果你有問題，你就必須問——無論任何代價。

問題　什麼是神祕的經驗？

Margo，首先：神祕的經驗根本不是經驗。它被稱為「神祕的經驗」是因為我們必須稱呼它，但它根本不是經驗。

經驗始終在你外面。你看到空中的雲，或空中的閃電。或者，你也可能看到相同的情境在你的內在：你可以閉上眼睛，你可以看到光在裡面。因為看的人始終保持外面的看，觀察者仍然在觀察外面。而神祕的經驗不是某個你外面的東西：它是非常獨特的經驗。

它的獨特之處是什麼呢？

經驗和經驗者變成一體，知道的人和已知變成一體。這並不是說你看到某件東西，而你就是它。神從來不以物件被經驗：神總是以你最內在的存在被經驗。「ANA'L HAQ！」曼蘇爾聲明——蘇菲說「我是神」。或者「AHAM BRAHMASMI！」《奧義書》聲明——「我就是整體！」它不是經驗！所有的經驗都被溶解了，沒有東西留下，只有純粹的意識在那裡，在那純粹的意識中，這個知道就產生了，知道的人和已知不再分開。

神祕的經驗是這樣子的，你跟你的整體參與了它。它不只在頭部，它也不只在心底；它不只在身體，不只在頭腦，它也不只在靈魂。它脈動著所有的你和超越你的東西，它跟你的整體脈動。

我聽過一個很古老的寓言：

有一次三個非常有名的聖人，正經過一片森林。他們都很辛苦的工作，艱苦地過著他們紀律的生活。他們曾是求道者，一個曾經是奉愛瑜伽士——奉獻、愛、祈禱路徑的追隨者。另一個曾經是智慧瑜伽士——知識、智慧、智力、覺知路徑的追隨者。第三個曾經是因果瑜伽士——行動、服務、承諾路徑的追隨者。

他們都做了一切人類可能做的事情，所有那些人類所能做的他們都做了，但是他們還沒有經驗過神。現在他們年紀大了，也變得有點沮喪了。時光從他們的手上流失中，而目標就像永遠無法到達那麼遙遠，他們的哀傷平靜下來了。但是那一天奇蹟發生了！

突然間，天開始在下雨，他們都必須衝進一間小寺廟。這個寺廟非常小；只有四根柱子和一個屋頂，四面都沒有牆，雨下得很大，風吹得很強，風把雨水帶進寺廟內，幾乎每個地方都被弄濕了。所以他們必須站在中間，環繞著神柱——這必定是一間濕婆神廟。當雨水開始越進越多的時候，他們就必須越來越靠近。

他們漸漸靠得很近，以至於他們彼此碰觸。突然間，當他們彼此相互碰觸時，他們認為他們不是三個，而是四個。驚訝、錯愕……第四個，第四個的存在，是那麼強烈，以至於他們彼此相互說：「你感覺到什麼了嗎？」「有奇怪的東西存在在這裡。」

慢慢慢慢地，存在變得非常非常清楚，發著光。他們是那麼狂喜地看到存在，他們全都跪了下來，他們問存在——因為祂是那麼地清楚，祂就是神，不是別人——他們問：「為什麼？我們工作了一輩子，我們甚至無法有一瞬能看到祢，今天發生了什麼事？祢為什麼突然來了？」

神笑著說：「因為你們聚集在這裡，相互接觸，你們已經變成整體。當你們是整體時，我才會顯現。此刻你們不是片段，以前你們一直是片段：一個是透過心在工作，另一個是透過頭在工作，第三個是透過身體在工作。你們是支離破碎的，我不顯示給片段：我只顯現當某人變成整體時。在這個片刻，你們的能量已經相會，並且彼此交融。」

「我一直跟著你們，但是保持是無形的，此刻你們可以碰觸我！此刻你們可以有我！你們一直在錯過我，只有一個原因：你們是固執的；你們都執著於一個片段——而神是一個整體。」

這就是我給你們的訊息：神祕的經驗是一個整體的經驗——身體的、心靈的、靈魂的。一切都參與其中，沒有什麼是在它外面。所以不要排拒在你生活裡的任何事物；讓一切都被吸收。那就是為什麼我說「從性到超意識」——一切都必須被吸收在它裡面，沒有東西必須被排拒。排拒任何東西的人就是排拒了神本身——因為神就是整體。

接受一切，感謝一切。在整體裡喜樂！使你的生命變成一個整體的有機體。當你是一個有機的人，你就會有高潮，海洋的經驗被稱為神祕的經驗。它不是一個經驗……你就是它。你從沒有脫離過它。

神不被看到：人變成神。

解放不會發生在你身上：你會變成解放。涅槃不是某個在你手上的東西：你就是涅槃。

開悟不是某個發生在你身上的事：你就是它！

因此，雖然我們稱它為「靈性經驗」，但是它真的不能被稱為靈性經驗。有性愛經驗，而沒有靈性經驗。有審美經驗，而沒有靈性經驗。有很多種經驗，但是靈性的、神祕的經驗不是其中之一：它絕對是一個獨立的實體。它是獨自的，它本身就是一個類別。

有一個基本的事需要被記住：在我們一般的經驗裡，知道的人和那個被知道的是分開的；但是在靈性、神祕的經驗裡，知道的人和那個被知道的相互融入彼此。那就是它的美，它的祝福，它的自由。

第 11 章
很久很久以前

很久很久以前，有一頭乳牛，全世界沒有任何動物可以如此定期地生產這麼多這麼高品質的牛奶。

人們從遠方跑來看這個奇蹟，乳牛被所有人所稱讚。父親都告訴他們的子女，關於牠的貢獻以及牠定期生產牛奶的成績。宗教牧師們懇請他們的牧民以他們自己的方式效仿牠。政府官員也以牠當做典範規畫思考如何在人的社區裡作複製。簡單來說，每個人都能從這隻美妙的動物的存在而受益。

然而有一個特點，當大多數人被乳牛的優點所吸引後就不再去作觀察。牠有一個小習慣，這個習慣就是，只要桶子加滿了牠獨一無二的牛奶時——牠就踢倒它。

蘇菲不作推測——它是完全實用的，它不是一種哲學——它是非常根著於土地的。它的根就在地下，它不是抽象的。它想要轉化人們，但它不是用徒勞無用的想法來充塞他們的頭腦。所有的思想都是無能的，它們假裝知道很多，但當你深入它們，你總是能找到它們所有的空虛。它們承諾，但它們從來不實現，它們欺騙。

哲學家一直是世界上最大的騙子，他們在空中創造美麗的樓閣，他們是創造夢想的藝術家。而那些著迷夢想的人是非常不幸的，因為他們的生命將被浪費掉，在他們意識到他們一直在追逐的只是夢而已的時候，那時為時已晚。

而且有許多人從來沒意識到它，他們整個生命仍然沉迷於思想，他們沉迷並死在思想裡。他們從來不面對真實，只有真實才會讓你得到解放。

真理幫助你解放，而不是思想。真理不是一個想法：真理是一個經驗。

蘇菲不是一個「主義」，它是一個實用的方法，它是鍊金術。如果你了解它，它會蛻變你，幫助你從低級的金屬轉變成更高級的金屬。它可以帶你到另一個現實，它可以幫你打開終極之門。它沒有興趣給你偉大的思想，它的基本重點是如何給你多一點意識。甚至一盎司的意識遠比整個喜馬拉雅山的哲學更有價值，一寸的意識遠比在你的夢裡行千里路更好。

哲學是一個被清楚說出來的夢——它不是圖示的、概念的，但它仍然是一個夢，非常複雜的夢。簡單的人在圖片裡做夢；複雜的人在概念裡做夢——但是它們都是夢，品質不變。

這個夢是阻止你理解現實的最大阻礙。所有的夢都必須被停止，必須中斷。當你的眼睛不再充滿夢想，你將能看到那個存在，那個解放，那個提升，那個蛻變！

關於蘇菲的方法有幾個要點：

首先，它是比哲學更科學的——在科學的這個意義上，真理必須是有實際的結果。如果你的信仰是真實的，它會滋養你，它會增強你，它會擴展你。真理不在證據裡——只有你可以變成證據。

印度教哲學家維韋卡南達問拉瑪克里斯納說：「有什麼證據證明神是存在的？」

而拉瑪克里斯納說：「我在。」

一個奇怪的回答，維韋卡南達沒有想到那個回答。你也不會想到它，因為當某個人要求如何證明神的存在時，那時就會出現傳統的、哲學的證明。人們期待那些證據。維韋卡南達必定一直在想拉瑪克里斯納會說：「一切都需要一個創造者，這個世界的存在，必定有一個創造者，我們也許能看到祂也許不能，但是創造者必定存在，因為這個世界存在。」

但拉瑪克里斯納不說那樣的話。他不是一個哲學家，他是一個蘇菲。他說：「我在！看著我，感覺我！走進我！我可以帶你進入那個你稱呼祂為神的實體，你給祂什麼名稱是無關緊要的。我曾經去過那個高度——我也可以為你帶路。你準備好跟我一起去了嗎？」

維韋卡南達沒有準備好，他是來爭論的，但這不是一個爭論。他認為這會是有風險的，跟隨這個瘋子？一個從來不能確定他會引導你去哪裡的人。

維韋卡南達猶豫了。而拉瑪克里斯納說：「在你問問題之前，你應該準備好接收答案！你是一個懦夫還是什麼？首先你為什麼要問？」拉瑪克里斯納就跳到維韋卡南達身上——他是那種瘋子，就像如斯亞——他用他的腳踏觸維韋卡南達的胸前，維韋卡南達陷入了一種恍惚。

在一小時之後，當他醒來，他已經被轉化了。他叩拜、觸摸拉瑪克里斯納的腳，說：「抱歉，對不起！我是那樣地幼稚，我問這樣的問題，它不是一個問題——它是一個冒險。謝謝你！你給了我某個我根本不知道的東西。」

這是蘇菲的方式。他創造了一個情境，這個情境就是他的實驗室。在那個情境裡，他慢慢慢慢地說服你，誘惑你，引領你真實地進入了超越。是的，這是一個誘惑——因為誰將會準備好進入超越？頭腦想要固執已知的；已知的是熟悉的。帶著已知，我們是熟練的，有效率的；我們可以應付它。要進入未知當然是有風險的，我們會像孩子一樣，我們所有的經驗將被拋在後面，我們所有的知識在那裡是沒有用的。誰會願意進入未知？但神不僅是未知，而且是不可知的。神只提供給那些鼓起勇氣、願意進入未知的人。

蘇菲師父可以幫助你鼓起勇氣。蘇菲師父以這個例子，透過他的存在，透過他的顯現，創造對不可能的渴望。激起你的心，給了新的生命來釋放你的呼吸，帶著對神新的激情來使你脈動。但這不是哲學，他根本不解決問題。是的，他幫助你自己去解決所有的問題，但是他從來不解決問題。

因此要了解的第一件事情是：蘇菲是實用的，非常非常根著於土地的。蘇菲喜歡人們像希臘的左巴，因為他們是可能變成左巴佛的人——只有他們才可能變成那樣的人。那些已經變得非常非常聰明在玩弄文字、哲思的人，他們不是進入那個旅程的人。他們是懦夫，他們所有的哲學思考，不過是從真理的一個逃避。他們從真理逃跑，他們創造出關於真理的理論，然後他們固執那些理論，相信那就是真理。

因此，有印度教徒、伊斯蘭教徒、基督教徒和耆那教徒，但是沒有蘇菲教徒。蘇菲跟印度教、伊斯蘭教、基督教無關。蘇菲可能發生在任何地方！在任何宗教，或不在任何宗教。蘇菲是流浪者，蘇菲是普遍的。蘇菲屬於整個世界，而整個世界屬於蘇菲。全是他的，他使用所有的處境來超越。

只要提到真理，蘇菲完全贊同佛陀。據說佛陀對他的門徒說：真理在，就是那樣運作。這是對真理的一個很實際的定義，從未被超越。即使是現代科學也無法給出一個比佛陀更好的定義：真理在，就是那樣運作。如果它不運作，它就不是正確的。謊言在，就是那樣不運作。它無法運作，因為它違反普世定律。真理運作，因為它是與普世定律處在和諧之中的。

記住它：持續時常用它去判斷你的信念，你的觀念，你的偏見——讓這個變成你的試金石。相信只有在，才會運作。那時它已不再是信仰：它是真理，因為你看到了它的運作。你知道它與道對應；你知道它與生命的終極定律、與正法在和諧中。

這應該是給所有那些遵循路徑的人唯一的標準。

哲學是抽象的，沒有意義的。它創造出很大的雲霧在你的周圍，並且給你一個錯覺，好像你越來越接近了解真理，但是那從來不曾發生。人們可以被那個彩色的雲霧包圍——但沒有事情會發生。事實上，哲學會阻礙。你擁有越多思想、觀念、意識形態，你能清楚看到的可能性就越少。

丟掉所有的哲學，當讓你的眼睛是空無的，一切的空。那些空無的眼睛會變得充滿真理。哲學只會創造話語，它只會產生話語、話語又話語。一個話語產生另一個話語……這是一種無意識的聯想。

有時靜靜地坐著觀察：當你說出一個字，然後等待，接著你會看到它帶來其他的話語。那就是心理分析如何運作的：自由聯想。躺在心理分析師的沙發上，他說：「自由聯想——讓任何東西來臨。」一個字來了，而你會很驚訝地發現，它帶著其他話語上鉤，它帶來其他更多的話語。然後你會更驚訝地發現：話語是不分離的，它們彼此連接在一起。有某個系統，話語存在成堆。只是一個字……接著它挑起一連串，然後它繼續持續不斷。

一個字產生另一個字，這就是佛陀所說的SANTAAN。就像父母生出孩子，話語生出另一個話語，一個連續，它無限持續。人們不會迷失在無知裡，但人們會迷失在話語的叢林裡，蘇菲是非常反對話語的。這會發生：如果你去見蘇菲師父，你將必須跟隨他很多年，只有當你已經跟他很多年，只是默默地坐著、看著或做著任何他告訴你去做的事……沒有問題被提出，沒有疑問被解決，沒有討論被允許，沒有論證被讚賞。如果師父說：「你去從井裡打水！」你就去從井裡打水。你不要問為什麼。甚至有時師父也許會問某些荒謬的事情。

有一個著名的蘇菲故事：

一個求道者去見一個師父，他說：「我已經見過很多師父，他們都讓我挫敗了，沒有人是真正的師父。我帶著很大的期待來見你，這是我最後的依靠——是我的避難所。我知道你有它！我可以看到你有它，它在發光。」

師父說：「是的，我有它，我知道那些你曾經跟過的人——他們也有它。問題不在我是否有它：問題在你是否能夠有它！」

門徒說：「我準備好了。無論你說什麼，我都會做。」

師父說：「那麼就來和我一起走吧！我將要去井裡打水。記住一件事：永遠不要問問題，問問題是不被允許的。觀察！但是永遠不要問問題。」

門徒說：「這並不難。」但是從一開始，他就開始感到很不安——因為師父帶著一個沒有底的水桶！到水井，去打水，但是他保持沉默。這是困難的，這真的很難，但是他保持沉默。他盡量不去看水桶……沒有底？並且，你還要去打水！

經過房子和水井之間的路途上，有一千零一次的某些時刻，他產生了這個想法，他想問：「你在做什麼？你瘋了？」但問題是不被允許問的，而你可以持續這樣多久？

師父開始從井裡取水。當然，水桶沒有底，所以當它進入井裡，它會填滿；當他開始往上拉，所有的水會漏下來——只有空水桶提上來。就想想這個門徒……他站在那裡，看到這整個毫無意義的事，他變得質疑這個人：「要嘛他是瘋了或是一個傻瓜，為什麼我要和這個人一起呢？我的舊師父至少都比他還好。」

但問題是不被允許問的，所以無論如何他壓抑著質疑。一旦它發生，水桶提上來是空的，第二次，第三次——在第四次時他就全部忘記了，他說：「你在做什麼呢？！這樣是沒有辦法從井裡打水的，你的水桶沒有底。」

師父說：「你已經打破了規則，你不應該問任何問題的——你只應該觀察而已。滾吧！我對你沒有什麼辦法。」

門徒思考、靜心了整個晚上，又覺得：「必定有某個神祕的東西在它裡面——我錯過了，我應該等待。」

隔天他又去，並要求師父的原諒。師父說：「我可以原諒你，但你會是不可能的，你無法抗拒那些小事，你無法控制自己問這麼小的事，如果它是荒謬的，那是我的問題，不是你的問題，你是如何關注到它的？這只是一個裝置，如果在這麼小的事情上，你都無法保持不爭論……有更大的事情，我會顯露給你，但要你保持不爭論，那將是不可能的。而蘇菲不相信爭論，我對你的問題和回答它們不感興趣。我有它！我可以給你，但是你將必須準備好自己，這是你要去準備的：變得無問題可問，保持在毫無疑問的狀態。」

蘇菲創造這樣的處境。這些處境有助於門徒走向成熟。一旦成熟在那裡，傳達才變得可能。師父有它，門徒也可以有它——但是有一些東西必須被丟棄。

所以第一件事，關於蘇菲：它是所有的鍊金術——內在靈魂的科學。它是意識的一個實驗。只有結果決定你在做的是對的還是錯的，沒有其他辦法來決定它。

哲學持續在兜圈子——它們從來不帶你去任何地方，蘇菲是厭倦哲學的。事實上，所有的大神祕家都厭倦哲學。就因為哲學的泥潭和哲學的困惑，人們被阻隔在知道之外，那是他們與生俱來的權利。神不是透過你的罪而失去：神是透過你所謂的知識而失去。

蘇菲是為了某個經驗的實驗，它不是信仰而是知道的路徑，它是存在的。什麼樣的經驗？自己的經驗。它不是為了學說而推論，它有一個產生一切最崇高經驗的方法——稱它為神、涅槃、解脫、解放。這是它們一切最崇高的經驗，這是在生命裡最大的體會。如果沒有這個經驗，就永遠沒有人可以感到滿足。我們想要得到這個經驗。它是我們的潛力：它必須變成現實。它是我們的種子：它必須以它所有的顏色和香味綻放。除非這個種子變成了花朵，否則我們會一直保持不安、不舒服、渴望東西。我們會一直尋找、搜尋……

人們保持在搜尋和尋找。尋找的結果只有神而從不是別的。什麼是神？你自己最內在核心的經驗。神不在別處！神就在這裡，在你的內心，在你的脈動、呼吸、覺知中。神是非常接近的。

印度教上師拉瑪那．馬哈希說：自我認知（self-knowledge）、知道自己，是一個簡單的東西，存在最簡單的東西。因為它是如此地接近！它已經在那裡，它一直在那裡。只要去看，只要進入內在，你不再是一個乞丐，你已經得到皇冠，你登基了，而且你加冕了，你是一個國王。只要看進內在……而這就是蘇菲所說的。拉瑪那是一個蘇菲。

我以世界上最廣大的涵義使用「蘇菲」這個詞。佛陀是一個蘇菲，耶穌是一個蘇菲，拉瑪那是一個蘇菲。用「蘇菲」，我的意思是一個厭倦了哲學而開始在尋找真實的人，不再滿意合成食品而去搜尋真正有滋養的食物的人。

拉瑪那說：自我認知是一個簡單的東西——存在最簡單的東西。但是偉大的哲學家康德卻說：形而上學呼籲理性重新承擔所有任務中最困難的任務，那就是自知之明(自我認知)。哲學使自我認知變得很難，非常難，幾乎是不可能的——因為哲學走得越遠，就越遠離它。了解關於自己是無法真正知道自己的，了解關於神是無法真正知道神的——「關於」怎麼可能知道？關於、關於……你一直繞著圈子走，這樣變得不可能。

你越聰明、狡猾、算計、關於這關於那，越走越遠，你就走入歧途了。這不是知道「關於自己」的問題：這是「知道自己」的問題，變得覺知而不是只去思考關於它的問題，要在它的中心。安靜地在它裡面，而它就會被顯露。

拉瑪那是對的，他必定是對的——他了解。康德是錯的，他不可能是對的——他從來沒有遇到它。雖然他拚命嘗試，他努力工作——他是有史以來最敏銳的知識分子。他的智慧不容質疑，他的邏輯是完美的。但是以他的洞察而言，他是盲目的。

這就像盲人想著光——這注定是不可能的。盲人怎麼能夠想到光？

佛陀說這曾經發生過：

在一個偉大的國王的朝廷上，學者們開始討論關於神。這個國王不是普通的國王——他是真正的國王、內在世界的國王。他的外在王國只是偶然；那只是意外地發生在他身上。有一個偉大的國王病危，他沒有兒子。臨死前，他立下遺囑說：「明天上午，凡是第一個進入城門的人，就讓他成為國王。」而這只是一個巧合——這個桑雅生是第一個進入城門的人，因此他被推舉為國王，那是個意外。在那之前，他已經成為內在王國的國王了。

在他的朝廷上，他們在談論神。國王開始笑著，他說：「聽著，召集全鎮所有的瞎子來。」所有的瞎子被召集來了，國王說：「你們都看得到大象嗎？」

他們說：「是的。」

然後一個很大的爭論隨之而來。一個瞎子說：「大象是像這樣子，」另一個說：「大象是像這樣子……」而他們的說法是非常矛盾的。因為一個瞎子只摸到大象的軀幹，另一個瞎子只摸到大象的耳朵，而第三個只摸到大象的腿……等等。

然後國王對他朝廷的學者和專家說：「聽著：這些盲人在大象是什麼的問題上無法一致，他們都摸到了大象的某個部分！你們怎麼樣？至少他們知道了某個東西——一個人摸到了腿，另一個摸到了軀幹……而你們都還沒看到神的任何一部分，你們卻還在爭論，你們比這些盲人還瞎！無論你們說什麼，全都是廢話，你們可以引經據典——但那是不會有幫助的，除非你們看到了，否則不會有任何幫助。」

蘇菲只相信看到。看到是簡單的：思考是困難的。如果你有耳朵，你就知道音樂是什麼；但是如果你沒有耳朵，你打算如何去思考音樂？以什麼方式？這是不可能的！如果你有眼睛，你就知道顏色和彩虹的美麗。但如果你沒有眼睛，即使是最偉大的詩人也不可能給你一個彩虹的暗示；這是不可能的。

蘇菲不相信想法：他們只相信看到。

你一定聽過一句名言：眼見為憑，那正是蘇菲所說的。他們說：看到才相信。

有一個著名的蘇菲說法：知道別人是學習——知道自己是智慧。要學習是容易的；要有智慧則需要膽量、勇氣。為什麼呢？為什麼在這個世界裡，人需要勇氣才會知道自己？這是有原因的。

第一個原因是：如果你進入內在，你會有一種害怕，你可能找不到任何人在那裡……某種程度來說，那個害怕是對的。你不會找到任何人在那裡，那個顧慮是對的。

如果Naresh進去，他不會找到Naresh在那裡。如果Astha進去，她不會找到Astha在那裡。如果Sudha進去，她不會發現Sudha在那裡。如果Viyogi進去，Viyogi不會找到Viyogi在那裡。在那裡，某些東西可以被找到——那是無法定義的真理。

你會找到東西，那是宇宙的中心——但你不會找到任何個人在那裡，你不會找到任何自我在那裡，因此你才會害怕。在自我的認知裡，你會完全消失。因此人們談到它，問到它，看書想知道關於它，但是從不進入，無意識的恐懼阻止他們進入。

而現代人尤其更害怕。現代人常常陷入絕望，因為他害怕自己不存在，或者說，那個自己是一個史金納（Chris Skinner）的機器人，一隻卡夫卡（Franz Kafka）的蟑螂，一頭尤內斯庫（Eugene Lonesco）的犀牛，或沙特（Jean-Paul Sartre）的無用激情。所有這些害怕已經爆炸在現代的頭腦裡。

誰知道？當你走進去，你會發現卡夫卡的蟑螂。

卡夫卡的寓言：有一天早上他醒來，他發現他是一隻蟑螂。這一定是在做夢，他認為他一定是在夢裡醒過來。不僅如此：蟑螂是顛倒的——只有腿，他可以看到那些腿在空中移動，他不能把自己躺正。你能想像……這個人的悲哀、噁心、痛苦。他努力嘗試，但是似乎沒有辦法翻身爬起來。一隻大蟑螂，占滿了整個床。

現代人更是害怕，誰知道在你自己裡面，你會撞到什麼？惡夢、怪物……誰知道那裡還有什麼？為什麼要打開潘多拉的盒子？密閉地保存它，並且坐在它上面，那就是每個人都在做的。

在開始的時候，你會發現蟑螂、犀牛、爬行類和各種可怕的東西，你會發現——因為這些是你一直壓抑在自己內在的東西，這些是你不允許它發生的東西。這些是你壓抑的憤怒，你壓抑的嫉妒，你壓抑的占有欲，你壓抑的仇恨，你壓抑的暴力、凶狠。所有這些東西都在那裡面！這是在你裡面的蟑螂，暴力變成了一條腿，占有欲變成了另一條腿，而嫉妒變成了另一條腿……

當你走進去，你將不得不面對這些，當然，這並不是故事的全部。如果你能面對蟑螂，如果你可以進入越來越深，沒有任何恐懼，看著這一切在發生的，而記住：「對這一切，我只是觀察者，一個觀照。我不可能是蟑螂……」無論你看到什麼，你不在。

讓它變成一個關鍵，一個時常的記憶：無論你看到什麼，你都不是那個。你看到了憤怒？那個憤怒不是你。你看到了飢餓？那個飢餓不是你。你看到了性慾？那個性慾不是你。你是一個觀照，記得觀照，慢慢慢慢地，所有的蟑螂消失了，所有的犀牛消失了——所有的醜陋消失了。

觀照是這樣一個特殊的東西，它溶解一切醜陋的。慢慢慢慢地，只有觀照留下。但那個觀照也不會是你：那個觀照就是神。那個觀照不可能局限於我——它是純粹的在。

就在幾天前，我曾告訴過你們，有兩個銘文刻在希臘德爾菲的阿波羅神廟：「知道你自己」和「避免極端」，這些銘文是有意義的。人們被告知要知道自己，然而在他的知道裡，他要避免走極端。什麼是極端？

這兩個都是極端：地獄和天堂，醜陋的蟑螂和美麗的蝴蝶。你必須對兩者保持觀照，你既不是蟑螂也不是帶著迷幻色彩的蝴蝶——你都不是。既不是這個，也不是那個。你只是觀察者，是鏡子反映了蟑螂，反映了蝴蝶。

極端總是企圖超越他的有限性，表現就像他是無限的。那會發生，如果你走進你的內在，要嘛你開始感覺你像是來自地獄的生物，或者你開始感覺你是來自天上的天使。但是在這兩種方式中，你再次創造了一個自我。要避免極端，因為自我只可能存在極端，它死在中間，中間就是自我的墳墓。

希臘人常指稱這個極端叫做HYBRIS（混合體），它意味著違反事物本質的惡行。不要開始在想你是來自天上的人，你是神的信使，你是特別被派到世間來提供最新福音的人，你是神的兒子，你是唯一真正的信使，唯一的師父，唯一完美的師父……避免這種廢話。神以很多種方法來到，而祂的信息持續進入世間，不只是從耶穌、佛陀和穆罕默德——不只。即使當一隻布穀鳥在叫，這也是祂的信息。耶穌不是神的唯一獨生子——否則其他每個人會是孤兒。

每棵樹木，每隻動物，每隻鳥兒對於神都是跟任何其他人一樣，都是牠的兒子。那並不是說只有穆罕默德是先知——河流和山脈，它們都是祂的使者，祂的先知。祂的信息持續到處，從每個隱蔽處和角落在沐浴著。所以不要陷入那個想法；否則，自我會從後門進來，它會再次為你創造麻煩，你就錯過了。

另一個極端是試圖讓自己的舉止自外於社會——出家。你是社會的一部分，你出生在社會裡，你生活在社會裡。社會對你就像海洋一樣——你是在這個海洋裡的魚。你不能活著沒有它！而那些嘗試活著沒有它的人幾乎總是變成變態的人。是的，偶爾在山上退避休息幾天，這是好的——但那只是為了休息，你必須要回到世間。是的，打坐幾個小時，這是好的，但是你必須再回來進入世間。不要出家，不要開始想著你自己是和社會分離的，因為知道自己是誰無法在分離的情況被達到，它是在融合的時候才能達到。

最接近融合的可能就是跟其他的人在一起，如果你甚至不跟人們溝通，你怎麼能跟樹木溝通？你怎麼能跟岩石溝通？如果你甚至不跟你心愛的人溝通。這是荒謬的！一個男人說：「我要離開我的妻子和我的孩子，因為他們對我來說是束縛，我會到山上去，跟山脈有一個共融。」他是在說廢話。跟山脈共融對他會是不可能的——因為山脈講完全不同的語言。它們是遠遠落後於人的意識的。要跟它們聯繫，你將必須變成一座山——只有這樣你們才能聯繫起來。

如果你不能夠跟人類相處——什麼東西是像你一樣地演化，什麼東西跟你屬於相同的語言世界，什麼東西跟你屬於生命的同級關係——你也不可能跟任何東西在任何地方相處，不要愚弄你自己。

關於這兩個極端，希臘人是非常非常講究的。一個遠離社會的人，他們有一個很美的字給他——他們叫他IDIOT，出於這個字，「白痴」就出現了。IDIOT是這樣一個字——如果你真的遠離社會，你就會變成一個白痴，這是我的觀察。

我見過很多人在山上生活很多年——他們變成白痴。他們必定會變成白痴，因為沒有挑戰，沒有人類去招惹他們；沒有人類去挑戰提高他們的智能。他們必然會變成白痴！在那裡，成長是不可能的。

他們也許生活在一個靜默裡，但靜默是山脈的——這不是他們的成就。除非你能夠活在市場裡靜默，否則這不是你的成就。從喜馬拉雅山回來，你會突然感到震驚，你跟你去的時候是同一個人——也許你變得更糟，你會無法忍受噪音，世間的動盪。情況怎麼會變成這個樣子？你不是變得更加強大，更加整體，你卻解體了，你卻變弱了。你沒有獲得力量。

了解你自己，但是在你的了解裡，不要變成一個混合體或白痴！人在自我裡是越來越張狂的——因此「我是一個靈魂」，因此「我是無限的」，因此「我是永恆的」，因此「我是這個、那個……」。如果「我」仍然存在，那時你什麼都不是。當這個「我」離開，永恆就在那裡——但你不能聲稱它是你的。永恆在，神在，永生在，但沒有東西是你可能擁有的。沒有東西是你可能保存在你的保險櫃裡的。它跟你無關！它屬於存在，而且你也屬於存在。

那是第一個極端要被避免的。

第二個極端：不要變成白痴。不要開始從人們逃脫，因為所有的成長都跟人們才存在，在跟人們的交往裡，在接受挑戰和應對那個挑戰裡。

自我認知（Self-knowledge）是一個很奇怪的概念，你必須了解它——因為那是蘇菲的整個工作：如何知道自己。這個詞本身在術語上就是矛盾的，因為在知識裡，至少需要兩件東西：求知者（the knower）和被知者（the known）。自我認知沒有這兩件東西，它只有一個，如何稱呼它為自我認知？誰是求知者，誰是被知者？這個詞必須被使用，因為我們沒有其他任何更好的詞。但是你必須非常非常了解地使用它——了解，它並不意味著它所說的事。

自我認知是一種知道，而不是知識。它是一種意識、明亮度，而不是知識。它不可能是知識，因為知識需要兩者。

自我認知這個問題已經被法國作家西蒙．波娃（Simone de Beauvoir）簡潔地、隱喻地陳述了。她說：「『我就是我』這麼說是容易的，但我是誰？哪裡去找到我自己？我必定在每個門的另一邊。但當我是這個在敲門的人時，在門另一邊的變得沉默。要知道自己，自己必須在同一個門的兩邊。但是，唉！當自己在門的求知者這一邊敲門，卻沒有人在門的另一邊來開門，而當自己在另一邊、被知者那邊，打開它，沒有自己在求知者這一邊敲門！所以人應該做什麼？」

你了解嗎？如果你是求知者，那時是什麼在那裡被稱為被知者？而如果你是被知者，那時是誰在那裡是求知者？這就是西蒙．波娃的意思，因為你必須在門的兩側，只有這樣才能夠有某些溝通。

但這是不可能的。你怎麼可能在門的兩側？這看起來像是一個禪宗的公案——它就是。它是基本的公案。出於這個公案，有好幾千個其他公案被創造了。所以人應該做什麼？

有人說：「繼續敲門！」那是意志的方式。

耶穌說：「繼續敲門！」祈求，它應當會給予你們。敲門，門應當會為你們打開。尋找而你們就會找到。

這是一個回答：繼續敲門……堅持，要有耐心。不要感到沮喪，如果門未打開，你就持續敲門，你持續敲門，你持續敲門……有一天門勢必會打開。那是一個回答。

另一個回答是：「等待，別敲門！」那是降服的方式，奉獻者、愛人、祈禱的方式。第一個是透過意志力運作、瑜伽士的方式。第二個是等待、信任、祈禱、降服奉獻者的方式。

而我要對你們說：看……沒有門來被敲，也沒有人要去敲門！瞧！大門是敞開的。從一開始，它一直是保持敞開的。沒有自己變成被知者，也沒有自己是求知者。

那就是偉大的女神祕家拉比亞（Rabia）對哈桑（Hassan）說的：

哈桑每天在清真寺前祈禱，他只是坐在大街上。他會哭泣，他會流淚，他會看著天空，他會說：「神啊！打開門！我一直等待很久了，難道還不夠嗎？我必須通過更多的考驗嗎？祢還沒有考驗夠我嗎？打開門！我哭泣，我流淚，我喊叫——打開門！」

那是他的祈禱——每天早上，每天晚上，他會去清真寺，然後坐在大街上祈禱。

有一天拉比亞路過。她重重敲擊哈桑的頭說：「你在胡說什麼？大門是敞開的！但你是那麼專注在你的喊叫：『打開門！主啊！聽著我。祢為什麼不打開門？』你是那麼地被這些廢話所占據，因此你無法看到大門是敞開的！它一直是敞開的。」

我同意拉比亞……一切是可能的，你不需要奮鬥。你甚至不需要降服！因為降服是奮鬥的對立面。你必須只要在中間，你必須只在無為的狀態，既不奮鬥，也不降服。突然間，你就能看到大門是敞開的。你不用去任何其他地方，你只要往內走。你還有什麼地方可以去？然後一切會像閃電一樣顯現，突然間黑暗消失了，而一切都在陽光下。

沒有自己要被發現。知道會發生，但你內心深處的某個地方仍然處在無意識狀態裡，你很清楚知道：「如果我走進去，我不會發現我自己。最好是不要走進去，所以人就可以繼續相信『我在』！」這就是問題所在。

這個「我」是唯一的障礙，這個「我」是唯一的無知，這個「我」是唯一的罪過。

現在這個小小的，美麗的故事：

很久很久以前，有一頭乳牛，全世界沒有任何動物可以如此定期地生產這麼多這麼高品質的牛奶。

牛一直是象徵神聖的——牛無辜的眼睛，像聖者一樣地凝視著，牠總是讓人挑起神聖的想法。你會驚訝地發現，這是內在世界的事實。達爾文發現人是從猴子進化來的。他有一部分是真的：人的身體是從猴子進化來的——但他的靈魂不是從猴子進化來的。人是兩條不同線的一個合成——身體是從猴子，而靈魂是來自乳牛。那就是為什麼東方一直認為牛是母親，現在，達爾文說猴子是父親。兩者都是對的。

靈魂一直在不同的線上演變。就人的靈魂而言，牛是最接近的。就人的身體而言，猴子是最接近的。而人是這兩條線之間的合成。猴子的某些東西在他的裡面，牛的某些東西也是。牛一直是神聖的象徵。

這個故事說：

很久很久以前，有一頭乳牛，全世界沒有任何動物可以如此定期地生產這麼多這麼高品質的牛奶。

神聖是我們真正的營養，我們不只是靠麵包活著。是的，耶穌是對的，人不能單靠麵包活著。如果人活著只是單靠麵包，他將依然只是動物，他將依然只是一隻猴子。人需要一些更高的營養，它來自神聖的。

因此那些開始為更高的營養感到飢餓的人，他們尋找師父，他們尋找偉大的音樂，他們尋找詩歌、美學。他們開始尋找某些更高的營養，微妙的營養，這些你不可能在市場裡得到，它不可能像商品一樣被販售，你不可能從超級市場買到，只可能從神聖的關係裡。那就是師父和門徒之間的關係：某些不屬於這個世界的東西。

人們從遠方跑來看這個奇蹟。

但一般的人們只是好奇。即使他們去見一個佛，他們都只是出於好奇，就像是某種娛樂。即使他們聽耶穌布道，他們也只是在尋找某些感覺——那不是他們真正的需求。

人們從遠方跑來看這個奇蹟。

有一件事要記住：亞里斯多德說，哲學始於好奇——在東方不是那樣。在東方，沒有人曾經說過哲學始於好奇。在東方，我們知道的哲學是始於苦難的意識，而不是好奇。它是在人的痛苦上，不是在好奇。它是在人的焦慮，人的生命的毫無意義上。

所以西方哲學一直保持是一種娛樂。東方的哲學不是娛樂——它是工作，它是SADHANA。事實上，世界上沒有任何語言來翻譯印度文SADHANA這個字，因為沒有像那樣，曾經存在其他任何地方。SADHANA意味著：不只是去思考，而是去成為。人必須變成它。人必須活出它！它必須變成你的血液、骨頭和骨髓。

SADHANA意味著這不僅是一種系統性的思想，它是生活的一種方式。它必須變成你的生活方式。你必須透過你的生命來證明它：它必須被活出——那就是你認為它是對的唯一證明。如果你認為它是對的，你就活出它，否則，你是在愚弄別人，你也是在愚弄自己。

東方的哲學是因為生命的痛苦、焦慮、憂心，因為意識到它而促使人們去尋找手段和方法來超越它。

人們從遠方跑來看這個奇蹟。

而且，當然，因為他們在那裡只是為了娛樂，他們無法看到整個事情。

乳牛被所有人所稱讚。父親都告訴他們的子女，關於牠的貢獻以及牠定期生產牛奶的成績。

人們總是在尋找強加給他們的孩子的想法。他們一直在尋找例子，那樣他們就能折磨自己的孩子，他們可以說：「瞧！你看這頭牛，這個世界奇蹟——就像這樣！生產某些東西！」而用「生產」，他們的意思是金錢、權力、聲望；成為國家的總統。「看看這頭牛！你也必須要成為一個世界上了不起的人。成為某個大人物，因此人們會來求見你而為你鼓掌。」父母總是經常在告訴自己的孩子：「要像這樣，要像那樣！看看別人的孩子，他多麼聰明啊！」

一個父親對他的孩子說：「看看鄰居的孩子，他多麼聰明啊！在班上，永遠是第一名，而你在那裡，一再地失敗。」

孩子說：「那不是我的錯——他有著聰明的父母。」

父母總是試圖以某種方式在孩子內在創造野心。野心是一種發燒，它是一種疾病。一個有野心的人內在總是保持生病著，他患有一種靈性癌症。他的身體也許是好的，但是他的靈魂生病了。他出賣了他的靈魂，為了沒有用的東西。他蒐集很多無用的東西，並摧毀所有在他身上不可或缺的東西。但是父母繼續那樣做，他們不能錯過每一個機會。因此他們必須帶著他們的孩子對他們展示這頭牛：「看這頭牛！這就是人們應該成為的。生產這麼多牛奶！而且品質這麼好！」

宗教牧師們懇請他們的牧民以他們自己的方式效仿牠。

而這正是牧師和神父在做的——教導人們：「要像這樣！要像那樣！」沒有人曾被告知要變成像他自己或她自己。這是災難，人類已經生活在它之下好幾千年，這必須被完全丟棄；否則，人類永遠不會是自由的，永遠不會是健康的，永遠不會是聖潔的。這是發生在人類身上最大的禍源，因為人們一直在告訴你：「要像佛陀，要像馬哈維亞，要像穆罕默德，要像卡比爾，要像魯米！」

沒有人在這裡是要成為別人的——每個人在這裡都只要成為自己。讓這個宣告給全世界：每個人在這裡都只要成為自己。只有那樣，世界才會變得放鬆在和諧裡。否則，全部都會變成效法者和虛偽、偽裝、分裂、精神分裂者。他們說的是一套，做的是另一套——他們必須這樣做，因為他們天生的自己不可能透過這些教導而被破壞。最多，他們可能被培養出一個門面；他們可以穿戴著虛假的面具，他們可以創造出一個個性，但是他們的內心將保持不變。而做任何違反內心的東西就是犯罪——這是存在最大的犯罪。

我和你們在這裡的努力就是要把你們從這個詛咒中解放。你必須只是成為你自己……那時，就有很大的放鬆，然後緊張消失了。那時你就可以是真實的，真誠的！那時你可以只是成為你自己。然後你可以尊重你自己，尊重他自己的人也會尊重別人。然後你可以愛自己，愛他自己的人也能愛別人。

宗教牧師們懇請他們的牧民以他們自己的方式效仿牠。政府官員也以牠當做典範規畫思考如何在人的社區裡作複製。簡單來說，每個人都能從這隻美妙的動物的存在而受益。

他們都剝削了這隻可憐的乳牛的存在。總有一些周圍的人們，為了他們自己的目的，準備去利用一切。蘇菲不是一個唯心主義者；它不會給你任何理想，它會幫助你變成自然的，自發的。蘇菲不是一個完美主義者——它不可能是，因為它不是神經質的。

所有的完美主義驅使人們變得神經病。每當你看到一個神經質的人，深入去搜尋他，你會發現那裡隱藏著一個完美主義者。而每當你遇到一個完美主義者，要警覺，他就在變成神經質的路上。

蘇菲是簡單的人們，他們為簡單的事開心。他們沒有很大的理想，他們沒有任何理想。他們不創造完美的想法，每個人都必須像那樣——每個人都必須只是像他自己。只有做自己，你才會變成一個對神祈禱的人。只有做自己，你才能對神提供你的快樂，你的慶祝。只有做自己，你才會心存感恩，感恩就是祈禱。

這一切是怎麼回事。父母教導他們的孩子，牧師教導他們的牧民，政府官員關於牠而大作文章，而教授、校長和每個人都必須利用這機會。沒有人錯過它，它是譴責別人的一個方法。

每當有一個人在開花綻放……人們開始在譴責每個人！而不是喜悅地在看開花的美麗，他們開始在譴責每個人，因為現在你必須要像那樣——沒有人可以像那樣。

有些書籍，譬如德國作家托馬斯．肯皮斯（Thomas a Kempis）的書《師主篇》（*Imitation of Christ*）——一本醜陋的書籍。模仿？如果你模仿基督，你會是基督嗎？你會是一個模仿。而且無論如何完美的模仿，它都是模仿的。而模仿是一種醜陋的事。

如果你只是在海邊的一顆普通的鵝卵石，就成為那個！但是不要模仿世界上最大顆的鑽石「光之山」，因為在神的眼裡，一顆光之山和在岸邊的鵝卵石沒有差別，兩者都是美麗的。兩者必須以自己的方式存在，兩者必須以自己的方式祈禱！兩者都必須以自己的方式綻放。神愛各種品種，只要看看這個世界：有多少品種存在！每個個體都是那麼獨特——空前絕後，不可替代的。以前從沒有任何人像他，未來也不會有任何人會像他，神只創造你一次。不要錯過這個機會，不要被這些人欺騙了。

這些人都只是在你的後面奴隸著你。把人們貶低淪為奴隸，他們最好的策略就是：告訴人們要變得像佛陀——但他們不可能。他們會開始感到內疚，他們會覺得：「某些事情我錯了。」而一旦人們感到：「某些事情我錯了。」他就掌握在祭司的手裡了。

而諷刺的是：

然而有一個特點，當大多數人被乳牛的優點所吸引後就不再去作觀察。牠有一個小習慣，這個習慣就是，只要桶子加滿了牠獨一無二的牛奶時——牠就踢倒它

這頭乳牛必定是一隻偉大的哲學家牛，那就是哲學家繼續在做的。所有他們的教導，無論如何美麗，都是徒勞的，沒有東西從他們身上發生。牛奶在那裡，但它總是被踢倒。

但是沒有人在觀察這個小缺陷。而這是一個不小的缺陷！但是身在剝削處境的人們會一直把它看做小缺陷。

我聽說過：

媒人對一個年輕人興高采烈地述說一個特殊女孩的美德：「她很美麗，身材高䠷，很會做菜，又聰明，而且還很有誠信。」

但是年輕人說：「但你忽略了一件很重要的事，不是嗎？」

「不可能！」媒人說：「我怎麼可能忽略？」

「因為她一瘸一拐，」年輕人說。

「哦！」傳來了回答：「但是，只有當她走的時候！」

或者，另一個：

媒人告訴一個年輕男人，他有完美的女孩介紹給他：「她有一頭紅髮！」他驕傲並驚呼地說著。

「你的意思是貝姬，那個裁縫的女兒？」那年輕人喊道。

「就是她！」媒人微笑著。

「你瘋了！她幾乎瞎了！」

「那會打擾你嗎？那是一種幸福。有一半的時間，她不會看到你在做什麼。」

「但是她也有口吃！」

「那也是一種幸福。一個口吃的女人不敢亂說話，所以你會過著平靜的生活。」

「但她是個聾子！」

「你應該有這樣的福氣！有了聾啞的妻子，你就可以喊叫，你可以盡你所想要的尖叫。」

「但是她比我大二十歲啊！」

「啊！」媒人厭惡地反駁說：「我給你帶來一個女人這樣好的禮物，而你卻挑惕了那麼一點點缺失！」

出於利用人們，傳教士們持續傳道給你：變成耶穌，變成佛陀，變成卡比爾……而自古以來，他們一直在說這些但卻沒有人能夠做到它，他們仍然繼續。它是一門好的行業，但它對人類是很糟糕的。他們想要你繼續去感覺越來越內疚、譴責、沒有價值。你越覺得沒有價值，你越容易變成他們的受害者。

而且他們不想要改變主題。他們想要一再地堅持舊的一套廢話。他們持續改變著它的形式，它的語言，它的風格，但是他們不想要改變主題。

凌晨三點彼得森回到家，發現妻子躺在床上醒著。

「你到哪裡去了，直到凌晨三點？」她尖叫說。

當她說話的時候，彼得森打開他臥室的衣櫃，發現一個裸男畏縮在衣櫃地板上。

「這個人是誰？」彼得森問道。

「不要轉移主題！」他的妻子回答說。

牧師根本不想要改變主題。那就是為什麼他們對我那麼生氣——我在試圖轉移主題。我試圖讓東西顯現出它們原本的樣子。他們利用人類太久了，他們的設計是非常狡猾的。

在七月的大熱天，芬克爾斯坦太太走進一家商店買一支扇子。

「你想要什麼樣的扇子？」倉庫保管員列夫問：「我們有五分錢、二十五分錢和一塊錢的扇子。」

「那麼給我一支五分錢的。」芬克爾斯坦太太說。

「好吧！」列夫說，他遞給她一支薄薄的日本紙扇。

十分鐘後，芬克爾斯坦太太回來。「看看你賣給我的垃圾！」她喊道：「扇子壞了。」

「它有嗎？」列夫說：「你是怎麼使用它的？」

「我是怎麼使用它的？」芬克爾斯坦太太說：「你又是怎麼使用扇子的？我把它握在我的手上，然後在我面前來回揮動它。你不是嗎？」

「哦，不是！」列夫解釋：「拿著五分錢的扇子，你必須握住它不動，然後在它前面來回轉動你的頭。」

牧師永遠是對的。如果某件事情是錯的，那是與你有關。我想對你說：對於人，沒有什麼是錯的——對於牧師，一切都是錯的。對於人，根本沒有錯！讓它被大聲宣告：人應該像自己本來的樣子活著！如果有任何看來是錯的東西，它只是因為牧師教給人們的廢話。

傳教士們一直在教導抽象的廢話。人們需要一個真正的宗教，轉化他們，滋養他們，使他們更覺知。他們不想要基督教，印度教，伊斯蘭教，他們想要一個真實的生活，以及活在一個真實生命的方式——不是根據別人而是根據他們自己的本性。他們需要自由，他們需要自發性。

從你的頭腦放下各種唯心主義和完美主義的概念。變成自然的，變成普通的……你就會知道神。只要變成普通的，你就變成最特別的人類。

第12章 沒有自己，沒有別人

問題　師父和心理治療師之間有什麼差別？

師父不在，心理治療師在。師父是一支空心的竹子，只是個通道，給神性來降臨。他不是他自己的，他沒有什麼話要說，他沒有什麼事要做——而是很多東西透過他發生。但祂始終是透過他，他不是祂的做者，他只是一個觀察者。他允許祂，他不妨礙祂，他配合祂。但他不是祂的主宰，他只是一個載體。

心理治療師在。他是個做者，有識之士。他擁有一切可用的專業知識，他不是一支空心的竹子。他不是一個空無，因此很多東西無法透過他發生。他只可能做裝配：這裡和那裡給一點點刨光，一點點漂白，一點點調整——僅僅如此。他的工作是瑣細的，人的工作必定保持是瑣細的。

只有神是偉大的，只有來自神的才是浩大的。

人在做的事必定保持是渺小的——事實上它沒有意義，或只是暫時有意義。但是當神降臨，某些永恆的東西抵達你的存在。

心理治療師知道頭腦和頭腦的運作。但人在他最深的核心根本不是頭腦，那就是問題所在。人的疾病，不僅是頭腦的——它是靈性的，它是形而上的，它是存在的。

生理學家、醫生可以幫你了解身體；而心理學家、心理治療師，可以幫你了解頭腦——但這些都只是你的表面。你不是你的表面，你是你的深度。既不是醫生可以觸摸的那個深度，也不是治療師可以觸摸的那個深度。那個深度只可能被師父觸摸——因為他就是那個深度。

師父是一個沒有頭腦的人，那就是最大的差別。心理治療師知道頭腦，他是一個非常有教養、有文化、有教育、高效率的頭腦。技術上，他知道訣竅。

師父是一個沒有頭腦的人，他沒有訣竅。他將他的空無提供給門徒，而那個空無就是一種療癒的力量。心理治療師試圖療癒，但是從來沒有成功過。師父從不試圖療癒，但他總是成功。他的愛就是他的治療，他的空無流動著他的愛。

而那個愛其實就是神的愛。

當耶穌一再地說，我和天父原為一，這正是他在說的：不要把我當成我自己。我只能代表，我只是一個象徵，我只是一個門。透過我來看，你就會發現超越。

師父活在一個完全不同的現實。心理治療師活在你活的地方，同樣的現實。你和心理治療師之間沒有質量的差別；病人和醫生之間沒有質量的差別。所不同的只是知識，那是數量。他知道的比你多，但是他的在不會超過你的在！他正好和你處於同一個水準。他帶著相同的焦慮在擔心，他被相同的噩夢所困擾。

佛洛依德終其一生保持被死亡的恐懼纏住。他將如何幫助人？而他是心理分析的創始人。他將如何幫助人？一切他能幫助的只可能是預先緊張，他自己在顫抖，他是那麼地害怕死亡，甚至連提到「死」這個字就夠了……他會開始出汗。只要提到鬼就夠了……他會陷入昏厥，而這不是只有他才這樣。

榮格（Carl Gustav Jung）也是完全一樣的。他是那麼地害怕死亡，以至於他不能看到屍體。他一直想去埃及，去看古代的木乃伊。他對超自然非常感興趣，當然埃及的金字塔有很多的超自然知識，而那些木乃伊都帶著很多訊息來被解密和解碼。他已經意識到了，他想要去，而且很多次，他試圖去，但是他從來沒有辦法去。他會生病，每當他安排要去埃及，他就會生病——只是想到僵死、三千年歲數的木乃伊，就足以撼動他的恐懼。慢慢慢慢地，他意識到，每當他安排要去了，他就生病——那是心理上的疾病。

有一次它發生了：不知何故，他踉踉蹌蹌地到了機場；即使由於他的恐懼他發燒了，他還是去了機場——但是他還是沒有辦法進入飛機。他從機場衝回了家。他變得非常害怕，他永遠放棄了這個想法，而他也從來沒有去過埃及看那些木乃伊。雖然他對他們還是非常感興趣。

現在，這些人將如何幫助人？

師父知道沒有死亡——不是透過別人知道，而是透過他自己的經驗。他深深地看進他的生命，死亡像霧消散了——蒸發了。師父是一個完全自在的人，不僅從病理心理學上，師父是免於心理學，免於頭腦的。他已經砍掉所有病理的那個根源。

跟心理治療師的關係是病人和醫生的關係，這不是親密的——它不可能是，它是專業的。跟師父的關係是愛；它不是專業的，但它是親密的，它是存在最親密的關係。是的，即使是戀人之間，也沒有如同師父和門徒之間所存在的這麼親密。這是一個合併，而這樣的合併，不僅在身體，不僅在頭腦，而是兩個存在的相會。

在西方，心理治療師在試圖變成師父。奇怪的現象發生了：心理治療師在試圖變成師父，在試圖變成大師——而牧師、大師在試圖變成心理治療師！現在牧師談到心理學，心理學家談到宗教——因為牧師看到他們一直銷售到現在的東西，不可能再銷售了——它是過時的。人們不再對它有興趣了，人們不再對神學有興趣了。人們對知道他們的頭腦和它的工作比較有興趣；人們對擁有更好的頭腦，更有效率，更平靜、安靜、專注更感興趣。

所以牧師在移動，慢慢慢慢地，從神學到心理學。而心理分析學家、心理治療師開始意識到這個現象——那就是人們的實際問題不是心理上的，而是宗教的。

據報導，榮格曾說：「我一生觀察了好幾千個病人，這一直是我最重要的結論——那些來找我的人，都是四十二歲前後的年紀，他們不是真的遭受到任何心理的問題，而都是遭受到宗教的問題。」

我完全同意榮格——那是當一個人突然意識到死亡，就好像在十四歲的人突然意識到性，而性就變得很重要，性幻想從四面八方衝到他的存在，每個東西開始帶有性的顏色——衣服，他散步的方式，他說話的方式，他觀看的方式——一切開始帶有性的色彩。就像那樣，在四十二歲的時候突然第一次遇到死亡，生命開始走下坡，人必須準備好生命的第二個階段。而現代社會並不給人們準備第二個階段的機會。

對於如何生活，你已經在學校、學院、大學被教導了——你幾乎已經準備了二十五年！你已經學會了如何生活，但是你根本沒有被教導如何死亡。死亡是生命的巔峰，它是一個偉大的藝術。

宗教就是死亡的藝術——如何喜悅地死去，如何在你的嘴唇喊著哈利路亞死去，如何舞蹈地死去。如何轉化死亡的品質進入三摩地的品質，如何轉化死亡的經驗進入與神共融的經驗。

在接近約四十二歲的年齡時，突然宗教會開始變得很重要。而現代人不接受那個，所以一千零一個問題就出現了。榮格是對的：人們遭受到的東西不是心理上的，而是宗教上的。他們需要一個了解，可以幫助他們通過死亡。他們需要某些對靈魂不朽的認識，他們需要某些不是身體而是超越的東西，因此他們才能夠信任它。他們需要一條船，所以當他們離開身體，他們才能夠移動到彼岸。

心理學家逐漸意識到，人們的問題根本上是宗教的，所以他們轉向變成大師。而牧師和大師們看到他們的舊神學，他們的舊神，只是過時的，沒有人對這些舊神和舊經書有興趣……人們出於禮貌也許不說什麼，但是當你提到「神」這個字的那一刻，人們就感到有些尷尬。他們開始左顧右盼，他們想要完全避免這個主題，他們不想聽到天使、天堂和地獄。當然他們對你所謂的偉大神學問題，關於有多少天使在一個針尖上跳舞不感興趣。這些東西現在看起來是愚蠢的，人類已經從這一切成長走出來了，這些都是宿醉。

因此奇怪的現象在發生。但是記住，當牧師談到心理學，他看起來是愚蠢的，因為他只是試圖把宗教從後門帶進來。他無法找到任何其他證明，所以現在他在呼喚心理學，而心理學也不能給出任何證據給宗教。因此所有透過心理學所蒐集的證據都只是虛構的，人造的，多少帶有經營與操控，並且無效。他看起來愚蠢。

轉向成為大師的心理治療師情況也是一樣——因為這不是僅僅透過知識，你就可以變成師父：你將必須在存在裡成長。沒有大學能夠幫助你為它準備好，你將必須進入你自己的內在；你將必須在你的內在長途跋涉。

因此所有的心理學家或心理治療師談到宗教仍然只是空洞的、單純的哲學。他沒有辦法給出證據。

我聽說過：

「你沒有什麼不對，」心理治療師對他的病人說：「你就跟我一樣頭腦清楚。」

「但是，醫生，」當病人瘋狂地拍打他自己的身體，他哭訴：「就是這些蝴蝶——牠們都布滿在我身上。」

「看在神的份上，」醫生叫道：「不要拍打驅趕牠們到我身上！」

現在那個人瘋了——沒有蝴蝶——但是和瘋狂的人一起久了，你可以保持頭腦清楚多久？在瘋人院裡，最瘋狂的人是醫生。他不斷地和瘋狂的人在一起，慢慢慢慢地，他不是在改變他們，這是非常困難的，他變得被他們改變了。

在她精神會談的中途。布洛索太太突然驚呼：「我想我對你有幻想了，醫生！接個吻，如何？」

「絕對不行！」醫生憤怒地回答：「那將違背我的職業倫理。現在像以前一樣繼續！」

「嗯，我是說，」病人接著說：「我總是跟我的丈夫關於他的父親有爭論，而且就在昨天……它再次發生了。如果你給我只是一個輕吻，會有什麼傷害嗎？」

「那是絕對不可能的！」醫生喝斥：「事實上，我甚至不應該跟妳一起躺在這個沙發上！」

心理治療師跟你沒有很大的不同，不可能有所不同。他只是比你多一點點了解頭腦。但是透過了解更多的頭腦，是不會有什麼幫助，人們必須超越頭腦。

心理治療認為有不健康的頭腦和健康的頭腦——但諸佛的經驗是完全不同的。他們說：沒有健康的頭腦。頭腦和不健康是同義詞。所以你不可能使頭腦健康。是的，你可能使它更協調，你可能使它正常的不健康，不是異常的不健康。你可能帶它到一個點，在那裡它就像其他人一樣，那就是正常的不健康，正常的神經病。但是你不可能使頭腦健康，這是不可能的。你可能使一個疾病健康嗎？如果疾病在那裡，你是不健康的。你不能說：「現在我有一個非常健康的疾病。」

頭腦就是疾病！師父是見過它而超越頭腦的人，活在無念的人，活在那個絕對寂靜的人。從那個絕對的寂靜，不可能就變成可能。只要跟師父在一起就是跟療癒的存在一起。

師父不是治療師，但他的存在就是治療。他的存在就是療癒，而且療癒這麼多生命的傷口。但他的療癒過程不是透過心理分析：它是存在的。他不是持續分別處理你們的每一個疾病：他只是以單一刀切掉根源。他切掉了頭腦，他不理會樹枝和樹葉。心理治療師持續在砍樹葉。你會有這樣的恐懼，你會害怕心理治療師對你做好幾年的心理分析，但到後來你對這種恐懼多少也適應了。

一個人持續在夜間尿床。現在，他已經三十五歲了。他結婚，也有孩子了。現在到了孩子們在床上尿床的時候——而他仍然一樣還在床上尿床。

妻子建議說：「你為什麼不去找心理治療師？」

於是他就去了。然後就是漫長的心理治療過程……心理分析是一個漫長的過程，而且非常昂貴。六個月後，朋友問他：「事情進行得如何？」

他說：「很完美！」他輕快地、流露著喜悅的說：「很完美，我已經找到世界上僅存的最偉大的心理治療師了。」

朋友問：「所以他治癒你了？」

他說：「沒有，但是我不再對它感到內疚，他說服我說，那是很自然的、正常的——事實上，他自己也尿床。」

心理治療師跟你是在同一條船上的，所有他可能做的就是一點點的補綴。

師父砍殺你，摧毀你，在你的整體裡——孕育出一個新的人。師父對你而言變成母親、一個子宮，要成為門徒，進入師父的子宮。這是一個死亡與復活。

問　題

跟我站在當然的驕傲
沐浴在這個蘇菲的天空下
恩典流經輕盈的肢體旁
歌聲從強力的喉嚨流出
一個很大的滿溢降臨
而帶著每一個呼吸提升
和平在拍動的翅膀飛翔

去深入安頓在我的靈魂……

喔！奧修，

這是禱告嗎？

那就是在那裡嗎？

是的，Vandana，這就是禱告。禱告不是一種形式，妳不必去教堂祈禱——那些去的人，他們不明白什麼是禱告。妳不必去寺廟或清真寺或錫克族古神廟——而那些去的人，他們只是假裝。

禱告是跟心有關的事，它可以發生在任何地方。而無論它發生在哪裡，那裡就是寺廟。妳不需要到寺廟祈禱，而無論妳在哪裡祈禱，妳就創造了寺廟，一個不可見的寺廟。在禱告裡，有人對存在頂禮的地方，那個地方就變得神聖。

對於一顆祈禱的心，任何石頭都能變成卡巴天房（編註：又譯為克爾白；伊斯蘭傳統認為克爾白是天堂的建築「天使崇拜真主之處」在地上的翻版；伊斯蘭教最神聖的聖地，所有信徒在地球上任何地方必須面對它的方向祈禱），任何水都能變成恆河水。對於一顆祈禱的心，每一棵樹都是菩提樹。問題不在於它是什麼形式：它是存在、被提升的感覺。是的，那正就是禱告：當妳突然覺得妳正在被提升，當引力不再拉著妳，當妳知道所有的重量消失了，因為妳是失重的；當沒有過去像岩石一樣掛在妳的脖子上，當沒有未來使妳分心，驅使妳離開現在——當這個片刻是一切，這個地方，這個片刻，就是一切，某個東西在心裡打開了，而香味被釋放了。有時在話語裡，有時在靜默中。有時在意味深遠的話語裡，而有時就像一個孩子一樣咿呀學語。有時它可能變成一首歌或一支舞。有時妳可能只是坐著像一尊佛——完全安靜，一動不動；有時是一個颱風眼。

禱告沒有固定的形式。當妳給它一個固定形式的那一刻，妳就摧毀了它。禱告是自發的。每當它來臨的時候，它總是帶來一種新的味道，妳無法預測它。每當它來臨的時候，它來自藍天——妳不可能拖得動它。是的，妳可以邀請它，但是妳不能在要求中產生它。當它來臨，它就來。它就像一陣微風，突然間妳就充滿了它。然後就消失了。它的到來是美麗的——它的離去，也是美麗的。當它來臨，妳被沐浴。當它離去，它留下了一個極大的靜默，原始的靜默。正如風暴來臨的時候，一切變得完全靜默。

它的到來是美麗的：它的過程是美麗的。但是Vandana，永遠不要有單一片刻覺得妳可能掌控它。如果妳試圖去掌控它，妳就會錯過它，妳就會殺了它。然後它就不會是在天空飛翔的小鳥。那時它將只是在妳金色籠子裡的小鳥。那個美在哪裡？因為美的本質是自由的。沒有自由，就沒有美的存在。

無論是自由的喪失，或是美的喪失，都是醜陋的。

是的，小鳥是美麗的，因為牠在天空飛翔，跟浮雲竊竊私語，有很大的祝福。在高高的天空，牠揮動牠的翅膀，只是漂浮在一種放空的狀態，並且有很大的喜悅，牠是一個狂喜。現在妳抓住了小鳥，妳可能把牠關在鑲有鑽石黃金的鳥籠裡——但鑽石對小鳥是什麼？黃金對小鳥是什麼？牠的黃金是開放的天空，牠的鑽石是自由浮動的雲朵和太陽、月亮和星星。

在籠子裡的鳥看起來還活著，但牠已不再是活生生的了，牠只是外觀還活著。禱告也是，如果妳掌控它，它就是在籠子裡的鳥。永遠不要掌控禱告，這些是大事，人們應該非常非常敬重這些大事。

而人們一直沒有敬重！那就是為什麼世界上有這麼多祈禱在發生——印度教徒祈禱，伊斯蘭教徒祈禱，基督教徒祈禱——每個人都在祈禱，而禱告的人在哪裡？如果有這麼多的禱告真的在發生，這世界將會是天堂。如果有這麼多的禱告從心底出來，那就會有成群的禱告聚會遍布在世界上。但似乎人們只是變得更仇恨、暴力，產生更多的戰爭。禱告無處可尋，某些事是錯的。

這種禱告是人為的。

Vandana，無論什麼事發生在妳身上，允許它。永遠不要抓住它。頭腦試圖抓住它。那就是為什麼我在堅持的，因此妳才保持覺知。每當有美麗的東西發生——頭腦是囤積者，頭腦是非常貪婪的——每當有美麗的東西發生，頭腦會想立刻抓住它。頭腦立刻想要變成它的主人，因而每當頭腦有需要的時候，頭腦就能一再地複製它。

但有些東西是超越妳的：愛情、靜心、祈禱、美、優雅、神。這些都是超越妳的東西！妳最多只能敞開自己，邀請它們，並等待。但是妳不能將它們拉進來，妳有某些人工的、塑膠的東西，真實就永遠不會來找妳了。這些東西妳只能張開雙手讓它們來到你身上。

但是頭腦說：「當它在那裡，不要失去那個片刻——抓住它，握在妳的拳頭裡，或者把它放在妳的保險箱裡，並且把它鎖起來。」

妳不能把花朵鎖在一個保險箱裡。錢財，妳可以鎖住，因為錢財是死的。花朵妳不能鎖住，因為它們還活著。它們必須在樹上，根植於大地，根植在陽光下，根植在風裡。它們只存在於那四周是活生生的地方。當所有的生命源頭被切斷，它們就會死掉、發臭。

是的，那就是禱告：

一個很大的滿溢降臨
而帶著每一個呼吸提升
和平在拍動的翅膀飛翔
去深入安頓在我的靈魂……
喔！奧修，
這是禱告嗎？
那就是在那裡嗎？

是的，這就是祈禱。此時要警覺，讓它來，讓它去……永遠不要去妨礙它。當它來臨，感到感激。當它不來，等待。不要抱怨——它會來的。它會越來越多，如果妳能夠以極大的渴望，而且耐心等待，它必然會來的。它總是會來的。

問題
奧修，請你多說一些關於自我認知。那是我的全部興趣和問詢。

自我認知（知道自己）是一個矛盾的術語。當它真的發生，沒有自我，沒有認知（想要知道）。如果自我在那裡，它不可能發生。如果認知在那裡，它並沒有發生。因此，一些基本的東西要被了解。

首先：對自我認知的發生，自我必須離開。你必須忘記所有關於你的自我。你必須要在無我的狀態。

第二件事：你也必須忘記所有關於認知（想要知道）。如果你不斷地渴望知道，這個渴望會阻止你。神顯露自己，只有對那些不渴望任何東西、不想要任何東西的人——甚至不想知道神。奧祕被揭示，只有對那些只是等待，對神沒有需求的人。他們張開眼睛等待，他們帶著敞開的心等待，但是沒有需求。

你的需求基本上是自我導向的。你為什麼想要知道？因為知識給予力量，試圖去了解它。知識就是力量。你知道得越多，你就變得越強大。自我的興趣總是在變得更加知識豐富。如果你想要知道關於自然，你就變得比自然更強大。如果你想要知道人們，你就變得比人們更強大。如果你想要知道自己的頭腦，你就變得比自己的頭腦更強大。如果你想要知道神，你就變得比神更強大。

對知識的追求，在內心深處，其實是在搜尋力量。你怎麼可能比現實更強大呢？這種想法是荒謬的。要允許現實比你更強大……放鬆。並且允許現實來占有你，而不是你試圖要占有現實。

想要真正知道自己，人必須要忘記自我，忘記所有知識的問詢。然後它才會發生！只有那時它才會發生。

在人類意識有關自我認知的整個歷史中，曾經有過三個努力。

第一個努力是唯物主義者。唯物主義者否定自己；他說沒有自己在裡面，沒有主體；只有客體、東西、事情、世界存在。那是他避免內在旅程的方式，內在旅程是危險的，你將必須失去一切！知道自己和一切，根源和一切——將必須失去一切。唯物主義者不能冒這個險，他發現一個解釋，他說：「沒有靈魂，沒有自己。一切存在於這個世界的都只是物件。」於是他變得對了解物件關心。他忘記主體性而變得被客體所占有。那就是科學三百年來一直在做的，這是從自己逃出的方式。

第二種方式是，唯心主義者，說沒有客體的人：世界是瑪雅——錯覺。外面沒有東西要知道，所以只要閉上你的眼睛進入內在。只有求知者是真實的——被知者是虛假的。唯物主義者說，只有被知者是真實的，求知者是虛假的；唯心主義者說，只有求知者是真實的，被知者是虛假的。而只要看到它們的荒謬——因為如果沒有被知者，怎麼可能有求知者？如果沒有求知者，怎麼可能有被知者？

所以唯心主義者和唯物主義者只選擇一半的現實。關於另一半，他們害怕。唯物主義是不敢進入內在，因為進入內在意味著進入空無，進入極度的空無。這是墜入無底深淵裡……不可預知的。人們會落在哪裡沒有人知道，或到底是否有任何著陸的地方。

唯物主義者是害怕求知者，因此他否定它。出於恐懼，他說它不在：「我整個關注的是被知者、客體。」唯心主義者是害怕客體、世界，世界的魅力、世界的神奇。他害怕進入欲望和激情。他害怕進入物件的糾纏——金錢、權力、聲望。他是那麼地害怕，以至於他說：「一切都是夢。外在的世界不是真實的，真實的世界在內在。」

但兩者都是半真實的。記住：半真實遠比整個謊言更糟糕。至少整個謊言它是整體的。關於整個謊言，還有一件事是：它不可能長久欺騙你——因為它是這樣的一個謊言，甚至愚蠢的人遲早也能夠看到它是謊言。但半真實是危險的——即使是聰明的人也可能進入它而迷失了。

接著就有第三個方式：神祕家的方式。他接受兩者而拒絕兩者，那就是我的方式。他接受兩者，因為他說：「在一個平面上兩者存在——求知者和被知者，主體和客體，內在和外在，但是在另一個平面，兩者都消失，只有人留下——既不是被知者，也不是求知者。」

神祕家的做法是整體的。我希望你們盡可能地深入去了解神祕家的方式。在一個層面上兩者都是對的。如果你在做夢，夢是真實的，做夢的人也是真實的。當你早上醒來，它已經不再是真實的。此時做夢的人不見了，夢境也不見了——兩者都不見了。此時你是清醒的，此時你存在於一個完全不同的意識層面。

當人是無知的，無意識的，沒有覺知的，這個世界是真實的，自我是真實的。當人變得覺知，當佛境發生，那時這個世界是不存在的，也不再存有任何自我——兩者都消失了。「兩者都消失了」並不意味著沒有東西留下來：兩者都消失在對方裡。此時只有一個留下來，兩者沒有留下來，求知者和被知者變成一體了。

那個一體就是自我認知的真正含義。但這個詞是不對的，沒有詞可能是對的。關於這樣美妙的經驗，這是超越二元的，沒有詞可能是對的。

人們試圖以兩種方式來面對主體（內在的神）／客體（外在的物）。一種方法是只關注外在世界的事物，這是從自我認知逃離的方式。想要從自我認知逃離的人們譴責那些唯心主義者是性格內向、不合群、不正常、甚至是變態。他們稱呼這些人是蓮花食者、夢想家、詩人、神祕家，多少從現實誤入歧途。

在自然科學有多少研究是出於讓我們的注意力遠離我們自己的努力？這個問題必須要被問。人們變得對科學研究太感興趣——為什麼？他們是真的對某些科學計畫感興趣？還是他們只是試圖避免走進內在？有極大的可能是他們想避免走進內在。

愛因斯坦在他死前曾經說過，如果神想要再給他一次機會出生，他不希望再成為一個科學家。一位曾在床邊的朋友問說：「那麼你想要成為什麼呢？」

他說：「任何一種人，但不是科學家。我甚至想成為水管工人，但不是科學家。」

為什麼？愛因斯坦是一個有極大靈敏度、智慧的人；一個可以很容易成佛的人。他擁有一切的潛力，但他錯過了——因為他傾注他所有的智慧在客體世界。他變得太過於關注星星、時間和空間……等等，他完全忘記了他自己。他變得從事那麼多其他的事情和其他的問題，而使他完全忘記了他是誰，或者說忘記了必須要給自己某些時間。

印度社會主義領袖盧赫亞(Ram Manohar Lohia)博士去探望他。他告訴我說，他去探望愛因斯坦，他必須等待六個小時。時間由愛因斯坦自己設定，愛因斯坦的妻子會一再地帶來茶葉和其他接待的東西說：「我們很抱歉，但是他正在洗澡。」這麼久？

盧赫亞博士問道：「他洗澡會洗多久？」

妻子說：「沒有人知道，因為當他坐在他的浴缸裡時，他會開始想著偉大的事情，而且他完全忘記了他是誰。我們不允許打擾他，因為他也許在追尋思索某些小思緒，如果我們打擾他，這也許是對人類的一個損失。」

盧赫亞博士變得更感興趣。他說：「但是他坐在那裡，到底一直在做什麼？」

妻子說：「請不要問……他玩肥皂泡沫。他讓自己埋頭玩肥皂泡沫，並繼續思考。所有這一切他解決了的大問題，都是他在浴缸裡解決的。」

你必定聽過大科學家們變得恍惚失神。那些不只是笑話——有一個真理在裡面。他們失去了自己。

據說康德有一天晚上，他回到家裡，他敲了敲門，天漸漸黑了，傭人從頂樓的窗口說：「主人不在家。」

這是康德的房子，他是主人，但僕人以為有人來見主人。於是他說：「主人不在家，他去散步。」

而康德說：「好吧！那我就待會兒再來。」

他就走了！走了一個小時後，他突然意識到：「這個僕人在跟我說什麼廢話？我就是主人！」

如果你變得從事外在的東西太多了，有可能你的整個意識會開始往外移。沒有東西指向自己。

另一個晚上，康德回到了家。他時常隨身攜帶著拐杖。他進到房間裡而忘了什麼是什麼，所以他把拐杖放在床上，而他自己在床邊的拐角站著。就這樣到了半夜，他突然認出事實，某件事錯了。

這是可能的。人們可能變得被物件迷住太久……因此可能失去自己。人們可能落入陰影裡，科學家就活在那種陰影裡，哲學家就活在那種陰影裡。

當物件和客體利益接管了，主體就被消滅了，科學方法的主體帝國就岌岌可危。堅持如果某個東西無法用科學的方法被知道，那麼它就不是被知者，這是一回事。堅持如果某個東西無法用科學的方法被知道，那麼它就不存在，這又是另一回事。

一旦你變成太過執迷於物件，那時你自然也會變得對科學的方法執迷——那是知道的唯一有效方法。如果某個東西無法使用那個方法，那時不僅你說它不是被知者，慢慢慢慢地，無意識地，你也會開始說如果它無法透過科學的方法被知道，它就不可能存在。那就是為什麼科學家一直在說神不存在。並不是神不存在——只是因為他們的方法。他們的方法是給客體的，而神是你的主體。他們的方法是為了抓住和你分開的那個。而神不是和你分開的：神是你最內在的存在，你的內在。

透過科學的方法，愛無法被證明，那並不意味著愛不存在。對於愛，一種不同的方法，不同的做法，不同的視野，一種不同的方法去看是需要的。

透過對於客體世界越來越感興趣，科學家逃避「知道自己」。透過越來越深入物件，他越來越遠離他自己。

還有第三個努力也是為了克服主體／客體二分法，那就是神祕家的方法。為了避免主體與客體分開的一個方法，科學家說：只有客體存在。唯心主義者說：這個世界是虛幻的，它不存在，它是瑪雅，閉上你的眼睛。但兩者都是錯的。第三個是神祕家的方法：他超越。他不否認客體，也不否認主體——他接受兩者。他橋接它們。

那就是著名的《奧義書》(*Upaniṣad*)說的含義：TAT-TVAM-ASI——那就是你，這就是橋接。在這個橋接，自我認知發生了，自己消失了，知識消失了——知道留下來。一種清晰，一種透明，整體是清晰的。沒有任何東西像它那樣清晰透明。它是唯一的……

那就是佛教徒所說的：佛的蓮花池。整體是清晰的、芬芳的、美麗的、優雅的。

神祕家透過超越求知者與被知者，此時沒有東西留在「知識」的概念，知識不可能被分為直接和間接的，所有的知識都是間接的。知識是行禮，而不是擁抱。它是象徵、分析。從某種意義上說，知識是一種乾癟而僵死的事實——它不是濕潤的經驗。經驗不是知識，而是知道。

那就是為什麼克里希那穆提總是使用「經歷」這個詞，而不是「經驗」，他是對的。他把名詞轉換為動詞：他稱之為經歷。要經常記住：把名詞轉換為動詞，你就會更接近真實。不要叫它知識：叫它知道。不要叫它生命：叫它活著。不要叫它愛：叫它愛著。不要叫它死亡：叫它死去。

如果你可以了解整個生命是動詞，而不是名詞，那就會有很大的了解。

沒有自己，也沒有別人。

偉大的猶太神祕家和哲學家馬丁．布伯(Martin Buber)說，禱告是我和祢的經驗，對話經驗。是的！剛開始祈禱是這樣的，但不是最終的。對於初學者來說，禱告是我和祢之間的對話。但對於那些已經到達的人，禱告不是一個對話，因為既沒有我也沒有祢——只有一個，對話就不可能存在。它不是溝通：它是融和。它甚至不是融合，而是一體。

自我認知是非常重要的，沒有別的東西比那個更重要。但是要記住這兩個缺陷：一個是否認主體，而變成唯物主義者；另一個是否認客體，而變成唯心主義者。要避免這兩個陷阱，要走在正中間。

然後你會驚訝地發現——自己消失了，知識消失了，隨後知道就會降臨。大光明就會降臨，大光明不僅轉化你，而且轉化你的整個世界。

據說佛陀曾經說過：在我成道的那一刻，整個存在也成道了。這是真的，我對它是一個見證人。它的發生確實就是那樣，當你成道，整個存在變得充滿光明。甚至黑暗變得明亮，甚至死亡變成生活的新方式。

問題　為什麼會這麼困難了解你？

我是這麼簡單——你有某些東西必定是錯了，你必定是知識豐富的。你必定是背負著極大的偏見在你裡面，否則，我在說的是這樣簡單的真理；沒有辦法使它們更簡單了。但是你必定在等著聽到別的東西——那時問題就出現了。

我說一件事，你在等著聽別的東西。而且有所抵觸，它們就會產生碰撞。當然，如果任何東西跟你有抵觸，你就可能無法接受它，這就會造成混亂。我在這裡是要為你澄清東西，但是如果你有想法，有預設的想法、偏見，那時我的簡單說法會跟你根深柢固的信念碰撞——因而會有混亂。你想聽到別的東西……如果我說到它，那時就完全沒有問題。你說：「我明白。」那就是你的意思，當你說：「對！我明白。」這意味著我跟你一致，但是我沒有義務跟你一致。我怎麼能跟你一致？如果我跟你一致，我將如何去改變你？

所有的希望是在我跟你不一致，因為那是對你成長、超越自己的唯一可能。

但是這會發生，你有某個想法。我說了某件事：要嘛，你是聽到某些我沒有說的東西，要嘛，你的信念受到傷害、受傷，你變得不安。在那個不安裡，你無法聽到我在說的事。否則我在說的是這麼簡單的事情。

丈夫回家又喝醉了。他的妻子無法忍受，她對他大聲喊說：「如果你不停止這個該死的喝酒，我就要去自殺了！」

倒霉的丈夫反駁道：「你的承諾要做到，那就是我所得到的，承諾。」

這是很難的事，你只聽你能夠聽的事。

一位家長聽到她六歲的孩子說：「三加一，他媽的(sonuvabitch)是四。」他說：「三加二，他媽的是為五。三加三，他媽的是六。」

母親驚訝地說：「約翰尼，你到底在哪裡學到那樣說話？」她生氣地問。

「哦，那是在學校，他們教我們的方式。」約翰尼說。

無法相信它，約翰尼的母親拜訪了老師，並要求作出解釋。而老師就像母親一樣驚嚇——她也不知道約翰尼在哪裡學會了那些話。接著，她意識到發生了什麼事。

「我明白了，」她笑著說：「我們教孩子們說：三加一，總和(sum of which)是四，三加二，總和是五！」

我在說某一件事……但你也許會聽到另一件事，這時就會變得非常困難。我從我的視野說話；你從你的視野聽到，就會產生極大的差異。我對你說的每一個字，都被你翻譯了，即使我說的是你了解的同一種語言——但它依然是被翻譯過的。

婚姻顧問在指導「新娘須知」時說：「我必須告訴妳的第一件事是，如果妳要保持妳丈夫的性趣，脫衣服時，妳必須永遠不要在他的面前脫光，總是要給妳保留一點神祕感。」

大約兩個月後，丈夫對他的新娘說：「告訴我，珍，妳家族有任何人有精神疾病嗎？」

「當然沒有！」她激烈地回應：「你為什麼問這樣的問題？」

「嗯，」他說：「我只是想知道，為什麼自從我們結婚後，當妳睡覺時，妳從不脫下妳的帽子。」

人們以自己的方式來了解，那也許會為你創造麻煩。你將必須更接近我對事情的視野。事實上，我在說的是很簡單的，它根本不難。

其次，你將必須把你的過去丟掉。新鮮地來見我，乾淨的石板，這樣我才能寫上已經發生在我身上的東西。如果你帶著寫了這麼多東西在你身上的石板來，我還是會寫，但是它會變得非常非常混亂，很難使你明瞭什麼東西是我寫上去的，你攜帶在你腦袋的其他一切會變得跟我所說的糾纏一起。

聽著我，不是從頭而是從心。聽我說而不爭論，只是在一種深刻的親密、愛、憐憫中。不要在這裡像一個旁觀者——要變成一個參與者。要跟我落入關聯，那就是理解我對你說的事情的唯一途徑，因為我對你說的事情不是普通的信息，它是絕對的火焰。如果你允許，它將會轉化你，它將會蛻變你。如果你允許，你會永遠不再是相同的。如果你允許，這會是你的重生。

問題　我想家——這是什麼意思？

我怎麼知道？這也許意味著某些真正偉大的、形而上的。神祕家說他們想家，但他們的意思是他們嚮往原始的源頭，最後的家，他們在渴望神。但我不知道你是怎麼了，你也許只是想家而已！

聽聽這些故事：

一個旅行中的推銷員走進一家小吃店。他指示女服務生：「我想要兩個雞蛋，我要它們被煎得很熟，我要兩片吐司被烤得脆脆的，我要一杯淡咖啡，不冷不熱，而且是特別難以入口的。」

「什麼！」女服務生驚呼：「這是哪一種餐啊？」

「你別管，」推銷員堅持：「只要給我，我所要求的。」

女服務生回到了廚房，告訴廚師有一個發瘋的傢伙在外面，點了他要的餐。廚師準備了一切，就如它被指定的。女服務生送來悽慘的早餐並冷冷地說：「先生，還要什麼？」

「什麼？喔，對了！」推銷員說：「請坐在我旁邊，對我嘮叨。我想家了。」

或者這個故事：

一對不和的夫婦剛剛有過他們婚姻中最糟糕的口角。丈夫被激怒之下，抓住他自己的外套，衝出了家門。為了冷卻他的憤怒，冒火的丈夫坐地鐵到中央車站，並進入當地的一間酒吧，試圖忘記他的煩惱。不久，他開始活絡起來。

凌晨兩點左右，倒霉的丈夫決定他混得夠久了，足以讓他的老婆可以得到懲罰了。他離開了酒吧，開始走上第八大道，尋找地鐵站。

當他接近麥迪遜廣場花園時，他抬起頭看到明亮的霓虹燈閃亮著招牌：「大戰今夜。」他停頓了一下，重新凝聚他的雙眼，嘆了口氣：「啊，終於到家了！」

我不知道你的問題所說的意思。你說：我想家——這是什麼意思？你必須真正的明白。如果是為了神而想家，我可以告訴你路徑。每個人都保持在想家，除非人發現了神。我們失去了我們的天堂，我們早知道它會是怎樣的，它會是多麼地美——但我們失去了它。我們在母親的子宮裡就知道了，記憶仍然存在。這個記憶不是心理的：它是你身體的每一個細胞，你身體的每一根纖維，它不斷地在堅持。它持續在困擾你，它持續在給你一種缺少了什麼的感覺。它持續在驅使你，朝向某個可能的目標。

那個目標就是神——或者稱之為真理、涅槃或你喜歡的東西。如果你是在這個意義上想家，我可以幫助你。如果你是在其他的意義上想家，就回去吧！Deeksha……

第13章 斷章取義

某位蘇菲老師正在解釋假蘇菲是如何被揭穿的：「一個真正的蘇菲派遣他的一個門徒去服侍那個假蘇菲。這個門徒日夜侍奉著這個偽裝者，他使每個人開始清楚地看到，這個詐騙者如何喜愛這些關注，因而人們就放棄他了。」

有一個聽到這個故事的人，對自己說：「好棒的想法啊！我應該離開去做同樣的事。」

他去到一個被發現是假聖人的地方，並且熱情地希望被接納為門徒。三年後，那裡聚集了好幾百個信徒，他們看到了這個人的虔誠，他們對彼此說：「這個師父必定是一個真正偉大的人，因為他可以讓他的門徒對他如此虔誠，並且願意如此自我犧牲地來侍奉他。」因此這個人又回到了他聽到故事的前蘇菲師父那裡，並且解釋發生了什麼事。「你的說法並不可信，」他說：「因為當我試圖自己去到實際的情境，相反的事卻發生了。」

「唉，」蘇菲說：「對你嘗試運用蘇菲的方法，只有一件事錯了，你不是一個蘇菲。」

蘇菲不是一種教條，而是一個內在轉化的方法，一個鍊金術的裝置——改變較低級的成為較高級的，改變賤金屬變成黃金。它不相信談論神，相反地，它相信創造神。它不相信偉大的哲學論證——那些全都是垃圾。它的整個重點是如何摧毀人類的機械性，如何去解除自動化的人，如何去釋放覺知在他內在。

記得自己(self-remembering)是它唯一的、而且是它的整個理念。

如果你可以了解「記得自己」這個詞，你就了解所有的蘇菲組成。

人活著，但沒有任何他是誰的記憶。那時你可以繼續做一千零一件事，但失敗會是你的命運。你是注定要失敗的，因為無意識搞砸了一切。只有意識才會成功，因為只有透過意識，你才會變成神的宇宙的一部分。無意識，你保持是分開的。無意識，你就被你的自我所局限，你就像一座島嶼。有意識，自我就融化，你就變成與整體合一，與整體和諧。

部分將會是失敗的。部分不可能成功，只有整體才會成功。

那就是這個古代說法的意思：SATYAM EVAM JAYATE——只有真理才會獲勝。為什麼只有真理才會獲勝？因為成為真實的，就是與神同在；成為真實的，就是與存在的最終法則同在，就是與道同調，而且整體不可能失敗。

個體是注定要失敗的。除非你記得，否則你將會保持是一個個體。當你記得的那一刻，奇蹟就發生了：在記得自己裡，自己就消失了；只有記憶留下來。在不記得自己裡，沒有記憶，而自己繼續。自己和記憶不可能存在一起；它們的共存是不可能的。

蘇菲可以簡單到只有一個方法：記得自己。一個記得自己的人將會以不同的方式運作。永遠不要模仿任何人，因為透過模仿你就不會達到。如果碰巧你是幸運的和受祝福的，你會遇到一個佛，但要學習如何記得他，不要模仿他。如果你模仿一個佛，你將只是一個虛假的佛，虛假的實體，沒有價值的。你就會變得越來越笨——模仿者總是會變笨的。

透過模仿的智慧從來不會成長：智慧只有透過試驗才會成長。智慧透過接受挑戰才會成長，智慧透過接受問題，並努力找到自己的答案才會成長。模仿意味著問題甚至還沒有出現，而你卻接受了答案。如果問題還沒有出現，那時季節還沒有成熟——那時不要播下種子，它們會死掉。這會是純屬浪費。

但是這是會發生的：如果你遇到一個佛，他的存在，他的展現是磁性的——你會想像他一樣，他的優雅令你著迷。你會想要學習他的生活方式，你會開始無意識地模仿。他看起來那麼美麗，他看起來那麼寧靜，那麼幸福——誰會不喜歡去模仿他？但是如果你模仿，你就錯過了，因為意識無法被模仿，它必須被創造。你必須變成實驗室，你必須變成實驗。你必須創造火焰，你必須創造耐心。你必須創造很多東西，那是給內在化學的配料，然後有一天火焰會來臨。那時你是一個佛，以你自己的版本而不是副本！不是拷貝的副本。

你最內在的存在會是完全像佛陀一樣的，但是你的外在個性會有所不同。耶穌是耶穌，克里希那是克里希那，魯米是魯米，曼蘇爾是曼蘇爾。從外面來看，它們是不同的，就如同人們可能不同，從最內在的核心，他們的味道是一樣的。

那是什麼味道？那是記得自己的味道。

身體是不同的。佛陀有不同的外形，穆罕默德有不同的外形；他們的眼睛，他們的鼻子，他們的臉，他們的手，都是不同的；他們的語言是不同的，它們的性格是不同的。穆罕默德擁有劍在他的手上，佛陀不會接觸到劍，從來沒有。克里希那有一支長笛——你無法想像馬哈維亞有一支長笛，這是不可能的。耶穌在十字架上，在人類那深深的痛苦裡，彷彿所有人類的所有痛苦都集中到耶穌的存在裡。而克里希那在跳舞，彷彿一切可能人類的所有狂喜都聚集在一起。但如果你深入地看，在耶穌的痛苦裡和在克里希那的狂喜裡，味道是一樣的。在跳舞，克里希那記得。在死去，耶穌記得。佛陀在他的樹下靜靜地坐著，帶著全然記得自己，而米拉在跳舞，帶著極大的放棄，但是在最深的核心裡，有記得自己的火焰。

記得自己就是宗教的靈魂。

但我們總是看到周邊。如果你來見我，你會看到我的周邊，你不會看到我的中心。那是無法提供給普通的眼睛的，除非你長出門徒的眼睛，否則你將無法看到它。除非你長出內在的眼睛，否則你將只能看到我的周圍。我不是我的周圍：我是我的中心。周圍是偶發的，但中心不是偶發的——它是永恆的。相同的中心可能在不同的周圍裡存在。但是普通的眼睛只能看到外在，並且會變得對外在執迷而會開始模仿它：「也許有一天，當模仿得更完美時，我就會到達中心。」從周邊到中心是沒有路的！

讓這個被你永遠地記得：從周邊到中心是沒有路的。從中心到周邊當然有路。如果內在改變，外在會以它的步調變化——但不是相反方向也可以。只是透過改變外在，你將不能改變內在。事實上，透過改變外在，你將會變成偽君子。透過改變外在，你將會變得分裂，你將會變成兩個，而不是一個，你將會被瓜分。而所有的分裂必然帶來苦難。

這是最大的分裂：當某人的中心講一種語言，而外圍講另一種語言，他會開始陷入精神分裂。這兩極會變得漸行漸遠，他會無法保持自己的完整，他遲早會裂成碎片。那就是所謂的瘋狂。

永遠不要模仿，否則你是在瘋狂的道路上。理解，而永遠不要模仿。當師父說，凡是他所說的都是真的。但不要斷章取義，否則你會誤解他。

我知道：甚至斷章取義的時候，那些陳述看起來也是有意義的，但是它們是沒有多大意義的。意義從來不在片段的話語裡，而總是在那個當時陳述的語境裡。以那樣的方式，所有的字典都是假的，因為在字典裡只有片段的文字而沒有完整的語境。你讀到「愛」這個字，但現在可能有什麼意義在這個「愛」字裡面？它可能有一千零一種意義。它取決於使用者和當時陳述的語境。

一個男人對一個女人說：「我愛妳。」而另一個男人說：「我愛冰淇淋。」含義是一樣的？耶穌說：「愛是神。」當耶穌說「愛是神」，而你說：「我愛冰淇淋。」含義是一樣的？然後，神的味道將會是冰淇淋的味道？不是這樣的。這個字的意義取決於陳述者當時的語境，在那個語境裡，陳述者深深地參與了。如果他是一個存在的人，他的存在參與了。如果他是佛陀或基督，如果他是蘇菲，那麼所有他知道的和看到的就參與其中了。不要把佛陀的陳述用平常的眼光來看待，直到你理解了佛陀的品質，他的正念，他的覺知，否則你還是會繼續誤解。任何出於你的誤解而做的事，必定會帶來更多的苦難、複雜、風暴。它不會變成一個祝福，它會變成一種詛咒。那就是普遍發生在人們身上的事。

有好幾百萬人是基督教徒，他們不知道什麼是基督意識，而他們繼續在讀《聖經》。有好幾百萬人是佛教徒，他們不知道什麼是佛陀意識，而他們繼續在讀《金剛經》。有好幾百萬人是印度教徒，他們不知道什麼是克里希那意識，他們繼續在讚頌《薄伽梵歌》。因此有那麼多的混亂在世界裡，有那麼多的愚蠢在世界裡，有那麼多無智慧和平庸在世界裡。

人們讀《山上寶訓》或《聖經》，或《薄伽梵歌》，或《法句經》，但是什麼意思呢？——那個意思將會是你的。那個意思將不可能是耶穌或克里希那或穆罕默德的。總是要記住：當你在讀《聖經》時要非常覺知、謹慎，它是你的意思，因為是你在那裡讀。你無法讀到耶穌的意思，只有當你達到耶穌的意識高度，你才可以讀到。

這是蘇菲重要的字詞：記得自己。它不是一個教條；它是一個紀律。它不是魔術、儀式；它是科學，它是真實的心理學。那就是「心理學」字面所說的意思：靈魂的科學。西方心理學無權稱呼它自己是心理學；它不是靈魂的科學。相反地，它否定靈魂的存在，但人們那麼荒謬地稱它為心理學。它只是研究行為——甚至不是人的行為，而是老鼠的行為，用來了解人的行為，它把人降低為老鼠。老鼠的解答：它認為如果你能了解老鼠和老鼠的頭腦，你就能了解人和人的頭腦。

在東方，我們恰恰相反：除非你了解一個佛，否則你不會了解人。這就看到那個差異。美國心理學家伯爾赫斯・史金納（Burrhus Skinner）說，如果我們能夠了解老鼠的頭腦，我們就能夠了解人類的頭腦，人不過是一個稍微複雜的老鼠。老鼠是簡單的，可以更容易地被了解。因此，心理學家才執迷去研究老鼠。

東方心理學才是真正的心理學，除非你了解一個佛，否則你無法了解一個人——因為人只是一顆種子。你怎麼能夠了解種子？除非你看到了樹木完全長大，帶著綠葉、花朵、果實；除非種子已經完全展現了它自己，並且已經達到了成長，而不僅是潛在的，否則你將無法了解它。如果你想了解種子，去研究樹木。透過研究樹木，你就會知道種子是什麼。

在東方，我們透過了解佛來了解人。在西方，他們透過了解老鼠來了解人。這是在羞辱人。西方心理學還不是心理學。它應該放棄這個名稱！它只是有關人類外在行為的研究，而不是內在的意識。它否認任何內在的存在。

蘇菲是心理學這個詞的真正意義，它取決於內在。但是那時問題就出現了：當你聽到蘇菲的陳述，要很警覺，不要根據你的了解來詮釋它們，否則你會誤解。你將必須提升你的意識而走靠近蘇菲一些。

這些是要了解的兩個方式。

例如，你跟我在這裡。一種方式是：凡是我說的，你詮釋它，截取它到你的了解，那是了解它的一種方式。事實上，它是誤解它的一種方式。另一種是了解它的正確方式：當你愛上我所說的話，然後試著更靠近我的意識。然後多一些靜心，那時變得更加覺知。然後觀照必須被增長，那時更多的能量必定被注入，這樣就可以從你了解的普通平面提高一些。然後你就能看到重點。

因為蘇菲使用非常簡單的語言，因此問題就變得很複雜。你可以了解它，就語言來講是沒有問題的。但是就訊息來講，就會有很大的問題。蘇菲的陳述是編碼的訊息——它從字面上看起來是簡單的，但是在它們裡面，攜帶著很大的寶藏。

蘇菲不是教條，因此，它不是智能的。它是存在的，它是整體的，智能只是一小部分。但是不知何故，這場災難已經發生，因為智能已經變得獨斷，它篡奪了你的所有權力，它已經變成極權，它已經變成主人。蘇菲說智能是大僕人，好僕人，很實用，但是是很壞的主人，它不能夠是主人。

事實上，沒有一小部分能夠是主人。心不能是主人，手也不能，腳也不能，腎臟也不能，肺也不能——沒有部分能夠是主人，主控權屬於有機的一體。人的存在應該是一個民主，在它裡面每個部分都有其發言權，並且在那裡每個部分運作到最大的極致，而沒有妨礙。出於所有這些部分的和諧，記得自己就會發生。

因此，要提醒一件事：禪是反智能的；而蘇菲不是那樣。禪是非理性的；而蘇菲不是那樣。蘇菲是一個非常平衡的觀點，它既不是智能的也不是反智能的；它既不是理性的，也不是非理性的。

蘇菲說：智能有它自己的位置；它是一部好的機器，它必須被使用。但是只能當做機器，機器不能變成主人。人作為有機的一體的這個視野是蘇菲對人類意識最偉大的貢獻。既不是心，也不是頭，也不是任何其他部分要變成老闆，沒有必要有任何老闆在你身上。所有的部分都必須發揮作用；沒有任何部分的職能需要受到阻礙。

出於所有部分運作的和諧，產生了那個大恩典——記得自己。它既不是身體，也不是頭腦，也不是靈魂，而是全部所有的部分。它是三位一體，它是總體。

禪是有點極端，它從智能到截然相反的極端。蘇菲是更為平衡的，它保持在中間。它說不必要採取任何立場，利用一切神所給予你的，以這樣的方式，以這樣巧妙的方式使用它。因而你的生活會變成樂團，從那個樂團演奏出來的旋律就是記得自己。

那個「記得自己」展露給你所有存在的奧祕。智能有一個部分是需要的；智能必須服務。它的貢獻是顯著的，有兩個原因。第一：當你在路徑上移動著，智能可以幫助你避免跌倒。智能不能提供給你真理——真理太大了，它是超越智能的，它是唯一的整體容量。但智能還是可以做某些很大的工作，打基礎的工作。它可以告訴你什麼是假的，它可以告訴你什麼是錯的。它可以告訴你哪裡不要去，那是很大的工作。當你站在一個十字路口時，有四條路，有三條必須被去除——智能會做那些事情。它絕對不能對你說：「這條是對的，遵循這條。」它不能直接引導你，而它可以對你說：「這條似乎是不對的。」為什麼？因為智能的整個能力就是懷疑，它的功能是那個懷疑。它能夠懷疑！因此它能夠告訴你什麼是假的。它不能信任，所以它不能告訴你什麼是對的，但是以間接的方式，如果虛假被淘汰，你就越來越接近真實。

當所有虛假的被淘汰，真理就那樣被留了下來，智能變得沉默。如果它不是主人，當它面對真理的那一刻……它只能保持沉默。它不能說：「這是真的。」那不是智能的能力。但當智能是沉默的時候，你就可以移到真理。

要找到一個真正的師父，你將必須使用你的智能。沒有什麼其他你可以使用的。這就是使用它的方式：不要讓它變成你的主人。它是一台很棒的電腦，生物電腦，很細膩，很複雜，具有極大的價值。它被自然費了好幾百萬年來創造它——不要只是把它扔在垃圾箱裡。使用它！它的懷疑能力，它的質疑具有極大的價值。

笛卡兒(René Descartes)帶著質疑開始了他的哲學問詢。他提出一個觀點：「除非我找到的東西是不容置疑的，否則我不會相信任何東西。」一切都被汰除了：神被汰除了，天堂和地獄被汰除了，天使、魔鬼都被汰除了……整個神學被汰除了。但是後來，他遇到一件事：一個人自己的存在——你怎麼能夠懷疑？智能變得沉默。你不能懷疑你自己的存在，因為即使要去懷疑它，那個「你」也是需要的。如果我說我不在，我是在偽造我自己的陳述。如果我不在，那是誰在做這個陳述？

有一個著名的蘇菲故事：

目拉．那斯魯丁坐在咖啡館裡，對每一件事情吹牛，就像他的習慣。他突然說：「沒有人比我更慷慨。」

朋友們說：「那斯魯丁，這太誇張了吧！我們從來沒有看你慷慨過。你還不曾有過一次邀請我們到你家去，甚至一杯茶——你在說什麼？」

他說：「來，你們都來——整個咖啡館的人都到我家來！今天晚上我要給你們一個盛宴，每個人都來，全部都來！」

他是那麼地興奮，以至於他完全忘記了他的妻子。他們越靠近他家裡，他的感覺就越清醒。他開始感到害怕，一整天他都沒有待在家裡。「妻子必定很生氣！」事實上，早上他必須去買菜，此時她必定在憤怒中。現在，他不僅沒有帶菜回來，而且還帶了三十個人來！

就在房子前面，他對他的朋友說：「等一下，你們都是結過婚的人，你們知道，你們了解。讓我第一個進我的家，讓我說服我的妻子。」

他的朋友們明白，他們就等著。半小時過去了，一小時過去了。當時天色已晚，他們都感到飢餓了。他們說：「發生什麼事？」因此他們敲了敲門。

目拉對他的妻子說：「我一直是個傻瓜，我不知道是什麼瘋狂占據了我，我剛剛只是順便談到我的慷慨，我就進入這個愚蠢的想法，因此我就邀請了這些人。現在只有一個辦法：當他們敲門，妳只要走出去，告訴他們，目拉不在家。」

但是妻子說：「但是是你帶他們一起回來的，他們知道。」

目拉說：「那我會處理，妳就去吧！」

然後，他老婆走了出去。她說：「你們在等什麼呢？你們是不是來找目拉．那斯魯丁？他不在家。」

他們說：「這實在太過分了，他和我們一起回來的！而且我們也沒有看到他出來。他必定在裡面！」

但是妻子說：「他不在裡面。你們回家吧！」

於是他們開始爭吵，而目拉躲在後面，當爭吵變得太激烈，他看到妻子在爭吵中被擊敗，他忘記了自己。他走了出來說：「聽著！他也許和你們一起回來，但是那邊也有一個後門——他也許已經從後門走掉了。所以爭吵的意義何在？」

此時，目拉本人在說他自己也許已經從後門走掉了。你不能說「我不在」——你不能說「我不在家」，那會擊潰你的整個意圖。要說出「我不在」，「你」也是需要的。

笛卡兒偶然發現了一個事實——「我在」的事實是不容置疑的，它是不可能被懷疑的。他發現智能在這裡變得沉默，智能無法做任何事情。懷疑是不可能的。

智能必須被使用，但它只可以是僕人而不能是主人。然後，當它面對真理，它就不再出聲。

這是使用智能的第一個目的。

第二個目的是：當你找到真理，它也是透過智能，某些東西可以跟他人分享。當你找到真理，透過智能，你可以想出方法、技術、處境，因而別人也可以被引導進入。

智能不是敵人——它可以被使用。達到真理之前，它可以幫助排除虛假；達到真理之後，它可以幫助指出真理，暗示真理——它可以變成一隻手指指向月亮。

所以記住，蘇菲不反對智能，一點都不會。但是儘管如此，不要忘了：智能必須不能變成房子的主人。沒有人必須是房子的主人，你的整體必須在和諧中運作。然後，當沒有人在主宰你，真正的師父就降臨，那就是神。

如果你有你自己的主人，它會防止真正的師父進來，它也許是智能，它也許是心，它也許是邏輯，它也許是信仰——任何東西——但是，如果你有你自己的主人，真正的師父將無法進入你。那裡沒有空間讓真正的師父進來，而真正的師父只有一個：就是神。

現在這個美麗的故事……在我進入這個故事之前，還有一件事必須記住：這些不是歷史事實，這些是寓言。不要開始思考這些故事，以為它們曾經發生過。為什麼我要提醒你？因為就在幾天前，Ashoka寫了一封信給我。

我們之前曾討論過一個故事，最美麗的蘇菲故事，關於一個托缽僧要求國王填滿他的乞討碗「……，要證明你是一個真正的國王，如果你甚至無法填滿貧窮乞丐的乞討碗，你是哪一種國王？你在說什麼主權？」

國王讓人將金幣倒進去乞討碗，而它是一個神奇的乞討碗，魔術的乞討碗。所有一切倒入的立刻就消失了，碗仍然是空空如初。蘇菲展示了一個偉大的真理。

這個乞討碗就是人類的欲望。你可以持續填入它，你可以用世界上所有的王國填入它，但它們會消失，並且充滿欲望的碗會保持仍然是空的。即使是亞歷山大也是空空地死去，拿破崙空空地死去，阿道夫．希特勒也如同乞丐一樣空空地死去。只有那些了解欲望是徒勞的人會如同國王一樣地死去，他們也會如同國王一樣地活著。一個佛就如同國王一樣地活著。

那就是為什麼耶穌被誤解這麼多——因為他宣稱自己是國王，真正的國王。他告訴他的門徒：「我是來把神的王國降臨到這個世界的。」政客們變得很害怕：「他是一個競爭者或是什麼？」他們以為：「他是在聚集軍隊，遲早他會宣稱自己是國王。」其實他在說的是一種完全不同的王國！他不是在說這個世界的王國：當欲望消失了，他在說的王國就會來臨。

是的，曾經有過國王，佛陀、基督——但他們不是你在使用的國王這個詞的意思。

而蘇菲所展示的，是那個國王所擁有的一切的徒勞。我們的財產是由被稱為夢想的東西形成的，它們都將消失在碗裡。

它是最美麗的一則寓言——但它只是一個比喻，記住！它實際上並沒有像那樣發生。但是Ashoka寫了一封信給我，他迷戀魔法。正因為如此，他跟實諦．賽．巴巴（Sri Sathya Sai Baba）住在一起好幾年，他以為那裡必定有真理，當一個人能夠無中生有，從無中生出瑞士手錶、金幣、神聖的灰等等——他認為那必定有偉大的東西在裡面。後來他來找我，他現在已經變成我的門徒，他在這裡每天都在成長，但實諦．賽．巴巴在他身上似乎已經是一種慢性疾病。不知怎麼的，它繼續在逗留；他不能錯過這個機會。而他在這裡每天都在成長，他進行得非常好，我很高興。但是那個舊頭腦繼續在保護它自己，在某個角落和拐角的地方。

我在等他那個舊頭腦離去的那一天，他將會有三托歷的經驗發生，我在等那一天。

但是現在，當他聽到這個寓言，他就跳上它。他說：「你稱讚這個蘇菲這麼多，是誰用他的乞討碗做了這個神奇的事情——幫助他使金幣消失。你對這個人讚賞這麼多，但你為什麼要譴責實諦．賽．巴巴？只是因為他做了相反的事：他從無中生出金幣？這個蘇菲做著相反的事：他讓金幣消失。兩者從不同的角度，但都在做同樣的事，你對這個蘇菲讚賞這麼多，而你卻譴責實諦．賽．巴巴——為什麼？」

首先，這是一個比喻。從來沒有人做到了這樣。其次，幫助人們看到他們所謂的黃金不過是夢想的東西，所以它消失進入虛無，這是在幫助他們走向靈性。而實諦．賽．巴巴卻給予人們幻想，以為黃金可以從虛無中產出，他是迫使人們越來越走入俗世。

這個蘇菲苦行僧是在幫助國王看到他的全部家產都是徒勞的。實諦．賽．巴巴只是在幫助貧窮的人們對黃金產生欲望，他只是幫助人們變得更加世俗，物欲橫流。那些在實諦．賽．巴巴周圍的人是唯物主義者，你無法找到有靈性的人在那裡。有靈性的人為什麼要去那裡？為了什麼？有靈性的人對魔法不感興趣，對神祕的力量不感興趣，也對黃金不感興趣。有靈性的人對所有這些東西已經免疫了！因此他是靈性的，他的追尋是那些超越死亡的東西，他的追尋是記得自己。

實諦・賽・巴巴不能從無中生有產出「記得自己」。沒有人能產出它。「記得自己」必須被每個個體自己創造。它是一個艱苦的旅程，一個偉大的朝聖。

首先，蘇菲的故事是一個寓言。我不是在說這是一個歷史事實。其次，實諦・賽・巴巴的工作是很世俗的，平凡的，庸俗的；它跟神聖無關，它沒有神聖在裡面。變得有興趣的人是那些貧窮的人們，想尋找某些方法來致富，或那些生病的人們，想尋找某些方法來變得健康，或是那些殘缺、癱瘓、失明的人們，這個和那個……。但是他們在尋找的不是靈性的東西。靈性的追尋不是外在的，而是內在的。靈性的追尋不是為了外在的健康，而是為了內在的完整。

在一個貧窮的國家就如印度，人們喜歡實諦・賽・巴巴，貧窮的人們和渴望東西的人們聚集在那裡——但是在那裡你不會找到有靈性的人。那是一個完全不同的層面。

記住所有這些蘇菲的故事：它們只是比喻。它們指出某個東西，它們象徵某個東西。它們有一個訊息，但是不要把它們當做歷史事實。

這個寓言：

某位蘇菲老師正在說明假蘇菲是如何被揭穿的：「一個真正的蘇菲派遣他的一個門徒去服侍一個假蘇菲。這個門徒日夜侍奉著這個偽裝者，他使每個人開始清楚地看到，這個詐騙者如何喜愛這些關注，因而人們就放棄他了。」

蘇菲老師必須揭露那些虛假的人。

師父的工作包括——虛假必須被揭露。人們寫信給我：「為什麼你要揭露實諦・賽・巴巴、穆克達難陀（Muktananda）或希瓦難陀（Shivananda）？為什麼？」因為虛假必須被揭露。你越了解關於什麼是虛假的，你會更好去了解真正的和真實的。

頭腦更容易能夠了解虛假的。一旦頭腦了解了什麼是虛假的，它會變得越來越容易讓你移向真理的方向。否則有一千零一個假門，人們可能持續在敲門，在浪費自己的時間。

某位蘇菲老師正在說明假蘇菲是如何被揭穿的。

誰是假蘇菲？一個假裝的人，一個還沒有存在的人。一個在他的存在裡還沒有滿溢著愛的人，一個仍然渴望別人愛他的人，一個想要被關注的人。試著去了解這個。

你為什麼想要被關注？因為你是空虛的。如果丈夫沒有對妻子給予關注，她就會變得生氣。如果丈夫回家，妻子沒有對他給予關注，他就會大發雷霆。為什麼需要有這麼多的關注？為什麼你會想要有這麼多的關注？因為你是空虛的。在內心深處，你是那麼地貧乏，如果沒有人注意你，你會開始感覺到好像你根本不存在。你的整個存在取決於人們的關注。

這是政治的根本原因；這是政客如何被產生的原因。政治不過就是一種策略，去吸引被關注。政客是世界上最貧乏的人，因為他需要好幾千人不斷地關注他們——只有那時他才能活著。那是他的食物，他的營養。他吞噬人們的關注，任何方式，對或錯，關注是主要的。

那就是在世界上所有的罪犯產生的原因。政客和罪犯不是非常不同的人，他們心理上是相同的類型。政客在嘗試能夠被社會接受的方式，而罪犯在他的亡命生涯裡，已經開始在嘗試那些不能被社會接受的方式。

一個人在美國殺害了七個人，根本沒有任何理由地殺人。陌生人！他只是走到沙灘上就隨意射殺了七個人。他以前從來沒有見過他們，他甚至沒有看過他們的臉。他在法庭被問：「為什麼？」

他說：「我想要我的照片上報紙的頭版，我很高興！現在我是某號人物，每個人都知道我。我不會以無名氏而死，你可以給我任何懲罰——死亡是可以接受的——但是我以無名氏的方式活得夠久了，而一直沒有人注意到我——現在每個人都會知道我的存在，因此我是重要的。」

只要深入罪犯的頭腦，你將會發現這個，而這也是政客的頭腦。如果政客慢慢慢慢地成功，他就會變成罪犯。他變得越來越強大，他就會犯罪越多。只有當他是沒有權力的時候，他才有可能是聖潔的。他的聖潔是只有當他是毫無能力的時候。一旦他是強大的，他就不在乎；那時他會開始做所有那些他一向反對的事情。

在這個意義上，每個人都是政客。如果你渴望被關注，觀察它——表示有某些政治在你內在，而政治是毒藥。如果你經過一條街道，沒有人對你說你好，沒有人對你說你早，沒有人看著你，你會感覺如何？微不足道，它讓你感到受傷。如果是這樣，那顯示只有一件事：你沒有任何覺知（self-awareness）。否則沒有必要！

一個有覺知的人可以絕對單獨而且完全幸福的活著。他可以在人群中移動，每一個片刻他都不會需要任何人的注意。事實上，他喜歡沒有人注意到他，因此他可以繼續做他的事而沒有任何人的干擾。

一個真正的蘇菲就是這樣的存在，他不要求被關注。但假蘇菲可以立即被發現，如果他要求被關注。

某位蘇菲老師正在說明假蘇菲是如何被揭穿的：「一個真正的蘇菲派遣他的一個門徒去服侍一個假蘇菲。這個門徒日夜侍奉著這個偽裝者，他使每個人開始清楚地看到，這個詐騙者如何喜愛這些關注，因而人們就放棄他了。」

看看這個，因為假蘇菲喜歡被關注，因此人們就放棄了他。這個故事必定是關於具有理解的人們的，這是一個古老的寓言。在古時候，人們知道什麼是真正具有宗教性的。

真正具有宗教性的人是沒有自我的，他是洋溢著愛的，他不是為了被愛和被關注的乞丐。真正具有宗教性的人是一個完全抹去了自己的人，他變成了不存在的人。當人變得不存在，神就在。你越不存在，神將越存在於你。

一個簡單的設計：一個門徒被派去見假老師，並被吩咐要好好侍奉他，以至於假老師幾乎變得非常依賴，人們只要看到這個就離開這個假老師了。這是一個完全不同的世界，人們知道什麼是宗教意識的體現。

有一個聽到這個故事的人，對自己說：「好棒的想法啊！我應該離開去做同樣的事。」

此時這個人越來越有興趣在揭露某個人，但他其實跟假師父同樣都生病了。假師父的病情是，想要被關注，想要顯出自己的重要性、優越性。但這個人的另一種病情是，他想要揭發別人，為什麼這個人這麼有興趣在揭露別人？

他從師父那裡聽到這個故事，他變得沒有興趣在師父本身，他變得沒有興趣在尋找真正的蘇菲。相反地，他變得有興趣到某個地方，找到一個假聖人，並且揭露他。但你打算從它獲得什麼？而且你是誰？

如果真正的師父決定揭露某人，那是一個完全不同的情況。真正的師父是出於憐憫——為了人們，這個詐騙者是騙人的。並且出於憐憫，也為了這個詐騙者——因為當你欺騙別人，你也在欺騙自己。當一個真正的師父揭露某人，並不是出於憤怒，不是出於敵意，而是出於憐憫。

據說：

馬哈維亞有一個門徒，他的名字叫戈沙拉克(Goshalak)。他是一個騙子，他從馬哈維亞那裡學習東西。他在那裡只是為了學習一些東西，好讓他自己可以變成師父。出於憐憫，馬哈維亞繼續教導他——他非常清楚他的心計，他的扭曲，狡猾的頭腦，但他繼續教導他。

有一天他消失了，並宣稱自己是一個完美的師父。馬哈維亞笑了。他說：「這很奇怪，因為他甚至還不是一個完美的門徒！他怎麼能是一個完美的師父。」

出於憐憫，馬哈維亞旅行到了戈沙拉克自己宣稱完美的師父的城鎮。他見到了那個人，他說：「戈沙拉克，你在幹什麼？」

戈沙拉克是那麼地狡猾，他看到人們在現場，他說：「你是誰？我從來沒有見過你。」

他跟馬哈維亞生活了十二年，馬哈維亞說：「你沒見過我？而你跟我生活了十二年？」

戈沙拉克說：「看！這個人以為他已經達到了，而他卻無法了解一件簡單的事情，是的，我的身體是一樣的，但是我的靈魂已經離開了，現在神降臨於我了。祂在用戈沙拉克的身體作為載體，帶真正的宗教來到世界。」

人們真的可以很狡猾。馬哈維亞簡直不敢相信自己的眼睛，有人竟可以如此狡猾。這個人欺騙了很多人。但是你可以欺騙多久？最後，在最終的時刻，他一生的故事在他身上變得太沉重了。而在最終的一刻，他宣稱：「我是假的，我曾經是馬哈維亞的門徒。我一直在欺騙人們——我不懂事。在我死之前，我希望這件事被知道，我是假的，請原諒我，去找馬哈維亞。我現在不能去了，我病得很重，但是我想跪在他的腳下道歉，但為時已晚，而我已經被我自己騙了。」

人們的內在一直都有很大的欲望想要宣稱。內在的東西可以比較容易宣稱，因為要反駁它是非常困難的。

一個真正的師父揭露不誠實的人是出於他的憐憫——憐憫被他欺騙的人，也憐憫他，因為他也在浪費他的生命。

有一個聽到這個故事的人，對自己說：「好棒的想法啊！我應該離開去做同樣的事。」

只要看到：說了什麼和聽到什麼是完全不同的事，而人們繼續在聽他們能夠聽的。

所有辦公室的女孩在喝咖啡的休息時間湧入擁擠的餐廳。其中一個女孩點燃了菸，吹著一個個菸圈。有一個坐在她旁邊的年長女士非常懊惱。

「小姐，」她說：「抽菸是一種可怕的習慣，我寧願通姦也不要抽菸。」
「我也是啊！」女孩回答說：「但是，你知道，在咖啡休息時間，就不是那個時候。」

人們只聽他們能夠聽的。

一個人走進心理治療師的辦公室，並且把菸草塞到他自己的右耳。
「嗯，很明顯，你需要我。」醫生說。
「我確定是的，」那個人同意：「要找一個伴嗎？」

在任何片刻，永遠不要相信你所聽到的那些對你說的話。這是非常罕見的，那只是巧合，有時你聽到了那些以為是對你說的話，是因為你有一個頭腦！而那個頭腦在那裡詮釋它。

羅伯茨開始相信他是一個吃人肉的人，而他的妻子最後說服他去找心理治療師。
當羅伯茨第一次看完心理治療師後，回到家裡，妻子問他：
「那麼告訴我，新潮的心理治療師長得怎麼樣啊？」
「很好吃！」羅伯茨微笑。

每個人都用頭腦來聽。你會持續聽到那個不是對你說的，除非你學會如何不用頭腦來聽。現在，師父在說：「不要被騙子欺騙了。」他不是在說：「去揭露欺詐者。」但是，這個人說：「好棒的想法啊！」他迷上了這個想法。它吸引著他——只是這個揭露某人的想法，只是這個證明某人是騙子的想法，只是這個折磨某人的想法，只是這個讓某人感到自卑的想法，它可以給你帶來很大的喜悅——拷打、暴力、虐待狂的喜悅。

我應該離開去做同樣的事。

他如何能去做同樣的事？他沒有被蘇菲師父派遣：他想要自己去。他不是蘇菲！他還不懂事——這是怎麼一回事，誰是真正的師父，誰是騙子。斷章取義，他擷取了某些東西。

他嘗試，他努力：

他去到一個被發現是假聖人的地方，並且熱情地希望被接納為門徒。三年後，那裡聚集了好幾百個信徒，他們看到了這個人的虔誠，他們對彼此說：「這個師父必定是一個真正偉大的人，因為他可以讓他的門徒對他如此虔誠，並且願意如此自我犧牲地來侍奉他。」

現在，正好相反的情況發生了。生命是很微妙的。除非你在正確的情境中，否則也許你所做的事情，結果卻是適得其反。究竟發生了什麼事？

三年來，他這麼盡心盡力地服侍那個師父，他在人群裡製造了一個印象，如果一個人能夠讓某個門徒這樣犧牲，產生了這麼多的服從，那麼他必定是一個偉大的師父。但他們錯過了整個重點。

在故事中，真正的蘇菲曾經派遣門徒去扮演一個角色：「扮演對假師父付出關注，讓他變得依賴，變得越來越依賴於你的關注，因此讓人們看到他是多麼熱中於被關注。」

但第二種情況，正好相反。這個人不知道他在做什麼。他以為他必須忠誠地服侍假師父。他服侍了！但他的服侍只是向人們證明，他服侍的這個人應該是一個真正的師父，否則怎麼可能被一個人那樣服侍了三年，並且保持那麼親密，那麼靠近？而且聚集了數千人！

因此這個人又回到了他聽到故事的前蘇菲師父那裡，並且解釋發生了什麼事。

這是二種不同的情境。第一個強調的是在假師父那裡創造一個需要；第二個則強調的是去服侍他並且盡可能地聽話。整個事情就變得亂七八糟。他很生氣，當然——他浪費了三年。不僅浪費了，而且他變成幫助這個假師父聚集好幾千人的工具。

因此這個人又回到了他聽到故事的前蘇菲師父那裡，並且解釋發生了什麼事。「你的說法並不可信，」他說：「因為當我試圖自己去到實際的情境，相反的事卻發生了。」

方法跟技巧並不是重點。重點是你對他們工作時的內在覺知。

例如：在東方，幾個世紀以來，咒語已經被用來作為一種技術。現在相同的技巧、瑪赫西（Maharishi）瑜伽士的超覺靜坐被引入了西方，它們有一個細微的差別——但那細微的差別是那麼地大，以至於它摧毀了整個方法。

在東方，我們使用咒語，但條件是：人不應該迷戀咒語。當你複誦拉姆或克里希那或嗡母或阿拉或任何一句話——你自己的名字也可以——你複誦嗡母、嗡母、嗡母，但你不能迷失在複誦中，你必須保持是一個觀照。你必須持續觀察這個聲音嗡母、嗡母、嗡母，你必須保持一個觀照，一個在山頂的觀察者。

如果你不在那裡作為一個觀照，那時這個複誦嗡母、嗡母、嗡母將只是催眠曲，它會給你一個良好的睡眠。良好的睡眠沒有什麼不妥，但它不會給你覺知。

這不是偶然的，瑪赫西瑜伽士的超覺靜坐被稱為西方的「非醫藥鎮定劑」，它讓你睡著，那是好事，但是對於幫助你覺醒，它是不好的。靈性是覺醒，它不是一個良好的睡眠。

良好的睡眠本身是好事。在生理上很好，在心理上也很好，但是它沒有靈性的層面。當你變得清醒，靈性層面就打開。一個真正的靜心者，甚至在睡覺時，他仍然是清醒的。那就是克里希那在《薄伽梵歌》所說的：「當全世界都睡著了，瑜伽士仍然清醒著。」這並不是說他正坐在

SIDDHASANA，而持續唸著拉瑪、拉瑪、拉瑪——他也睡著了，但是只有他的身體睡著，他的心理機構睡著，而他的意識卻清醒明亮地燃燒著。

原本這個方法是具有極大的價值，但隨著瑪赫西瑜伽士的詮釋，它失去了所有的價值。它變成了只是噱頭、技術，幫助人們——一點點放鬆，但它不再是靈性的。它不是靜心，它也不是超越。只是一個細微的差別，而全部都改變了。

因此這個人又回到了他聽到故事的前蘇菲師父那裡，並且解釋發生了什麼事。「你的說法並不可信，」他說：「因為當我試圖自己去到實際的情境，相反的事卻發生了。」

「唉，」蘇菲說：「對你嘗試運用蘇菲的方法，只有一件事錯了，你不是一個蘇菲。」

如果你真的想了解蘇菲是什麼，你必須變成一個蘇菲。如果你想知道成為基督教徒是什麼，你必須變成一個基督——比那個少，就沒辦法。而苦難，正如尼采說的：第一個和最後一個基督教徒死在十字架上，而且那件事發生在所有的偉大師父身上。

人們變成模仿者。當你跟一個佛親密接觸，不要變成一個佛教徒——要變成佛。當你跟蘇菲師父接近，不要變成一個蘇菲教徒——要變成蘇菲。而要知道的唯一途徑就是變成那個。

就在前一天，有人問……這個提問的女人必定是一個求道者。她一直問了很多問題，我沒有回答，我在等待合適的時機，她還不是我存在的一部分。她的問題是對的，但是我不回答：我一直迴避。

就在前一天，她問：「我能不能變成跟隨者而不是變成門徒？我能不能變成跟隨者而不是變成桑雅生？」沒有辦法。那時妳將只是一個局外人，一個旁觀者。妳必須在我的存在著色，妳必須盡可能地接近。服飾的改變並不重要——它僅僅是一種姿態。它只是一種姿態，表明妳已經準備好，即使妳的存在已經被染成了某個新的顏色，妳準備好了。妳表明了姿態！透過更改妳的名字，只是表明「我準備跟我的過去切斷了」，「我準備放棄我的過去了」，「我準備跳進未來，走向未知」。「我信任你」，「我準備跟你一起走了，無論你要去哪裡」，「我不會要求任何承諾，任何擔保」，「我準備好繼續冒這個險，這種風險吸引我」。

妳可能在這裡。妳可能聽我說而不成為部分的我，但是妳會以自己的方式聆聽，妳會以自己的方式詮釋它。有時這會發生：妳甚至可以練習它，以自己的方式，那結果會是相反的。那時不要生我的氣。不要說相反的效果出現了，我在說某件東西，而別的東西發生了。你不能斷章取義，它必須發生在整體的情境中。

有幾個人來找我，他們說：「在這裡，我們不能做動態靜心，它看起來很瘋狂。」尤其是印度人，特別是那些身在高級職位的人，他們感到害怕。

前幾天，一個政治領袖在這裡，一個部長。他說：「只要教我，我會在我家裡做，我不能在這裡做，因為如果人們看到我跳著舞，叫喊著，他們會怎麼想呢？我必須也想想選民。如果照片登在報紙上……我尖叫著、呼喊著、跳躍著，我就完了！但我會在我家裡做。」

我可以了解他的問題——但是在他的家裡，他會以自己的方式做。他會在它裡面稍微改變，因而鄰居聽不到，所以妻子不會受到太多的干擾，所以孩子不會以為爸爸已經著魔了。他會改變這裡和那裡；他會將它製作成某種東西——但隨後的結果會是完全不同的，有時甚至會是相反的。然後他會以為我給了他錯誤的東西。

這是我的能量場！當你在這裡做某些事，你是在對的情境裡做它，它是一種能量場。你不是單獨的：有好幾百個人在做它。你可以騎在浪潮上，你可以達到你單獨時從不曾達到的高度。我在這裡提供；在這裡你可以相信不會出什麼錯。在你家裡，單獨一個人做靜心，你會變得害怕；你可能變得非常害怕。恐懼可能掌控著你——發狂、發瘋或某種恐懼。

在這裡，變成一個桑雅士，成為我的一部分，在我裡面淹沒，讓我在你裡面淹沒。成為蘇菲，如果你想知道蘇菲是什麼，沒有其他辦法。知道的唯一辦法是成為——並且在對的情境裡，在對的處境下。

我在這裡創造了一個情境，這是鍊金術的場域。這不是普通的修行村，這是科學的實驗室。人們正在轉化，人們正在進入新的層面，在量子飛躍，到達新的空間。你不可能從外面看到這些東西。

而且不要變成傻瓜：不要觀看，不要想說回到家裡你會嘗試做它。相反的效果是可能的，那時不要把責任推到我身上。變成部分的我，如果它吸引你。一個大門是敞開的……進入它。

師父說：

「唉，」蘇菲說：「對你嘗試運用蘇菲的方法，只有一件事錯了，你不是一個蘇菲。」

如果你想要運用我的方法，就要成為桑雅生，因而我不會有一天必須對你說：「唉，對你嘗試運用桑雅士的方法，只有一件事錯了——你不是一個桑雅生。」

第 **14** 章

你怎麼可能欺騙？

問題　奧修，為什麼我同時覺得跟你那麼靠近而又那麼遙遠？

Vidya，就是這樣，在同一時間，你是靠近的但同時你是遙遠的。你的存在是靠近的，但是你的夢不是靠近的，不可能靠近。你是靠近的，但是你的頭腦——那不是真的你——不可能靠近的。你有越多的頭腦，你就越遙遠。

現在你有兩個：一個是你真正的存在，你根本的存在，你不變的、永恆的存在。你是靠近的，不僅靠近，而且你跟我是一體的，因為永恆的存在只有一體。就如埃及哲學家普羅提諾（Plotinus）說的，它是一個孤獨的單獨飛行。但現在你是一個二元，你的存在隱藏在許多欲望的背後。你就像一顆洋蔥：一層又一層的欲望。你想要成為這個，想要成為那個……

那些欲望使你變得很遙遠——不僅遙遠，而且是不可逾越的遙遠，不可靠近的遙遠。當你在夢裡，我無法靠近你。在你的夢裡，你是絕對孤獨的。你甚至不能邀請你的愛人，你的朋友；在你的夢裡，你甚至不能邀請你的師父。你的夢是完全私有的，因此，它是虛假的。

真實是普遍的，它不是私有的。你的夢是愚蠢的——那就是「白痴」這個詞的實際意義：活在一個私有的世界裡，不跟真實相對應，活在白痴的情境裡。白痴活在一個私有的世界裡。有智慧的人活在宇宙裡——那就是在。

而你是活在兩者！因此，這樣才產生分裂。當你看到你的存在時，你會感覺更靠近我，而且那裡會有存在的片刻。看著夕陽，突然你靠近我。聽著鳥兒的歌聲，突然間所有距離消失了。看著一朵花，在我和你之間，甚至沒有一英吋的差距。

永恆的這些片刻會在那裡。但是那時你又會落入夢境，落入睡眠裡，落在你的私有世界裡——那時你會很遙遠，不要被它迷惑。大家都是如此，慢慢慢慢地，當你感覺靠近我，把握那些片刻，因為它們是僅有的真正片刻。獲得它們就是獲得神的王國，錯過它們就是錯過全部。

走出你的白痴！走出你愚蠢的夢想世界！你無法變成你本來沒有的東西——因此，你只能變成你本來的樣子。要一再地記住它：你只能變成你本來的樣子，因為你本來就是它。在它裡面歡欣！慶祝它！成為它！

問題　什麼是欲望（desire）與嚮往（longing）之間的差別？

克里希那說欲望是渴望你外在的東西。欲望是客體的，嚮往不是客體的。嚮往是為了想要在你內在爆開那個東西。它是內在的，它是主體的。如果玫瑰想變成蓮花，那是一個欲望。但是如果玫瑰嚮往變成一朵玫瑰，這是嚮往。如果種子想要發芽而變成樹木，這是嚮往！這是完全正常的，這是應該的。但是如果種子想要變成蝴蝶，那是一個欲望。

欲望是荒謬的：嚮往是存在的。嚮往是完全美麗的：欲望是危險的。差別是非常微小的，人們必須非常警覺。

嚮往是內在的敞開：欲望是外在的累積。人渴望錢財：人嚮往靜心。人渴望權力：人嚮往純淨。人渴望知識：人嚮往覺知。人渴望俗世：人嚮往神。

那些對你是內在的就是嚮往。要從欲望轉移你的能量進入嚮往。欲望會分散你。欲望把你引入歧途，它誘惑你進入那些不可能的幻想。它逼你發瘋，因為它給你無法被實現的，不可實現的希望，你的時間、能量、生命將被浪費，而最終只有挫折。

嚮往是實現。

如果你想變成富人，你是渴望。但是如果你想變成桑雅生，它是嚮往。欲望仰賴別人，在嚮往裡不需要依賴任何人。這是你自己的開花，它已經在那裡——它只需要正確的土壤和合適的季節，它在等待春天的來臨……

問題　是否有可能欺騙師父？

是的，如果師父希望那樣，有時師父想要被欺騙。如果它是為了你的成長，他準備好做任何事情——甚至受騙。如果那是有助於你浮出水面的唯一方法，他會允許自己被你欺騙。否則就不會。

你怎麼可能欺騙師父？他知道你——就如你不知道你自己。他知道你心底最渴望的祕密，它也許不被意識到，甚至不被你意識到。他知道你自我的微妙運作方式，而且你無法欺騙。你可以試試，但是它們將會被揭露。你會從你的嘴裡說出一件事：但你的眼睛會說出另一件事。

師父不會太關注你在說什麼——他試圖去讀你，透過你微妙的表現。他看進你的雙眼，他會看你走路的方式，你坐下的方式……從表面的到最深的。他不太關注你在說什麼，你在說的幾乎沒有任何意義；它只是在胡扯，你並不確切地知道你在說什麼。即使你知道，你也不是故意的。即使你是故意的，下一刻你會改變它。它是不值得重視的。

那就是為什麼心理分析師必須進入你的夢。他不是在觀察你的白天，他在觀察你的夜晚。為什麼？因為白天裡你是狡猾的、騙人的。你透過假面具、偽裝生活。你有很多面具。這不是說你在欺騙別人，你甚至用你的面具來欺騙自己。你相信你的面具，你以為這些都是你的臉，你完全忘記了你自己的本來面目。

心理分析師看進你的夢，因為在你的夢裡，你平常的假裝放鬆了。你進入到你真實的顏色。

師父進入甚至比心理分析師更深的層面，因為有些人甚至可以在夢裡欺騙。人可能訓練自己去做某個特定的夢。現在，經過百年的心理分析，這個事實已經變得非常非常明顯，病人開始根據分析師的預期在做夢。如果病人去見佛洛依德，他做一種夢。如果他去見榮格，他開始做另一種夢，現在這是一個公認的事實。這是怎麼發生的？即使無意識地，他也在試圖變得聰明、狡猾。

當你去見佛洛依德，他在等待某個性愛的夢。即使你不做跟性愛有關的夢，他也會對你的夢強加性慾的詮釋。你天真的夢會以這樣一種方式被畫出，他們會徹底尋找到性。例如，如果你在你的夢裡飛著，佛洛依德會說：「這不過是性慾——飛是陽具的象徵，你想要達到高再高又高；你想要達到性愛的高潮。它是圖示的，你想達到頂峰，它只是代表一個高峰。」

它也許是這樣，它也許不是這樣，但是分析師對你的夢強加某種特定的模式。現在慢慢慢慢地，你會開始按照他所說的在做夢，因為每個人有一個深刻的需求被批准了。而當你真的夢見佛洛依德的夢，分析師就太高興了，病人也會感到高興，因為他在做某些真正偉大的事情。因為這樣，漸漸地他會做越來越多有關性愛的夢，記得越來越多有關性愛的夢。他也許開始編輯著夢——非常無意識地。也許拿掉某些東西，也許增加某些東西，他會給它一種顏色——一種佛洛依德的顏色。

在讓佛洛依德心理分析六個月之後，你所有的夢將會只有性慾而沒有其他的。

去見榮格學派的人，事情就開始改變。現在飛翔不再是一個性愛的象徵——它是神祕的，它是人類靈魂的渴望達到了極致，它是深奧的。另一種詮釋被加強了，不久你就會有師父的視野對你說話，純粹的聲音降臨在你身上，大光明、亢達里尼、蓮花在你裡面開花……事情會開始發生。並在六個月內，你會是一個完美的榮格夢想家。

去見阿德勒學派的人，同樣的夢，你在飛翔這個夢境會有不同的解釋。阿德勒派說：「飛得高不過是想要變得卓越的努力——人因為有自卑情結，往低是卑下；想要飛得更高，超越別人，這是優越。」另一種詮釋會被強加在你身上。

人們開始做著他們期待的夢，因此甚至做夢也不是那麼如你覺得的天真。師父也不能依賴你的任何夢想，他只是超越了所有你的層面；他透過所有層面來看。他透過所有你在的混亂去看。

你有一千零一個矛盾，所以沒有一個特定的想法可以被強加在你身上。

師父的工作不是強加給你任何特定的詮釋——他沒有東西要強加。他只是試圖讓你看到你在的整個混亂，你在的整個矛盾，你在的人群、烏合之眾裡，在你裡面沒有任何真實的中心而有那麼多的小奴役，在你裡面繼續內戰，他持續看到它。

如果他感覺它會對你有幫助，那時他就能被你所欺騙——但那是經由他的意志。你不可能以你自己欺騙他，沒有辦法。他有眼睛！他不再是盲目的。他看得很透徹，而且事實上，欺騙師父是不可能的，即使去騙一個稍微有觀察力的人也是困難的。如果你開始有一點點觀察，就不可能讓任何人欺騙你。只要一點點觀察！

舉例來說，一個女人對你說：「我愛你。」看著她的眼睛——如果她真的愛你，你會看到她的眼睛在改變，她的眼睛在擴大，黑眼珠在眼裡變得更大——馬上！如果她真的愛你，她是在敞開著。而這一點不是被她做的：她的眼神敞開是因為她想要喝更多的你。

就像眼睛的變化：當你看向太陽，眼珠變得小些，因為太多陽光，沒有必要進入。當你回到家裡在黑暗裡，瞳孔擴張，它們變得更大；更多的光線需要進來。當女人對男人說：「我愛你。」如果她是偽裝的，如果她只是試圖在欺騙男人，也許對他的錢或其他東西有興趣，她的眼睛不會跟她的言語合作。如果她愛你，即時地，她的瞳孔會擴張，變得更大。她打開了，她想要你進入。

只要看看人們：他們說的是一件事，而他們臉上寫著的又是另一件事。他們也許會在他們的嘴上說一件事，而在他們的手勢呈現另一件事。只要一點點觀察，沒有人能夠欺騙你。

一個百老匯的經紀人回到家後，發現他最大的客戶在他妻子的懷裡：「哈利，停止看起來像一齣電視劇情景！」客戶打斷他長篇大論的譴責：「讓我們像成人一樣面對這個情況，我們都愛你的妻子，好，那就讓我們來玩拉米撲克遊戲——獲勝者可以得到她。」經紀人想了一會兒，然後說：「好吧，但只是為了更好玩，另外讓我們玩一塊錢一點。」

你能欺騙多久？你怎麼可能欺騙？

丹尼是一個喜歡討價還價的採購商。即使他身無分文，但是每當他看到一筆生意，他就無法抗拒。

有一天，他的一個朋友來看他。吉姆說：「丹尼，我手上有一筆很棒的生意要給你。有一船要給美國玲玲馬戲團的貨已經到達了，而他們有多餘的庫存。他們的船上有大象、小象，價值至少兩千美元，而我只要三百元就可以幫你運來。」

丹尼看著吉姆，彷彿他是瘋子：「什麼！大象！大象在我的單身公寓？你一定是瘋了！首先，我沒有空間給牠。第二，我怎麼能養活牠？第三，我對牠能做什麼？別瘋了！」

「但是，」吉姆堅持：「我告訴你的是這頭大象值兩千塊錢，我可以幫你取得，也不過區區三百元，甚至是兩百五。」

丹尼堅決地說：「滾開這裡，好嗎？你瘋了，我不需要大象，我不想要大象，別用大象來煩我。」

但是吉姆知道他的朋友和他會繼續罵個不停：「聽著，丹尼，」他說：「事實是他們有庫存的壓力。你知道，我想如果我給他們喊價，我可以給你兩頭大象相同價兩百塊錢。」

「現在，你這樣才算人話。」丹尼說。

你的頭腦總是膚淺的——只要刮一點點，真理就出現。

你怎麼可能欺騙師父？但如果師父覺得這是對你有好處，它也許對你的成長有幫助，它可能會帶來某個東西，它可能帶你穿越一個突破，那時師父就準備做任何事情。是的，他已經準備好了，即使被你欺騙。

奧修，去年十二月當我在土耳其科尼亞（Konya）參加蘇菲旋轉慶典時，我遇到了一位蘇菲師父——蘇萊曼．迪迪（Sulyman Dede）。他要我幫他問候你，然後問我，我怎麼能夠知道你是真正的師父，我認為不可能有滿意的答覆。奧修，你會怎麼說？

首先，Raga，迪迪不會對我有疑問，他會立即認同。他認同了——那就是為什麼他送出問候。他是一個具有了解的人，一個有偉大的愛和憐憫的人。

但他問你，不是因為他有任何懷疑，或是關於我的疑慮——他問你只是想看到你的回應。他所問的問題不是為了得到答案，而是為了回應——而你錯過了。這是真的，沒有辦法圓滿答覆，但是他並不是想從你這邊得到任何答案——他想要的是一個回應。

你本來可以跳舞，而他就會了解。你本來可以擁抱他，而他就會了解。一個瘋狂的笑聲就會是答案。

這不是一個知識的問題。他根本不是一個知識分子——他是一個真正的蘇菲，他會了解它。蘇菲知道該怎麼去了解愛人的方式，你本來可以只是有很大的愛看進他的眼睛。他不是在問關於我的任何事情：他是在問某些關於你的事。這些都是師父的方法。

他顯然在問你怎麼會知道真正的師父。事實上，他在問：「你是真正的門徒嗎？」你本來可以顯示你的門徒情誼。你本來可以觸摸他的腳，你本來可以喜悅地哭泣——或任何東西！不是被頭腦操縱的，而是自發的，一時的衝動……他就會對你非常滿意。

下一次當你去見他，不要錯過。如果他再問，這一次要做某些事。記住，我在說做某些事。蘇菲師父不是問一個智能上的滿意答案：他在問某些存在的東西。

他在對你說：「如果你找到了真正的師父，你會怎樣？展示給我！給我一個提示！有愛在你內在出現嗎？你變得能夠放棄自己在舞蹈裡嗎？你變得能夠看到存在的美麗嗎？有謙遜在你的內在出現嗎？你變得虔誠了嗎？……」

問題　義大利心理學家阿沙吉歐力（Roberto assagioli）說，在世界裡一切意識都無濟於事，直到你選擇──「這是意志去選擇才產生改變，因而成長。」然而，你談到無選擇的意識。是否真的有選擇嗎？

Charana，在對佛洛依德的反應，阿沙吉歐力已經移到另一個極端了。他的視野是不平衡的，是不可能的。它是一種反向回應，反應永遠不會平衡。我告訴你，就他的了解，他是遠遠高於佛洛依德的，但是不平衡依然存在。

佛洛依德的整個過程只是讓你知道你根深柢固的問題。如果你意識到了你根深柢固的問題，它們就溶解了──那是佛洛依德的分析。沒有其他是需要的。一個人必須有意識地注意到他的無意識問題。在意識滲透到無意識的那一刻，一盞小燈在你存在的黑暗裡出現了，問題就開始改變。

佛洛依德走在正確的軌道上，但是卻被困在夢的世界裡，從來不比那個更深。讓我提醒你：清醒是第一個狀態，做夢是第二個狀態，睡眠是第三個狀態，而TURIYA——三摩地——是第四個狀態。佛洛依德只是透過改變重點，從第一個狀態到第二個而引發了一場革命。整個心理分析的革命就在那裡形成。到了那一點，西方特別是曾經活在清醒就是一切想法的人，夢從未被考慮到。這該歸功於佛洛依德，他擴展了人類的意識。他將夢帶進來，他搬進了內在世界的黑暗。一步，這一步非常有潛力，但是他被困在那裡。

這需要多年的心理分析，使你有一些警覺。那一些警覺會有所幫助，但是過程太長。在東方，我們有方法，可以使你在很短的時間內非常警覺。內觀可以在兩個月內做到心理分析需要幾年才能做到的程度。內觀工作在第三個狀態，比心理分析達到更深。而當你工作更深入，那些之前很重要的問題就這樣消散了。如果做夢變成一個意識的過程，它會改變你清醒時的意識。如果在睡眠裡，你變得有意識的，它會改變你做夢時的意識。

並且有一些能量子飛躍從第三個到第四個的辦法。那就是所謂的三托歷，當你意識到第四個。當你只是了解，既沒有清醒，也沒有做夢，也沒有睡覺——而只是了解。對於你的意識沒有任何內容，這就是第四個狀態、TURIYA，它是意識的最高點。一個已經實現的人，他所有的問題消散了。它們不需要被改變，沒有什麼要被改變，不需要任何其他的補救。

佛洛依德走在正確的軌道上，但是他迷上而且變得太過於涉入在夢的世界裡。如果你變得太過於涉入在夢的世界裡，你會開始移向旁門左道，而那時就沒有盡頭。你可以繼續分析再分析夢境好幾年、好幾世……它會有幫助，但轉化永遠不會是整體的。你可能在這裡解決一件事，另一件事就會又出現。你在這一點改變某件事，另一件事就出錯了。整個情況就是這樣。

阿沙吉歐力意識到它，而開始認為只是意識到，轉化是不會發生的——你必須有意志。他對佛洛依德反向回應。他反應在兩點：第一是分析——他創造一個新的哲理，他稱為心理合成（psychosynthesis）——而在另一點：僅僅觀察是不會有幫助的，因為他已經看到佛洛依德的工作無法帶你到哪裡去……你改變了一件事，另一件事就出錯了，但是整體保持一樣。於是他把意志帶進去，他認為人必須有意志。這是移動到另一個極端，因為帶著意志，自我會進入。

意志不過是自我的表達。透過意志就會有各種壓抑……你就會開始壓抑。什麼是意志？你選擇這個反對那個——你打算如何處理你反對的那個？你會壓抑它。鐘擺移動回來，這就是之前的佛洛依德，又再次回到了同樣的情況。

阿沙吉歐力的觀點是美麗的，因為光是分析是不夠的——因為分析只是解剖，而使用解剖，你就會被摧毀。並且使用解剖，你可能只會知道死的東西，因為在解剖裡，他們已經死了。如果你解剖花朵，你如何知道它的美麗？——它會消失。如果你解剖一個孩子，它會死的。所有解剖都是死後的。所以，無論你怎麼做，透過解剖永遠不會給你任何對生命和生命奧祕的線索。它也許幫助你了解物質，死的物質，但是所有活的東西就消失了。對於那一點，一個不同的視野是需要的。

阿沙吉歐力是正確的——對於這一點他是正確的，但關於意志他是絕對錯誤的。如果你有了意志，當然你可能改變。那就是人類在佛洛依德之前，數百年一直在做的。你有憤怒——但因為憐憫而壓抑了憤怒。然後憤怒變得壓抑，你變得在培育憐憫。你有美麗的個性而不是美麗的靈魂。經過修飾的個性，但內心深處你有著地獄之火。你表面上看起來非常神聖，但是在你內心深處，所有你壓抑的東西繼續在裡面沸騰。它會爆炸，它會用好幾百萬種方式繼續毒害你的生命。

意志不是辦法，關於這件事，佛洛依德遠比阿沙吉歐力更正確。佛洛依德的問題是他從來不比做夢更加深入。但是我能夠了解：他是在西方的先驅；開拓者不可能走得很遠。他們只是破冰，他們才剛開始，還有很多工作必須要做。

但是，東方已經做了整個工作。你會驚訝地發現：二十世紀最有洞察力的印度人，阿南達・庫馬拉斯瓦米（Ananda Coomaraswamy），聲稱一個英文的心理學術語就有四個希臘文的心理學術語相對應。一個希臘文的心理學術語就有四十個梵文的心理學術語相對應。所以對於一個英文的心理學術語就有上百個梵文的心理學術語相對應，它含有細微的差別和分歧。

五千年的工作……你也許知道，愛斯基摩人有十二個有關冰的文字——當然，他們活在那裡。他們對冰有很多很多的了解，其他無人能比。沒有其他語言有十二個有關冰的文字。

心理學在東方一直是最古老的科學。事實上，它是在東方已經努力研究過的僅有的科學。我們的經驗自古以來一直是這個：意識是唯一的藥劑，但是它必須變得越來越完整。

當意識是完整的，它就改變，沒有其他行動是需要的。只要全然地去看事情，它就自由了，去了解就是被轉化。如果了解了事情之後，某些事情還需要被做，那將只是表示你還沒有真正了解它。

例如：如果你真的了解憤怒是毒藥，不是因為我說了，不是因為佛陀說了，而是你透過自己的觀察、靜心然後了解憤怒是毒藥，因為它毒害你的存在，那時你會問：「現在要做什麼來丟棄憤怒？」如果你問「要做什麼來丟棄憤怒？」這個問題，只是顯示你還沒有了解。如果你真的了解，並且看到憤怒是毒藥時，它就被丟棄了。在那個了解的當下，它就被丟棄了。

覺知就是轉化，沒有其他的訓練是需要的。

阿沙吉歐力又退回來。在一個點上，他帶來美麗的東西：合成（synthesis）。但是在另一點，在另一方面，他退回來：他回到老舊的壓抑心靈的方式——意志就是意味著壓抑。

我不教導你意志。就是因為意志，你已經變得那麼淒慘。就是因為意志，你感到內疚。就是因為意志，你繼續帶著蠍子、蛇、鱷魚和各種你內在的東西，你已經失去了所有的美麗和優雅。

什麼是意志？意志就是指鬥爭、反抗整體。真正了解的人是絕對無意志的。那就是為什麼耶穌說：你的國降臨，你的旨意完成。阿沙吉歐力將如何解釋呢？——你的旨意完成……不是我的！因為任何是我的意志將是反抗神的旨意。我必須完全抹去我的意志，我不必要在。當我在一個絕對的無意志狀態，那時神的旨意就開始正常工作。

而關於合成——阿沙吉歐力的合成想法是比存在更加哲理的。有兩種可能的合成，一種是：放在一起。聖雄甘地在印度這樣做，他試圖把伊斯蘭教和印度教放在一起，他試圖去創造一種合成。那個動機是政治的，他想使得印度教徒和伊斯蘭教徒不會打架。動機不是宗教性的：它是政治的——想使得印度保持不會分割的。但它行不通，因為政治動機從來不可能正常工作。它們是不誠實的，根本沒有誠意。

而他又是怎樣設法促使印度教和伊斯蘭教之間的合成？那只是一個膚淺的合成：他選擇某些《薄伽梵歌》的理論和某些《古蘭經》的理論，並試圖證明它們的意思是一樣的。這是很容易的！但是要反駁它，就會有一千個東西在《古蘭經》和一千個東西在《薄伽梵歌》，它們是相互對抗的。阿沙吉歐力不談論它們，不帶它們進來，只帶進那些可以對應的點。這是一個膚淺的合成。

還有另一種合成——拉瑪克里斯納做到了。他學習了所有的宗教，幾乎所有可能提供給他的。有六個月的時間，他變成了伊斯蘭教徒。只要去看那個差別。甘地做了什麼？——他只是看著《古蘭經》，看著《薄伽梵歌》，然後試圖找到某些知識的合成，並創造了一種合成的哲學。但它不是存在的，它是知識的，它的動機是政治性的。

拉瑪克里斯納做了什麼？他透過印度教達到最終的三摩地。沒有人在他之前曾經做過這樣的事。然後他說：「現在我想要遵循伊斯蘭教的路徑。」

他的門徒們感到困惑。他們說：「為什麼？你已經達到了！」

他說：「現在我想看看我是否也可以從那個路徑達到，我已經以一條路徑來到頂峰。我會再下去進入山谷，我會開始徒步在另一條路徑，我想看看我是否能夠達到相同的頂峰。」

這是人類歷史上最偉大的努力。拉瑪克里斯納非常單獨地在他的努力、寂靜裡。他變成一個伊斯蘭教徒。當他變成伊斯蘭教徒時，他停止進入印度教寺廟——他不再是一個印度教徒！他開始穿伊斯蘭教服飾，吃伊斯蘭教的食物。他有一個伊斯蘭教徒廚師給他做食物。他練習蘇菲六個月後，清真寺是他的地盤。

六個月後，他到達了頂峰。他對他的門徒宣布：「這條路徑也引導我到同一個地方，現在我將遵循其他的路徑……」

他變成佛教徒，他變成基督教徒……而且他做到了最奇怪的事，所有這些路徑最奇怪的是這個：在孟加拉有一個教派，Krishnaites，相信克里希那的人。他們的基本信仰就是，克里希那是存在唯一的男性，其他人對於克里希那而言只是女朋友——全部都是神女，全部！甚至男人也是。只有一個男人在中心，而所有人都是在他旁邊跳舞的女朋友。所以這個路徑的追隨者必須相信他是女人。他可能是男人或女人——這並不重要，這是一個基礎。

拉瑪克里斯納遵循那條路徑一年……他活得像一個女人。奇蹟是這樣子的，就在幾個星期內，他開始走路像一個女人——這是非常困難的。這真的很難，因為它需要一個完全不同的人體結構。這不只是一個信仰的問題，女人因為子宮會以特定的方式走路，男人不可能那樣子走路。因為子宮在女人的體內，她的生理以不同的方式走動。但是他開始走路像一個女人，人們感到疑惑。

不僅如此：他的聲音變了——他開始像一個女人說話。不僅如此：他的乳房開始成長。他的門徒們非常擔心。不僅如此：最神奇的事情發生了，六個月之後，他開始來月經，固定周期！簡直讓人難以置信。醫生來了，簡直不敢相信發生的一切——定期，每個月。

他變成了一個女人！他也透過那條路徑實現了。

這是存在的合成，這是真正的合成。甘地的合成是戲法，毫無意義。而拉瑪克里斯納是真正的合成。

阿沙吉歐力做了某些東西，但只是智能上的。

我們在這裡所做的是真正的合成。不僅所有的宗教，而且是所有的心理學，也是所有的瑜伽。我們在試圖把存在移入任何人類曾經移動的所有可能性。我們可以在這裡創造最大的、那曾經被創造在任何其他地方的合成。

但這個合成不是智能的：它是存在的。我們活出它，當我談到蘇菲，我就是蘇菲。而當你們聽我講蘇菲，那些真正聽到我的人變成蘇菲，然後其他一切都消失了。當我們移入禪的世界，我們是它的一部分！我們不是外星人和外地人。當我講到禪師，我不是從外面在說話。我不是一個學者，而你們在這裡不是學生。這些不是演說，這些都是交流。當我談到禪師，我就是一個禪師！那些愛我的人，那些跟我親近的人，那些是門徒的人，他們用那個做法變成一體。而在那個一體中，了解就產生了。

我們正在經歷各種氣候，各種路徑。慢慢慢慢地，在地球上，我們將不會只有一個拉瑪克里斯納，而是好幾千個……

生命本身是沒有意義的。生命是一個創造意義的機會。意義不必被發現：它必須被創造。你會發現意義，只有當你創造它。它不是躺在某個草叢後面，所以你可以去稍微搜尋一下而發現它。它不是在那裡像一塊石頭，因此你會發現它。它是一首詩，但需要被撰寫，它是一首歌，但需要被唱出，它是一支舞，但需要被跳出。

意義是舞蹈，不是石頭，意義是音樂。你會發現它，但只有當你創造它時，記住這件事。有好幾百萬人活在無意義的生活裡，因為意義必須被發現？這是完全愚蠢的想法。因為如果它已經在那裡了，一切你所需要的只是拉開大幕，看呀！意義就在這裡。但它不是那樣的。

所以記住：佛陀發現意義，是因為他創造了它。我發現它，是因為我創造了它。神不是一件東西，而是一個創造，只有那些創造的人發現。這是好的，因為意義不是躺在那裡等你去發現，否則一個人會發現它——那時，還會需要其他人來發現它嗎？

你沒有看到宗教意義和科學意義的差別嗎？愛因斯坦發現相對論；現在，你必須一再地發現它嗎？如果你一再地發現它，你會是愚蠢的。要點是什麼？一個人已經做到了；他已經給了你地圖。它也許耗費了許多年，而讓你了解它只需要幾個小時，你可以去大學裡學到它。

佛陀也發現了某些東西，查拉圖斯特拉也發現了某些東西，但是它不像愛因斯坦的發現。它不是在那裡，你只要跟著查拉圖斯特拉和他的地圖，你就會發現它。你永遠不會發現它，你將必須變成一個查拉圖斯特拉。看到其中的差別！

要了解相對論，你不需要變成一個愛因斯坦，不用。你只需要普通的智能，僅此而已。如果你不是太遲鈍，你就會了解。

但是要了解查拉圖斯特拉的意義，你必須變成一個查拉圖斯特拉——少於那樣就不行。你將必須重新創造它，每個個體都必須自己生出神、意義、真理；每個人都必須自己去孕育它，並且經過分娩的陣痛。每個人都必須帶著它在自己的子宮裡，透過自己的血餵養它，只有那樣，人才會發現真理。

現在，你問我：為什麼我無法看到生命的任何意義？

你必定是被動地等待意義的來臨……它永遠不會到來。這一直是過去宗教的想法，過去的宗教認為意義已經在那裡。但它不在！自由在那裡，去創造它，能量在那裡，去創造它，田野在那裡，去播下種子，收成作物。一切都在那裡——但是意義必須被創造。那就是為什麼創造它是這樣的喜悅，這樣的冒險，這樣的狂喜。

所以第一件事：宗教必須是有創造力的。截至目前為止，宗教一直很被動，幾乎是無能為力的。你並沒有期望一個宗教人士有創造力。你只是期望他齋戒，坐在一個山洞裡，清晨起床，吟詠咒語……和種種愚蠢的事情，而你完全滿意！他在幹什麼？而你讚美他，因為他持續長時間的齋戒。也許他是一個受虐狂；也許他喜歡折磨自己。當天氣是冰凍寒冷的，他坐在那裡，赤裸著，而你就讚賞他。但是這有什麼意義，這有什麼價值？世界上所有的動物，都是赤身裸體在冰凍寒冷的天氣裡——牠們不是聖人。或者當天氣是炙熱的，他坐在烈日下，而你就讚賞他。你說：「你看！這裡有一個偉大的禁慾主義者。」但是他在做什麼？他對世界的貢獻是什麼？他對世界創造了什麼美呢？他對世界改變了什麼？他有使它更甜美，更芬芳嗎？沒有，你不問那些。

現在，我告訴你，這個必須被問：讚美一個人，因為他創造了一首歌曲。讚美一個人，因為他創造了一個美麗的雕塑。讚美一個人，因為他吹了這麼美麗的長笛。讓這些從現在開始變成是你宗教的品質。讚美一個人，因為他是這樣的一個愛人——愛是宗教。讚美一個人：因為他，世界變得更加優美。

忘記所有那些愚蠢的事情！——禁食，只是坐在一個山洞裡，折磨著自己或躺在釘床上。去讚美一個人，因為他培養了美麗的玫瑰花，這個世界因為他而更富有色彩，然後，你就會發現意義。

意義是從創造力中出現的。宗教必須變得更有詩意，更具美感。

而第二件事情：有時碰巧你尋找意義，是因為你做了結論。出於結論，你尋找它。你已經決定生命應該是什麼意義了……然後你沒有找到它。

問詢必須是純淨的。當我說問詢必須是純淨的，這是什麼意思？它是指沒有任何結論的，它不應該有任何預設。

你問：為什麼我無法看到生命的任何意義？

你在尋找什麼意義？你必定在尋找一個特定的意義。你不會找到它的——因為從一開始你的問詢就被污染了，你的問詢是不純淨的。因為你早已經決定了。

例如，如果一個人進入我的花園，並且認為他能在那裡找到一顆鑽石，那時，這個花園是美麗的。如果他找不到鑽石，他會說在這個花園裡沒有任何意義……那裡有這麼多美麗的花朵，這麼多的鳥兒在歌唱，而且有這麼多的色彩，風一陣陣吹過了松濤，青苔長在岩石上。但是他看不出有任何意義，因為他有一個特定的想法：他必須尋到鑽石，一顆光之山鑽石——只有這樣，那裡才會有意義。

他錯過了意義，是因為他的想法。要讓你的問詢是純淨的，不受任何固定想法的影響。赤身裸體地問，敞開空無地問。你會發現不會只有一個意義——你會發現一千零一個意義。然後每個東西就都會變得有意義。只是一顆彩色的石頭在陽光下發出光芒……或露珠自己周圍產生一圈小小的彩虹……或者只是一朵小花在風裡舞蹈……你還在尋找什麼意義？

不要帶著一個結論開始，否則你從一開始就會是錯的。要不帶結論地去找！那就是我的意思，當我一再地說：不帶知識地去找，如果你想找到真理。知識豐富的人從來沒有發現過它，因為他的知識就是一個障礙。

戈爾茨坦從來沒有看過合法劇場的表演。為了他的生日，他的孩子們決定給他買一張在猶太劇院演出的門票。

表演結束後的當天晚上，他們來拜訪他，急切地問他對這個節目有什麼想法。

「啊！」他回答說：「它簡直是窮極無聊。當她願意時，他就不願意。而當他願意時，她就不願意。而當他們都願意時，幕簾就落下來了！」

現在，如果你有一個固定的想法，那時你只是在尋找它……而且，因為這個狹隘的頭腦，所有可用的東西就都錯過了。

意義必須被創造，意義必須不帶任何結論地被找尋。如果你可以拋棄你的知識，生命會突然冒出色彩，它會變成迷幻的。但是你不斷地攜帶著經文、書籍、理論、學說、哲學的負荷……你迷失在那一切當中。而且每一個東西都變成混淆在一起的大雜燴，你甚至無法記得什麼是什麼。

你的頭腦是一個爛攤子。清潔它！使它變成空白，空白的頭腦是最好的頭腦。那些一直在告訴你空白頭腦是魔鬼工作坊的人是魔鬼的代理人，空白的頭腦比任何東西都更靠近神。空白的頭腦不是魔鬼的工作坊，魔鬼沒有思想就無法運作。

帶著空無，魔鬼根本不能做任何事情，牠沒有辦法進入空無。

你有這麼多想法在頭腦裡，混在一起；似乎沒有任何明確的一刻；你聽說過那麼多的事情，從那麼多的來源——你的頭腦是一個怪物。你已經被告知要記住所有這些事情！因而，當然，你的負擔這麼多，你已經忘記了很多事情。

一個英國人拜訪美國，他出席了一個宴會，並且聽到典禮司儀所說的以下開場白：

「這是我一生中最快樂的時刻，在另一個男人的妻子的懷裡度過——我的母親。」

「天哪，那真的很棒！」這個英國人心想：「我一定要記得這句話，回家後如果有機會，我也要使用它。」

幾個星期後，當他回到英國，他參加了教會的午餐會，他被要求作一個開場白。在那個擁擠的餐會場合中，他用雷鳴般的聲調說：

「這是我一生中最快樂的時刻，在另一個男人的妻子的懷裡度過……」

過了好一會，群眾開始躁動，憤怒地瞪著他。他的朋友坐在他旁邊低聲說：「你最好趕快解釋一下。」

「天哪，」他再度脫口而出：「你得原諒我，我忘了接下來(blooming／心花怒放)的女人名字。」

那就是正在發生的。你記得柏拉圖說過的，你記得老子說過的，你也記得耶穌說過的，穆罕默德說過的……你記得很多東西，而且它們都混在一起了。你還沒有自己說出任何一件東西。除非你自己說出某些東西，否則你就會錯過那個意義。

記住，要拋棄知識而變得更有創意。知識被蒐集了——關於它，你不需要變得有創意；你只需要接受。那就是人們已經變成的樣子：人淪為一個旁觀者。他讀報紙，他讀《聖經》、《古蘭經》和《薄伽梵歌》；他去到電影院，坐在那裡看電影；他去看足球比賽，或坐在他的電視機前，聽著廣播……等等。一天二十四小時，他只是在一種不活動，一個旁觀者的狀態下。別人正在做事情，而他只是觀看著。透過觀看，你不會找到意義。

你可以看到一千零一個情人做愛，你不會知道什麼是愛——透過觀看，你不會知道性高潮是如何釋放的。你將必須變成一個參與者，意義是透過參與才出現的。在生活裡參與！深深的，全然的，盡可能的參與。冒著所有的風險參與。如果你想知道什麼是舞蹈，不要只是去看舞者跳舞——去學跳舞，成為一個舞者。如果你想知道什麼東西，參與！那就是真正而正確的方式，真實的方式。那會有很大的意義在你的生命裡出現，不僅一維——而是多維的意義。你將被意義沐浴著。

生命必須是多維的，只有那時才有意義。永遠不要使生命變成是一維的，那也是一個問題。有人變成一個工程師，然後他覺得一切都完成了。他變得認同作為一個工程師，那時他的一生，他將只是一個工程師。生命有好幾百萬個東西可用，但他只是在一個軌道上移動，他變得無聊，受夠了。累了，厭倦了。但他只是繼續拖著，只是在等待死亡。那還有什麼意義？

在生活中，讓自己擁有更多興趣。不要總是作為一個生意人，有時也要玩樂。不要只是作為一個醫生、工程師、校長或教授——成為越多越好！拉小提琴、唱歌，成為業餘攝影師、詩人……在生活中尋找盡可能多的事情，然後你就會更豐富。而意義就是豐富的副產品。

我聽說過有關蘇格拉底的一個非常有意義的故事：

蘇格拉底在監獄裡等待死亡時，他被一個夢縈繞著，那個夢不停地催促他：「蘇格拉底，作音樂！」蘇格拉底覺得他一直以來都是以哲思來為藝術服務的。但是現在，在神祕的聲音刺激下，他轉換寓言成為詩句，對阿波羅撰寫讚美詩和吹笛。

在面對死亡的時候，哲學和音樂就這樣手牽著手，而蘇格拉底是前所未有的幸福。

蘇格拉底從來沒有吹過長笛。但有某個在他內在的東西堅持：「蘇格拉底，作音樂！」就在面對死亡的時候！這看起來那麼荒謬。而且他從來沒有吹過樂器，他從來不曾創作音樂。他存在的一部分一直保持是窒息的。是的，即使一個如蘇格拉底那樣的人，也只是一直保持在一維。被拒絕的部分會堅持：「夠了，邏輯——少許的音樂會更好，會更平衡。論證，夠了——吹奏笛子。」而那個聲音是那麼地堅持，以至於他必須屈服於它。

他的門徒必定很不解：「他瘋了嗎？蘇格拉底吹笛子？」但對我來說，這是非常重要的。他不再是一維的。這是在他生命中的第一次，也許，他是自發的。這是第一次他做了他無法提供任何理由的東西。否則，他一直是一個理性的人。

就在幾天前晚上，我在讀一本關於偉大的哈西德神祕家巴爾·謝姆·托夫(Baal Shem Tov)的故事：

> 這是一個假日，猶太教哈西德派的教徒聚集作禱告，並且跟師父有一個交流。有一個人帶來他的智障孩子。他有點擔心這個男孩。他怕孩子可能會做某些事情，所以他密切注意著男孩。當禱告者在說話時，男孩就問他爸爸：「我有一個哨子——我能玩它嗎？」父親說：「絕對不行——你的哨子在哪裡？」因為他很害怕，他甚至聽不到父親說的「不行」。他拿出了口哨，父親把他的手押在男孩的口袋上。接著是大家要一起跳舞的時刻，父親忘了哨子，他也開始跳舞。哈西德族都是舞者，歡樂的人們——猶太教的精華。
>
> 當每個人都在向神祈禱、跳舞時，突然男孩再也忍不住了，他掏出哨子吹了它。每個人都嚇呆了！但是巴爾·謝姆·托夫來了，他抱住了男孩說：「我們的祈禱被聽到了，沒有這個哨子，一切都是徒勞的——因為這個是在這裡唯一自發的，所有其他的東西都是儀式。」

不要讓你的生活變得只是一個僵死的儀式。讓那裡有一些片刻是無法解釋的，讓那裡有一些東西是神祕的，讓那裡有一些作為是有點瘋狂的。百分之百神聖的人是僵死的，一點點瘋狂總是讓人喜悅。要繼續做一些瘋狂的事情，然後意義將是可能的。

問題　我無法降服於神，這不是我的自我而是我的自尊（self-respect）。我錯了嗎？

沒有自己，自己是自我的另一個名稱。你使用「自尊」是什麼意思？有意識的品質——它可以被稱為「敬重」——但是它始終未被說清楚。它不是對自己，不是對別人，它只是對生命的一種敬重。

當它被說到，它只是一個合理化。人總是聰明且擅長用美麗的字眼給醜陋的東西。我們總是可以隱藏我們的傷口，而把鮮花放在它們上面。那就是你在做的事——而且你也知道這一點。那就是為什麼你問：我錯了嗎？你知道你是錯的。

我並不是在說不要尊重生命——要完全尊重所有的生命。你的生命也是包含於它！你並不被排除於它。但它必須是敬重一切生命。當它只是為自己，那時，對別人是什麼？自己究竟是什麼？它只是自我的另一個名稱。「我」的想法……這個想法是虛構的，因為每當你走進它，你從來不會找到它。從來沒有人發現過任何自己，只要去看看……你不會找到它。

達摩被梁武帝問道：「我被我的自我困擾很深，而我已經嘗試一切，但是我無法擺脫它。請幫助我！」

達摩說：「你明天一大早三點鐘過來。你獨自一個人來，但不要忘記帶著你的自己——我將永遠完結它。」

皇帝很害怕，這個人看起來有點瘋狂。「哪有人能完結自己呢？」而那是什麼意思，他居然說：「不要忘記帶著它？」

整個晚上，他都睡不著，翻來覆去。有很多次，他決定不去了，他說：「一個人來。」——他是一個非常危險的人。在中國，他被稱為野人佛。他有一雙非常危險的眼睛，如果他看進你的眼睛，之後幾個月，你將無法入睡。他看起來殺氣騰騰——他曾經是一個殺人犯。他謀殺了不少門徒，有很多人透過他而成道。而且他真的是一個嚴厲的禪師。

三點鐘，在黑暗裡，獨自一個人去會見這個人……一個我從來不了解的人——他是不可預知的。當他進入中國，他只穿一只鞋子在腳上，另一只鞋子在他的頭上。皇帝當時看了很不解，他問達摩說：「你在幹什麼？」

達摩說：「我在試圖告訴你——這就是我的方式。給你一個品嚐我是什麼類型的人的方式。」

現在，我要跟這個人到他在山上黑暗的山洞裡……很多次，皇帝決定不去了，但這個人又很吸引他——因為這個人不是一個普通人。是的，表面上看起來他很嚴酷，但是內心深處他有可能有著最善良的心，他是完全憐憫的。即使他嚴酷，那也是因為他的憐憫。

最後，皇帝去了。在他到了達摩面前的那一刻……達摩和他的門徒坐在那裡，他說：「你來了嗎？你的自我在哪裡？你的自己在哪裡？你有帶它跟你一起來嗎？我將永遠完結它。」

皇帝說：「你在說什麼？自己是一件我可以帶著跟我一起來的東西嗎？」

達摩說：「不然它是什麼？」

皇帝說：「當然，它是內在的東西。」

達摩說：「好吧！內在或是外在，這都沒有差別。我的門徒可以到達任何地方！你就坐在我的面前，閉上你的眼睛，並設法找到它，當你發現它的那一刻，就告訴我，我就會殺了它。」

皇帝坐在達摩面前，晃動和顫抖著。好幾個小時過去了。太陽開始升起。他往內在看了又看……他必須看！因為這個人和他的門徒坐在那裡，他可能會被重擊。然而當早晨的太陽升起，他已經是完全不同的一個人。達摩說：「現在你可以打開你的眼睛。它在哪裡？三個小時了，你一直在尋找。」

他觸摸達摩的腳說：「我無法找到它，我努力尋找了——我從來沒有那麼努力尋找過，你的存在促使我努力尋找，我盡一切可能的找了，而我沒有找到它。」

達摩笑了，他說：「所以你看到了嗎？我已經永遠完結它了。」

它不在！當你不看它時，它在。當你看，它就不在。進入內在去看……而你不會找到任何自我，任何自己，任何東西。你會發現那裡是永恆的，有無限的生命，而那時對它就會有真正的敬重。但是它跟你或我無關——它是對生命的敬重。

史懷哲時常使用「敬重生命」這個詞，它是宗教的同義詞。但是，請不要進入合理化。

哈利．羅賓遜剛進入一間熟悉的妓院客廳，當他發現自己父親走下樓來，他極度震驚。哈利在震驚裡回神過來。「爸爸！」他喊叫著：「以神之名，你在這樣的地方幹什麼？」

老羅賓遜也同樣嚇呆了，但是很快他就恢復神情。「現在，兒子，」他說，滿不在乎地刷著他的外套：「為了二十塊小錢，你想要我去打擾你心愛的、辛苦的母親嗎？」

人們為了任何事情，總是能夠找到理由去合理化它。

一個猶太精神病人在醫療機構裡造成了不小的紛擾，因為他不想吃東西。「我是猶太人！」莫斯科維茨喊叫：「我不吃這種食物，我想要猶太餐！」所以工作人員僱了一個猶太女人特別做猶太餐給莫斯科維茨。每個人都很羨慕，因為莫斯科維茨的餐點比他們的好很多。

到了周五晚上，莫斯科維茨在品嚐美味的雞肉晚餐之後，他擺回他的椅子，並點燃一根大雪茄。這真是太過分了，醫療機構主任叫莫斯科維茨進到他的辦公室。

「現在，看這裡，莫斯科維茨。你正在逍遙法外啊！你聲稱你只要吃猶太餐，而現在，周五晚上，在你的安息日，你藐視你的宗教而抽雪茄！」

莫斯科維茨只是聳了聳肩膀：「你在跟我爭吵什麼？」他說：「我瘋了，不是嗎？」

記住，頭腦很狡猾，它總是能夠找到各種合理化的說法。它可以稱呼自我為「自己」、「靈魂」。它可以稱呼自我的態度為「自尊」，並隱藏它自己背後的那些話語。

你必須拋棄你的頭腦，只有那樣，你的存在才有遽然盛開的可能。頭腦必須被拋棄，它是一個騙子，而這是一個騙局。

第15章 愛不需要時間

一個學者對一個蘇菲說：「你們蘇菲常說，我們的邏輯問題對你們而言是不可了解的。你能不能給我一個例子，它們對你們是像什麼？」

蘇菲說：「這裡就有一個例子。有一次我乘坐火車旅行，我們經過了七個隧道。我對面坐著一個農民，他顯然之前從來沒有乘坐過火車。」

「經過七個隧道之後，農民拍了拍我的膝蓋，說：『這列火車真的太複雜了。當我騎我的驢子，只要一天就可以到達我的村莊。但是在火車上，它雖然看起來速度比驢子快，但太陽已經上升和落下整整七次了，我還沒有到達我的家。』」

真理可以用兩種方式接近：一種是邏輯，另一種是愛。而這兩者是完全相反的，它們說不同的語言，它們是無法翻譯的。邏輯不可能使它自己被愛理解，反之亦然。

愛對邏輯而言是不合邏輯的，非理性的，有點瘋狂的。邏輯對愛而言是不相干的，因為它的圈子繞了又繞，但是從來不穿透實體。愛認為邏輯是徒勞的，它只是頭腦的體操、遊戲——它引導人到了無處可去。它只是追逐自己的尾巴。你可以繼續追逐，直到永久，你可以變得對它非常執迷，但最後你的雙手仍然只會是空空的，你還是沒有到達。

愛和邏輯都必須被了解。如果你沒有正確地了解它們，它們的方法，它們的途徑，它們的視野，你會保持困惑。

邏輯對一般人是非常有說服力的——但它有它的危險。它有說服力，但它只會是徒勞的。它給了你一個外觀，它假裝。它是知識、信息，但是它從來沒有智慧。只有智慧才會解放。

愛無法說服你。因為它是模糊的，它是雲霧，它是一個謎。它不是一個三段論，它不能吸引你的頭腦——但是它能夠滿足你的存在。它可以解決你的渴望，它可以給你一切你需要的。它可以滋養，這就是問題所在。

能夠滋養你的愛是不合邏輯的，而邏輯這個偽食物對你是非常有說服力的。這兩件東西使哲學和宗教分開。就是在這裡，哲學和宗教分道揚鑣。

你會驚訝地發現，「蘇菲」這個詞來自「哲學」的同一字根。從SUF、Sufism、SOPHIA到Philosophy。但是它們的意義不僅不同，而且完全相反。蘇菲不是一種哲學，哲學裡面沒有蘇菲的美。發生了什麼事？我們必須了解人類的內在結構。

頭腦被分成兩個半球。一半是思考、邏輯的。另一半是愛、直覺、不合邏輯的。一半進行方法論，另一半跳躍……沒有任何方法論，它作量子飛躍。

你的左腦是合邏輯的——散文、男性、好鬥、暴力、雄心勃勃。你的右腦是女性的——非雄心勃勃、富有詩意、唯美浪漫。你的右手與大腦左半球相連，左手與大腦右半球相連。

現在右手變得很重要，因為我們讓邏輯當國王了。而左手卻被忽視、忽略，被認為是較低階的，在東方被認為幾乎是碰不得的。為什麼呢？問題不是在手——問題的深處是關於你大腦的分工。

右手似乎是正確的，而左手似乎是錯誤的，這是一個醜陋的想法。左手有很大的貢獻，沒有它的貢獻，生活將變得僅只是一件苦差事。沒有詩歌就沒有歡樂，沒有直覺就沒有慶祝。沒有對美的敏感，生活將變得毫無意義。也許它可以擁有一個成功的事業，但內心深處，它仍然是失敗的。除非你的存在成功了，否則你就失敗了，徹底失敗了。這是非常不幸的，因為很少有存在成功的人。那些存在成功的人，他們就是蘇菲，他們就是諸佛。

要成功地存在，意味著每個片刻都活在全然的喜悅中。邏輯無法允許你喜悅，喜悅本身對邏輯似乎不合邏輯，苦難似乎更合邏輯，所有邏輯學家都同意生命是一種痛苦的事實。生命是讓人討厭的，它是痛苦、是絕望的。所有邏輯學家都同意它，因此人類面對這個根本問題就只有自殺。

那些可以跳舞、唱歌、慶祝和歡喜的人看起來都瘋了。耶穌看起來瘋了！魯米看起來瘋了，蜜拉看起來瘋了。這些都是蘇菲，這些都是愛人。他們對生命有完全不同的視野。

正如人類的頭腦是一分為二——愛和邏輯，整個地球也以完全相同的方式分成兩個部分：東方和西方。西方選擇了邏輯的路徑，而東方選擇了愛的路徑。

西方哲學家對印度哲學最早的參考是被希臘塞琉古一世派去印度孔雀王朝的大使麥加斯梯尼（Megasthenes）。據說公元前三世紀，他曾訪問印度的Gymnosophists——印度的裸體智者。他稱他們為Gymno Sophists（耆那教辯士）——他在談的是耆那教徒，但其實這些裸體智者根本不是辯士，他們是蘇菲。

辯士是完全反對蘇菲的。辯士是喜好辯論的人，他的一生致力於推理辯證，他的一生只致力於一件事：如何征服對手。用對的方法或錯的方法無關緊要——問題在如何戰勝對手。

辯士不相信真理，辯士不是真理的探索者。辯士是一個持續試著去證明自己是對的人，辯士不相信有像真理這樣的東西。他對真理的定義是「可以被邏輯證明的」——那時它才是真實的。如果它不能在邏輯上被證明，它就不是真實的。

麥加斯梯尼基本上是西方的頭腦，他必定看過耆那教徒，而且他那時看到的耆那教徒是非常接近真理的；麥加斯梯尼所處的時代，是馬哈維亞、佛陀離開這個世界還不是太久的年代——那時仍然還有佛陀和馬哈維亞的某些芳香留在那個國度裡。在那個世界裡，還有人們充滿著喜悅，馬哈維亞和佛陀遽然開花了，那個光還沒有完全消失，但是麥加斯梯尼卻錯過了。

西方頭腦以邏輯思考，用邏輯術語。他稱他們為辯士，他們根本不是辯士——他們是蘇菲。

蘇菲是一個不會想要證明自己的觀點是對的人，他是隨時準備對真理降服的人。不管真理從哪個源頭來，他就準備降服。辯士是即使他看到對手正握住一個對的看法，他也會繼續爭論下去，他也會試圖證明他是對的。

辯士試圖證明「我是對的人」，而蘇菲試圖發現「什麼是對的」，他們的取向是不同的。但是我能了解麥加斯梯尼，他為什麼稱呼那些蘇菲為耆那教辯士。因為西方的頭腦總是從一開始就那樣看待事情……地球被劃分成兩半，就像大腦被劃分成兩半一樣。

西元二世紀，基督教諾斯底教派、希臘亞歷山大學城的神學家革利免（Clement），他在自己的著作中指出，希臘哲學是從印度傳入的。有可能革利免說的是對的，但是這其中哲學的本質發生了很大的變化。當它從東方搬到西方，顏色、內涵、質地、味道——一切都改變了。現在幾乎不可能認出希臘哲學原來是印度哲學的一個分支。

革利免似乎是對的，它是從印度引進的。這有歷史證據，革利免曾說希臘最偉大的神祕家之一畢達哥拉斯，曾經拜訪過印度，曾在婆羅門聖者門下學習，不僅如此，他也被點化進入佛教的神祕家成為門徒。有足夠的證據在畢達哥拉斯的教導裡，看到某些佛的東西在裡面。

但是當哲學從東方移到西方的那一刻，它們改變了顏色。情境改變了，整個新的球面變得不同了。當愛必須邏輯地被了解，某些東西就錯了。那時靈性失去了——只剩一具屍體留下。

因為蘇菲和辯士之間的這種差異，你也會注意到，在東方，個人的個性從來不是重要的。

印度哲學沒有被束縛於個人的個性，印度哲學家的生活是鮮為人知的。在東方，哲學家一直是真理的發現者，而不是制定者。真理就像存在本身一樣古老，沒有人可以聲稱某人發現了它。它已經被發現很多次了——最多可以說的是：「我重新發現了它。」重新發現的條件之一是你應該消失，而不應該有聲稱者——我。

西方有它們的柏拉圖、黑格爾、康德。在印度，沒有平行的人。你不可能遇到任何像瑜伽的「波顛闍利學派」、婆羅門教吠檀多派的「商羯羅學派」——不可能。東方的哲學不是根植於個體的自我。當真理來臨時，就帶走人的存在……但是西方邏輯的頭腦不可能冒那麼大的風險，它總是保持在控制，它占有真理。

就真理的本質而言，它不可能被占有。所以任何邏輯的頭腦所占有的都不是真理，而是關於真理的意見。它不是真實的東西，它只是真理的一個拷貝副本，一個影子。

從一個細微的事，就可以看出它們的差別。例如：數學的零是印度發現的，但從印度到了西方，這個西方的零的概念，它的意義改變了。在西方的頭腦裡，零意味著沒有（無數值的）。但在佛教的零——SHUNYA——並不只是意味著數學的沒有（無數值）：它意味著沒有自己的生存狀態，它意味著無我，它意味著自己的空無。

印度教的零——BINDU——是一個實心的圓點，它象徵著肥沃的種子。它是潛力的產生點，負和正的基礎。有一次，拉瑪那．馬哈希被請求在他的書上親筆簽名，他當時只有在頁面的中心點了一個點，並附註「在BINDU裡一切都被包含了，我也是被包含在它裡面——所以沒有必要簽其他的名字」。

現在同樣的概念，零，在西方變成一個數學的、邏輯的概念。在佛教裡，它是存在的無我。記住它！你如何看待事物，它會產生很大的差異。那意謂著你是否帶著充滿關愛的眼神看……

據說關於偉大的哈西德神祕家巴爾．謝姆．托夫，通常他不會使用眼鏡，但是每當他跟哲學家、邏輯學家談話時，他會立刻把他的眼鏡戴上。

有一天，他的門徒問道：「當我們持續跟你談一千零一件事情時，你通常都不戴眼鏡，但為什麼每當邏輯學家來的時候，你總是把眼鏡戴上？」

他笑了，而他所說的話是非常重要的，他說：「對於你們，我不需要把你們與我分開來看。對於你們，我可以留在我的狀態，我不需要從那裡降下來。當我在對門徒說話時，沒有必要作出任何區別。我對門徒，對樹木，對岩石，對星星，對天空說話……全部都是一樣。因為我是從愛的角度來談，我用我的愛淹沒你們，我也被你們的愛淹沒。但是當邏輯學家來了，我必須降下來，我必須把眼鏡戴上，因此我才能變得盲目，因此我才能失去那浩大的視野。我的雙眼才會變得狹隘，因為邏輯學家堅持作區別；他們堅持東西應該被剝皮和被定義。愛沒有定義，沒有界限。」

巴爾．謝姆．托夫是正確的，這也是我的經驗。對門徒說話，跟門徒一起，那是完全不同的情況。但是跟某個裝著很多知識在他頭腦裡的人，跟某些準備爭鬥、爭論、渴望找到機會和藉口來衝撞的人說話，那是完全不同的經驗。它是醜陋的，沒有交流，沒有相會。

愛對真實打開一扇不同的門，邏輯也打開一扇門。邏輯的門變成科學；愛的門變成宗教。那就是為什麼西方哲學正在消失，什麼原因使西方哲學慢慢慢慢地減弱到科學呢？——因為它被科學接管了，它頂多可以留在科學的影子裡，當一個僕人。它不再是主人，而且沒有別人要為它負責——它本身要為它負責。那是它的堅持：邏輯、事實……現在科學更邏輯，更實際，所以哲學似乎只是一種原始的科學，一個初級的科學。當然，在更先進的科學到來的時候，哲學還有什麼重要性呢？

因此，在西方，哲學家都在迷失中：現在要做什麼？他們的整個工作已經完了。在西方的大學裡，很多哲學科系正變得越來越空蕩；學生越來越少。在那裡什麼也沒有！而哲學家，最多變成了只做邏輯分析；語言分析變成了他們的整個工作。現在他們不再問神是否存在——他們的問題是：當你使用「神」這個字，你是什麼意思？他們的問題是關於「神」這個字，而不是神本身——當你使用「神」這個字，你是什麼意思？這個字的意思……沒有太多的哲學留下來。它在消失中，它是一個垂死的主題，科學已經接管了。

哲學，如果它從邏輯的門進入，勢必將會消失，它遲早走進科學，因為哲學所做的，科學可以做得更好。哲學要能夠存活，只有當它是透過愛的門進入才有可能，那時就沒有人能取代它，那時它就是真實的 SOPHIA——真實的智慧。

在我們進入這個小寓言之前，有幾件事情。如果你透過愛來看，並不是說你看的實體改變了——實體仍然是一樣的。無論你是從邏輯還是從愛的角度來看，實體是一樣的——但你是不同的。而當你是不同的，你就能看到不同的東西。當有人用詩人的眼光看著滿月，它是完全不同的體驗——它令人振奮、狂喜。當有人用天文學家的眼光看著月亮，那裡沒有振奮，沒有祈禱。心臟不會跳得更快，你不會感受到任何狂喜。你不會變得暖和起來，你不會覺得有連結。它是相同的月亮！而你是盲目的，封閉的……

當我還在大學求學的時候，我的一位教授，他是世界上著名的化學家，他的想法是：化學是唯一真正的科學。當所有其他的科學都消失時，有一天化學可以解釋一切。它可以解釋生命，它可以解釋愛，它可以解釋詩——全部都是化學，存在也是化學。

有一天，他去散步，我跟著他——他不知道。那是一個滿月的夜晚，他牽著妻子的手，我跟著他，我沒有讓他知道我在那裡。這是一個滿月的夜晚，他忘記了他是化學教授和偉大的化學家，他吻了他的妻子……我說：「停！」他嚇呆了。當他看到我，他說：「你說『停』是什麼意思？這是我的妻子。」

「那不是重點，」我說：「但是你在做什麼？——這僅僅是化學。就如你所了解的男人吻女人？它只是一個小小的化學傳遞，從這裡到那裡？它只是一些病菌從她的嘴唇到你的嘴唇，從你的嘴唇到她的嘴唇？你在做什麼？你受到月亮的影響嗎？你變成瘋子還是什麼？為什麼你牽著她的手？你怎麼能夠用化學解釋它？」

但是有些人試圖用化學、物理、電學解釋事物。他們只是毀了生命的奧祕。

我告訴教授：「每當你親吻你的妻子，要記得我，記得你的哲學。」

三、四個星期之後，我再次看到他，我說：「事情進行得如何？」

他說：「你已經讓我非常困擾了——因為它真的發生了，當我吻我的妻子時，我記得你……」

生命是不可能縮小為化學的，它不可能縮小為邏輯三段論的。生命是比它們都大很多，它的奧祕是無窮的。只有愛才可能了解它。其他一切都是非常有限的，只有愛才敢移進那不可定義、那個微妙裡。

愛可以非常根本地改變你的視野，在愛之中，很多東西消失了。在深深的愛之中，時間消失了。而時間是了解現實的障礙。當時間消失，事情就變得透明清晰。

你有沒有觀察到：當你是悲慘的時候，時間似乎過得非常緩慢？當你是快樂的時候，時間過得比較快。當你真的在狂喜裡——三摩地——時間就消失了。在那個永恆裡，你真實存在當下，你與真實面對面。只有在那個永恆裡，你與真實真正的相遇。第一次，你親眼看見。

時間取決於個體的發展狀態。一個人越進步，他的時間意識越少。一個完美的人沒有時間意識，時間只是意味著你不在現在。時間意味著過去和未來，當時間消失了，你就在此時此刻。而只有那個時候，你才能跟真實接觸……

邏輯在時間裡運作：愛在永恆裡運作。邏輯需要時間：愛不需要時間。只有愛可以透露給你永恆的本質。

在狂喜裡，一切過去和未來都被拉近到現在。時間縮小了，過去和未來之間的界線消失了，只有這片刻活著，而那一刻就是永恆。在那個不分割的時刻，光就出現，簡單而安祥。它在那裡就像心跳在那裡，

是的，就像是那樣：它在那裡就像心跳在那裡。神是心跳——整體的心跳。神無法透過推理被知道：神只能透過心被感覺到，因為神是整體的心跳。

你將必須找到跟神的心跳同步，你將必須落入韻律裡，你將必須得到一種和諧。因此，蘇菲是這麼瘋狂於音樂、歌唱、吟誦、舞蹈。蘇菲不是在推理，而是在跳舞——因為只有在跳舞時，你才開始進入與整體的心跳。只有在跳舞時，當你不在而神在，恩典時刻才會到達。只有在舞蹈時，頭腦和身體之間的距離才會消失——而你是一個整體，一體，全部在一起，不再支離破碎。

如果你能深深地跳舞，在那個深刻的時刻，舞者在舞蹈裡消失了，這就是禱告。一旦你知道了什麼是禱告，那時任何一切都是禱告。那時教導、講話、傾聽、吃飯、睡覺……全部都是一體。然後全部都是禱告，所有的動作都是一體的，無限的生命被涵蓋在每一個動作中。

但第一次的經驗將來自唱歌或跳舞或靜心。簡單地說，第一次的經驗總是在時間消失的時候來到。

讓時間離去，當沒有時間時，你就跟神一起。當時間消失了，頭腦也消失了。它們是同一枚

硬幣的兩面。

三摩地是所有知識、頭腦的燃燒。一切都消失在三摩地的火焰裡……知識、被知者、求知者全部消失。它是狂喜的熱情。

但是一切都取決於你的內在必須有一個巨大的改變——你必須從邏輯移到愛，從頭移到心。

這個小故事：

一個學者對一個蘇菲說：「你們蘇菲常說，我們的邏輯問題對你們而言是不可了解的。你能不能給我一個例子，它們對你們是像什麼？」

首先，誰是一個學者？學者是一個已經對本質的東西失去興趣的人。學者是一個已經迷失了生命本質，而且變得分心在非本質的事情上的人。他努力工作，他奉獻他的整個生命給垃圾。如果你看到他的作品，你會讚賞他。但是如果你看到那個結果，你會嘲笑他的愚蠢。

人們持續在工作，年復一年，他們的整個生命，只為了那些根本無關緊要的東西。

有一次，一個大學者來見我。他的一生只奉獻給一件事：克里希那是否真的是一個歷史人物。現在，這有關係嗎？即使它被證實了，那又怎樣？那正是我問他的。

我問他：「你已經快六十歲了，你已經工作了一輩子，你幾乎有三十五年的時間一直在工作——即使你證實克里希那是一個歷史人物，那你要做什麼？」

他當下處於不知如何回答的狀態，他說：「我從來沒有想過這個問題，事實上，從來沒有人問過我這個問題，大家都只是在讚賞我，我的工作。」

他鑽研了經文，各種石頭、岩石，考古學上的老舊銘文……他用好幾千種的方式來證明它。儘管如此，他也無法完全證明它。但是他說：「沒有人問過我這個問題，每個人都在讚賞我的工作。」

我告訴他：「不管你證實了克里希那是曾經存在過，或者他從來沒有存在過，它都不會改變你的生命，所以有什麼意義？為什麼要浪費你的生命？如果你覺得克里希那所說的是重要的，活出它。如果你認為它是微不足道的，那麼即使他是歷史上曾經存在的人，對於你那也是沒用的。」

東方從來沒有老學究，那是西方帶來東方的疾病。現在有好幾千人在大學繼續研究工作……他們一直持續在寫東西。一個可能研究卡比爾好幾年的人，而他卻從未像卡比爾那樣做過靜心。你可以看到它的荒謬！而他正試圖了解卡比爾，除非你經驗他存在的方式，否則你怎麼可能了解卡比爾？

學者是一個有大智能而誤入歧途的人。他已經把他的智能使用在沒有用的東西上。用同樣的努力，同樣的功夫，他自己也可能已經被轉化了。用同樣的努力，他自己可能已經變成卡比爾或克里希那了，而他只是在研究克里希那是否是一個歷史人物。

我告訴老人：「證明他是否是一個歷史人物，唯一的辦法就是在你自己裡面創造出克里希那的意識，如果你可以在自己內在創造出克里希那的意識，那時就可以證明這是可能的。如果這對你是有可能的，那麼對別人為什麼不可能？如果我能成佛，那就是唯一證實佛陀存在的方法。要證明佛陀的存在，人必須存在像一個佛——沒有其他辦法。」這就是蘇菲的方法，而不是學者的方法。

一個學者對一個蘇菲說……

蘇菲只關心根本的事情，他捨棄一切非根本的。他只尋找鑽石；他不蒐集胡言亂語，他對垃圾不感興趣。

一個學者對一個蘇菲說：「你們蘇菲常說，我們的邏輯問題對你們而言是不可了解的。你能不能給我一個例子，它們對你們是像什麼？」

邏輯問題對蘇菲是不可了解的——因為它們是愚蠢的問題！邏輯的人問：請證明什麼是禱告。它是不能被證實的。他應該問：請教導如何祈禱。那時它就不是一個邏輯問題，它是存在的。

你不能問：請證明愛是什麼。你只能問：請幫助我，讓我可以愛。

邏輯問題對於蘇菲，對於有了解的人是不可了解的。一個有了解的人看待邏輯問題就像看一個幼稚的人，他的視野是完全不同的。

我聽說過，偉大的神祕家巴爾．謝姆．托夫有一次站在一個禱告的殿堂門檻上，他不想進入。他以厭惡的口氣說：「我不能進入那裡，那個房子充滿了太多的教導和禱告了。」當時他的同伴感到非常驚訝——因為在他們看來，那麼多的禱告應該要被讚美的——他對他的同伴解釋說：「白天在這裡講話的人並不是真正的奉獻，他們沒有愛和憐憫，他們的話語沒有翅膀。因為它們沒有翅膀，所以它們只停留在牆與牆之間，它們蹲在地上，它們一層一層地疊加，像腐爛的樹葉，直到腐爛的樹葉充塞了整個房子，在那裡不再有給我的空間。」

「這個房子太滿於教學和祈禱。人們繼續在祈禱，但他們的心不在那裡。那些祈禱都死了，它們不能夠飛翔，它們沒有翅膀——它們不能達到神。所以雖然這是整個寺院的祈禱，但我不能進入它——它實在太滿於祈禱和話語了，在它裡面沒有空間。」

學者就像那樣——太滿於話語，腐爛的，一層又一層。學者僵死的話語已經發臭了，他曾說過偉大的話語，但是那裡面沒有愛，沒有奉獻。因此那些話語沒有翅膀；它們就像石頭掛在他的脖子上。他被他的話語，他的哲學，他的學說，他的教條所淹沒。學者甚至可能是一個會作禱告的人，他可能去祈禱，但是他的禱告也是假的。它是一種儀式，它裡面沒有心。

我喜歡一個托爾斯泰講的故事。我已經說過很多次了，但我還是非常喜歡它……

在俄羅斯，它變得非常著名：

有三個神祕家出現了，他們是神奇的人。他們住在遠處山上的湖泊邊，有好幾千個朝聖者開始走向他們。無論誰從哪裡來，都被他們觸動、感動了，這三個神祕家容光煥發的來到，充滿活力的來到，帶來某些無形的東西。

全國上下都爭相想去看這三個神祕家。當然，大祭司變得十分不安：「這些神祕家是誰？」在基督教，一個人被稱為聖人之前，他必須由教會來認證。現在，這似乎是最荒謬的事，在世界上，一個聖人需要由教會來認證。英語Saint（聖人），其實它就是從Sanction（裁定）而來，因為被教會裁定了的人才能是聖人。

「如果沒有由任何教會裁定，這些人怎麼可能變成聖人？」大祭司很生氣——也很嫉妒。

他去看那些神祕家，他必須搭船進去。當他到達那裡時，他看到三個衣著簡單的人坐在一棵大樹下——非常樸實的村民。這三個聖人觸摸了祭司的腳。祭司很快樂，他說：「所以你們是聖人！你們已經宣稱你們是聖人？」

他們說：「不，我們怎麼可能宣稱，我們不知道什麼聖人，我們是窮人、文盲。人們製造關於我們的謠言——我們不知道。我們不懂事！我們很幸運，你來了。保佑我們！」

祭司說：「你們做什麼禱告？你們讀什麼經文？」

他們說：「我們完全不識字，我們無法讀經文，而且從來沒有人教我們任何祈禱。你來教我們吧！」

「但是你們必定有在祈禱吧。」祭司問。

他們面面相覷，感到慚愧。一個對另一個說：「你告訴他。」另一個對第三個說：「你告訴他。」

祭司說：「但是你們為什麼看來那麼羞愧和內疚？你們的祈禱是什麼？告訴我！」

他們必須說出來，他們說：「我們做了我們自己的祈禱，我們是愚蠢的人，請原諒我們。請不要生氣，我們不知道任何禱告，所以我們就創造了一個。我們的禱告很簡單，我們祈禱……」在基督教裡，神是三位一體——天父、聖靈和聖子——所以他們說：「我們對神說：你們有三個，我們有三個——請憐憫我們，這是我們的禱告。但不要對我們生氣，我們真的是無知的人。」

甚至連祭司都笑了。他說：「從來沒有聽過這樣的禱告，你們這些傻瓜！你們要丟掉它，你們要停止它！我會告訴你們合法的祈禱。」

這是一個很長的禱告……古老的俄羅斯東正教教堂有一個很長的禱告。祭司重複了整個禱告。他們聽到了，而他們說：「這個太長了，我們無法記住它——你將必須再次說出它。」

有三次，他們說：「拜託！再一次，否則我們會忘記。」所以祭司重複了三次；他覺得很快樂，他回到了船上。就在湖的中間，他十分不解，船夫也非常困惑——那三個村民從水面上跑過來。他們說：「等一下！我們忘記了祈禱……請再一次。」

現在祭司必須跪在他們的腳下，他說：「抱歉，你們的禱告是對的——它被聽到了！我祈禱這麼久，而我還是不能在水上行走。你們的禱告是完全正確的，請你們繼續：祢們有三個，我們有三個——請憐憫我們，無論你們想做什麼，你們就做吧，因為你們的禱告達到了！」

祈禱是有翅膀的，當它們是從心、當它們是自發的、當它們是從你的存在說出時。學者是窮人——他塞滿了知識，但所有的知識都是僵死的。蘇菲是一個讓話語有翅膀的人，他的祈禱被聽見，因為他的祈禱出自於他的心。它們不是符合邏輯的；它們跟邏輯頭腦沒有關聯，它們是陰性的。

一個學者對一個蘇菲說：「你們蘇菲常說，我們的邏輯問題對你們而言是不可了解的。你能不能給我一個例子，它們對你們是像什麼？」

它們對蘇菲而言是難以了解的，因為邏輯不是他們的世界，邏輯不是他們的遊戲。它是一個遊戲！它有它的規則。讓我告訴你某些故事。

拉比、神父和牧師在玩撲克牌。突然間，警察衝進房間。「對不起，先生，賭博是違法的。」一個官員說，他催促宗教三人組到法庭。

「對這件事，我很遺憾，」法官說：「但是現在你們在這裡，只有一件事要做，因為你們全都是神職人員，我想我可以相信你們的話。所以，我會問你們是否在賭博，不管你們怎麼回答，我都相信你們。我們將從你開始，神父。」

「法官大人，去確認我們賭博的意圖確實是很重要的。以狹義而有意義的觀點來看，如果只有想要贏錢的欲望，而不去享受未知的出牌樂趣，這樣的情況才是真正的賭博。此外，我們可以定義賭博在金錢的損失上是有害的狀況，就像……」

「好了，神父，」法官打斷：「我了解，以你這個詞的定義方式，你不是在賭博。現在，牧師，你呢？」

牧師說：「我完全同意我飽學的同事。」

「很好，」法官說：「那現在你呢，拉比，你是否在賭博？」

拉比看著他的兩個朋友，然後回到了法官那裡，問道：「法官大人，跟誰賭博啊？」

邏輯有它的方法，它是一個美麗的遊戲。你可以享受它，但那些對真實有興趣的人對這樣的遊戲是不感興趣的。

一個貧窮的裁縫師慌了，他的妻子生病了，也許會死掉。他請來附近唯一的一位醫生。

「請救救我的妻子，醫生！我會付出一切！」

「但是如果我不能治好她呢？」醫生問。

「我會付錢，不管你治好她還是殺了她，只要你馬上過來！」

所以醫生及時診療了女人，但是在一個星期內，她死了。不久，一張帳單寄來，裁縫師收到要付醫師很高的費用。裁縫師無法支付，所以，他請求醫生跟他到當地的拉比面前作仲裁。

「他同意支付我治療他妻子的費用，」醫生說：「不管我治好她還是殺了她。」

拉比關切的問：「嗯，你治好她了嗎？」

「沒有。」醫生承認。

「那你殺了她嗎？」

「我當然沒有！」醫生強力反駁。

「那兩個都沒有的情況下，」拉比說出仲裁結果：「你沒有理由收取費用。」

人可以享受邏輯，人也可以享受邏輯的分裂。但是永遠不要被邏輯愚弄——它不可能引導你到達真理。蘇菲已經丟掉所有的邏輯，他們是瘋狂的人，他們喝神性而醉了。所以每當有人問一個邏輯的問題，他們譴責它。

蘇菲說：「這裡就有一個例子。有一次我乘坐火車旅行，我們經過了七個隧道。我對面坐著一個農民，他顯然之前從來沒有乘坐過火車。」「經過七個隧道之後，農民拍了拍我的膝蓋，說：『這列火車真的太複雜了。當我騎我的驢子，只要一天就可以到達我的村莊。但是在火車上，它雖然看起來速度比驢子快，但太陽已經上升和落下整整七次了，我還沒有到達我的家。』」

蘇菲是說：依農民的說法他是合乎邏輯的。根據他的經驗，這是合乎邏輯的。但是對那些了解的人，它會是荒謬的。

蘇菲是在說：當一個學者邏輯地說話，根據他的經驗，根據他的學習，學者文憑，它看來很合乎邏輯。但是對於那些了解的人，穿越了所有頭腦的隧道，已經進入存在的敞開的人，它看起來是荒謬的——就像這個故事。

它對蘇菲是不可了解的，因為他的經驗是完全不同的一種真實。而且他是正確的！因為他了解學者的世界，他了解兩個世界。學者還住在頭腦的世界，在時間的世界，在思想和邏輯的世界。蘇菲完全了解有關它的一切，他超越了它。他是對兩者的觀照；無論他所說的必定遠遠超過學者，並且更加重要。

記住！一個睡著了的人，從來不知道什麼是覺醒，他的夢是真的，因為在睡覺的人都認為夢是真的。但是了解做夢和覺醒兩者的人，夢對他而言不是真的。要去聽一個了解兩者的人，那一直是東方的經驗。我們不會去注意學者說了什麼，因為他說的是我們所有人的經驗。它不是什麼新鮮事！也許他更善於表達，也許他更聰明，也許他對他的陳述可以帶來更多的註腳，他可以引用《聖經》——但他所說的是大家都可以知道的。他也許知道得多一點，但是他和其他人沒有什麼區別。

但是當佛陀出現，蘇菲出現，基督意識走在地球上，這是質量的不同。

還有一件事要一再地記得：佛陀也曾經住在你的世界裡；他也曾經像你一樣在做夢，他也曾經像你一樣被夢境所愚弄。現在他已經覺醒，他知道兩者。因此，所有他所說的必定比那些只知道一種世界的人更多更真實。

當心被拖入學術成就的迷思裡時，要小心，它會使得你的生命乾涸，它會摧毀你存在的一切汁液。它會變成你的自殺。當心它！超越它……因為只有超越它才是真理的世界，只有超越它才是神的王國。除非你知道了神的王國，否則你不會得到滿足。

這種對神性的不滿足會驅使人們變成門徒。這個對神性的不滿足，遲早會變成火焰，它將完全燃燒一個人的自我。而當自我不存在了，蘇菲就出生了。

學者文憑對你而言只是一個附加物，你保持是相同的，你只會變得越來越有知識，但你的內在保持是沒有改變的。要變成蘇菲，你必須通過死亡的經驗。它對你不是附加物：它是一個新的誕生，它是一個重生。

耶穌說：除非你重生，否則你不會進入我神的王國。你知道這些話是對誰說的嗎？據說是對一個偉大的學者——尼哥底母說的。他是那個時代著名的教授；他遠比耶穌更有知識。耶穌是個文盲、窮人的兒子，一個木匠的兒子。尼哥底母是富有的、著名的、知名的、受尊重的學者。為什麼耶穌對他說：除非你重生……？這個學者必須死去，只有那樣，蘇菲才會出生。而變成蘇菲就是住在神的國度裡。

不要滿足於一切你知道的。要了解而不是只是囤積知識。要有智慧而不是只是擁有學者文憑。但是要達到它，你將必須完全清空你自己，丟掉所有你認為是知識的東西。告別學者，告別頭腦，讓無念進入你的內在。

那個無念就是神的國度的大門。

第16章 跟我一起欣喜若狂

問題：為什麼要掌控人的性能量？

Veereshwar，以二元的方式去思考是非常危險的，把自己分割為二是走向分裂的。你是一體的！你怎麼可能有主人和僕人？這個想法是毒藥，是有害的。有史以來，它毒害了所有人類。永遠不要分割自己，否則你會處在衝突、內戰中——跟自己爭鬥，那就是絕對的愚蠢。

跟自己爭鬥就是耗費不必要的能量。這是浪費，相同的能量可以變成盛大的慶祝。

我不會教你如何去掌控你的性能量。我教你的是：如何去保持一體，如何不去分割自己。永遠不要分割自己成身體、頭腦、精神、物質、較低、較高、神聖、褻瀆、此岸、彼岸。永遠不要分割！這些只是不同的名稱……疾病卻是一樣的。分割就是疾病。

而一旦你分割，你就處在衝突、摩擦中。那時喜悅就消失了，那時生命就變成一個痛苦、苦難。而且也沒有勝利的可能，你怎麼可能戰勝自己？這是不可能的。那就是為什麼你的僧侶、你的聖雄看起來都很悲傷，他們的生命是徒勞的生命。而根本的問題是什麼？他們在哪裡錯過了？他們分割了自己。

我教你不分割的存在。保持不分割的！永遠不要認為自己是從你的性能量或任何因為此事而分割的。你就是它！你就是你的性能量，你就是你愛的能量。你就是你的意識，你就是你的身體。你有很多面目！你的寶石本身有很多面目。而所有這些面目一起使你是珍貴的。

但是有史以來這個想法一直被堅持——尤其是關於性的能量。為什麼？因為性愛有最大的吸引力。因此自我主義者總是發現它是有吸引力的而與其爭鬥。如果一個人能夠戰勝自己的性，那時那個人就是贏家。性對於自我主義者而言，似乎是最大的挑戰。記住！這不是對於靈性者的挑戰。性對於靈性者來說沒有挑戰，對他們來說，生命是無為、放鬆，全然接受。但是對於自我主義者，生命始終是個挑戰。凡是挑戰必定來自外部，或者它必定來自內部。要嘛他必須攀登聖母峰，聖母峰在那裡像一個挑戰……。人們到達聖母峰的目的只有一個：那個人征服了它。

或者是自我主義者轉向內在。有的自我主義者的旅程是向外的，有的自我主義者的旅程是向內的。對於向內的自我主義者而言，性能量是他們最大的挑戰——因為那個吸引力是極大的，不可征服的——跟它爭鬥！但跟它爭鬥，你只會摧毀你自己，而所有性能量的美也遺失了。

性能量不必要被征服：性能量必須以創造的方式被使用。沒有爭鬥，而它是很大的寶藏。透過它，很多是可能的——事實上，一切有可能的都是透過它。在不同的層次上，它是變成愛、變成祈禱的相同能量。

一個沒有性能量的人將不能夠愛，將不能夠感到憐憫，將不能夠禱告——因為禱告是性能量的最高形式。如果你跟性爭鬥，你將永遠不能轉化它為禱告。爭鬥從來不會轉化任何東西，轉化需要友誼——友善對待它！它是你的能量，它就是你。

不要以主人和僕人的用語來思考。使用性能量來當做你的潛力，它是你原生的能量。它可以被精煉，它可以被昇華，它可以達到更高的，你甚至未曾夢想過的頂峰。最終，它可以變成你三摩地的體驗。但是永遠不要對它有敵意——要交好、說服、觀察。嘗試去了解它，它是什麼——它的吸引力，它的喜悅，它的愉快。透過它，一小片刻的狂喜是可能的。

當你做愛時，到底發生了什麼事？有一個片刻，時間消失了……那一刻，那是永恆的片刻，它給你無限的喜悅，那是一個進入三摩地的瞥見。性愛不是你的敵人：它是到達神的窗口。當然，它打開又關閉了。所有你看到的只是迷失，但你就是沒有理由跟它生氣。正是透過它，你才覺知到有超越世俗的東西存在。即使它是瞬間的瞥見，當你迷失了，完全迷失了……自我不再運作，你被擴展了。性高潮的那些片刻是第一次瞥見——原始、簡單、粗糙——的神。

所以，Veereshwar，我無法告訴你如何掌控它。沒有辦法掌控它，在掌控它時，你可能摧毀它。在摧毀它時，你會摧毀自己。一旦你的性能量被摧毀，你的生命會是乾涸的，你的生命會是一片荒漠。那時不再有玫瑰，不再有蓮花，那時你不再是綠洲。你會活在一種死亡狀態，你會攜帶著你的墳墓在自己周圍。

進入它，傾聽它的訊息。要非常靜默，性愛是神聖的！當你進入它，你正在進入最偉大的寺廟。你在神聖的地方——把一切你的頭腦和憂慮擺在一邊，去跳舞，帶著喜悅，帶著祈禱，帶著感激。你會被它更新，你會再次青春，你的生命將會重新帶著清新的視野。

問題

今天早上當你在談錯過師父，我感覺到我固執的決心不要錯過你。我要坐在這裡，直到我得到開悟——如果它需要永久的話！

Anand Madan，那麼你絕對會錯過。開悟不是某個你透過你的固執而能得到的東西，那是障礙！當你是脆弱時，它會來臨。當你甚至沒有覺知到時，它會來臨。當你甚至不在渴望它時，它會來臨。它讓你總是措手不及，它非常安靜地來臨，你無法聽到它的腳步聲。

而且當你直接在尋找它時，它從不會來。它只會間接地來臨，當你在唱一首歌而迷失在歌裡時……它就在那裡。你不想它！你被吸收在歌裡。或者你在跳舞，你放棄你自己在舞蹈裡……它就在那裡。或者你在畫畫，或者在田裡工作，或者只是靜靜地坐著，什麼都不做……它就在那裡。

它總是會來臨，當你沒有直接看著它時，它是間接地來臨的。它是非常微妙和精巧的。你越固執地尋找它，你越會錯過它。

跟我在這裡！只是跟我在這裡——不要帶著開悟的想法。它將會發生，但是它不會依照你的意願而發生。你不能操縱它，你不可能控制它。當它發生，就讓它發生。它來自藍天，它不是由你造成的。如果它是由你、你的努力、你的意志造成的，那時它會是比你小的。而它是比你大的。

當它來的時候，它不是像一滴露珠落入海洋的感覺。不是！相反地，它就好像海洋落入了露珠的感覺。整個天空落入了你。

如果你固執地等著它，你就太辛苦了。在你裡面沒有空間，你太緊張了。那個渴望，就足以形成障礙。人必須全然地忘記它。人必須深深地忘記，使開悟這個詞變得豪不相干。而有一天，你會驚訝地發現——它來了。客人未被邀請，而它來了。

Madan，你說：今天早上當你在談錯過師父，我感覺到我固執的決心不要錯過你。

這個固執的決心來自你的意志，來自你的自我。而這些就是障礙！誰在阻止你的開悟？沒有人，除了你自己。否則，你從一開始就成佛了。你如何錯過那已經一直是你的東西？你怎麼會持續錯過它？透過你的找尋，你會持續錯過它。

但是這事會發生：當我說「不要錯過任何師父」時，固執的渴望可能在你裡面出現了。「我不會錯過，我會把一切努力和一切能量都投入而不錯過」——但你已經錯過了。我的話必須不是以字典裡的意思被了解——你必須跟我非常和諧的。

當我在說某件事，不要固執於它表面的意思，要進入它存在的意思。當我說不要錯過任何師父，我是在說跟師父在一起要放鬆，跟師父在一起，在師父裡面忘記自己。讓師父環繞著你，讓他變成你的氣息，你的氛圍。活在他，想到他，忘記你自己！

這個對開悟的關注就是自我的關注，你仍然以自己為中心。跟師父一起意味著要忘掉你自己。一般情況下，我們都是以自己為中心。無論我們做什麼，我們都是為了自己在做。跟師父在一起意味著你開始忘記以自己為中心的舊語言。你開始為師父在做事情——因為他所說的，有時甚至是荒謬的事情！

Ajit問了一個問題，因為人們問他：「為什麼你穿橙色的？」他說：「我試圖對他們解釋，但我內心深處知道，他們是不相信的。」

你沒有辦法說服任何人，而且也沒有必要。這個問題不是穿橙色的問題，這個問題只是你不能說：「現在我是門徒，我不知道，我已經放下一切交給我的師父。如果他說『穿橙色的』，我就會穿橙色。如果他說『在街上裸體走路』，我就會裸體走路。我不再知道任何原因。你去問師父，我放棄了我以自己為中心的生活方式。」

那就是桑雅士的意思。那就是有關點化的一切：你放下你以自己為中心的生活方式。你一直按照你自己所想的在生活，當你加入了師父的那一天，你就開始按照他在生活。

而且他也沒有義務說明一切——因為有很多不能解釋的事情，有很多只能解釋，但是解釋也不會有任何用處的事情——當你經歷過，它們就可以解釋。但是那時又不重要了。

有一些師父持續在要求他的門徒做那些顯然是荒謬的事情。那是門徒，它們才會是荒謬的。它們幫助門徒擺脫他的自我中心。他只是變得服從，他變成一個說「是」的人。在那個「是」裡——就不會錯過師父。

這不是一個固執的問題，因為固執只會增強你的自我，它會變得甚至更加集中。它是一個放下的問題。

你已經按照你自己生活很久了；你看到了按照你自己的生活，它意味著什麼。要變成門徒意味著現在你厭倦了，你想要放鬆一下。你想要只是在信任裡，在愛裡，在親密裡跟隨某人，你想變成一個影子。而弔詭的是：你忘了你的自我那一刻，你真正的中心就出現了。當你變成只是師父的影子的那一刻，第一次你變成完整的。這看起來像是一個悖論，你完全忘記了自己的那一刻，你是開悟的。

所以，請不要固執地決定——那會變得比以前更加困難。而你心理的堅定將會使它變得更加困難。

你說：我要坐在這裡，直到我得到開悟。

你可以坐在這裡好幾個世紀，但那樣你也不會開悟。如果你不在那裡，開悟可能在某個片刻發生！坐在這裡而以你不在的方式，那就是坐在這裡的真正方式。沒有人坐在這裡，沒有固執的欲望，沒有達成的想法，沒有目標。只是純粹地坐著！只是享受這一刻。這一刻跟我在一起……這些鳥兒，這些樹，這些人。沒有其他動機！只是為了它本身的緣故。那時這一刻就是祝福，那時這一刻就是開悟。

這種靜默……當你不在那裡，沒有人坐在那裡，而只是純粹地坐著，沒有你的努力，只有一個輕鬆的等待……沒有欲望在你內在，一切渴望都消失了……只是在這裡……而這就是需要的東西。

你是那麼地渴望，你是那麼地有企圖心，你是在這樣的動盪裡。你從不允許這個小小的聲音出現在你裡面。它一直在出現，但是你欲望的騷動很大——你變成了菜市場。你的頭腦不斷在喋喋不休，它可能在嘮叨錢財，它可能在嘮叨靜心。它可能在嘮叨政治，它可能在嘮叨宗教，它可能在嘮叨任何東西。它可能開始在思考開悟，它是什麼，如何得到它……而你所有的時間都在錯過！

請不要變成對於它的一個狂熱的人。要放鬆！

一間模特兒公司的總監在面談一個年輕女子。一般的問題之後，他對她暗送秋波，問：「妳是處女嗎？」

「是的，」她害羞地回答說：「但對於它，我不是一個狂熱的人！」

請你不要變成對於它的一個狂熱的人。開悟是一個非常非常容易而簡單的事，最普通的經驗，它跟非凡的經驗無關。

讓我一再地提醒你：它是最普通的經驗——因為它是你的本性。當你實現它，你不能吹噓它。當你實現它，它不是一件你做過的什麼大事！

問題 奧修，為什麼你的話語那麼令人費解？

我在說很多東西，我必須說它們，因為我在對這麼多人說話，我在對各式各樣的人說話。馬哈維亞只對一種人說話——他的話不會令人費解。佛陀只對一種人說話——他的話不會令人費解。而我在對各式各樣的人說話。

我沒有選擇特定的對象來工作。我的工作是普遍的；它不是宗派。對特定類型的人說話是容易的，那時你就可以保持一致。但是當你在處理這麼多不同的人群時，你必須看到不同的需求，你必須回答不同的需求。你必須對不同的頭腦回應。

所以如果你讀了我，我的話可能令人費解。有一天，我說一件事，另一天我說另一件事。對一個人說一件事，對另一個人我可能恰巧說相反的話。原因是：我關注的不是任何答案——

我沒有特定的答案，我不相信現成的答案。我看進這個人，我回應他，我的回答是根據他的需要。明天他可能再來，他可能再問同樣的問題，我的答案也許會是不同的——因為明天他的需要也許是不同的。也許話語是一樣的，但是明天我會反映他的明天；今天我反映他的今天。我只是一面鏡子！

如果你看進我，你會發現你的臉反映在它裡面。我沒有給你一個固定的想法，我在這裡不是在教導一個哲理。相反地，我在教導你無念的狀態。我沒有興趣對你創造某種面目。我在這裡的整個努力就是要摧毀所有你的面目，使你的本來面目呈現出來，這樣你才會知道，神究竟是如何製造出你的。

很多東西必須從你被解除。我不是在給你知識：我是在拿掉你的知識。

然後，當我對你說某件事，我說的是一回事——你可能了解到另一回事，話語不可能是非常準確的。你進入意識的世界越高，它們就變得越不準確。在最低階的地方，話語會是非常準確的。在數學上，它們是非常準確的，二加二等於四。數學是一門精確的科學，形而上學不是——它不可能是。你走得越高，話語會變得越模糊。在了解的最高峰，話語幾乎是毫無意義的。但它們仍然必須被使用，因為你無法了解任何東西。

不久，當你能夠明白我的靜默，我希望那一天會來。它正在發生，慢慢慢慢地。我在看著它發生。當我感覺現在靜默能夠變成溝通——你就能夠跟我在靜默中，而你會得到某些東西，你會很激動，狂喜會在你裡面出現，你會被淹沒——然後任何一天，我就可以停止使用話語。

但話語是危險的工具。我可能意味著一回事，你可能會了解成另一回事。

一個人在讀著餐廳的菜單，他問服務員：「你們今天有什麼湯？」

「哦，」她回答：「我們有烏龜湯和豌豆湯。」

「我想要烏龜湯。」他說。

女服務員走進廚房大喊：「一份烏龜湯。」

但是吃飯的客人說：「等一下，我改變主意了。你介意改變訂單嗎？你能給我豌豆湯嗎？」

「當然，」她說。她對廚師大喊：「停住烏龜，改成豌豆（make it pea，讓它尿尿）。」

現在它將取決於你，你給它什麼意思。話語可能意味著很多東西，並且在不同的情境裡，它的意思可能是非常令人費解的。每個字在某個情境裡被說，情境是隱藏的，你只能聽到這個字。沒有情境，這個單字是沒有意義的。我今天對你說的事，不會再有同樣的情境，因為這個早上永遠不會被重複。這些已經聚集來聽我的人，不會完全一樣地再次在這裡。那隻在周圍唱著歌的鳥兒，不會再次在同一個地方，這個早上是不可重複的。但是我的話語會留下——它們會失去所有的情境；它們會變得獨立於情境。那時你將必須尋找意義，給它們意義。

它們可能是令人費解的……

我聽說過：

兩個合作夥伴的服裝事業有了生意上的問題；看起來他們有可能必須宣布破產。目前他們還在破產邊緣，但他們有一個特殊的服飾系列似乎吸引了買家。一間西岸的量販店想要以某個價位買下他們這個系列，這將使這對合作夥伴的資金周轉變得順利，他們非常高興。

「唯一的事情是，」買家提醒：「我必須經過總公司的批准才能交易，我必須確定他們會同意，我必須跟他們再確認。我明天會回去，如果你們在周五收盤前，沒有收到我的訊息，就可以確定一切都安好。」

一個星期慢慢地過去了，終於到了周五。兩個人坐在他們的辦公室，不再走動，他們無法專注其他任何的工作，因為如果沒有這筆交易，他們公司確定會倒閉。他們大汗淋漓地等待著，時間一分一秒地過去。

兩點鐘過去了，三點鐘，然後四點鐘，現在，四點半到了，他們屏住呼吸。突然間，信差衝進了辦公室。「電報！」他說。兩個人愣在恐懼裡。

最後，其中一個合夥人站起來。他慢慢地打開電報，並迅速讀取它。接著他發出了一個歡樂的尖叫聲：「哈利！好消息！你哥哥死了！」

意義總是藏在不同情境裡。缺少了情境，話語就沒有意義，但是話語總是繼續活著。

克里希那在某個特定的情境裡對他的車夫阿周那說了某些事，現在印度教徒持續在複誦它。

佛陀在某個特定的情境裡對他的門徒說了某些事，佛教徒持續在複誦它。了解的人不會變得那麼執迷話語。話語不是如你所想的那麼有意義。

而且你不應該對話語給予非常固定的意義，一個固定的文字是一個僵死的文字。文字的意義必須保持是流動的，它必須根據不同的情況而改變，它是一個流動。但是人們使用話語時就像使用凍結的東西。我可以了解他們的困難，因為平凡的生活讓流動變得不可能。如果話語不凍結，這會變得無法處理它。至於更高的世界，飛入更高的永恆，進入空無，那時話語是非常隨意的。

因此，請不要被我的話語所困惑。在我的字裡行間找到我！忘掉話語，找到我而忘記話語。使用話語來靠近我；而不要被它們鉤上。那時它們就不會困擾你，就不會混淆你。

問題　奧修，我旋轉每個頻道，看祂是否在那裡。有一個很大的充滿喜悅的等待在我裡面。奧修，心愛的（神）在哪裡？

Parmita，祂是無處不在的！祂一直都在。祂是跟我、跟你，跟所有聚集在這裡的人一起。但你必定在尋找某個不是這個世界的神，你必定在尋找某個宗教的神——基督教，印度教，伊斯蘭教，你不是真的在找心愛的神。

心愛的神一直都在這裡。祂在你心的呼吸裡，祂在你心的跳動裡。祂在樹木的青綠裡，祂在花朵的艷紅裡。祂在海洋的波浪裡，祂在夜晚的星星裡。祂是黑暗的靜默，而且祂是光亮的喜悅。

但是你必定有對神的某個想法。你可以持續去尋找那個想法，而你會永遠不會找到祂——你會白白地等待。放棄那個想法！心愛的神就在這裡。你的想法是路徑的障礙。

心愛的神不是一個人：心愛的神是生命本身。不要認為神是一個人坐在某個金色的寶座上。神在蝴蝶裡和爬蟲裡，神在河流裡和山脈裡，神在這一切的展現裡！神就是這個世界。

神已經變成這個世界！你們的經文說神創造了世界。我告訴你們：神已經變成這個世界，現在其他地方沒有神。現在歌者在歌曲裡，畫家在繪畫裡。但是你們在尋找其他地方的畫家，而他溶解了自己在繪畫裡……

你聽說過一個非常著名的中國禪宗的故事嗎？

一個偉大的國王非常喜愛喜馬拉雅山的美景。他召喚他的王國所有的大畫家，並告訴他們，誰能畫出最好的喜馬拉雅山畫作，他將擁有一半的王國，而且會和國王的女兒結婚。

好幾千個畫家一天又一天、一年復一年地工作著。國王給了三年的時間，有許多畫作被完成了；它們是美麗的畫作。國王不知所措：「如何去選擇，哪一幅才是最好的？」

最後，最老的畫家帶著他的畫作來；那些畫作被掛在牆上，而國王去觀看它們。他隨即直覺地知道：「這些是最好的。」他看到了其他美麗的畫作，但是都無法和老畫家的相比。它們是如此活生生的！國王觀賞後，他問畫家：「我看到一個小徑延伸到山後——它去到哪裡了？」

畫家說：「讓我看看……！」

他走進了畫作，到山後的小徑……然後他消失了，再也沒有回來。

據說在中國，如果它是真的一幅畫，必須要像這樣子：畫家可以走進去然後消失。只有這樣，它才是真的！這個故事只是一個寓言。神創造了世界，而且消失進入了它。這對於神，確實是真的。

Parmita，不要等待心愛的神……但是好幾千人已經等了幾千年，帶著很大的渴望和激情。他們的等待也有幫助——不是因為那樣他們就知道了神，而是他們的等待幫助他們變得更警覺。猶太教特別使用了等待當做覺知的方法。它等同於內觀。但是要記住！那不是在等待神——沒有神會來——那個等待只是一個設計。當你在等待時，你就變得更加警覺。

你曾經等待過朋友嗎？在早上，他就要來了，你整個晚上甚至無法入睡。你輾轉反側，你一再地看時鐘。也許夜晚過去了，已經是早上了，而你必須去車站接朋友……？

你曾經等待過你心愛的人嗎？那時在街上，有任何騷動你就衝出去。它也許只是風在敲門，你的心跳更快了；你開了門，也許她來了或他來了？或郵差經過了，你就衝去看看窗外……

每當你等待，你就變得覺知。如果等待可以變成絕對的、全然的，它會產生很大的覺知。

據說西德派偉大的神祕家如斯亞（Zusya），他在等待彌賽亞和救贖的到來，帶著這樣的熱情、激情和渴望。當他聽到街上有騷動，他就立刻走去問那是什麼，是否那個使者來了。每次他去睡覺，他就吩咐他的門徒，在使者來到的那一刻叫醒他。

他的一生都在等待著，並帶著這樣的渴望，甚至在晚上，他很害怕：「我也許睡著了，他可能來了。」一個門徒必須待在他身邊不眠不休地等待著，因此如果使者來了，如斯亞可以立刻醒來——因為他不希望錯過任何一個片刻。

看到那個激情、那個渴望、那個愛。

但問題是：彌賽亞來過了嗎？那不是重點。重點是，如斯亞變得越來越警覺，越來越覺知。據說有一天，他說：「如果彌賽亞今天來找我對我說：『如斯亞，你比別人好。』那時我會對他說：『先生，那麼你不是真正的彌賽亞——因為現在我沒有更好，沒有更壞，沒有更高，沒有更低，那一切就是一體。因為沒有人要被救贖，沒有人是救贖者。』」

等待、等待、再等待，要變得覺知再覺知，直到有一天，心打開了，他知道神是無處不在的。沒有必要再有任何彌賽亞的到來。神已經來到了！神已經在那裡了。

所以，Parmita，不要問：心愛的（神）在哪裡？要問：祂不在哪裡？耶穌對他的門徒說：「打破一塊石頭，你就會發現我在那裡。拿開一塊石頭，你就會發現我在那裡。」祂不在哪裡？

你說：我旋轉每個頻道，看祂是否在那裡。

是的，祂在那裡！即使是風敲著你的門，那是祂在敲你的門。而當狗開始在附近狂吠，那是祂在狂吠。而當朋友來見你，那是祂來見你。因為沒有其他人，除了祂……

問　題　我嘗試以我自己的方式遵循宗教，但是似乎沒有任何事情發生。我該怎麼辦？

你怎麼可能以你自己的方式遵循宗教？你必須拋棄自己，那時不管發生什麼都是宗教的事。這不是決定的問題，你不能決定。你怎麼能決定什麼是對，什麼是錯？拋棄你自己，讓生命占有你。讓生命決定，把你的手給神，給生命，給存在……並在在信任裡遵循它。你必定是一個非常聰明和算計的人，你甚至試圖以你自己的方式遵循宗教。無論你在做什麼，那都只不過是你頭腦的遊戲。你怎麼可能到達任何地方？

你說：似乎沒有任何事情發生。

現在改變你對宗教的做法。宗教不是一件由你決定的事情：宗教是無為的狀態。

人的頭腦是那麼地狡猾——為了任何它想做的事，它總是可以找到合理化的說法。如果它不想要做，它可以找到反對的理由；如果它想要做，它可以找到一切支持它的理由。

只要觀察你的頭腦。你的頭腦先決定這個必須完成，接著頭腦就開始蒐集，為它論證。

一位曾經從事祕書工作的女人變成了妓女，她碰到了一個老同學，她的密友。

「妳怎麼可能進入這樣的行業？」她的朋友問。

「別傻了，」應召女郎回答說：「我們提供一項攸關生命的服務，我們對那些沒有妻子的人而言是一個妻子，以及對那些想要做的人是一個避難所。」

即使你在做的是絕對錯誤的事情，你也可以找到很好的理由。

一個有著大鬍子的老猶太人進入了熟食區，他指著玻璃櫃裡的一塊豬肉火腿：

「請你給我四分之一磅的醃牛肉。」

櫃檯的人注意到了這個大鬍子老人，並想到他有責任告知老人。「對不起，先生，」他平靜地說：「但那是豬肉火腿！」

「是誰問你了？」猶太人反駁。

頭腦是很聰明、很狡猾的。它可以繼續做任何它想要做的事，它總是能找到理由。

所以，當你說：我嘗試以我自己的方式遵循宗教，你自己的方式是什麼？真理是不可能依照你的方式的，你將必須依循真理。真理沒有義務去為了適應你而調整，你將必須為了適應真理而調整。

如果你嘗試以你自己的方式，永遠不會有什麼事發生，而最後你會後悔。

現在，嘗試一種完全不同的方法。要在一個無為裡，讓神去決定。把你的頭腦放一邊，變得更直覺而不是變得更知性；不要這麼理性。宗教只提供給那些不找理由的人，要超越理由。宗教只提供給超越，你所稱的宗教，只不過是頭腦胡編亂造的。

你問：我該怎麼辦？

拋棄這個我。如果你能找到一個師父，變成門徒，你一直是你自己的門徒太久了。找到一個你可以信任的人，找到一個他的存在可以舒緩你、冷卻你的人。找到一個他的存在可以復甦你、復活你的人。找到一個他的存在對你可以變成一股激勵，讓你的生命再次有意義的人。然後降服他，變成門徒。

你一直試圖把你自己當成焦點。你是師父，你是門徒，你會變得越來越困惑。這不是達到的方法。

我不是在說人們沒有師父就不能達到——偶爾它會發生在一個沒有師父的情況下達到。但是對於那個，需要更大的勇氣才有可能。離開自己進入存在的手……就像耶穌在最後一刻所說的：如果你能做到那個，就沒有必要有一個師父。但是，如果你甚至不能降服於一個師父，你就不可能降服於存在本身。

師父是你學習如何降服的設計——學習降服的樂趣，學習降服的美。那時更多的勇氣是必要的。有一天，你將可以做量子的飛躍，你可以開始相信存在。那時人變成就像一片在風中的葉子，如果風向北吹，葉子就往北方去。如果風向南吹，葉子就往南方去。如果風停了，葉子就在地面等待而休息。葉子不知道任何歸宿，沒有方向，沒有目標。

這就是最終的降服。

老子看著葉子從樹上落下而成道。他坐在樹下，葉子成熟了，一陣微風吹來，葉子落下來。它飄盪，慢慢慢慢地像羽毛，落在地上……然後，一陣強風吹來，它被帶起來……它跟著風沒有抗拒地一起移動。這時真理發生了：老子成道了。從那一刻開始，他變成在風中的葉子。

是的，沒有師父也有可能到達——但是要相信一片葉子將需要真正的勇氣。

問題

奧修，在我身上，我感覺需要師父，我感覺你讓你的門徒做的事，對我也是好的。是什麼使你那麼特別，因此我應該把你當做師父，因此我應該對你降服？

Ruinemans，第一件事：那是你的問題，你需要一個師父。我不需要一個門徒，我足夠了，我不感興趣。所以我的工作不在說服你變成門徒，事實上，我做了種種安排去勸阻人們，使他們可以逃脫離開。

要接近我並不是很容易，我做了你和我之間的各種障礙。我對門徒沒有興趣——除非某人的需求真的很強烈。我在這裡，不是為了群體和大眾，只是為了少數被選到的人。

你說：在我身上，我感覺需要師父，我感覺你讓你的門徒做的事，對我也是好的。

如果你覺得需要師父，就去尋找師父。希望有一天你會發現一個。

你問：是什麼使你那麼特別，因此我應該把你當做師父，因此我應該對你降服？

我根本不特別，你忘了我吧！我是一個非常普通的人。如果你有興趣在特殊的師父，你將必須到其他地方去尋找。這個成為特殊的想法是一個自我的想法。而且，是的，我知道：門徒喜歡去結緣很特別的人。那是實現他們自我的替代方式，因為「我是一個非常特殊的師父的門徒」。

因此讓我說清楚：我是一個很普通的人，你不需要對我有興趣。我不是特別的，你將必須到其他地方去尋找。這個找到特殊師父的想法是一個自我的想法。為什麼要特別的？生命中什麼是特別的？要嘛全部是特殊的，或者沒有什麼是特別的。

我可以贊同這兩個陳述：要嘛全部是特殊的，或者沒有什麼是特別的。但我不能贊同某人是特別的，而其他人不是特別的。神無處不在，在每一個人身上。神就是我們的本質。

我是一個普通的人。所以如果你想要有一個特殊的師父，你在這裡是找不到的；你將必須到其他地方去找。你將必須尋找到某個魔術師，你不是真的對門徒有興趣。你的興趣是在一種自我的尋找。

你問：是什麼使你那麼特別，因此我應該把你當做師父，因此我應該對你降服？

我根本對你的降服沒有興趣。當門徒對師父降服，他不是對師父降服——師父只是一個藉口，門徒只有降服。因為他不能沒有師父來降服，所以師父是一個藉口。

師父不拿取你的降服！它是單向交通。當你對我降服，你降服——就這樣。我不拿取你的降服；我沒有持續在蒐集你們的降服。我只是一個藉口，只是幫助你擺脫愚蠢的自我，一個虛幻的自我。

降服怎麼可能對師父有任何意義？因為自我是假的，降服也是。如果自我本身是假的，你的降服有什麼價值？

只要想想一個相信他是拿破崙的人，但他不是！他以為他有一個偉大的王國。然後師父跟他說他要降服，他說：「好吧！我降服，從現在起，我不會是拿破崙。」你認為師父會得到什麼東西？

首先，這個人什麼都沒有，師父沒有得到任何東西；當然，這個人會失去很多：他的王國，他是一個拿破崙……等等。

你說：是什麼使你那麼特別，因此我應該把你當做師父？

我並不特別，所以你不用擔心我，我很平凡。如果你能降服於某個絕對平凡的人，你的降服會有某些意義。降服於某個特殊的人就不是降服。再一次，你享受在你已經變得特別的這件事情上。

我是一個無名氏！如果你跟我牽手，你會變成一個無名氏——那就是我可以對你承諾的一切。我是一個空無——如果你跟我牽手，你會變成一個空無。我消失了，如果你靠近我，當心……你將必定消失。親近我就是親近你的最終死亡。

那就是真正的降服：讓自我死去。但是當你的自我死去，你就會以神性重新出生。因此自我的受難就是靈魂的復活。

我沒有興趣在你的降服，因為我沒有看到你有任何東西。你沒有任何東西——你只有謬誤、幻想、夢想。但是你在問，Ruinemans，彷彿你就要降服某個偉大的東西，所以你必須確認：「這個人是否是某個特殊的人，這樣我才應該放棄我的王國。這個人是誰？我為什麼要對他降服？」

降服不是對任何特別的人——降服只是降服！它僅僅意味著「我累了，厭倦了，我背負著我的自我，我一直跟它生活，它折磨我已經足夠了。我想擺脫它，但是如何擺脫它呢？在哪裡甩掉它呢？」

人們已經跟自我生活那麼久了，已經很困難自己去擺脫它。師父變成一個助力。他說：「好吧！把它給我，如果你不能把它擺在任何地方，把它給我，我會照顧它，我會保存它。」感覺到信任、愛，你可以把你的自我交給師父。但是你給了什麼？事實上，沒有。

兩個瘋子互相在交談。一個人握緊他的拳頭，問對方：「你能告訴我，有什麼在我的拳頭裡？」

另一個人沉思後說：「白色的大象。」

第一個人看著他的拳頭，說：「那麼你一定看過——當我在握我的拳頭時，你必定看過。否則，你怎麼會知道？」

在你的拳頭裡沒有什麼，沒有白色的大象。

而這些話語必定是對你有很大的幫助，因為這是一系列關於完美的師父的話語。你將需要一個完美的師父——而我不是一個完美的師父。我是一個非常非常不完美的師父。你需要的東西非常特別，你不會找到它。

那就是為什麼人們相信死去的師父，因為跟著死去的師父，他們可以創造盡可能多的他們想要的東西。我不能在水面上行走，那是事實。耶穌可以——我知道得很清楚，他從未那樣走過：他知道墊腳石的正確位置！但你可以相信他是特別的，他可以走在水面上。

人們相信死去的師父，因為跟著死去的師父，他們可以自由地擁有各式各樣的想像。

我是一個非常普通的人，就像你一樣普通，但是我在慶祝我自己。我慶祝我自己。我可以提醒你，你也可以慶祝你自己。如果一個像我一樣普通的人可以慶祝，那麼應該給你一個很大的喜悅——因為你也可以慶祝——你不需要很特別。你也可以不用走在水面上而開悟。

如果你了解了，你會跟我一起欣喜若狂——因為一個像你一樣的人變成了慶祝。這是一個很大的承諾：你也可以變成跟我一體。沒有什麼特別需要的，一切需要的已經跟你在一起了，你只需要被提醒。

真正的師父也不過就是一個提醒。

問題 奧修，四年前，我住在一間獨立的房子裡，屋裡有一張海報。在它上面是一個海洋的美麗畫面和這些字提醒了我：「我在移動，而根本不動。我就像月亮映在那一直滾動的波浪上。」

在你昨天的演講，第一次，我看見那個不動的地方就在我裡面。你會說更多關於它的東西嗎？

瑜伽士Divya，它不是某個被談的東西。而且不要去想它——只是感覺它。如果你開始思考它，你會再次失去它的蹤跡。它是在你裡面的一個感覺；它跟思想無關。思想會是一個干擾。感覺它！靜靜地坐著，感覺它，在它裡面喜悅，跟它笑，跟它一起哭泣，但是不要去想它。

在你思考關於它的那一刻，你已經離開它非常遠了，可能是最遠的。因為思想總是帶你從任何事物遠離。

玫瑰花在那裡，而你開始在思考它……那時你和玫瑰花之間的距離有好幾里遠。思考是一種距離，思想創造出距離。如果你真的想要跟玫瑰花在一起，忘記思考。就只是跟玫瑰花在一起！跟它一起哭泣，跟它一起唱歌，跟它一起跳舞，跟它在一起——你就會知道。

這個了解與思想無關。

我無法說出任何關於它的更多東西。你找到了你內在一個美麗的點。避免思考！要越來越接近那個點。是的，有一個空間，在那裡我在移動而根本不動。我就像月亮映在那一直滾動的波浪上。是的，有那種永恆在你裡面。時間的移動只是在表面上。有某個地方在你裡面，它沒有開始，也沒有結束。

因為我已經知道這個空間在我裡面，沒有其他事情發生——沒有危機，沒有意外，沒有事故，根本沒有任何事情。因為我在這裡了，一切都一直是一樣的——雖然表面上有好幾千件事情發生變化了。這個輪軸繼續在移動，而在那個核心，沒有任何東西在移動。

這就是所謂的颶風的中心……

第 17 章

獅子的吼叫

在加茲尼（Ghazna）的征服者馬哈茂德（Mahmud）國王的時代（編註：馬哈茂德是加茲尼王國最著名、最英明的帝王），住著一個名叫海達爾・阿里・簡（Haidar Ali Jan）的年輕人。他的父親依斯干達汗（Iskandar Khan）決定幫他得到皇帝的青睞，他把他送到那個時代最偉大的聖者那裡去學習有關靈性的事物。

當海達爾・阿里學會了複誦和鍛煉，當他知道蘇菲的唸誦和身體姿勢後，他被父親帶到了皇帝面前。

「偉大的皇上，」依斯干達說：「這是我的長子，他是我最聰明的兒子，他以蘇菲的方式受過專門的訓練，因此他在陛下的朝廷裡也許適合某個有價值的職位，我們知道你是我們這個時代學識的庇護者。」

馬哈茂德沒有抬頭看，他只是說：「一年後，把他帶回來。」

依斯干達有點失望，但他還是對未來寄予厚望，他送阿里去研究過去的師父的作品，並拜訪了古代大師在巴格達的聖地，使得他這段時間不會白費。

一年後，當他帶著年輕人再次回到朝廷，他說：「這個時代的庇護者！我的兒子已經經歷了漫長而艱辛的旅程，並且在同一時間，他的知識又增加並且熟悉了更多偉大的師父所留下的經典。請求讓他接受檢驗，以便這也許可以顯示，他是能夠對陛下的朝廷有助益的人。」

「讓他走，」馬哈茂德立刻說：「回去，明年再來。」

在接下來的十二個月裡，阿里越過烏茲別克的阿姆河，並拜訪了布哈拉和撒馬爾罕、阿里夫宮和塔什干、杜尚貝和東土耳其斯坦土爾巴特的蘇菲聖徒。

當他回到了朝廷，馬哈茂德看了他一眼說：「也許再延一年，回來後再看看。」

阿里在這一年到了麥加朝聖。他去了印度；在波斯，他查閱了許多古籍，並且從不錯過任何機會去尋找和表達他對當時的托缽僧的敬意。當他回到加茲尼，馬哈茂德對他說：「現在去找一個老師，如果他接受你，一年後再來。」

那一年過去了，依斯干達準備帶兒子到朝廷，但阿里根本沒有興趣去那裡。他只是待在赫拉特城，坐在他老師的腳邊，而他父親說的任何話都無法打動他。

「我浪費了我的時間，我的金錢。而這個年輕人沒有通過國王馬哈茂德的考驗。」依斯干達感嘆著，他放棄了整個努力。

同時，由於年輕人來朝廷展現他自己的日子又過了。那時馬哈茂德對他的臣子說：「準備好你們自己，我們將會有一個赫拉特城的拜訪行程；有某人在那裡，我必須去探訪他。」當皇帝的隊伍進入了赫拉特城，號角聲大作。阿里的老師牽著他的手，引導他到Tekkia的大門，他們在那裡等著。

不久之後，馬哈茂德和他的四個侍衛，脫掉他們的鞋子，親自出現在聖堂。

「在這裡，馬哈茂德，」蘇菲長老說：「當他是國王的拜訪者時，他還沒有任何東西，而現在他是一個被國王拜訪的人。就邀請他當你的蘇菲參事，因為他已經準備好了。」

這就是Hiravi學習的故事，海達爾．阿里．簡，赫拉特城的聖者。

宗教是一種冒險、叛逆和重生，宗教不是一種慰藉，它不是控制，它不是常規。宗教不是世界的一部分——它是某種超越的東西。

宗教是無法被學習的：它只能被喝進去。沒有任何研究或閱讀可以幫助你變成具有宗教性的。一切的研究和閱讀都會將你引入歧途。

宗教不是一種學習。相反地，它是一種逆向學習。那並不是說你必須知道更多，而是你必須走到所有的知道都消失了，那時你就變成無知的，你再次是一個孩子。奇蹟再次出現，而生命的奧祕就被透露給你了。

求知者活在他的頭腦裡，而頭腦繼續假裝它是知道的。因為頭腦假裝它知道，它把存在解祕了。知識是世界上最非宗教性的事物——如果沒有神祕存在的體驗，就沒有跟神接觸的可能性，神祕就是門。

知識必須被拋棄，這樣你才可以再次像個孩子一樣，再次打開你的眼睛——新鮮的，年輕的，充滿好奇，一無所知，或者，只知道你什麼都不知道。

在我們進入這個美麗的故事之前，有幾件事情必須被了解。

為什麼我稱宗教為一種冒險？事實上那不僅僅是冒險，而且是最大的冒險，為什麼？因為你必須失去你自己。生活中有許多其他的冒險，但它們都是小的冒險。你必須失去你的錢，或者你必須失去你的信譽，或者你必須失去你的妻子……或者這個那個。但是在宗教裡，你必須失去你自己。當然，因此人會退卻，人會害怕。失去自己是一個從自我跳躍進入到無我的深淵裡。這是跟過去、跟一切你已經認為的切斷。這是一個突破。

你失去了你的認同——這是一個認同的極大危機。你已經知道自己是這樣或那樣——一個名字，一個形式，一個社會，一個國家——宗教要求你失去所有的認同。一個具有宗教性的人既不是印度人，也不是中國人，既不是印度教，也不是伊斯蘭教。一個具有宗教性的人既不是黑人，也不是白人，所有這些東西都是愚蠢的。

那麼誰是一個具有宗教性的人？他根本不是一個人，而只是一個存在。他拋棄了他的個性，他無法說他是誰，他不能定義自己。但是在那個不可定義的狀態下，他知道他是誰。這是一個悖論：那些知道他們是誰的人是不知道的；那些準備好冒著整個認同的風險的人，他們將會來到一個點，在那裡他們不知道他們是誰，只有他們才能變成知道的人。這是一場賭注……但只有極少數的人才有很大的勇氣做這個賭注。

宗教不是提供給懦夫的，懦夫要的只是政治。宗教不是提供給低劣的人的，低劣的人想的只是政治。整個政治世界都依賴於自卑感。當一個人覺得自己什麼都不是、無名氏的時候，他開始投射自己在野心的世界——在政治上，他想成為大人物，一個總統、總理。或者在金錢方面，他想變成百萬富翁、著名的人。或者他想成為一個諾貝爾獎得主，還是……

這些都是野心的方式，而為什麼野心會出現呢？因為它是從自卑感來的。你在你自己裡面感到自卑，你覺得自己是個無名氏，這讓你很受傷。它就像一個開放的傷口。你想要隱藏它，你變得被野心所占有。你盡可能地被你自己驅趕遠離，你想忘記自己！你想在金錢、權力、聲望的世界得到一席之地。

宗教是給予那些準備好進入他們存在空無的人，他們不認為他們必須是大人物。所有他們想要的只是了解他們是誰，他們不想成為大人物，他們不投射。他們只想進入他們存在最內在的神殿，看看那裡有什麼。如果它是空無，那麼它就是空無。那時空無是美麗的，那時這個就是我們的本質。然後就沒有問題，它就不會受傷。人不需要為它尋找任何藥物；它不需要醫治。

有野心的人總是向外跑，他們害怕遇到空無。具有宗教性的人會往內跑，他們想要知道「這個我在的空無是什麼」？

風險在那裡，死亡在那裡。但是從這個死亡脫離就是復活，就是重生。但是如果你去到寺廟和教堂和清真寺，你會發現一個完全不同的人在那裡祈禱——他是懦弱的，他的神是出於恐懼。他是像其他人一樣地具有野心，他正在尋求神的支持，使他可以在他的野心裡得逞。他對神本身沒有興趣，他也想以各種方式來利用神。他有一個動機，他是懦弱的，出於他的懦弱，他創造了一個偉大的宗教、儀式——神父、教會。

馬哈維亞、佛陀、穆罕默德、曼蘇爾、魯米、卡比爾、拿那克——這些都不是會害怕的人。他們都不是出於恐懼而祈禱的人！他們的祈禱是出於愛，而不是出於恐懼。他們的祈禱是出於純粹的喜悅，他們的祈禱是出於感恩。他們不會從神要求任何東西——因為神已經給予了一切所需要的。

真正具有宗教性的人需要有極大的勇氣進入他的空無。那個內在是極大的空無……就像天空的浩瀚，就像天空的無限。

有外在的天空，也有內在的天空。世俗的人向外移，有宗教性的人向內移。要向外移是很容易的，因為有好幾百萬人在那裡。你可以變成群眾的一部分；你不需要有任何自己的個人勇氣。你可以簡單地乘坐在大眾心理裡面，所有人都在做的事情——你可以變成它的一部分。人是一個模仿者，如果有任何東西證明人類是源自於猴子，這就是他模仿能力那麼大的原因。

但是向內移，你是單獨的，絕對的單獨。沒有人可以跟你在那裡，甚至沒有一個朋友。為了這個內在的旅程，極大的勇氣是需要的——變得單獨的勇氣。但只有那些準備好要單獨的人才能夠了解神是什麼——因為神在你內心的單獨裡才能被找到，神是你單獨的最內在核心。

神不是以一個物件被找到的：這不是像你在尋找某件東西，而要像個求道者。神從來不在那裡被找到：神總是在這裡被找到。神從不在那時：牠總是在現在。神不是一個目標物，遠離著你：神就是你的意識，你的生命，你的存在。

但是為了那個，勇氣是需要的——要勇於變得單獨，勇於放下對人群的依戀，勇於放棄野心、投射。那就是為什麼我說：我是一個很普通的人，我是特別普通的。我要你們也變得特別普通——因為在那個特別普通裡，神就會被發現。如果你試圖要變成大人物，試圖要變得特殊，那就是野心的方式和自我的方式，而自我永遠不會遇到神。

那就是為什麼前幾天我告訴你，我不是完美的——或者，我是完美地不完美，而那正是我想要你們也是如此的。不完美——完美地不完美，那時你就可以放鬆。那時就沒有任何地方需要去，也沒有必要，那時沒有理想要被達成。那時你不用不斷地嘗試改善自己——你只是放輕鬆，你在無為裡。而當你在無為裡，祈禱就從你的存在產生了——它不是被你做的。它的產生就像香氣出於花朵，就像光亮從星星照下來。它是自然產生的！而當祈禱是自然的，它就具有極大的美，極大的力量，它就是解放。

要有勇氣。讓我再說一遍：最大的勇氣就是成為非野心的。

宗教不是一種形式；它不是一種行為；它不是特定的禮儀。你可以學習宗教人士的行為，你可以經歷整個宗教的行為。你可以在寺廟裡跪拜，你可以祈禱，你甚至可以控制眼淚從你的臉頰流下來。但在內心深處，你知道你並沒有在它裡面。這只是一個假裝的行為，也許你已經變得非常熟練。你已經做這麼久了，它看起來幾乎是自然的。但是事實並非如此，你的心不在裡面。

在白天你可以對你老婆說一百遍「我愛你」，但如果你的心不在它裡面，你知道那些話是僵死的，因為這些話沒有翅膀。你也知道當你真的愛的那一刻，你說「我愛你」的那個差異！那個差異是很大的。話語是相同的；但是你要知道：當你愛的時候，那些話不再是普通的——它們是光芒四射的，它們有一個亮度，它們是熊熊的火。你的心在它們裡面跳動，它們是活生生的。

而當你只是在複誦它——因為世界上有些書像戴爾・卡內基(Dale Carnegie)的書和拿破崙・希爾(Napoleon Hill)的書，它們一直在說，即使你不愛，你可以持續去複誦——它會有幫助，它潤滑了關係。也許他們是對的，它潤滑了關係，但它不是真正的東西。你可以過著平順的生活，但只是為了過著平順的生活是毫無價值的。人必須活在激情和祈禱和愛的生命裡——而不只是一個平順的生活。人必須活在冒險、探索的生命裡！人必須全然地活著——即使它只是一瞬間，但那一瞬間就是永恆，那時你就知道生命是什麼。然後你會知道它的慶祝，它的祝福。

宗教不是一種固定的形式，要避開形式。如果你真的想要變成具有宗教性的，避開形式。帶著形式最大的危險是，如果你習慣了形式，你將永遠不會變得覺知。你攜帶著假的硬幣，以為它們是真的硬幣而不會去追尋那真實的。那將是最大的不幸。

關於宗教，永遠不要成為形式的。永遠不要成為基督教徒或印度教徒或伊斯蘭教徒——這些都是形式。要成為虔誠的，而不是形式的。讓祈禱出現，等待它！期待它！找尋它！

模仿是借來的，形式是借來的，它是別人教你怎麼做的。宗教需要成熟的人，而不只是一個像鸚鵡一樣的人。

它不是一個形式，它不是文化、文明、社會的一部分。事實上，宗教基本上是非社交的——它不是反社會的，而是非社交的，它帶著你超越社會。你被社會抓到了，你被社會調教了。社會就是你的監獄，它不允許你遷出它的邊界。它給你夠長的繩子，讓你可以得到某種感覺的自由，但你不是自由的。沒有社會允許人自由，沒有社會為自由而存在。自由的名義被利用了，沒有社會是自由的。

如果有自由的社會那將意味著根本沒有社會——那時只會有純粹的個體。所有我們所知道的社會將只是一個形式上的安排：就像郵局和鐵路局——一個形式的安排。它只是一個幫助，使每個人都能夠變成他自己。

宗教是叛逆的；它是具有叛逆精神的。它是個體的叛逆，靈魂的叛逆。它找尋自由，最終的自由。這需要極大的勇氣，需要極大的膽量。那就是為什麼有這麼多人以為自己是有宗教性的，但其實很少人是。只有偶爾，你會發現一個具有宗教性的人。

記住！宗教不是學位文憑。你可以學習《吠陀經》、《聖經》和《古蘭經》，但你仍然不會是具宗教性的，相同的工作可以由電腦做得更好。只有一件事情是電腦無法做到的，那就是：它無法感覺。電腦能夠思考，現在我們有機器可以思考，但是沒有機器能夠感覺。

宗教有某些東西跟你存在的感覺有關，而不是跟你存在的思考有關。你可以學習，你可以變得很有知識，你可以背負著豐富的知識，但是所有這些負荷將慢慢慢慢地乾涸你的心。這個知識會像石頭一樣，你的心將不再流動，你的心將會被太多石頭給包圍。它需要一些流動，它是一條愛的小溪。只有那愛的小溪知道如何到達神，沒有石頭可以到達海洋——只有那愛的小溪知道如何到達海洋。它不需要地圖，不需要旅遊指南。它就是了解，那個了解就是直覺的。

每個人都知道如何去愛——沒有必要教他。那時需要什麼？所有那需要的就是一個充滿愛的氛圍，在那裡心靈可能被吸入，那就是當你去見一個師父會發生的事。當你進入蘇菲的TEKKIA——蘇菲的學校，或佛境，或當你進入一個師父的能量世界：你正在進入一個磁場，在那裡，愛是流動的，在那裡，很多的心在跳舞，在那裡頭腦已經被擺在一邊，在那裡感覺已經變成至高無上的。

師父是一個氛圍，在其中你突然意識到你自己的潛力。並不是說師父給你某件東西——沒有必要！所有需要的一直都是由神給你的。但是由於師父的存在，你的心某些弦開始回應，彷彿有人在演奏音樂，而在聽到它的那個時刻，舞蹈就由你舞出來。你的整個身體會想要跳舞。你在音樂的掌握裡；它已經觸動而感動了你的心。你被連接上、橋接上了。

師父是一個音樂家，他唱出一首歌，他活出一首歌。他振動，振動在某個特定的旋律。而那些跟他親近的人，那些允許自己去接近他的人，那些可以跟他處在一種無為裡的人，那些跟他放鬆的人……這就是撒桑：跟師父一起放鬆，放下你的緊張。有一個能量池；如果你放下你的緊張，突然間你也會覺知到你自己的能量池。

有一個非常著名的古老故事：

一小群山羊正在穿越一個山谷。一頭母獅從一邊跳到另一邊，從一個山崗跳到另一個山崗。當她在跳躍時，她產下了一個孩子，孩子掉進了山谷那一小群山羊裡。

孩子被山羊帶大了。當然，孩子從一開始就以為牠是一隻羊。牠從來沒有意識到牠是一頭獅子——儘管牠是獅子！但牠忘記了。牠長得非常高大，但是成長過程很緩慢，所以慢慢地，那些山羊也接受了牠——牠像是一個怪胎，這是顯然的。在某些奇怪的地方，牠有點異乎尋常，但在其他方面，牠是一隻山羊。牠是絕對的素食者，牠走路像山羊，牠和山羊在一起生活，說話也像山羊。

有一天，這個奇蹟被另一頭獅子看到了。一頭老獅子路過，看到這個奇蹟——他簡直不敢相信自己的眼睛。這是不可能的！這頭年輕的獅子跟著山羊走，而山羊都不怕牠。牠們就這樣在一起，在那樣偉大的友誼裡——牠簡直不敢相信自己的眼睛！牠從來沒有聽說過這樣的事情。

牠跑去捕抓那頭小獅子。「出了什麼事……牠是瘋了還是怎麼了？」山羊逃跑了，那頭羊獅子，當然也逃跑了——牠是這麼害怕、顫抖著。但是老獅子變得非常好奇，不知何故，他抓到了小獅子，把牠帶到河邊。小獅子極不願意去，牠退縮和抗拒，而且牠說：「拜託！請離開我吧，別打擾我！讓我走去跟我的羊一起。」

我知道這個故事，因為這是我持續每天在對你們做的，而你們說：「別打擾我！讓我成為印度教徒或伊斯蘭教徒或基督教徒——讓我去跟我的人一起！你要帶我去哪裡？我只是一隻山羊，我非常快樂，不要干擾我！」

但是老獅子堅持，牠強迫年輕的獅子到河邊去，在那裡，牠們都看進了河水，在沉靜的河面上沒有漣漪，就像一面鏡子。老獅子說：「你看，你不是一隻山羊，看看河面上的你！」

只是看……你就知道發生了什麼事？一頭大獅子的吼叫，頓時！這就是禪宗所稱的「頓悟」。這不是一個漸進的過程。那並不是他說「好吧，我會考慮一下」，並不是「首先我將必須去學校，學習如何成為一頭獅子」，並不是「先生，我很感謝你——讓我成為你的門徒。而且，慢慢慢慢地，有一天，在這一世或在某個另一世，我會達到這個開悟。我很感恩，你已經指示我路徑」。

不是這樣的。

只是看到牠的臉，看到類似老獅子的臉，一聲吼叫爆出。在那個片刻！事實上，沒有時間間隔。永恆、瞬間、立即……山羊消失了，而有了年輕的獅子。

這是作為一個師父的意義。

你不是你認為的那樣，你已經被教導成你是這樣和那樣了。你不是這些小的身分，這些小的自我。你是極大的，你是無限的，你是永恆的。TAT-TVAM-ASI：你是那個！不小於那個。你們是男神和女神。但是你們已經陷入很多陷阱了。

所以這不是學習的問題。宗教必須被吸收，由某個已經抵達的人。這是從師父到門徒，這不是從書本到學生。這是從活生生的師父到活生生的門徒。這是一個洞察的傳導。

師父不是一個人，它只是一個氛圍，一首音樂，一個靜默。如果你喜歡，你也會變得靜默——因為無論你愛什麼，你就會變成那樣。記住它！要謹慎對待關於愛的東西，因為無論你愛什麼，你就會變成那樣。

愛錢的人會變成錢，他只以金錢而沒有別的方式來思考。愛東西、愛物質的人，他自己會變成一個物，沒有別的。要愛某個很棒的東西！如果你愛一朵花，這比愛錢更好。如果你愛月亮，這比愛一棟房子更好。如果你愛一個女人、男人、孩子，這比愛權力和聲望更好。

但是如果你能找到一個師父而墜入他的愛裡，那時就是通往神性的門——因為在這個地球上，沒有什麼比師父更接近神。

要再次記得老獅子和小獅子。有什麼差異？牠們沒有存在的差異，基本上，根本沒有差異。但是有一個差異，一個小小的差異，而那造成所有的差異——小獅子忘記了牠是誰。牠的心忘記了獅子的語言，牠不再知道如何吼叫，如何用牠的吼叫撼動山河。在老獅子的存在，牠熏陶，牠認出。看進師父的眼睛，你會認出你是誰。跟著師父走，你會認出你是誰。試想跟一個佛坐在一起……你還能繼續以為你是一隻山羊多久？遲早，獅子的吼叫……

這個故事有很多美麗的重點要被了解：

在加茲尼的征服者馬哈茂德國王的時代，住著一個名叫海達爾·阿里·簡的年輕人。他的父親依斯千達汗決定幫他得到皇帝的青睞，他把他送到那個時代最偉大的聖者那裡去學習有關靈性的事物。

你將必須緩慢地進入這個故事。而且不要讀了之後就忘掉，它們是一個提醒，它們是一個設計，它們是關鍵。它們有許多的含義，你必須對每一個字，非常非常有耐心和同情心地去體會。

他的父親依斯千達汗決定幫他得到皇帝的青睞……

那就是所有父親們一直在做的。自己的野心，他們繼續投射在他們的孩子身上。也許他想要成為某個國王朝廷裡重要的人，而他不能，現在他在毒害他的兒子。現在他在試圖使他的兒子承載他的希望，他的一生一直背著這個負荷。現在他年紀大了，知道他已經失敗了。

沒有任何一個人的野心曾經被滿足過。有野心的人總是失敗的，注定失敗。如果有野心的人能夠成功，那時就不需要諸佛了，那時諸佛就無關緊要了。

有野心就一定會失敗。你聽過這個諺語：成功者更成功。但我要對你們說：成功者必定失敗。當你成功了，那時你就知道你失敗了。所有你想要的錢在那裡，而你還是和以往一樣窮——事實上，更窮。所有你一直想要的權勢在那裡，而在你內心深處，你一樣是乞丐——不成熟的、醜陋的、無知的。你已經出名了，整個世界都知道你是誰，但你不知道自己是誰——所以這有什麼意義？

耶穌說：你可以擁有整個世界，但是如果你失去了你的靈魂，那時這一切的重點是什麼？這個王國在那裡，但是國王死了。那就是在成功者身上發生的事：你持續在出賣內在的國王，只為了外在的王國。最後，外在的王國在那裡了，但是你內在的國王已經不在了。那就是我所說的，成功是最終的失敗。

每個父母都以某種方式失敗了——除非他變成佛陀，那時會是完全不同的。我想告訴你這個故事……

當佛陀成道時，他做的第一件事就是回到他的家族——使他們可以看到他身上發生了什麼事。這是自然的，人類會記得他的妻子、他的孩子、他的老父親。現在他有某些東西要分享，他想要跟每個人分享它。這是自然的，他會記得所有那些他以前愛過的人。

但是他的妻子很生氣——那也是自然的。某一天晚上，這個男人突然逃走了，甚至沒有告訴她。她是一個有器量、有智慧而且非常驕傲的女人。一個美麗的女人！她受傷很深。你會驚訝地發現，那個傷口不是喬達摩悉達多離開她——那不是問題。她曾經那麼愛這個男人，如果他想去森林裡探索他的內在，她會允許的。那個傷口是，他並沒有對她說什麼，因為他不信任她——那就是傷口。看到其中的差別！她不是普通的女人。

這就是傷害她的東西：「為什麼他不能夠相信我。」如果他問過她，如果他說：「我不關心這個俗世和王國、妳和孩子。我想要去森林裡進入我內心的世界：找尋我是誰？」她會允許的。當然，那時淚水將會在她的眼裡打轉，但她是一個勇敢的女人——她不會阻止。而且她曾經愛過這個男人：愛總是給人自由。

所以那不是問題！但因為佛陀逃走了。他沒有說一聲，他像賊一樣逃跑了。

當佛陀回來後，當然，她很生氣。她突然暴怒，她說：「你為什麼不告訴我？我不會阻止你的，你了解我——你完全了解我。我們曾經在一起生活多年，我曾經阻止過你什麼事嗎？我曾經愛你那麼深，那麼多，即使你想單獨一個人去森林，我會允許你的，我會接受！那是我的問題，但是我對你的探索不會變成一個障礙。為什麼你不告訴我？」

那是她時常被問到的問題。那時，在她的憤怒下，她喊叫她的兒子。當佛陀離開時，兒子才一個月大；現在他已經十二歲了，他不斷地問：「我的父親在哪裡？誰是我的父親？」

她喊叫了男孩，說：「羅睺羅！」——羅睺羅是他的名字——「這是你的父親，他像一個懦夫逃跑了。這個男人生了你，現在跟他要你的遺產！」

她被嘲笑了，因為佛陀現在是一個乞丐──哪有什麼遺產？這個女人真的很生氣，她對孩子說：「跟他要你的遺產！這是你的父親──他必須給你一些什麼。」

佛陀笑了，你知道他做了什麼嗎？他點化他的孩子變成桑雅生。他給了他乞討碗，他說：「我來就是為了這個，我已經到達了，我想要我的兒子也能到達，並且，耶輸陀羅──那是他妻子的名字──要結束這個憤怒。現在它是沒有意義的，因為妳生氣的人不再存在了，我已經死了，我重生了。我能了解妳的憤怒，但那個離開妳的人已經不再存在了。妳在跟誰說話？你看著我！」

雖然她的眼睛裡充滿了淚水，但當她看著佛陀──她承認：「是的，這已經不是那個男人了。他們看起來一樣，身體上看起來是一樣的，但靈性的品質上已經不一樣了──一個師父的氛圍在那裡。」此時她所有的憤怒消失了……她跪在佛陀的腳前，要求點化，成為桑雅生。

父母只能給出他們有的。當父母幻滅了，他們幫助他們的孩子變成跟他們一起幻滅。當父母仍然還有野心，他們所給予的會是他們一直攜帶著的毒藥。從一代傳到另一代，這個毒藥繼續在傳遞，並且它變得越來越強而有力，而且它變得越來越老舊。它就像酒精：它變得越老舊，它就越強而有力。

依斯干達汗決定幫他得到皇帝的青睞，他把他送到那個時代最偉大的聖者那裡去學習有關靈性的事物……

彷彿靈性的東西是用來被研究的。這個父親必定是一個非靈性的人，否則，他為什麼希望他的兒子成為國王朝廷裡的一份子？多麼愚蠢的事情，這個父親必定是一個很無知的人，否則，誰想要自己的兒子是有野心的？誰想要自己的兒子變成一個政客？政治是神經病的，政治人物是一個瘋狂的人，世界不會得到和平，除非政治的重要性消失。現在政治已經變成一切最重要的；它變成了生活的核心，宗教被扔到一邊。似乎每個人都想要變成強大的，沒有人是渴望和平的。

有宗教性的人會渴望和平，和平帶來力量。政客渴望權力，權力只會帶來衝突、神經病、焦慮……

如果這個父親真的愛他的孩子，他不會想這樣做。但是通常每個父母都會認為，他愛他的孩子，那就是為什麼他在規畫。一個父親的計畫怎麼可能會有好的內容？

……他把他送到那個時代最偉大的聖者那裡去學習有關靈性的事物。

靈性不是一種學位文憑。它不是你可以學習的東西：它是你必須要成為的東西。它不是累積；它是轉化。你會是以一個不一樣的人回來，你會帶著全新的視野，全新的了解，帶著極大的靜默與和諧回來。你會跟道合調，跟整體合調。你不再以一個自我，而是以一個神性回來。

> 當海達爾．阿里學會了複誦和鍛煉，當他知道蘇菲的唸誦和身體姿勢後，他被父親帶到了皇帝的面前。

現在這個男孩，學會了所有的複誦——任何蘇菲所說的東西，他用心死記硬背學會了——並且學會了所有的鍛煉。

你可以學習所有的瑜伽的鍛煉，但那不會使你成為一個瑜伽士。它會給你一個更好的體格，增進健康。但它不會給你一個更好的靈魂，那是一個完全不同的情況。它跟身體姿勢無關，它跟內在的鍊金術有關。你的意識必須有更高的成長，你必須變得更加覺知，那就是蘇菲鍛煉的目的。那些不是鍛煉，但是從外面看起來很像鍛煉，那也是瑜伽鍛煉的目的。但那個目的是隱蔽的，它只在師父和門徒之間透露。如果你只是去學習鍛煉，你可以學習，你會成為一個優秀的體操選手。而蘇菲的鍛煉是特別針對基礎的：讓你如何知道自己更多。

蘇菲可以跳舞，但是當他在跳舞，那個中心他保持絕對不動——颶風的中心。舞蹈是颶風，他整個身體在轉動，液體的，流動的，動態的，而在那個中心，觀照在那裡靜默地看著，不被打擾，不會分心。

從外在你可以學習鍛煉，從外在你永遠不會意識到內在發生了什麼事。

當海達爾·阿里學會了複誦和鍛煉，當他知道蘇菲的唸誦和身體姿勢後，他被父親帶到了皇帝面前。

「偉大的皇上，」依斯千達說：「這是我的長子，他是我最聰明的兒子，他以蘇菲的方式受過專門的訓練，因此他在陛下的朝廷裡也許適合某個有價值的職位，我們知道你是我們這個時代學識的庇護者。」

現在就看看它的荒謬。一個蘇菲懶得成為國王朝廷的一部分，他會避免。他會用各種方法逃走——即使是國王追著他——因為朝廷是最糟糕的地方，最醜陋的地方，最病態的地方。它是地獄！

我聽說過：

一個偉大的政治領袖死了，他去到那個偉大而永恆的安息地。一到那裡，他驚訝於那裡跟他的家鄉多麼相似：「天哪，」他對鄰近的人說：「沒想到天堂這麼像新德里！」

「先生，」那人說：「我很抱歉地告訴你，這裡不是天堂……」

你們的首都是最接近地獄的代表，你們的議會比任何瘋人院更加瘋狂。

為什麼一個蘇菲懶得待在朝廷，而這個人，這個父親對國王說：

偉大的皇上，這是我的長子，他是我最聰明的兒子，他以蘇菲的方式受過專門的訓練⋯⋯

現在，它根本不是一個訓練！要成為一個蘇菲不是透過訓練。它是一個突然的亮點⋯⋯獅子的吼叫。它不是一個訓練，它不是在學習。一間蘇菲學校——不是一間普通意義的學校，蘇菲的重點不是在學習，而是在逆向學習、忘掉。

當你去見一位蘇菲師父，他會教你如何忘掉。他會使你的石板變乾淨，他會抹去所有寫在那裡的東西。他會使你變空白，那時極大的恐懼就出現！

前幾天晚上，Radha在那裡。就在那幾天以前，有極大的恐懼在她裡面出現，因為她看到了某個深淵就在她的面前⋯⋯彷彿她靠近的是一個懸崖，而頭腦在失去她的掌控。有好幾千種念頭在周圍嗡嗡作響，但是越來越遠，越來越遙遠。

人們變得很害怕，因為人們已經跟這些念頭住在一起這麼久了，人們對這些念頭是完全放心的。沒有它們，你會突然覺得你不再存在。它們成了你的身分。Radha變得非常害怕，這個害怕讓她發了高燒。發燒跟身體無關，這不是生理的發燒：這是一種靈性的發燒。只是出於恐懼，極大的顫抖來了。

每一個門徒這一刻都會來。那是遲早的事，師父帶你到懸崖，在那裡你的頭腦就消失了，而你留在無念的狀態。這不是訓練：這是逆向訓練。這不是學習：這是忘掉。

蘇菲師父不會幫助你成為更有知識的——他可以幫助你變成絕對天真的、無知的。是的，無知的。他會從你的頭部拿走所有的垃圾。

但是這個父親對皇帝說：

這是我最聰明的兒子，他以蘇菲的方式受過專門的訓練，因此他在陛下的朝廷裡也許適合某個有價值的職位……

現在看到他的動機了。即使人們祈禱，他們也在祈求醜陋的東西。人們去找蘇菲師父學習東西，是為了讓他可以在國王的朝廷裡有更好的地位。人們利用宗教也是為了非宗教的目的，這是褻瀆神明，這是一種罪過——這是一個不可饒恕的罪行。神不能被用在任何其他的目的。所有用途都可以被用來給神，但是神不能。神必須保持至高的、最終的。

但是它發生了，那就是我們的頭腦如何運作的。

馬哈茂德沒有抬頭看……

馬哈茂德必定是一個有了解的人。這根本不值得抬頭看，因為如果那個男孩真的跟著蘇菲師父，他不會準備來到朝廷的。

馬哈茂德沒有抬頭看，他只是說：「一年後，把他帶回來。」有點失望……

當然。父親會把很多希望寄託在兒子身上。前幾天晚上，一個美麗、聰明的女人對我說，她帶著很大的期望來到這裡，而她失望了。現在，你可能有什麼期望？無論你的頭腦編織出任何期望，那都會是錯的！因為你的頭腦是錯的。而我在這裡不是為了滿足任何人的期望。

如果我滿足你的期望，我將要如何轉化你？我必須摧毀你的期望，我必須摧毀那個創造那些期望的頭腦。

如果你來見我，永遠不要帶著期望來，否則你會失望——因為我沒有義務以任何方式去履行你的期望。事實上，如果我看到有某些期望，我會刻意地做某些事去摧毀那些期望。那就是你跟我在一起必須付出的代價。

有點失望，但還是寄予厚望……

因為這只有再加一年的問題——

……依斯千達送阿里去研究過去的師父的作品……

看看這個！這個人是完全愚蠢的。現在他送他的兒子去研究過去的師父作品。宗教是一種火花；你只能從活著的師父身上得到它。基督幫不了你，佛陀幫不了你。你將必須找到一個活著的基督，一個活著的佛陀——因為火花必須從一個活著的心跳到另一個。佛陀幫助了許多人，但是只有當他還活著的時候。基督幫助了許多人，但是只有當他還活著的時候。師父可以幫忙，但是只有當他還活著的時候。

當佛陀在世時，有些人甚至沒有得到他的幫忙，而他們現在還以為當他走了以後，他們可以得到佛陀的幫忙。你持續錯過活著的師父，然後你希望你能夠跟死去的師父有某些接觸？你很狡猾，這是一種避免接觸的方法。你可以繼續假裝你是這樣一種宗教性的人——你禮佛，你念佛，你讀《法句經》，你誦唸他的說法，你遵循所有他說的，你根據他所說的培養你的性格，你活著就像他希望他的門徒活著的那樣……但是這一切都會是假的，因為活的火種已經不在那裡。

你的獅子吼叫只可能被另一隻活著的獅子激發——沒有其他辦法。

……他送阿里去研究過去的師父的作品，並拜訪了古代大師在巴格達的聖地……聖地！……使得他這段時間不會白費。

這個父親必定是個生意人——他野心勃勃。做生意的人總是認為時間就是金錢，時間不應該被浪費。而他們的一生就是一個純粹的浪費，別無其他。

現在這是一個浪費！送一個年輕的、活著的男孩去到死去的師父的聖地。但是有些人的頭腦就像做生意一樣：「利用這段時間多蒐集一點知識，去拜訪聖地，讓你可以在國王的朝廷裡得到一個比較好的職位。」

當他帶著年輕人再次回到朝廷，他說：「這個時代的庇護者！我的兒子已經經歷了漫長而艱辛的旅程……」

是的，那是一個漫長而艱辛的旅程——但它們都不是一個蘇菲的旅程。因為蘇菲的旅程是一個向內的旅程！你不必去巴格達，你不必去任何地方。所有一切你要做的事情是：你必須停止向外，你必須進入自己的內在源頭。你必須向內進入。

老子說過：要知道神，人甚至不需要離開他的房間……因為神在你最內在的神廟裡。

我的兒子已經經歷了漫長而艱辛的旅程，並且在同一時間，他的知識又增加並且熟悉了更多偉大的師父所留下的經典。請求讓他接受檢驗……

彷彿一個蘇菲的了解就可以被任何人進行檢驗，彷彿這是一個成佛的考試。

……以便這也許可以顯示，他是能夠對陛下的朝廷有助益的人。

蘇菲不是一個可以被展現、證明、檢驗、認證、認可的東西。它是非常內在的，它是不能用外在的感官和外在的準則去衡量的，只有一個蘇菲才會認出它，沒有其他人可以認出它。如果你是昏睡的，你怎麼可能認出某人是清醒的？如果你從來沒有清醒過，你怎麼知道什麼是覺醒？有哪些準則？用哪些價值來判斷？如何評估？

「讓他走，」馬哈茂德立刻說：「回去，明年再來。」

為什麼馬哈茂德要繼續給予另一年的時間呢？因為學會忍耐是蘇菲最大的特質之一。為了徹底讓他有耐心，無限的耐心——那是一個虔誠的人需要有的素質。那些一直在要求的人，他們對於要求是永遠不會滿足的。

耶穌說：你祈求，應該就會給你。蘇菲有一個更深刻的說法：如果你祈求，就不會提供給你。不要去祈求——等待！而應該就會給你。在信任裡等待，等待在深刻的了解裡，在需要的時候，它就會提供給你。神是給予者，當真正需要時，它就會給予，沒有一個片刻會延遲。

在接下來的十二個月裡，阿里越過烏茲別克的阿姆河，並拜訪了布哈拉和撒馬爾罕、阿里夫宮和塔什干、杜尚貝和東土耳其斯坦土爾巴特的蘇菲聖徒。

他依然持續在進入死人的世界，他去了古聖先賢的墳墓。師父總是可能被找到，活生生的、帶著神燃燒著。你不必去墳墓，神還沒有拋棄這個世界。神持續送來祂的使者。神持續在轉化人們，使他們能轉化其他人。它是一個鏈。

但這就是我們的頭腦在運作的——頭腦總是對過去感興趣，它從不對現在感興趣。頭腦害怕現在，因為現在會摧毀它，現在會帶領你超越頭腦。過去無法摧毀頭腦：過去讓頭腦越來越強壯。

當他回到了朝廷，馬哈茂德看了他一眼……

為什麼看了他一眼？他至少要有耐心。至少一個蘇菲的品質要被確定。

馬哈茂德看了他一眼說：「也許再延一年，回來後再看看。」

阿里在這一年到了麥加朝聖。他去了印度；在波斯，他查閱了許多古籍，並且從不錯過任何機會去尋找和表達他對當時的托缽僧的敬意。

現在事情產了變化，阿里從過去到此刻都在移動。耐心帶來成果，他變得意識到他一直在做的都是徒勞的。

他去了麥加，他去了印度，他去了波斯，他詢問……，不錯過任何一個機會，找到當代的托缽僧，並給予他的尊敬。他開始在尋找那些仍然活著的人——而那裡有很多。他們總是在那裡，他們一直在等待求道者。

不過還是有一件事他是錯的：他去了很多地方，從一個到另一個，這不是吸收師父靈性的方式。人必須跟一個師父在深深的親密關係裡。你可以持續從一個師父移動到另一個，但你將永遠不會吸收任何人的靈性。這一天你跟佛陀，另一天你跟基督，又一天你跟克里希那……如果這樣，你將學不到東西。你怎麼可能只在一天裡學習克里希那的吹笛子？你怎麼可能只在一天裡學習佛陀的靜默？你怎麼可能只在一天裡學習基督的憐憫？這些都不是時令的鮮花——它們沒有成長得那麼快。這些都是像黎巴嫩的古老雪松——它們是巨大的樹木，它們需要時間，需要用好幾百年來深入穿透土地，高聳進入雲霄。它們不是時令鮮花！這是為了達到神，最偉大的事業，最艱辛的旅程，而且最大的寶藏。

你不能只是持續在參訪，並祈求祝福。有些人總是那樣，在這裡，他們來了。他們來了一天，然後他們說：「奧修，請保佑我。」我問：「你們會留下來多久？」他們說：「我們明天早晨就離開。」「那你為什麼要來？為了什麼？」「只為了你的祝福。」

祝福會有幫助，但是那只有對那些有耐心的人。祝福會有幫助，但是只有對那些準備好要冒險的人，而不是那些著急的人。但大部分的人都是傻瓜，他們可能耗費好幾年的時間在大學裡，只為了獲得一個愚蠢的文憑，而要跟著師父，他們卻認為一天就夠了，祝福就夠了。這是不夠的，極大的降服是需要的。

某些在阿里身上的東西改變了。現在他開始移向那些活生生的人。不過還是有一件事他是錯的：他移動太快了。

當他回到加兹尼，馬哈茂德對他說：「現在去找一個老師，如果他接受你，一年後再來。」

馬哈茂德這個人似乎有極大的了解。現在他說：「現在去選擇一個老師。」他之前不曾這樣說過，直到現在，直到此刻，阿里一直在跟著死者移動。你是死的，你的師父也是死的……這樣生命將會如何發生？如果你想生孩子，你不會和死去的女人結婚，或者你會？你將要跟年輕活著的女人，她就能變成一個母親。生命只會透過活著的人發生。

馬哈茂德可以看到它。有些光已經來到了年輕人的眼睛，他已經移到花園裡面了，在那裡鮮花將要盛開。他說：「現在去找一個師父——你已經變成一個滾動的石頭；你不會蒐集到任何鮮苔。去選擇一個師父！」

這是很美的，他說：「如果他接受你。」因為你不能自己選擇師父。它不是取決於你，你只能說：「我是可用的，師父。如果你選擇了我，我已經準備好了。」始終是師父在選擇門徒。對門徒而言，不是去選擇的問題。你怎麼能夠選擇？你怎麼能夠知道誰是師父？誰是正確的師父？出於你的困惑，無論你做什麼，你都會帶來更多的困惑。出於你的混亂，無論你做什麼，你都會帶來更多的混亂。

要由師父來選擇。但門徒必須使自己是可用的。那就是馬哈茂德所說的：「現在去找一個老師，如果他接受你——如果有人準備收留你，如果有人準備接受你。」

要時常記住：當一個師父接受你，你就被祝福了。但是愚蠢的人卻認為相反：他們認為他們在降服。就在前一天，有人在問：「我為什麼要對你降服？」就好像你有某些珍貴的東西要降服給我。但你什麼都沒有。

師父帶走你沒有的東西，並給予你你已經擁有的東西。他幫助你擺脫幻象——而自我是最大的幻象。但是當一個愚蠢的人去見師父，他認為是他把師父擺在某個偉大的責任位置——他在降服。「看！一個能幹的人在降服。」

要時常記住：如果你被選擇了，你就是幸福的。

「現在去找一個老師，如果他接受你，一年後再來。」

那一年過去了，依斯干達準備帶兒子到朝廷，但阿里根本沒有興趣去那裡。他只是待在赫拉特城，坐在他老師的腳邊，而他父親說的任何話都無法打動他。

現在他在燃燒中，現在他不再是相同的那個年輕人。現在他是完全新的存在——他重新被生出了。

師父已經創造了他的重生。

這就是重生。依斯干達仍然以為他是他的兒子——但他不再是了。

當一個人遇到師父，所有其他的關係都被溶解了。那時不再有任何父親，不再有任何母親，不再有任何兒子、妻子、丈夫。那時所有的關係都被溶解了。那時所有其他的關係都只是遊戲。那時所有的關係都被溶解到一個關係……那就是跟師父的關係。

現在他怎麼會關心要到朝廷這件事？阿里根本沒有興趣！當你知道了真正的寶藏，當你看到了真實的王國，誰會關心那些愚蠢的東西呢？

他只是待在赫拉特城，坐在他老師的腳邊……

現在，這裡才是他的王國，那裡就是他的朝廷。蘇菲師父的撒桑被稱為「他的朝廷」，因為這是他的王國；他在那裡是皇帝。而他持續分享他的王國，他有無限的寶藏。現在只要在他的腳下就是比任何事情都重要。成為國王朝廷的一部分？即使現在提議讓他變成國王，他也不會有興趣。因為他已經是國王了——而且他擁有甚至連死亡也無法帶走的王國。

並且在師父的腳邊是存在最大的快樂。這是天堂。在那個愛裡，在那個親密的關係裡，在那個關聯裡，所有那一直缺少的不再失去——人們回到了家。

阿里根本沒有興趣去那裡。他只是待在赫拉特城，坐在他老師的腳邊，而他父親說的任何話都無法打動他。

「我浪費了我的時間，我的金錢。而這個年輕人沒有通過國王馬哈茂德的考驗。」……

他已經通過了。但是根據他父親的了解，他失敗了。在蘇菲的世界裡，那是一個完全不同的現象。

佛陀在他父親的眼中是失敗的——任何人都會這樣想，絕大多數人都會同意佛陀的父親。他出生為國王，而現在他變成了乞丐——還有什麼比這個更大的失敗……？當乞丐變成國王時，我們才稱它為成功。但是那些了解的人，他們知道佛陀已經成功了。

同時，由於年輕人來朝廷展現他自己的日子又過了。那時馬哈茂德對他的臣子說：「準備好你們自己，我們將會有一個赫拉特城的拜訪行程；有某人在那裡，我必須去探訪他。」

同樣的年輕人，他曾經一次又一次地來——並且在第一次，馬哈茂德甚至沒有看他。現在某些事情發生了！這個日子來臨了，那個父親去赫拉特城要帶男孩過來，而男孩沒有來。那個父親以為這個男孩失敗了，因此父親放棄了整個事件。

當皇帝的隊伍進入了赫拉特城，號角聲大作。阿里的老師牽著他的手，引導他到Tekkia的大門，他們在那裡等著。

現在即使師父也無法說服他，但他必須去——師父必須用手拉著他。門徒喝醉了，他不再在了。他就是不想去見皇帝，師父必須用手拉著他去。

不久之後，馬哈茂德和他的四個侍衛，脫掉他們的鞋子，親自出現在聖堂。「在這裡，馬哈茂德，」蘇菲長老說：「當他是國王的拜訪者時，他還沒有東西，而現在他是一個被國王拜訪的人。就邀請他當你的蘇菲參事，因為他已經準備好了。」

只有師父能夠認出門徒是否準備好。只有一個清醒的人能夠看到其他人是否被喚醒。師父把他當做一份禮物送給馬哈茂德，並且說：

在這裡，馬哈茂德，當他是國王的拜訪者時，他還沒有東西……

這是神的世界的美：當你追逐欲望，你會保持是一個乞丐；當你停止追逐，你曾經追逐的一切將會以它的步調開始向你走來。當你祈求，它就不給。當你不祈求，它就沐浴著你。

有一個非常美的耶穌的說法，我從不厭倦一再地引述它。耶穌說：那些有的人，應該給他們更多。而那些沒有的人，甚至他們有的東西，也將會從他們身上被拿走。

這是一個奇怪的說法——非常奇怪。因為我們的普通數學、算術、社會主義、共產主義……等等會說：給那些沒有的人。但是耶穌說：那些有的人，應該給他們更多；而那些沒有的人，甚至他們有的東西，也將會從他們身上被拿走。這是基本定律。如果你是快樂的，更多的幸福會向你而來。如果你是喜悅的，你就能吸引更多的喜悅。物以類聚。如果你是悲慘的，那麼更多的苦難將開始移向你。

你創造你自己的世界。沒有任何其他人要為它負責——它始終是你自己要負責的。

師父說：

「在這裡，馬哈茂德，」蘇菲長老說：「當他是國王的拜訪者時，他還沒有東西，而現在他是一個被國王拜訪的人。就邀請他當你的蘇菲參事，因為他已經準備好了。」

這就是Hiravi學習的故事，海達爾．阿里．簡，赫拉特城的聖者。

然後他變成著名的赫拉特城的聖者。

這是一個小故事，但是如果你仔細想想它，它就會揭露很多祕密給你。它會向你揭露宗教的真諦。這是一個火焰，從師父的心跳躍到門徒的心。這是超越的話語，超越經典的傳達……

第 **18** 章

大鐘為你而響

問題　你特別談到了知識。請解釋那些被涵蓋在存在的發展裡的東西。

Anand Veetrag，存在從來不發展，存在只是簡單的在。它沒有演化，沒有時間參與它。它是永恆，它不會變成發展性的東西。在靈性上，你不可能發展，不可能。至於最終的目標而言，你已經在那裡了，你從來沒有去過其他地方。

那麼，什麼是發展？發展只是一種覺醒，對你在的這個真理的覺醒。真理不成長：只有認同成長，記憶成長。

那就是為什麼我沒有談到存在的發展，我談到所有的障礙，以避免你的認同。知識是最大的障礙，所以我廣泛地談到了它。它是障礙物。

如果你認為你是知道的，你將永遠不會知道。如果你認為你是知道的，那時知道對你有什麼重要？你可以繼續睡覺和做夢。

當你了解你是不知道的那一刻，那個無知的了解像弓箭一樣射入你的心裡，它像長矛一樣刺穿你。在那個刺穿裡，人變得覺知──在那個震撼裡。

知識是一種避震器，它使你不被動搖和震驚，它繼續在保護你，它是一副包覆你的盔甲。我談到知識，反對知識，這樣你就可以脫掉盔甲，這樣生命就能震撼你進入覺知。

生命在那裡，每個片刻都準備要震撼你。你的存在在你裡面，在任何時刻它都準備要被喚醒，但是介於這兩者，就有知識。知識越多，你的自我覺醒將越被拖延。

要變成無知識的。

永遠不要把靈性當做成長，它不是一個成長。你已經是神、是佛了，從一開始就是。寶藏在那裡──只是你不知道，你把它放在哪裡。你已經忘了鑰匙，或者你已經忘記如何使用鑰匙。

你是那麼沉醉於知識，你已經變成無視於你原有的一切。知識是酒精；它使人們醉了。那時他們的知覺是模糊的，那時他們的記憶是在最低的限度。那時他們開始看到那些不存在的東西，他們停止看到那些已經存在的東西。

Veetrag，那就是為什麼我沒有談到如何去發展你的存在。存在已經就如它原有的在了，它是完美的。沒有東西需要被添加於它了。它是神的創造物，它來自完美，因此它是完美的。只要撤回所有你所創造的障礙。

而我們整個社會繼續努力在創造障礙。孩子出生。我們立即開始在他裡面創造出障礙。我們在他裡面創造出比較：「別人比你更漂亮，別人比你更健康，而且別人的孩子——看！看看他的分數，他的成績，他的智商，而你在幹什麼？」

我們開始在產生比較。比較帶來了自卑和優越——這兩者都是疾病、障礙。現在這個孩子永遠不會想到自己；他總是會想到跟他人的比較。比較的毒素進入了他，現在他將保持是悲慘的。現在存在的祝福將變得越來越不可能。

每個人生來都是唯一的，沒有比較是可能的。你是你，我是我。佛是佛，基督是基督，沒有必要比較。如果你比較，你就創造了優越、自卑——自我的方式。那時，當然，會有強大的欲望產生競爭，會有強大的欲望產生想要打敗別人。而你仍然在擔心你做得到或做不到，因為它是非常暴力的競爭：每個人都同樣在試圖變成第一名！

有好幾百萬人都在試圖變成第一名，這時很大的暴力、侵略、仇恨、敵意就產生了。生活變成地獄，如果你被打敗了，你是悲慘的，而且你有很多的機會被打敗。即使你成功了你也不會快樂，因為當你成功的那一刻，你就變得害怕。現在別人在打算把它從你身上奪走。競爭者四處都是，暴力地追趕著你。

在你成功之前，你害怕是否你會成功；現在你成功了，你有了金錢和權力，現在你仍然害怕——你害怕有人會從你身上搶走它。之前你在顫抖，現在你也在顫抖。那些失敗的人是悲慘的，而那些成功的人，他們也是悲慘的。

在這個世界上，很難找到一個真正快樂的人——因為沒有人在履行變得幸福這件事。想要幸福，第一個條件是：放棄所有的比較。放棄所有愚蠢的、優越和卑賤的想法。你既不是優越的，也不是卑賤的。你只是你自己！沒有其他的存在像你一樣，沒有人需要去作比較。然後突然間，你回到了家。

但我們一開始就使用知識在毒害孩子們的頭腦，我們一開始就教他們不知道的東西。我們教他們關於神，我們在教他們一個謊言。這個神不會變成一個真正的神——他們不知道。我們在迫使他們相信，而信仰會變成他們的知識。

信仰不可能真的變成知道；它將只是一個偽裝。他們的一生，將會以為他們知道，但他們將永遠也不會知道。因為基礎已經被放在不真實上面了。

我們教孩子說：「你有一個不死的靈魂。」你教給他們的是什麼廢話！而我不是在說沒有不死的靈魂，我不是在說沒有神，我只是提醒。我是在說這些事情不應該被當成信仰來教導。它們是生存的經驗，孩子必須被幫助進入他的內在世界去探索。

但我們現在卻交給他現成的知識，而不是幫助他探索。那個現成的知識變成他很大的問題，要如何拋棄它？

那就是為什麼我特別談到了知識的愚蠢。這是無知的，無知偽裝成知識。當你拋棄它的那一刻，你將再次變成像孩子一樣——清新、活生生的、充滿活力、有自信；你的眼睛將會充滿著驚奇，而你的心將再次帶著生命的奧祕開始悸動。這時你的探索開始了——並且帶著覺知。你會變得越來越覺知到這種內在的意識，那個你一直在攜帶的東西。但是現在你的內在已經塞滿太多的知識，所以每當你走進去，你從來沒有找到意識；你總是找到一些漂浮物在那裡，知識就像天空裡的浮雲。

現在，有這麼多的浮雲在天空裡。如果你看著天空，你根本不會找到天空，只有一堆浮雲。那是一個知識豐富的人的狀態：思想、經典、偉大的理論、教條、教義漂浮如雲，他看不到純淨的天空。

讓這些浮雲消失，它們是你自己造成的；它們會在那裡是因為你執著於它們，它們會在那裡是因為你繼續抓取它們。鬆開你的抓取，讓它們離開，那時就有清澈的天空顯現，絕對無限的天空。那就是自由，那就是意識，那就是真正的了解。

西方最偉大的哲學家大衛．休謨寫到……他一再地從偉大的神祕家那裡聽到「知道你自己！」他說：「有一天，我嘗試去知道我自己，但當我閉上眼睛進入內在，我發現某些願望，某些思想、記憶、夢想、幻想……像那樣的東西，但是我找不到任何其他人在那裡，我也找不到我自己。」

這幾乎是每個頭腦的寫照，除了少數諸佛。如果你走進去你的內在，你會發現什麼呢？你會看到浮雲四處遊走移動。即使像大衛．休謨這樣聰明的人也無法看到這個重點：它是誰，誰在看著這些？誰是這個意識，他只找到某些回憶、欲望四處浮動？當然，這個觀照不可能是欲望，這個觀照不可能是想像，這個觀照不可能是任何想法。所有這些都經過這個觀照的前面。他一直在尋找觀照！現在，你不能把這個觀照當成物件。要知道這個觀照的唯一方法就是拋棄所有想法，變成完全空無。當沒有東西可看，你看的能力就自己反轉。

那就是耶穌所稱的轉換。當沒有別的東西可以看到，人們會開始看到自己。當沒有東西阻礙，意識是純淨的，在那個純淨裡，它就變成自己意識。

當我使用「自己意識」(self-conscious)這個詞，我並不是在指你的自己意識。你的自己意識不是自己意識——它只是自我意識(ego-consciousness)。你不知道你是誰；你怎麼能夠知道你的自己意識？你的自己意識是一種自我意識，它是一種疾病。

你的自己意識不過是自我的欲望。當我在談到自己意識時，我的意思是當一切都消失了，沒有其他東西留在鏡子上，它只是純粹的映照出一切。

就像一支小蠟燭在一個房間裡燃燒一樣。它反映出牆壁，它反映出家具，它反映出牆壁上的畫，它反映出屋頂等等。而如果牆壁消失了，畫不在了，屋頂消失了——一切都消失了，只有小蠟燭在燃燒著。現在它會反映出什麼？它只會反映出它本身；它只會自己在發光。

這就是一種存在的狀態。

丟掉知識，丟掉比較，丟掉假身分，丟掉這個，丟掉那個……繼續丟掉，直到沒有東西留下來……那時它就在那裡，神就在那裡。

心愛的奧修，當你談到門徒美麗的品質和他跟師父之間深深的親密關係，當門徒面臨深淵，你告訴我們門徒需要的膽量和勇氣。當你描述狂喜的轉化會發生在真正的門徒身上，只是需要耐心和靜靜地等待……我卻絕望了。

當你談到靈性的發燒，我得到的卻是感冒的發燒。

親愛的師父——你確定你選擇了我嗎？

是的，Yatri，我絕對確定——我選擇了你。但是你還在猶豫，你還沒有選擇我。那並不是說你不想選擇我——這是你想要而你卻還在猶豫的。

所有這幾年來，你一直站在門檻上——以一種不斷猶豫的姿態。你的猶豫是一種慢性病，你知道你不能回去以前的生活，但是你也不會往前邁進，因此你就絕望了。

當我談到門徒的信任、愛、耐心，我是在說你就像其他任何人一樣，你擁有潛力！但是你完全渾然不覺你的潛力。你可能成長為一棵愛和信任的大樹，但是你是如此地猶豫，以至於你不允許你的種子掉落在土壤中。

你的猶豫沒有什麼特別。每個聰明的人都是猶豫不決的；它是智能的一部分。頭腦需要考慮一切，在它邁出一步之前。那就是為什麼這事有時會發生：傻瓜被證明比所謂的聰明人更勇敢，這事有時會發生，傻瓜比所謂的聰明人更快到達。傻瓜行動而聰明人只是考慮；他從不行動。但只是透過考慮事情，沒有任何事情會發生。如果只是考慮變成你的長期習慣，那你就錯過了。那時，一件事情會導引到另一件，你繼續繞著圓圈移動，而圓圈是險惡的。

Yatri，你是一個聰明的人，這就是你的問題，也可能變成你極大的喜悅！如果你勇於做跳躍……對聰明的人而言，要做跳躍是困難的，但是如果他做了，那時他的開花會遠遠超過不聰明的人。他的經驗是多維度的，不僅如此，他的經驗對他會是一個很大的慶祝，他也能夠跟其他人分享。他可以把它傳達給別人。愚蠢的人可能達到，但是不會去傳承去分享；愚蠢的人將能達到，卻不能展現。

因此對於聰明的人有一個問題：那就是如何行動，因為聰明的人繼續保持他在猶豫中，繼續保持他的癱瘓狀態：「要存在還是不存在？要做還是不要做？」他繼續思考著利弊得失，沒完沒了。這是他的問題！但是如果他勇於跳躍，然後在他的跳躍中，就會有極大的美。他將會知道，他也能夠表達它，他也能夠傳播它。

並且有一種幸福——當你傳播，當你分享，當你開始滿溢時。

Yatri，你問我：

親愛的師父——你確定你選擇了我嗎？

我選擇了你，否則你就不會一直在這裡。即使我選擇了你，你還是只有一半在這裡。如果留給你自己決定，你就根本不會一直在這裡。你在這裡是因為我，你以一種不情願的方式在這裡，彷彿隨時準備要逃走，彷彿隨時準備找藉口逃走。

這是在浪費時間，這是在浪費很寶貴的東西，被浪費的時間不會再回來。鼓起勇氣！而且我告訴你：你沒有什麼損失。鼓起勇氣——你有一切來獲得而不會有什麼損失。

即使那樣，人們都還是很害怕。即使這樣，他們繼續在思考它是否值得冒這個險。他們從不認為他們不會有什麼損失——他們會想，風險是有的。那個風險讓你一直保持在猶豫，因為有一天我在這裡……有一天，我可能不在這裡。誰知道明天我還在不在這裡？而當我走了，那時你會後悔。但是那時這將是毫無意義的，那將為時已晚。

我選擇了你。我選擇了你，是因為我知道那個潛力。

前幾天晚上，我把桑雅生給了一個美麗的女人，Avodha。她說，她來到這裡不是要拿桑雅生的。她甚至都沒有想過這個。我告訴她，我選擇了她，這不是她的選擇。她來到這裡幾乎像一塊浮木，她的來臨是偶然的。她來這裡不知道會發生什麼事——出於好奇、知性的興趣。她是一個治療師，她好奇這裡發生了什麼。她過來看看，她以一個旁觀者、觀察者來到這裡。她不是刻意要參與而來到，但是它發生了。

我選擇了她。她有很大的潛力。她有很大的可能性打開、綻放。我選擇了她；我的工作從我這邊完成了。現在她可以變成一個Yatri——她也很聰明。她可能開始在猶豫，那將會浪費時間。她可能會做跳躍，我希望她會抓住這個機會。這一直是我的經驗，女人比男人更勇敢，因為她們知道如何去愛。她們知道如何為愛犧牲一切。她們的愛有一種全然在裡面。男人的愛保持是他生命的一個片段而已，是的，它一個重要的部分，但只是一部分；它只是很多東西當中的一件東西。但對女人，愛是她的整個生命，她的整個心，她的整個存在。

這不只是偶然，跟佛陀一起，有更多女人比男人成道。跟馬哈維亞在一起，有更多女人比男人成道。有史以來都是女人比男人更多人成道。但是你會驚訝地發現：她們的名字不為人所知。所有偉大的師父似乎都是男人。只有非常稀少、偶爾才會有一個，你可以找到拉比亞(Rabia)、蜜拉(Meera)、萊拉(Lalla)——但是非常稀少。為什麼會發生這種情況？

女人的能力是接受，女人曾經是最偉大的門徒。這對她們是很自然的——接受，她們是子宮，具接受性的。她們可以吸收。她們可以盡可能完整的喝師父。女人是食人族！她們可以吃師父，她們可以消化他。她們可以變成偉大的門徒。但要她們變成師父是很難的，因為要變成師父，你必須做正好相反的事：你必須開始給予。那對男人是比較容易的。對於男人，接受是比較困難的，給予就不困難。那就是男人女人生理上、心理上的差異。

所以讓我對你說：有史以來，女人比男人有更多人成道，但是有更多男人比女人變成師父。這是一種自然的能力。

所以，我不覺得Avodha會像Yatri一樣錯過。Yatri也需要不再錯過——夠了就是夠了！勇敢去做那個跳躍。你可以做！每個人都可能做，神是每個人與生俱來的權利。

問題　你為什麼這麼極力反對儀式和規則？

因為它們不是宗教，它們不可能是宗教。我反對儀式，但是那並不意味著一個宗教性的人不能進入儀式。但是當一個宗教性的人進入儀式，它根本不是儀式。他的心在它裡面；然後他的話語就有翅膀。

所以記住：我反對儀式，但那是當沒有心在它裡面的時候，那時它是一種儀式！但是如果有心……只要記得那三個神祕家，那三個俄羅斯神祕家，他們向神祈禱：「祢是三個，我們是三個——憐憫我們啊！」這也是一種儀式，簡單的一種，他們自己發明的；這個也是祈禱——而他們的心在它裡面。

有一個著名的摩西故事：

摩西正穿越過一片森林，他看見一個人在祈禱。而這個祈禱的人正在說著荒謬的事，因此他無法離開，他必須阻止這個人。他在說的是褻瀆神的話。他對神說：「神啊！祢必定有時會感到孤獨——我可以進來，並始終跟祢形影不離。祢可以依靠我，祢不需要感到孤單。當我在這裡，你不用再受寂寞的苦，我不是一個沒有用的人——我可以有很大的用處，我可以幫上忙，我會給祢一個舒服的洗澡時光，我可以幫祢按摩。我是牧羊人，我會幫祢從祢的頭髮和祢的身體抓掉所有的蝨子……」

蝨子？摩西簡直不敢相信自己的耳朵：「他在說什麼？」

「我會為祢做飯。祢知道嗎？——每個人都喜歡我煮的食物，我會為祢鋪床，我會為祢洗衣服，我可以做一千零一件事情！而當祢生病，我會照顧祢，我會對祢像是一個母親一樣，或者像是祢的妻子、僕人、奴隸一樣——我可以是任何，只要祢給我一個暗示，我就能過來。」

摩西阻止他說：「聽著！這是什麼樣的禱告？你在做什麼？你在對誰說話？蝨子在神的頭髮裡？祂還需要洗澡？而你說：『我會幫祢擦身體，使它絕對的乾淨？』停止這種廢話，這不是禱告，神會被你得罪了。」

望著摩西，這個人跪在他的腳下。他說：「我很抱歉，我是一個文盲、無知的人，我不知道如何禱告，請你教教我！」

於是摩西教他正確的方式來禱告，他很高興，因為他已經把一個人導入了正軌。摩西高興、膨脹在他的自我中，然後他離開了。

而當摩西獨自一個人在森林裡時，一個來自天上如雷般的聲音說：「摩西，我送你到人間去，是為了要你幫我帶人們來，幫我融合他們，而不是讓那些我的愛人遠離我，而你剛剛做的事，那個人對我是最親密的一個，你居然讓他遠離我了。回去！道歉。把你的禱告收回來！你已經毀了他的整個美。他是真誠的，他在愛裡，他的愛是真的。無論他在說什麼，他是從他的心在說，它不是一種儀式。現在你給他的只是一個儀式，他只會複誦它，而它只會在嘴唇上；它不會是出於他的存在。」

我不反對禱告，我反對的是儀式性的祈禱——因為它不是禱告，那就是為什麼我反對它。不要學習空的姿勢。讓你的姿勢是活生生的，自發的。否則，在內心深處你知道，它只是一個儀式，在內心深處你知道，它只是你在表演的一個形式。

在底特律的種族暴亂中，警察攔住一名黑衣男子，他駕駛著一輛天線上飛揚著一面白色枕頭套的汽車。

「那是什麼？」巡邏警察問。

「這是一個白色枕頭套，」司機解釋說：「以表明我是中立的！」

警察迅速地將他搜身，並在他的口袋裡發現了一把手槍。

「中立的，是嗎？」警察說：「那麼這把手槍是什麼？」

「假如有人不相信它。」司機說。

但那就是你的儀式。在內心深處，你知道它們是儀式，你自己本身也不相信它們。它們已經被教導給你，你已經被它們調教了。你持續像個機器人，機械地複誦它們。如果你不複誦它們，你就覺得好像缺少了某些東西；如果你複誦它們，你無法獲得任何東西，你也無法了解它們背後的意義。

你一直被別人所教導的東西填塞，它從來不會變成你真實的生命，它只會停留在表面上。不僅那樣：你真實的生命會一直保持反對它。所有你所學到的儀式，都是你是從其他人身上學到的，其他人也是從其他人身上學到的。他們不知道自己在做什麼，他們不知道他們在教你的是什麼東西。

所以表面上你學到一件事：在內心深處，你學到的完全是另一件事。在內心深處，你學到虛偽。在內心深處，你學到虛情假意。

奶奶看著男孩用錯的湯匙喝他的湯，用錯的手指握住餐具，用他的雙手吃著主菜，他將茶水倒到盤子上，並吹著它。

「你沒有看過你的母親和父親在餐桌上教你的嗎？」

「有啊，」男孩說：「永遠不要結婚。」

人們會在兩個層面上作學習：一個層面是經由你的教導，另一個層面是透過看到你是一個什麼樣的人。小孩都是非常敏銳的；他們持續看到所有的錯誤和荒謬。你不可能欺騙小孩子；他是非常直覺的。他知道！即使他允許你騙他，他也知道你在欺騙，他知道他在受騙，而且他是允許的，但他只是在玩一個遊戲。他在享受它！你以為你是在欺騙他，他以為他是在欺騙你。

我反對儀式，因為它們已經在世界宗教裡把靈性謀殺了。但我不是說不要祈禱，我是在說讓祈禱出現。讓它是你自己的，讓它是你自己的感覺，不要像鸚鵡一樣複誦。

我不反對戒律，但戒律應該是出於你的了解。它們不應該是從外在強加的，我不反對紀律！

但紀律不應該是被奴役，所有真正的紀律都應該是自律。自律從來不反對自由——事實上，它是到達自由的階梯。只有有紀律的人才能變得自由，但他們的紀律不是服從別人：他們的紀律是順從自己內在的聲音。而且他們準備為它冒任何風險。

讓你自己的覺知決定你的生命方式，生命模式。不要讓別人來決定它。那是一種罪過：讓別人來決定它。為什麼它是一種罪過？——因為你永遠不會在它裡面。它永遠只會停留在表面，它只會是虛情假意的。

問題　心愛的奧修，不像Yashodhara那樣，Sheela告訴我，如果我對她不告而別，她不會生氣——我只要離開就是了。

Chinmaya，Yashodhara不是我的門徒，Sheela是。所以要小心——不要希望她會傷心或發瘋而離開她。如果你離開她，那將會有慶祝。Orangelujah（讚美門徒）！很大的慶祝！所以離開她對你是沒有意義的。

問題　了解和能量之間有什麼關聯嗎？

Santosh，是的。有很大的關聯。事實上，稱它為關聯是不對的——因為能量就是了解。它們不是兩件東西。

哪一種能量是了解？當能量未被占有，它就變成了解。當能量被占有，它保持是無知的，它保持是無意識的。

例如，你的性能量被一個女人或一個男人占有。它將保持是無知的——因為能量被聚焦在客體裡，它會是向外的，它是外向的。如果能量從客體解脫出來，它將往哪裡去？它會開始落入主體，進入你的內在源頭。能量落回到源頭就變成了解，變成覺知。

而且我不是說要反抗性。不是，我的意思是要讓性比起客體現象有更多的主體現象。那就是性與愛的區別。愛是主體的，性是客體的。

你變得對女人或男人這個客體感興趣。早晚這個興趣會完結，因為一旦你已經探索了客體，那時沒有東西留下來，然後你就準備移動到其他人，其他客體。是的，那個女人看上去很美，但是她看上去的那個美，能夠持續多久？

客體就是客體，她對你而言還不是一個人，她只是一個美麗的客體。這是侮辱，你在降低一個靈魂成為客體。你試圖在利用，你把她變成一個手段。你的能量將保持是無知的，你將持續從一個女人移到另一個。你的能量將繼續留在一個圓圈裡，它永遠不會回到家。

愛意味著你對把女人或男人當成客體這件事不感興趣。事實上，你不是在那裡利用她，你不是想要從她那裡得到東西。相反地，你是那麼地充滿能量，以至於你想要給予她某些能量。愛是給予，性只是想要得到。

而當愛給予，它保持是主體的，它保持扎根於自己。戀人們互相幫助他們，戀人們互相幫助他們不消失而變成真實的個體，戀人們互相幫助他們雙方成為歸於中心。愛是尊重、崇敬、供奉，它不是剝削，愛是了解。因為愛的能量是不被客體占有的，它保持是自由的，它不受任何東西的限制。而那樣將會帶來轉化，在你的內在。

記住：就像能量發生在物理世界一樣，它也會發生在形而上的世界。在一定的能量累積之後……品質開始發生變化。品質的變化不過是量的改變。

例如，你燒熱水到一百度，它就蒸發。但到九十九度時它還沒有蒸發；它仍然是水——很熱，但還是水。但是超過一百度，它就蒸發——它不再是水。它改變了形式，轉化已經發生了。

就像那樣，當你的能量必須累積，你不要繼續浪費你的能量在客體上……而人們一直都在浪費它在客體上。有人對錢感興趣——他把他所有的能量放在金錢上。當然，他可以累積很多錢，但他是僵死的，金錢繼續被累積，而他繼續變得越來越無用。有人把他的能量投入政治，投入權力。他變成首相，但內心深處，他還是一個乞丐。他也許是那個國家裡最大的乞丐……

如果你把你的能量投入客體，你會活在一個不了解、沒有覺知的生命。不要把你的能量投入客體，要讓能量落入你的存在，讓它在你的內在累積。讓你的生命變成一個大蓄水池。讓你的能量只是在那裡沒有任何被占有。它會在某一點……跳躍、量子飛躍、轉化。能量就變得發光，變得覺知，變得了解。

Santosh，你問：了解和能量之間有什麼關聯嗎？

是的，有關聯，內在的能量和了解是有關聯的。但如果你只關注外在，當你能量耗盡，你就開始失去你的了解。當你累了，你的智能開始減少。你有沒有觀察到，在早上你的智能比晚上更新鮮，在早上你更有憐憫心，比在晚上更有愛心。

你觀察到了嗎？乞丐們都在早上來乞討，他們懂心理學。到了晚上，誰會給他們東西？人們到了晚上通常很生氣，對生命很沮喪。在早上，他們休息了整個晚上，深度睡眠，能量是新鮮的——八小時的能量累積。他們有更多的了解，更多的憐憫，更多的愛，更多的同情，這時可能說服他們給你某些東西。他們有，所以他們可以給。到了晚上，他們沒有；他們失去了他們所擁有的，他們都太累了。

孩子們會比較了解——你有沒有觀察到？——比起老年人。老年人變得非常非常嚴酷、殘忍、狡猾。他們的整個生命保持被客體所占有。所有老年人都變得權謀，年輕的孩子們是無辜的，信任的，更接近諸佛的。為什麼？——因為孩子們的能量仍是充滿的。

年輕的孩子們學習東西非常快。為什麼？因為能量在那裡，智能也在那裡。你變得越老，就變得越難學習東西。人們都說很難教老狗新把戲，為什麼？這不應該是這樣的，因為狗知道非常多把戲，牠可以再學習多一些。這應該對牠比較容易，因為牠已經學到了很多東西。牠作了很多練習，以至於牠可以更容易地學習，但事實並不是那樣。

孩子們學得很快。如果孩子出生在一個使用五種語言的小鎮，他會開始學習所有五種語言；他對所有五種語言會變得很容易就學會。它們都會變成他的母語，一個孩子對學習是有無限能力的。原因只有一個：他的能量保持充滿的，但在不久的將來，它就會消散在他的生命裡。

靜心的人會變成具有了解的人，因為他的能量累積，他不浪費它。他對瑣事不感興趣；他根本不把任何能量放到那些小事上。所以，每當時間到了，需要給予，他就可以給予。

能量就是了解。要意識到它，要很覺知地使用你的能量，而且以這種方式使用你的能量，你就不會繼續在浪費它。

問題　什麼是自我？

它是一個虛假的實體，它不存在。在世界上有兩個很大的謬誤。一個是自我，另一個是死亡，這兩件事情其實並不存在。它們不是單獨的，它們是連接在一起的。它們是同一枚硬幣的兩面；同樣不真實的兩個面。

如果你有自我，那時你會害怕死亡，那時死亡必然會來——因為你執著於一個虛假的東西。你能執著它多久？遲早你將必須看到它是虛假的。你可以繼續逃避，你可以繼續在延遲和拖延，但那不會是永久的。

死亡是自我的死亡，所以一個變得免於自我的人，也會變得免於死亡。那時就沒有人死去！

這就像在海洋裡的大波浪，以為「我在，而我是與海洋分開的」，這就是自我。不久，大波浪會消失在海洋裡。那時它會感覺到死亡。甚至當它在那裡時，在高空，跳著舞，跟風竊竊私語，跟太陽對話，它的害怕仍然在那裡，遲早它將會死去。因為其他的波浪在死去！就在它們還活著之前的那一刻。

你活在那些在死去的人當中，不斷地有其他人在死亡。大鐘為你而鳴，不要派任何人去問喪鐘為誰而鳴——它為你而鳴。每當有人死亡，它就帶著你即將會死的真理回家。但是為什麼會有人死亡？首先為什麼？因為波浪以為自己是獨立於海洋之外的。如果波浪知道「我不是從海洋分離出來的」，死亡在哪裡？那個波浪會變成蘇菲，那個波浪會變成佛。如果波浪知道「我不是從海洋分離出來的，我就是海洋。SO HUM——我就是那個」，那時就沒有死亡。

自我是一個虛假的實體。它是需要的——就像你的名字是需要的。你的名字是假的實體。每個人在出生時都沒有任何名字。但是我們必須給予某個名字，否則它將不可能活在這個世界——如何稱呼他？如何給他定位？如何寫信給他？如何給他錢或借他錢？如何把他傳到法庭？這將是不可能的，如果每個人都是無名的，這將是純粹的混亂！這個世界不可能存在；這將是一個完全不同的世界。這將難以記住你的妻子是誰，你的兒子是誰，你的丈夫是誰。一切都將會是一片混亂。所以名字是需要的，標籤是需要的，但它們都是假的。它們是實用的，但它們不是真的。當你把名字給了孩子，你是給無名的人一個名字。

自我是完全一樣的情況，名字是給別人用的，自我是給自己用的。你將必須說「我」，你將必須說「我渴了」，現實只是因為有口渴。但是如果你突然在市場裡宣布說：「有口渴！」那時這將是非常困難的——誰渴了？它在哪裡？你必須說：「我渴了！」，說「我渴了」只是實用的。在現實裡，一切都是為了口渴、飢餓、愛。這些東西都是真實的，但「我」只是被需要，用來管理你的生活。

如果你明白這一點，就沒有問題。你能夠使用它，你能夠了解你不是從存在分離的。我也使用「我」這個字——佛陀使用它，克里希那使用它，基督使用它。它不可能被丟掉，沒有必要丟掉它！你只需要看到這字是實用的重點——它在日常生活裡很好用，但它不是存在的狀態。

不要被這個字所欺騙，不要開始相信這個字是真的。但是這一直在發生，我聽說夏爾·戴高樂(Charles de Gaulle)是一個很自我中心的人，因為政客們都必然是這樣。有一個故事談到了他：

> 退休後的一個冬天晚上，他的妻子顫抖著說：「天啊(My God)！真的好冷。」稍微安靜後，戴高樂說：「在床上，女士，妳可以叫我夏爾。」

人們可以開始相信。那時你將會給這個字一個不存在的現實，但事實上它並不在那裡。我不在，你不在，只有神在。了解它，然後你就可以使用這個字。但那時它只是一個稱呼，它不意味著任何實體，只有一個在。很多都是假的。虛假是由很多的東西組成的，而真理只有一個。

心愛的奧修，我不能看進你的眼睛。當我見到你，我的眼睛就閉上。我不知道這是否是怯懦和恐懼，或者是自然發生。請告訴我是怎麼回事。

Arup，所以它發生了！它只不過是純粹的愛。不要使它變成一個問題。不要去想它——允許它。你愛我越多，它就越會發生，因為愛可以知道，即使閉上眼睛，愛仍然可以被看到，沒有愛，甚至睜著眼睛也是看不到的。帶著愛，甚至當外在眼睛閉上時，內在眼睛也會是打開的。

你帶著外在眼睛要多久你才會看到我？遲早你必須溶入內在。你是幸運的，Arup，它是一種幸福。不要從它製造出問題。頭腦就是這樣，它持續在製造問題，甚至從幸福裡製造。如果你從它製造出問題，會有很多人給你建議，有人會說：「這是懦弱的。」有人會說：「這是恐懼。」有人會說一些別的原因——而它的神祕將會失去。它只不過是愛。

它總是在發生：當你愛，甚至眼睛會變成障礙。甚至睜著眼睛看，會使你感覺到距離。當眼睛閉上，所有的距離就消失了，那時你和我之間就沒有距離了。

這在女人身上發生得更多。即使在普通的愛裡，當女人在男人的懷抱裡時，她會閉上她的眼睛。女人不是偷窺狂，男人是。當男人在跟女人做愛，他想看到正在發生什麼——只有那樣他才可以相信。看到才相信！如果他無法看到，他就無法相信。他想要保持燈亮著。不僅那樣，還有一些愚蠢的人在他們的臥房打開自動攝影機，這樣以後就可以看到「它真的發生了」？

但是女人幾乎都是閉上眼睛的，因為閉上眼睛，你才會超越空間和時間。突然間外在消失了，只有內在世界存在。

問題　每當我得到一個瞥見、一個洞察，那時我總是坐在馬桶上。這樣是否使我變成一個低劣的門徒？

Krishna，你是的！但是不要擔心——在你之前，這發生在某些非常偉大的人身上。以色列哲學家馬丁・布伯（Martin Buber）獲得他的第一次開悟也是在廁所裡。你們是很好的夥伴。

問題　這讓我感到很傷心，每當你說商人不可能是有宗教性的時候，因為我在做生意。對於我沒有可能嗎？

商人是一回事，在做生意又是另一回事。你可以在做生意而是有宗教性的，但你不可能是商人而具有宗教性的，它們是南轅北轍的，它們不是同義詞。我不是說你必須放棄你所有的生意而變成有宗教性的，我從來不贊成放棄任何俗世。但是當我說商人不可能是有宗教性的，我的意思是心理——我不是說你在市場做的工作，而是指你的心理、頭腦。

商人的頭腦總是討價還價、總是貪婪的，總是想著利潤，總是在未來，總是對小東西、對現世的事物感興趣。當我說：「不要成為一個商人。」我的意思是說放棄商人這種心理。

你可以放棄市場而去喜馬拉雅山的洞穴——但那不會有幫助，因為我看過已經放棄生意的聖雄，但他們保持是商人的頭腦。他們的心理是一樣的，也許現在他們不以此岸錢幣的方式在思考，但他們現在是以彼岸錢幣的方式在思考。也許他們不以在這裡有更好的房子的方式在思考，但是他們現在是以在天堂有更好的房子的方式在思考。也許他們不再有興趣在這個世界的東西，但是這又有什麼差別呢？他們仍然對東西有興趣；他們的動機仍然是貪婪的。

不要貪心。要慷慨！不要累積——要分享！那才是真正的放棄。那時，無論你在哪裡生活，無論你在做什麼事，不要為未來而活——要活在當下，為了當下。那時，你也許在做生意，但你就不是一個商人。

不要感到悲傷。事實上，沒有人跟我在一起需要感到悲傷。所有這一切我要求你的，根本不是要改變外在的東西，而是你內在的態度、方法、視野。

芬克爾為了一個重要的客戶，花了整個上午試圖在聯絡薩珀斯坦和夏皮羅。但是當他問到薩珀斯坦時，祕書告訴他，他出去了。當他問夏皮羅時，祕書告訴他，他在忙。他打了五次電話，最後他終於受夠了：「這是哪一種企業啊？」他對祕書生氣：「一個夥伴整個早上都在外面，另一個是一直在忙。這是怎麼回事？」

祕書道歉說：「對不起！芬克爾先生。你看，每當薩珀斯坦先生外出，他就聯絡夏皮羅先生辦事情。」

這是一個商人的頭腦。或者以下這個故事：

班尼當裁縫師好幾年了。到了他希望退休的時候，他的儲蓄賬戶是不太夠的。

「米莉亞，」他私下對他的妻子說：「我累了，我想要退休了，但是我不知道我們將來是否負擔得起我們的生活開銷。」

「別擔心，」米莉亞說：「我有很多錢。」她拿出了定期儲蓄的銀行存摺，在他們婚姻整整四十年裡儲蓄的。

「哪來的？」班尼驚奇地叫道。

「嗯，」米莉亞輕聲說：「在過去的四十年，每一次，我們做了愛，我就存五塊錢。」

班尼伸出胳膊摟住他的妻子，並衝動地哭出來：「哦，米莉亞！看在神的份上，妳早就應該告訴我。如果我早知道，我就會給妳我所有的生意。」

這是一個商人的頭腦。

做生意——那不是問題——但是不要變成一個商人。要想更大的東西，要想更高的東西，要想美、愛、真理、神。要想靜心、開悟。所有這些只會發生在當你不貪婪的時候，所有這些只會發生在當你在的那一刻，全然地在的那一刻。所有這些只會發生在當你放鬆的時候。

問題

敬愛的師父，謝謝你。

Gyan Bhakti，這是禱告。這是真實的桑雅士的開始，這是內在的點化，當你停止了思考而開始在感謝。如果你可以感謝，一切都會變得可能——甚至不可能也會變得可能。如果你可以感謝，那時門就打開了，它們只為那些活在感恩裡的人。

神給了祂的鑰匙，只有那些懂得感恩的人可以拿到。神的鑰匙保持不提供給那些只會抱怨的人，而所有的思考都是一種抱怨。

感謝是在一個人的靈魂裡最美麗的花朵。而且，Gyan Bhakti，我一直在看著你……慢慢慢慢地，芽被打開了，它正在變成一朵花。不久，你就會有翅膀。不久，你的整個生命會變成一種香味。不久，不只是開一朵花，而是好幾百萬朵花會在你的裡面盛開。

當一個花已經盛開的人，他很清楚知道，春天已經來了。

第19章 一個陌生的自己

據轉述，蘇菲師父亞伯拉罕（Ibrahim ibn Adham）有一天盤坐在林中的空地上，當兩個流浪的托缽僧走近他時，他對他們表達歡迎。他們談到有關靈性的事情，直到黃昏。

當夜幕降臨，亞伯拉罕邀請流浪者當他的客人一起吃飯。他們接受了，一桌最好的食物立刻出現在他們眼前。

「你成為托缽僧有多久了？」其中一個人問亞伯拉罕。「兩年了。」他說。

「我一直在蘇菲的道上走了將近三十年，還沒有達到像你展示給我們的這種能力，它昭示了真理本身。」那人說。

亞伯拉罕沒說什麼。

當用餐快結束時，一個穿著綠色長袍的陌生人進入林間空地。他坐下來並享用了某些食物。

所有的人由內在感官了解，這就是基德爾（Khidr）（編註：喻指人內在的靈魂），所有蘇菲們不死的指引。他們等著他傳授某些智慧給他們。

當基德爾站起來要離開時，他簡單地說：「你們兩個托缽僧對亞伯拉罕感到好奇，但是你們放棄了什麼而走向托缽僧這個道路呢？」

「你們放棄了安全和普通的生命，而亞伯拉罕曾經是一個偉大的國王，他扔掉了巴爾赫蘇丹國國王的位置變成蘇菲，這就是為什麼他遠遠領先你們。在你們放棄的這三十年裡，你們透過放棄而獲得了滿足，這就是你們得到的報酬。但亞伯拉罕對於他的犧牲，他總是避免宣稱他所付出的代價，他從來不去索取任何的報酬。」

而下一刻，基德爾就不見了。

宗教是視野的根本改變。它不僅是外觀的改變，它不僅是思想的改變——它是那個存在本身的改變。因此，它是根本的——根本的意味著根源的。

宗教不是一種翻新，它跟過去是不連接的，它是一個量子的飛躍。因此，它是一場革命，它不只是進化，你不會從無宗教成長為有宗教，你不可能成長，它根本不是成長。

成長意味著老舊的留下來——它不僅沒有消失：它已經變得被改善了。現在它是更複雜的，更文化的，更裝飾的。

宗教不是翻新。它是一個死亡，和一個重生。

亞伯拉罕是一個偉大的國王，宗教以死亡和重生來到他身上。有一天晚上，他只是在他的床上輾轉反側——就像有錢人、國王都必然會這樣，睡眠對他們而言是很困難的。睡眠是窮人的特權，只有窮人才可能負擔得起好睡眠，他們沒有什麼好擔心的。

亞伯拉罕是一個偉大的國王，有一千零一種擔憂總是在等待著他。他多年來一直患有失眠症，醫療一直沒有辦法有幫助。有一天，他突然聽到有人在宮殿的屋頂上行走。當然，他變得很害怕。國王是非常容易害怕的人，當你擁有，你必定害怕——失去的恐懼。那些沒有的人，也許無所畏懼；而那些擁有的人，他們怎麼可能無所畏懼？他變得害怕……也許某個敵人、某個間諜就在那裡。他大聲喊道：「誰在那裡？」

那個人笑了，笑的人既不是瘋子，也不是佛。因為只有兩種人能夠笑出那種聲音——那個笑聲來自於那個肚子，那個笑聲裡面沒有政治，沒有操縱。

一個孩子可能像那樣笑，或者瘋子，或者佛。亞伯拉罕更是被震撼到。他說：「你是誰在那裡？你為什麼在笑？回答這問題：你是誰在那裡？你在那裡做什麼？」

而陌生人說：「不要擔心，我遺失了我的駱駝，我在尋找牠。」

現在，駱駝並不是遺失在宮殿的屋頂上，牠們如何爬上那裡？「那個人必定是瘋了，完全瘋了。」亞伯拉罕呼來衛兵，告訴他們，抓住這個人，但是他們無法抓到他。他們拚命努力去找，但是他們沒有發現任何人，他消失了。就像他突然出現，現在他突然消失了。

國王無法入睡。他的其他擔心還在那裡，現在這又是一個新的擔心：「這個人是誰？他想要什麼？他為什麼笑？他的話語是一個困惑。」

第二天，當他坐在他朝廷的寶座上，他還在想著那個奇怪的笑聲。它是那樣的笑聲，你不可能輕易忘掉。它有著神祕的氛圍，它已經滲透並深入了亞伯拉罕的心。他有很多次甚至感到嫉妒——他不能夠有那種笑聲，那樣狂野的、自發的笑聲。而那個人在開玩笑嗎？

然後突然間，他聽到同樣的聲音在大門出現。一個正在跟大門的衛兵爭吵的人，那聲音一模一樣。那個人以非常權威的方式在說：「我想待在這間房子裡——這是一個小客棧。」而衛兵試圖說服他：「這不是一個小客棧——這是國王的皇宮，他的個人住所！」

但是那個人堅持，而他那樣大聲的講話，連國王都聽得到發生了什麼事。那人在說：「這是個小宮殿？不要試圖愚弄我！」

國王命令衛兵：「把那個人帶進來。也許他是夜裡在屋頂上尋找他的駱駝的那個人，現在他稱呼我的宮殿、我個人的住所為小客棧。把他帶進來。」

那個人被帶進來了。不僅他的聲音宏亮有權威，他的笑聲像瘋子或佛的聲音——他的存在是發光的，明亮的。他的眼睛燃燒著某種未知的東西，他不是普通的人。他走進來的樣子，亞伯拉罕感覺：「他比我看起來更像是一個國王——他的優雅，他的高尚。」而他是一個乞丐！他的衣服是補補縫縫的，但那些衣服裡面是一個光芒四射的存在。神聖的東西！非常罕見。國王感到非常敬畏。

他結巴著。他說：「為什麼？你對我的衛兵說了什麼？你怎麼能夠說這是一個小客棧，這不是！這是我的房子，你是瘋了還是怎麼了？」

那個人又笑了起來，同樣的笑聲，他說：「你在胡亂說什麼？這是一個小客棧——因為我之前也來過一次，在這個寶座，同樣的寶座。我看到了某個別人，而他也說這是他個人的住所。那個人在哪裡？」

亞伯拉罕說：「你一定是瘋了——他是我的父親。現在他死了，我繼承他的王國和他的宮殿。」

那個人說：「但是我不只來過這裡一次，甚至在那之前，也有另一個人，他也聲稱這是他個人的房子，我已經來過很多次了，我總是能夠發現新的人在聲稱。」

亞伯拉罕說：「那是我的祖父。」但是現在亞伯拉罕能感覺到這個人的說法中有某些的真理，他試圖在展示什麼。

那個人又笑了，他說：「你仍然說這是你個人的房子，你個人的住所？人持續在改變……有一天我來了，我發現A，另一天我來了，我發現B；今天我來了，我發現C。而明天，我對你說，我會來，而你不會在這裡！那就是為什麼我說這是一個小客棧。」

事實是那麼清楚，亞伯拉罕的存在被轉化了。他跪拜在那個乞丐的面前說：「你留在小客棧——我要離開了，我放棄這一切了。一旦我了解，這是一個小客棧，那我還在這裡幹什麼？那時我必須尋找我的家，所以我要繼續我的追尋，你可以留在這裡，而且我很感謝你。」

這就是宗教如何來到亞伯拉罕身上的故事；他再也沒有回頭。他只是走出了皇宮，走出了首都，走出了他的王國，再也沒有回頭。這不是一個算計、聰明、狡猾的放棄；它不是出自頭腦的放棄。它是存在的。它不是因為：除非你放棄俗世，否則你不會找到神。不是，沒有邏輯在它裡面，它不是一個算計。所有算計都是狡猾的，而你不可能用你的狡猾達到神。

算計是算術、邏輯，但它不是愛。到達神的門不是邏輯而是愛。算計是頭腦，而頭腦是障礙。你是被你的頭腦從神斷開的，你無法透過它連接，人必須放棄它。人必須遽然地，而不是逐漸地放棄它。當你逐漸地放棄它，你就還沒有信服存在。

當你在路上遇到蛇，你不會漸漸地離開——你會馬上跳開！這是一個存在的問題。你不用經過哲學思考：「如何跳？向誰請教？遵循哪些經文？哪些地圖會是有幫助的？」不用——你就是跳開！你不給頭腦運作的時刻。你自發地、全然地跳開。當動作是全然的，它是革命性的。當動作是自發的，它是宗教性的——那時它是革命，那時它是視野的根本轉化。

當你的房子著火了，你會馬上從它跑出來！你不會想一想有什麼好處和壞處。你不會算計，你忘了所有的形式、禮儀。你也許在洗澡，你也許赤裸著，而如果房子著火了，你將會裸體從房子裡立刻跑出來，你沒有時間算計。

頭腦需要時間，自發性是沒有時間的。宗教是一個沒有時間的轉化。

這是你要了解的第一件事：宗教不是一個外在景觀的改變，而是內在景象的改變。這是一種全新的方式，一種絕對新的方式。這是重生。這不是你哲學的變化；你愚蠢的哲學沒有任何意義。宗教根本不是哲學。宗教是絕對非哲學的。它不去想到真理：它活著真理。

哲學是一個徒勞的操練。法國哲學家尚－保羅．沙特(Jean-Paul Sartre)曾說：「人是一個無用的激情。」我不同意。人不是無用的激情，哲學才是。哲學是無用的激情。

我聽說過：

有一個人參觀了他著名的哲學家朋友的房子，他注意到牆壁上一個美麗的畫框，但是沒有畫作在那裡面。

他問他的哲學家朋友：「這個畫框裡只有空白的畫布是什麼意思？」

哲學家說：「哦，那是埃及人追逐以色列人穿越紅海的一張非常特殊的畫作。」

那個人抓著他的頭：「但是我真的不明白，這個畫作裡的紅海在哪裡？」

「那個海水已經分開了，得以讓以色列人通過，」他的朋友說。

「是嗎？好吧！那麼，只是以色列人在哪裡？」

「他們已經通過到達海的另一邊。」

「哦，好，我明白。那在追逐以色列人的埃及人在哪裡？」

「啊哈！」朋友回答說：「他們還沒有到達！」

哲學只是一張空白的畫布。你可以在它上面想像一千零一件東西，但是實際上它沒有任何東西。你可以想像神、地獄、天堂；你可以想像一千零一件東西。這全都是想像，這都是白日夢。而且你為了任何你想說的東西，你可以找到任何理由、爭論、證明。你甚至能讓人們對你的論點無話可說，但哲學保持是徒勞的操練。

宗教是存在的，它是非哲學的。它不是想像著神；它是在經驗神。它跟關於什麼和什麼無關。它的做法是直接的，它不去兜圈子。它只是簡單地直擊目標，它的移動就像是一支箭，筆直而入。

耶穌對他的門徒說：「直而窄是我的方式。」直……兩點之間最短的距離——那就是「直」的意思。哲學是曲折的，兩點之間最長的距離——那就是哲學。宗教是兩點之間最短的距離，直線，絕對的直。它不浪費單一片刻在不必要的事情上。

並且它是窄的。為什麼要窄？因為只有一個人可以在上面行走，宗教是絕對個人的。你不能帶你的妻子跟著你，或是你的孩子跟著你。你不能在群眾裡移動，因此群眾從來不是宗教性的。你可以稱這些群眾印度教、伊斯蘭教、基督教——群眾從來不是宗教性的。群眾的那個心理是政治性的，它從來不是宗教性的。只有個體才是宗教性的。

佛陀是宗教性的，但佛教徒不是。克里希那是宗教性的，但印度教徒不是。基督是宗教性的，但基督教徒不是。那麼什麼是基督教徒？他們是以宗教的名義建立的一個政治性的機構。

群眾頭腦總是建立在政治的，它是野心的、模仿的、平庸的。

有宗教性的人他單獨行動。他不是一隻羊：他是一頭獅子。他單獨行動，因此路徑是筆直和狹窄的。你不能有你的朋友跟著你，你在你的存在走得越深，你就越單獨。當你到達你存在的最內在核心，你會單獨在那裡。絕對的單獨，在那裡甚至沒有神——你會是神……。在那裡你的那個存在會產生這個感覺：我就是神，我就是真理——我就是真實。

神從來不以一個客體被遇到。你會在你的主體中心發現祂，那個路徑真的是狹窄的。

卡比爾曾說：PREM GALI ATI SANKARI，TAMAI DO NA SAMAYA——愛的路徑非常狹窄，它不可能包含兩個。戀人變成一體。如果有愛，他們變成一體。如果沒有愛，他們保持兩個。

到達神的路徑就是愛。到達神的路徑不是頭腦、邏輯、論證、哲學。它是直覺的，它是內心的。

你可以改變你的哲理，但是它不會改變你，你將保持一樣。我見過基督教徒變成印度教徒，印度教徒變成基督教徒，我根本沒有看到任何改變。你可以去教堂，或去寺廟，或去錫克教廟宇古魯瓦拉——在你裡面怎麼會改變呢？這個去的人保持一樣。教會改變了，建築物的結構是不同的，但是去教堂或去寺廟的頭腦是一樣的。你跪拜克里希那，或者你跪拜馬哈維亞——馬哈維亞和克里希那是無關緊要的。一個在跪拜的人，他的頭腦就是問題。

那就是為什麼我說宗教不是外觀的改變，而是一個內在洞察的革命。

一個貿易商山姆·科恩從紐約南下進入一個窮鄉僻壤的小鎮。他似乎做得還不錯，但是隨後在大約四月份開始，銷售很明顯開始放緩。

山姆·科恩想了又想關於生意下降的原因。突然間，他意識到，當他走在大街上，每個間隔的建築物，都有一個復活節的牌子掛在前面，所有的窗戶都特別為了這個節慶而裝飾。

山姆左右為難。他是一個猶太教人——憑良心講，他怎麼可能去慶祝復活節？他整夜思考著。隔天早上，他起床後，臉上光彩洋溢，他想出了解決方案。

那天下午，科恩的商店也掛上了一個復活節的牌子。上面寫著：「基督復活了，而科恩的價格保持一樣。」

從表面上看，你可以更改一千零一件東西……但科恩的價格是一樣的。基督可能復活了——那不是科恩的事，他的價格保持一樣。觀察你自己的生命。你的思想上也改變了很多次——但是你真的改變了嗎？對你有任何根本的改變發生嗎？不要持續在改變形式！那只是一個假裝和欺騙。記住，你不是在欺騙別人——你只是在欺騙自己。

變成亞伯拉罕，變得像亞伯拉罕的一個人。突然間……他看到要點，而要點一直以那種方式被看到。當然，它需要勇氣，它需要膽量。那就是為什麼我說宗教不是給懦夫的——它是給勇者的。

這個人必定有極大的勇氣，他證明了他是一個國王，他證明了他不是一個普通人。他證明了他是有智慧的，智慧總是反應很快，智慧可以立刻看到東西。只有平庸的頭腦持續想了又想，而從來沒有任何結論。即使他們作出結論，那些結論仍然是頭腦的——他們從來不改變自己的存在。他們停留在表面，他們從來不改變自己的基礎。

我聽說過一個很古老的故事：

有一個很大的教堂。那個教堂已經很老舊了，它正在崩塌下陷。它必須從每個側邊被支撐著，而且雨水會滲進來。那些經常去教堂的人都非常害怕，甚至於要進入它都讓他們害怕——它可能隨時會崩塌，它是那麼古老。只要一陣強風，它就會震動和搖晃。

但是他們對它非常固執，就像人們總是對老舊的東西固執——懷舊、往日，金色的往日。人們對腐壞，對亡者，對老人都非常眷戀。因此他們保有爛的、死的、老的東西。人們對過去非常眷戀，那就是為什麼他們活得不真實——他們已經在他們的墳墓裡了。

但是現在某些事情必須要改變，因為作禮拜的人已經不來了。信徒們開了會議，當然，不是在教堂裡面——而是在外面，遠離教堂，在一棵樹下，他們開會。很無奈地，他們通過了四項決議：「第一項決議，我們決定——非常無奈，違反我們的意願——因為古老的教堂必須被拆除。第二項決議——一致通過，那也是非常無奈——我們通過，必須建築新的教堂。第三項——也是一致通過——我們將建構一座和老教堂一樣的新教堂；事實上，我們將會使用老教堂的所有材料去重建新教堂，所有老教堂的磚塊、門、窗和玻璃都將被使用在新的教堂。我們將使它從舊的翻新，我們將把它擺在完全相同的位置。而第四項決議——那也是一致通過——直到新的教堂落成，我們不會拆除舊的。」

這就是人們如何生活的——一個沉悶、平庸的生活，一個污穢、沒有活力的存在，人們總是害怕改變。宗教需要勇氣，因為它是改革，它是革命。所有其他的革命都被稱為革命——它們不是，因為它們都是膚淺的。共產主義、社會主義、法西斯主義——所有其他的革命都是膚淺的。他們不觸及人的內在品質，他們讓人保持是一樣的：像以前一樣嫉妒，像以前一樣占有，像以前一樣無知，像以前一樣笨拙……他們根本不觸及人的本質。他們只是改變外在的世界。

真正的革命是宗教的，因為它改變了人們的內在——它改變意識。但為了那個，勇氣是需要的。人必須是一個有膽識的人，像亞伯拉罕一樣的人。

第二：宗教是一切自我的放棄。它不是真的放棄這個世界：它是對自我創造的世界放棄。人們一直有一個很大的誤解，以為有宗教性的人必須放棄這個世界。你怎麼可能放棄這個世界？無論你在哪裡，你將都在這個世界上——在市場或在山上。你怎麼可能放棄這個世界？你不可能走出它的。你是誰去放棄它？這是神的世界。祂創造了它——你怎麼可能放棄它呢？你是誰？

你不是它的主人。你只能放棄你的自我的那個世界。

我聽說過：

一個滿月的夜晚，兩個嬉皮坐在一棵大樹下，飄飄欲仙。在滿月的夜晚……其中一個嬉皮看著月亮說：「我想購買這個美麗的東西。」

另一個說：「但是我不願意賣掉它，所以忘了一切關於它吧！」

你怎麼可能放棄這個世界？它是你的嗎？只要看到放棄世界的那個想法的愚蠢。所有可以放棄的是你的自我所創造出來的世界。你不可能放棄這個世界，但是你可以放棄「占有」這個想法，你只能放棄這個錯誤的自我之旅。

宗教是對虛假的放棄，放棄那些根本不存在的——自我、知識、偏見、期待、欲望。是的，所有這些東西才是宗教應該放棄的——這些是你的產物——但不是這個世界的放棄。不是樹木和人們，月亮和太陽的放棄。你是誰去放棄它們？你只能夠放棄你夢想的東西，你只能夠放棄虛幻。你只能夠放棄你的幻覺，而這些都是你的幻覺——偏見、理論、教條、思想、意見、欲望。這些都是你的產物——等等、等等、等等……

我聽說過：

曾經解放過五個國家的解放者西蒙・玻利瓦爾（Simon Bolivar）是一個大膽勇敢的人，南美洲的人民愛戴他。

在一個競選活動中，玻利瓦爾計畫借宿在附近的一個小鎮。軍事助理提前送出一個通知給那個城鎮的飯店老闆，請他為他的領導人保留「一間含有特殊的住宿、食物、等等、等等、等等的房間」。

入夜了，玻利瓦爾去到了飯店，他被招待一份特別的餐點。之後，飯店老闆接待這個偉大的解放者到他們最好的房間，而玻利瓦爾表示他很高興。

然後，玻利瓦爾被領進另一個房間——在裡面坐著三個美麗的裸女。玻利瓦爾轉向飯店的主人，問這些女孩是誰。

「這些小姐？」飯店老闆說：「她們就是那三個『等等』。」

所以，請不要誤會我的等等、等等、等等。我使用等等，因為每個頭腦都在編造自己的虛幻世界。有人活在貪婪之中，有人活在憤怒之中，有人活在激情之中。有人對性沒有欲望，但是追逐錢財而發瘋，錢財是他的性的激情。有人活著只是去愛人們——他的愛是為了人們——而有些人的愛只是為了某些東西，這是一種變態。

當有頭腦時，這個世界就會有很多變態的事發生，那就是為什麼我在說等等、等等、等等……。每個頭腦都在編造、隱蔽自己的夢幻世界。而所有那個放棄它的意思，就是要保持清醒而不再做夢。

那就是為什麼亞伯拉罕沒有回頭。他從來不談到它，他從不宣稱他拋棄了王國——在他的一生中從來沒有，這才是真正的放棄。如果在你放棄某個東西以後，你宣稱你已經放棄了，那時這不是真正的放棄——你還在執著；你仍然緊握這個想法：它曾經是你的，而你已經放棄它了，你已經為神幫了某些大忙。

亞伯拉罕從來不談到它。他搬到乞丐當中；他活得像一個乞丐。沒有人知道他曾經是一個國王。一旦放棄，如果放棄是出於了解，你就不會再提到它——它已經完結了！沒有什麼可以再提的。它是一個夢！早上你醒來，你不再持續談到你的夢。它們都被忘掉了，他醒過來了。

是誰走在屋頂而突然消失呢？是誰在跟衛兵爭鬥，想要留在小客棧，並堅稱「這不是一座宮殿」呢？蘇菲對他有一個特殊的名字——他們稱呼他基德爾（Khidr）。基德爾只是意味著你的內在指引；它不是一個外在的事物。這不是指一個外在的人——它是你自己內心微小的聲音。如果你靜默，你會聽到它。如果你誠實，你會聽到它。如果你真誠，你就不可能錯過它。

亞伯拉罕是一個真誠的人，一個很誠實的人，他試圖盡可能真實地去生活。它是他自己內在的聲音！這只是一個比喻——因為當內在第一次對你說話，它就好像是外在的人一樣。

外在的師父只是協助你看到內在，那樣而已。外在的師父只是一面鏡子，這樣你就可以看到你的內在。外在師父的功能只能當做一種催化劑——聽到他的聲音，看到他的存在，活在他的存在，你的某個東西被觸發，慢慢慢慢地，你內在的師父將會占有你。

真正的師父——完美的師父——永遠不會使你依賴他。如果任何師父使人依賴，如果任何師父在人們之中創造出依賴，他就不是真正的師父，他是一個剝削者；他試圖以宗教的名義主宰你。他試圖奴役你；他是一個獄卒——他不可能給你自由。他將依賴你，凡是想要你依賴他的人，他依賴著你，記住。主人是他自己的奴隸，而擁有東西的人是被他的東西所擁有。只有一個不需要你的人，他才不會依賴你，他可以幫助你變成獨立的——這是一個真正的師父的功能。

就在前幾天，有人要求：「我需要師父。」我告訴他，他可能甚至感到受傷了：「你也許有師父的需求，但是我沒有任何門徒的需求。」他可能感到受傷了；他可能誤解它了。

有人寫了一封信給我說：「奧修，你對人太嚴苛了！」我不是，我只是在說實話。有時真理是苦的，如果我需要門徒，那時我就不能讓你獨立；那時我會使你越來越依賴我——你是我的需要。不，我不需要你！我在這裡的整個功能就是幫助你變成你自己。

我的整個功能就是當你的催化劑。你現在還不能夠聯繫到你自己內在的基德爾，你自己內在的指引。我跟我自己內在的指引聯繫著，跟我在一起，你可以了解它的訣竅，一旦你學會了它的訣竅，你會驚訝地發現：我的聲音跟你內在師父的聲音是一樣的。

就在前幾天，Maneesha問了一個問題：如何知道一個桑雅生是否是一個真正的桑雅生？這是了解的路徑——慢慢慢慢地，當你開始感覺它，那個你內在的聲音，那時你是一個真正的門徒。慢慢地，當我的聲音和你內在的聲音不再分開了……也許你還不能聽到它，或者你只是以一個模糊的方式聽到它，或者你只是透過一個黑幕看到它，但是當我展示它給你，突然你就變得清晰了，那時它不再模糊，那時黑幕就被移除了。

當你開始感覺我和你之間的同步，你會開始知道你是否是真正的門徒。當你跟師父有一個很好的交流，那時你就會越來越接靠近。你會變得越來越真實。

在最終的那個點，師父和門徒之間沒有任何差異。一點也沒有！師父所說的東西就是門徒要說的東西，師父可能更善於表達——他在。他唱的歌，門徒也聽到了，但是他還不能夠唱出它。它是一個遙遠的音樂，而在師父唱它的那一刻，它就越來越接近。它每天都在發生。

那就是為什麼我持續在對你說話。它不是傳授知識，不是，根本不是。它只是去觸發使你內在的指引開始運作。那時你會驚訝地發現：你問了問題，你也立刻有了答案。當我給你答案，你會驚訝地發現——它完全是一樣的，就像你聽到過它。慢慢慢慢地，你會發現你變得越來越真實，越來越是一個桑雅生，越來越是一個門徒。沒有外在準則；它是一個內在的過程。而你無法評斷其他人，你可以評斷的只有你自己。並且繼續每天評斷你自己，你的進展是否更接近了。

當師父的聲音是你的聲音，那時你就到家了。那時你是跟你內在的師父同調。那個內在的師父，蘇菲稱之為基德爾。

這是基德爾走在屋頂上。這是基德爾在敲門並且堅持的。

第三，在我們進入這個美麗的故事前：宗教是無辜的，它是信任。它是一個對整體的信任，在整體裡的善良。它是一個無為，它是降服。當亞伯拉罕搬出他宮殿的那一刻，他活在一個降服的生活裡。現在他不知道要去哪裡，要做什麼。現在他沒有他自己的想法——沒有方向，沒有欲望，現在他完全在神的手裡。

這是作為一個蘇菲必要的：在神的手裡。

穆罕默德時常分配所有他的門徒送給他的禮物——每次到了晚上，他就開始分配所有的一切，那是他一生都在做的事。但是在他臨死前的一個晚上，他的妻子非常害怕、憂慮：「也許在半夜，醫師必須被叫來，或某些藥物必須被購買……」只要五盧比——她私下保存著。

就在這個半夜，穆罕默德在他的生活裡從來不曾這麼煩躁過，他變得非常不安。妻子說：「我們應該叫醫生？」

他說：「這不是醫生的問題，這似乎是某個錯的東西發生在我身上；某個以前不曾有過的東西，某個新的東西！它是什麼？我無法弄清楚它，妳知不知道呢？」

妻子感到內疚——她存了五盧比。她說：「只有一件東西：我存了五盧比，為了預防萬一在深夜裡我們需要它。」

穆罕默德說：「那麼，這必定就是那個，妳只要走出去，給別人那五盧比。」

但是她說：「在半夜，有誰會在外面？在半夜，不會有乞丐。」

穆罕默德說：「妳只要去！信任祂。」

她走了出去……而一個乞丐就站在那裡。他說：「我迷路了。我要到某個城鎮去，而我進到了這個陌生的地方，我沒有地方可住，我沒有錢買食物，我已經餓了三天了，妳能幫助我嗎？」

她把那五盧比給了這個人。她走了進來，穆罕默德說：「妳看？如果一個人可以在半夜來拿走五盧比，如果我們有需要，祂就會派人把錢給我們——妳不用擔心。妳懷疑，妳不信任——那就是我的不安。」

他再次變得平靜。他用毯子蓋住了他的臉，據說他立刻離開了身體，在完全的靜默裡，在完全的恩典裡。那個小東西就是障礙……某些來自他和神之間的東西。

蘇菲是基於信任。亞伯拉罕離開皇宮，他信任神，依照祂生活。無論祂引導他到哪裡，他就去；任何祂想要的，他就做。他靠他自己消失了，這是一個宗教性的人必須如此的。人必須靠自己來消失，當你不在的那一刻，神就占有你。

你是苦難的，而神是幸福的。你是空虛的，神是豐腴的。除非你完全消失了，否則你會保持是空虛的。除非你完全消失了，否則你會保持是苦難的。你的存在是苦難的：你的不在是在蘇菲的路徑上所需要的——他們稱呼它FANA。消失！不在：讓神在。

現在，這個美麗的寓言：

據轉述，蘇菲師父亞伯拉罕有一天盤坐在林中的空地上，當兩個流浪的托缽僧走近他時，他對他們表達歡迎。他們談到有關靈性的事情，直到黃昏。

第一件事：蘇菲總是在坐著的狀態——甚至當他在走路，甚至當他在跑步，他的內在總是在坐著的狀態，禪宗的人稱之為「在禪裡坐著」，他們所謂的「坐禪」——只是坐著，什麼事也不做。春天來了，草木自己生長。

蘇菲的整個努力就是不移動——不在欲望裡移動，因為那是真正的移動。首先欲望移動，或你移動在欲望裡，然後其他跟著移動。蘇菲坐著；內心深處，他總是坐著。甚至在走路的同時，他不去任何地方。他在做神的工作，但在他自己的存在，他只是在打坐靜心。他沒有欲望做任何移動，沒有努力要去變成任何東西——那就是坐著的意思。他不試圖變得更富有；他不試圖變得更虔誠，他也不試圖變得更具宗教性的，他不試圖變得更苦行的，他不試圖做任何事情。他只是放鬆在他的存在——那就是坐著。

它是一種特殊的狀態。每當你來見真正具有宗教性的人時，你會發現它。甚至走路時，他的內在也保持是靜止的。甚至說話時，他的內在是保持靜默的。這是具有宗教性的人的狀態。在吃，他沒在吃。在睡覺，他沒在睡覺……這些事情繼續只在表面，在外圍，而他的中心沒有任何東西曾經發生。在中心它始終是相同的。

據轉述，蘇菲師父亞伯拉罕有一天盤坐在林中的空地上，當兩個流浪的托缽僧走近他時，他對他們表達歡迎……

蘇菲對一切都是歡迎的，他的心始終在歡迎的狀態。他不知道其他別的；他只知道歡迎，因為他只知道有神來臨。形式也許有好幾百萬種，但那些形式都是神來找你。祂可能來時像一陣微風，像一陣雨，像一朵花的香味；或祂可能以一個人來，或祂可能以白天或晚上，以夏天、以冬天來，但它總是神的來到，因為沒有其他人。因此蘇菲始終保持在歡迎的狀態。

他對他們表達歡迎。他們談到有關靈性的事情，直到黃昏。

這就是撒桑。當蘇菲們相會時，他們談到神，他們談到愛，他們談到禱告——他們創造一個環境，他們創造某一種氛圍。當你們相遇，你們也談話，你們也創造了某種氛圍——但你們談論人們的八卦，你們譴責人們，你們談論政治——你們談論那些沒用的東西。而且當然，無論你們交談什麼，那就創造了你們。既毒害了你們，也滋養了你們。

你們所有的交談都是在毒害。要觀照：當你跟人們見面時，注意觀照你們在談的是什麼？記住，只要談更高的東西，談那個可以變成滋養的東西；談到神性的東西，談到超越的東西。它們會創造某種氛圍在你周圍；它們會創造某種能量在你的周圍，而無論你們在談什麼，在聽什麼，你就會變成那個。慢慢地，它就會變成一個轉化的力量。

所以，當蘇菲們相會，當奉獻者相遇，他們都談到神。其他的事都不重要，所有其他的都是幼稚的。一個成熟的人只會談更高價值的東西——好的、真的、美的。他們唱歌，給神的愛的瘋狂的歌。他們從彼此的存在對飲而變得陶醉。他們彼此相互幫忙，這是有極大價值的。

當有幾個人圍坐在一起，分享他們的內在體驗，他們開始騎在對方的波浪上；潮汐波浪被產生了，他們變成彼此的互補。你也許錯過了某些東西；它可能發生在某個人身上——他的洞見可能會給你帶來光。你可能一直在做錯的事，而別人做了其他的事，它幫助了你，它奏效了。

這件事對我的門徒也是一樣。停止談論世間的事，那些電影明星和政客——這是更糟糕的。不要談論八卦，要討論福音。靜心想耶穌說過的話，佛陀說過的話。述說這些奇怪的訪客在地球上的故事，談到這些奇怪的意識上的革命。談佛陀和克里希那和穆罕默德和老子和查拉圖斯特拉，你們將會是非常豐富的。

要創造一個靈性的氛圍。

當夜幕降臨，亞伯拉罕邀請了流浪者當他的客人一起吃飯。他們接受了，一桌最好的食物立刻出現在他們眼前。

記住，這是一個比喻。這是一個簡單的導引，神關心那些對祂信任的人——只是這樣。不要從字面上去了解它。當你開始從字面上了解，很大的誤解會出現，然後你就會變得去關心那些毫無意義的事：耶穌是否在水面上行走；他是否從水製造出酒；他是否使病人變得健康；他是否叫拉撒路到他的墳墓去叫醒他……你變得有興趣這些蠢事，這些都只是比喻。

耶穌當然可以使人們更完整和健康的——他把眼睛給了那些沒有的人，他把耳朵給了那些從來沒在聽的人。他當然幫助人們復甦，幫助人們走出他們的墳墓——那就是每個人在生活的地方。這不只是拉撒路的問題：你也是在同樣的處境，你也住在一個墳墓裡。他當然使死去的人們復活。但這些都是比喻！

他幫助人們聽，並且聽到，他幫助人們看到靈性的東西，看到那些無形的。如果有什麼值得看到的，那就是神。那些還沒有見過神的人，他們都是盲目的。如果有什麼值得聽到的，那就是佛陀或老子——那些還沒有聽過佛陀的人，他們都是耳聾的。真正的存在，它是從一個片刻到另一個片刻活在信任裡，在愛裡，在喜悅裡，在慶祝裡，在祈禱裡，在感恩裡。

簡單地說：生活意味著活在神性裡——自覺、全然。而那些不是那樣生活的人，他們都是僵死的，他們比死了更糟糕！因為他們以為他們還活著，而他們並不是真正的活著，他們甚至還沒有出生。他們只是種子，有潛力，但不是真實的。一個耶穌必須對他們發生，一個師父必須對他們發生，只有這樣，他們才會落入土壤裡。一個園丁是需要的——只有這樣，這顆種子才會死亡然後重生長成一棵樹。然後就會有極大的喜悅、極大的盛開和極大的達成。

所以永遠不要變成只是看字面的。關於宗教，那是一種危險，人們只從字面了解它。那些追隨者、信徒們只從字面了解它，而那些反對的人，他們也從字面上了解它，兩者都是一樣的。我一再堅持：永遠不要從字面上了解宗教的比喻——它們遠比字面上的事實更加真實。永遠要記得：事實沒有什麼——真理是更為深奧的。真理在那裡……例如，在這個故事：

當夜幕降臨，亞伯拉罕邀請流浪者當他的客人一起吃飯。他們接受了，一桌最好的食物立刻出現在他們眼前。

亞伯拉罕不是魔術師。這個立刻出現最好的食物是什麼意思？它不是一個事實：它是一個真理，一個隱喻。是的，神只眷顧那些放鬆自己的人；神只眷顧那些保持無為的人。

食物只是滋養的象徵：神是一位母親，照顧那些放棄了他們自我的人，那些再次變得像小孩的人——那時神就照顧。存在不是對你漠不關心，如果你信任存在，存在會照顧你無微不至。

這就是真理！而這個道理必須以人們可以了解的方式被告知。因此，真理一直穿著比喻的外衣。比喻可以被記住，人們喜愛故事，人們相互傳誦故事；即使孩子們也能了解它們。它們有多種層次的意義，孩子們能了解它們，甚至最聰明的智者也未必能完全地了解它們。這是一個比喻的美，每個人都可以以自己存在的水準了解它。

神是滋養，神是眷顧，神是母愛。

「你成為托缽僧有多久了？」其中一個人問亞伯拉罕。

這是一個錯誤的問題，它象徵著一種錯誤的想法。宗教不是一個時間的問題，不是「多久」

的問題——它是深度的問題。有多強烈、多深刻的問題。它可以發生在單一片刻，它也可能不會發生在好幾世紀或好幾世。時間是無關緊要的。

看看這個錯誤的問題：

「你成為托缽僧有多久了？」

愚蠢的人總是對錯誤的東西留下深刻的印象。他們錯過了重點——他們錯過了信任的重點。他們帶來了時間的問題，信任跟時間有什麼關係？

這是我的觀察。我一直在觀察好幾千個來自世界各地的求道者。有人來了，並且在某一個片刻就有轉化，有些人留下來好幾年，但持續保持不變。

這不是時間的問題，永遠不要以時間來思考，要以強度、全然來思考。時間再次是一個頭腦的問題，對於心，它是不知道時間的，對於心，它只知道此刻。只有頭腦知道時間：過去、未來……。

「你成為托缽僧有多久了？」其中一個人問亞伯拉罕。「兩年了。」他說。

這是一個象徵性的回答。蘇菲談到兩步，只要兩步就到達終極。人必須以求道者踏出第一步，另一步是由神本身來做，所以對你只要一步。如果你走出一步，另一步是由神來做。而人必須踏出的第一步要做什麼？人必須臣服，僅僅如此。沒有操練的需要，沒有努力的需要——因為所有的努力都是自我的。

那就是為什麼你會發現人們很有紀律或很有道德，做這個做那個，禁食和禁慾，去到了深山和洞穴，似乎是宗教性地生活著——但你會發現一個巨大的自我在這樣的人們裡面，他們的謙虛是假的，真正的謙虛從來不會出於這些操練。

只要一步就夠了。突然了解：「我是整體的一部分——為什麼我在爭鬥？我來自整體——為什麼我在爭鬥？我會再回去整體——為什麼我在爭鬥？我是海洋裡的一個波浪——為什麼我應該跟海洋爭鬥？有什麼意義？海洋收養我，最後我會回到海洋，消失在它裡面。所以為什麼要擔心呢？」

為什麼奮鬥？為什麼帶你的意志進入它？降服、放鬆……跟海洋在一起，隨著它流動。這是單一的步驟，一旦你踏出了這一步，另一步就由神以祂的步調來做。神來臨，只有當你在徹底放鬆時。

亞伯拉罕象徵性地說：「兩年。」

「我一直在蘇菲的道上走了將近三十年，還沒有達到像你展示給我們的這種能力，它昭示了真理本身。」那人說。

他在培育、遵循路徑，為時三十年。一個漫長的旅程。當然，期待在那裡：「現在事情應該發生了，而這個人只遵循了兩年就達到了！」

這看起來不公平。

我喜愛這個古印度的故事：

偉大的印度神祕家拿拉達(Narada)將要去見神。他彈奏著他的七弦琴經過一個森林，他遇到一個非常老的聖人坐在一棵大樹下。

老聖人對拿拉達說：「你要去見神——請為我問一個問題，我已經做了種種努力有三世了，現在，還需要多久？我必須還要等待多久？何時我的解脫才會發生？你幫我問問祂！」

拿拉達笑著說：「好吧。」

當他往前走，就在旁邊，在樹下，一個年輕人在跳舞，彈著他的雙弦琴，唱歌、跳舞——非常年輕，可能只有三十歲。拿拉達開玩笑地問年輕人：「你也有任何問題想要問神嗎？——我將要去見神。那個老人，你的鄰居，已經問了。」

這個年輕人沒有回答。他繼續著他的舞蹈——就好像他根本沒有聽到，就好像他根本不存在。

過了幾天，拿拉達回來了。他告訴老人：「我問過神了，祂說還要三世。」

這個老人正拿著他的念珠在唸著。他甩掉了念珠，他很憤怒。他扔掉他一直保存在他身邊的經文，他說：「這絕對是不公平的！還要三世？」

拿拉達走向還在跳舞的年輕人，他說：「雖然你沒有回答，你沒有問，但我只是順便也為你問了神。不過現在我害怕是否要告訴你？我看到了那個老人的憤怒，我在猶豫。」

年輕人沒有說什麼；他繼續跳舞。拿拉達告訴他：「神說：『告訴那個年輕人，他將必須被出生很多次，就像他在跳舞的那棵樹上的葉子那麼多次。』」

而年輕人開始更狂喜地跳著舞，他說：「這麼快啊！世界上有這麼多樹木，有這麼多樹葉……而只有這棵樹這麼多？只有這些葉子？只有這些世而已？我已經得到了！當你下次去，感謝祂。」

據說這個人在那個片刻就成道了。那個片刻，他解脫了！如果有這樣全然的信任，時間是不需要的。如果沒有信任，那麼即使三世，也是不夠的。而我的感覺是，那個老人必定還在印度普那的某個地方！他不可能得到解脫的，甚至三世也不可能。這樣的頭腦無法得到解脫的，這樣的頭腦就是在地獄。

「我一直在蘇菲的道上走了將近三十年，還沒有達到像你展示給我們的這種能力，它昭示了真理本身。」那人說。

關於這些事情沒有什麼可以說的。真正的求道者是靜默的。真正的求道者只是默默地感謝。他不會要求任何東西；他不能吹噓它。亞伯拉罕不說一個字。

> 當用餐快結束時，一個穿著綠色長袍的陌生人進入林間空地。他坐下來並享用了某些食物。

基德爾被稱為陌生人。它是你內在的靈魂，但是你已經變得對它那麼疏遠，它已變成陌生人。這些對你才是陌生人的人已經變成你的妻子、朋友、丈夫、兒子、女兒、兄弟、姊妹，而真實的人在你裡面已經變成陌生人，一切都混亂了。你不知道你自己是誰，而你知道其他一切。你知道世界上很多事，但你對自己並不熟悉。因此，基德爾被稱為陌生人。

當第一次你內在的指引對你說話，你將無法相信它是從你而來！你會以為它是從別的地方來的。那就是為什麼神祕家認為神是從白雲、從天空說話。祂總是從你最內在的核心說話，但是你已經離開你自己這麼遠，以至於祂看來好像是陌生人。

在現實裡，你對自己已經變成陌生人。

蘇菲說基德爾是一個陌生人，而蘇菲選擇了綠色，所以基德爾穿著綠色的長袍。就像在印度，我們選擇了赭石、橙色當做桑雅士的顏色，蘇菲選擇了綠色當做他們桑雅士的顏色。兩者都是美麗的，兩者都有重要意義。

綠色是樹木的顏色，紅色是花的顏色。在印度，我們看到了最終的開花，並選擇了最終的顏色。蘇菲們看到了眼前、樹木的顏色而選擇了它。但在最後的了解裡，眼前就是最終，而最終就是眼前——因為在綠色裡藏著紅色，紅色不過是綠色的一種表現。花朵和葉子不是分開的——兩者都是美麗的。

基德爾穿著綠色長袍移動。

他進入，他坐下來並享用了某些食物。
所有的人由內在感官了解，這就是基德爾，所有蘇菲們不死的指引。他們等著他傳授某些智慧給他們。

「由內在感官」——你只能透過內在感官了解這些東西。如果那個內在感官沒有正常運作，你根本就無法了解。如果你來見一個師父，如果你內在感官有在運作，哪怕它只是一點點，你就會了解。即時的了解會在那裡，你立即就會被橋接。但是如果內在感官沒有在運作，知性上，你可以聽到，你可以嘗試去分析，但你的了解會保持只是知性上的，貧乏的。它不會連接你，它不會橋接你。

所有的人由內在感官了解，這就是基德爾。

綠色長袍，綠色的清新，綠色的年輕，綠色的活力，綠色的靜默……而存在……用內在感官，用直覺。

記住：科學是知識的，宗教是直覺的。它們的基礎和根本是不同的，因此太植根於科學的人變得無法了解宗教。這是現代人類所面臨的一個問題，我們教導科學給每個孩子，而且，在不知不覺中，我們使每個孩子無法了解宗教。我不是說不要教導孩子們科學──科學有極大的價值──但是也要記得教導宗教，使得他們能夠保持平衡。因為科學只能給他們對外在世界的更多能力──它不會給予和平。科學可以從外在給予豐富，但是它會保持他們內在的乞求。

要產生一個平衡。教導了科學，而且也要在學校創造一個氛圍，在那裡人們可以靜心、祈禱，在那裡人們也可以開始成長他們的內在。不要破壞他們的內在感官；否則，你會摧毀了他們的人性，你會把他們非人性化。那時他們就會像機器人，他們就會是殭屍。他們會去辦公室工作，他們會去工廠工作，他們會生產，但不會有創造力。他們會生產，但不會有快樂。他們將活著，但他們總是會質疑：「我們活著有什麼意義？」他們將活著，但是在他們的生命裡將沒有任何意義，沒有詩在他們的生命裡。

只要看看人們：他們活著，但這是什麼樣的生活？只是拖著，不知何故地拖著。一個很大的重量在他們的頭上，不斷地感覺到整個事情似乎是毫無意義的，不斷地感覺到一切似乎只是徒然──沒有意義。而當生命沒有意義，怎麼可能有喜悅和慶祝？

教導科學，當然，它是必要的，但它不是全部，也要有某些超越的東西被教導。散文是好的，但是一個不知道詩的人將失去某些非常有價值的東西。數學是好的，但一個對音樂沒有敏感度的人不是真實的人。生產是好的，但人不只是一部機器——要有些創造力，某些創意的表達是需要的，並且總是要透過內在感官。

所有的人由內在感官了解，這就是基德爾，所有蘇菲們不死的指引。他們等著他傳授某些智慧給他們。

人必須等待智慧。人不能要求它。如果你要求，你將只得到知識。等待，而且要耐心的等待。智慧的來臨只有當你成熟時，智慧的來臨只以它自己的步調。

當基德爾站起來要離開時，他簡單地說：「你們兩個托缽僧對亞伯拉罕感到好奇，但是你們是放棄了什麼而走向托缽僧這個道路呢？」

你還沒有放棄任何東西，你還是相同的人，你跟你的過去是連續的，你一直還沒有突破——放棄意味著突破——你放棄了什麼？

「你們放棄了安全的期待和普通的生命。」

是的，你給了某些東西——那只是你的夢想，安全的期待——普通的生命。你沒有什麼可以給的。宗教已經便宜了你，你還沒有為它付出任何代價。

亞伯拉罕曾經是一個偉大的國王，他扔掉了巴爾赫蘇丹國國王的位置變成蘇菲，這就是為什麼他遠遠領先你們。在你們放棄的這三十年裡，你們透過放棄而獲得了滿足，這就是你們得到的報酬。而亞伯拉罕對於他的犧牲，他總是避免宣稱他所付出的代價，他從來不去索取任何的報酬。

而下一刻，基德爾就不見了。

記住這句話：

「你們放棄了安全的期待和普通的生命。」

你們還沒有放棄任何特別的東西，你們什麼都沒有，而你們給的這些東西，都不算什麼。你們對其他來世的獎勵，帶著很大的期待，而你一直在等待那些獎勵。你的放棄是有動機的，它是出於貪婪。

人們對宗教的追求，如果是出於貪婪或出於恐懼，那都不是真正的宗教。

而亞伯拉罕曾經是一個偉大的國王，他扔掉了巴爾赫蘇丹國國王的位置變成蘇菲。

「……扔掉……」聽到這個詞！他甚至不是放棄——他就是把它扔掉。當你放棄，你以為它有某個很大的價值，你對它大做文章。而他把它扔掉！他看到它的沒有意義，看到它的虛假，他就把它扔掉。

亞伯拉罕的放棄是具有重大意義的——他再也沒有回頭。他全部忘記了它，就好像它從來沒有存在過。

這就是為什麼他遠遠領先你們。

神眷顧著他。他的信任是無限的。

在你們放棄的這三十年裡，你們透過放棄而獲得了滿足。

你一直在到處吹牛。你一直在談論你的放棄，你還沒有放棄任何東西！事實上，那些談論放棄的人沒有放棄任何東西，那些真正放棄的人不談論它。但是你已經從它得到滿足，你在宣稱你是偉大的桑雅生、蘇菲。你已經獲得人們的尊敬；你已經變得出名，你被稱為著名的托缽僧……而沒有人知道亞伯拉罕。你已經滿足了你的自我，所以那就是你得到的報酬。

這個就是你們得到的報酬。但亞伯拉罕對於他的犧牲，他總是避免宣稱他所付出的代價，他從來不去索取任何的報酬。

當這個犧牲是出自於純潔的愛，它沒有宣稱。它純粹只有給予的喜悅。「它真的是屬於祂的——它從不屬於我的。」這並不是說他做了什麼偉大的事情……他什麼也沒做！他只是了解了真理，而在那個了解裡，偉大的愛在他的內在出現，那個愛使他成了蘇菲。

蘇菲說給神有兩種愛：透過祈禱和靜心的愛——這種愛應該適當地在靜默裡、在隱私裡被圓滿，就像你愛你心愛的人一樣。

「蘇菲」這個詞來自SUFA：SUFA意味著純潔、潔淨、清晰——內在純潔的人活在兩個維度的愛裡。一個是私人層面，完全私人的、個人的、親密的，就像你愛你的女人或你的男人那樣——在私密裡，你不想要它是公開的。把它公開將是褻瀆的，將是天譴的，將是一種犯罪。在靜心、在祈禱裡，蘇菲在絕對的私密裡接觸神。

蘇菲說：在別人面前不做禱告——甚至在你妻子面前也不要做。你可以在半夜做，當所有人都睡著了，你在半夜醒來，坐在你的床上，向神祈禱。不要讓任何人知道，因為頭腦是很狡猾的：它也能從那裡製造出自我之旅。它可以開始吹牛：「你看！我是多麼偉大的禪修者。」

向神祈禱，默想著祂，在祕密裡，在私密裡——單獨做。

而另一個層面是服務的，愛祂的創造物——樹木、山脈、人們、河流。公開倒入你的愛到祂的世界，私下倒入你的愛給祂——而你就變成一個蘇菲。

師父的功能是給你這兩個維度的愛。完美的師父是一個觸發這個愛的成長的人，你開始成長這兩個維度的愛。這兩種愛的最終高潮就是自由——免於苦難的自由，免於頭腦的自由，免於身體的自由，免於再次進入世界的自由——免於各種禁錮的自由。那個自由就是目標。

保持自由在你的視野裡。而且慢慢慢慢地，繼續丟棄違背這個視野的一切。帶著自由的這個最終目標，落入和諧裡。你會變得越來越自由。人必須變得自由。

真正的師父，完美的師父，在這些日子裡，我們一直在談論關於他——完美的師父幫助你變得自由，他給你自由。愛總是給人自由……

第20章 正好在中間

問題

你使它聽起來那麼容易。但它是那樣嗎？它是真的嗎？在我看來，整個東西不在我們的手中，要降服或要成為自我，我們不再有選擇。我活在我的生命裡，有些日子我是快樂的，有些日子我是傷心的，但我卻是未開悟的。必定有某個竅門，某個鍊金術，請使我開悟。

Dharmen，你已經找到了！這就是竅門，這就是鍊金術：了解沒有東西在我們的手中就是降服的意思。降服不是某件你必須做或你可以做的東西。如果你做了它，它怎麼會是降服？降服不是一個行動。以它的本質，它不可能是的。降服的確切定義是你不可以做它。要看到這個重點，沒有東西在我們的手中——變成這樣或那樣，變得自我或無我——要看到這個，降服才會發生。那時還剩下什麼？如果你真的看到了這一點，你就了解了那個祕密。

語言製造出問題，因為語言轉變一切、扭曲一切變成其他的東西。當我說「降服！」的那一刻，你開始在思考：「要怎麼做它？」這是一個語言的謬誤。當我說降服，這正是我在說的意思：我是說沒有東西在你的手中。事實上，在你雙手的背後，你也不在那裡。

是的，有些日子你是傷心的，有些日子你是快樂的——但沒有事情需要去做。所以有些日子是傷心的，有些日子是快樂的——這就是降服。當快樂時，享受它，活著它，跳著它，唱著它。當快樂時，不要擔心悲傷。那是毫無意義的——你不可能做任何事情。當傷心時，要真的傷心！哭泣流淚，唱悲傷的歌。不要試圖變成快樂的——它不在你的手中。

禪師被問到說：「當天氣熱的時候，你要做什麼？」

他說：「我出汗。」

「當天氣冷的時候，你要做什麼？」

他說：「我顫抖。」

所以，當天氣熱時，出汗。當天氣冷時，顫抖。當活著時，活著！當死去時，死去！有什麼在你的手中？沒有東西在你的手中。以為「有些東西在我手中」是自我的方式，那就是自我。自我說：「你可以做這個。你為什麼難過？你可以變得更加快樂，你可以變得更加完美，你可以變得更加美麗，你可以變得更加完好，你可以變成聖人，為什麼你不做一些事情？」

自我總是指派你、督促你進入做事：「做一些事！」它創造出這是在你的手中可以改變的假象。那就是自我的方式，那就是謬論！

沒有東西在你的手中。

當你看到謬論的那一刻，它就消失了。當你看到只有繩子而沒有蛇的那一刻……蛇在黑暗中只是一個投影。出於恐懼，你看到了牠。當你提一盞燈接近，你看到它只是繩子，問題就被溶解了。當看到沒有什麼東西可以做，降服就發生了。

這是它的整個祕密。而且，Dharmen，你已經了解了，但是你的自我仍然在捉弄你。自我在說：「必定有某個方法可以做到它。必定有一個竅門！必定有某個隱藏，深奧的、你不知道的東西，必定有某支鑰匙可以打開門鎖。」

沒有鑰匙，沒有鎖，沒有門。沒有東西必須被打開，因為從一開始就沒有東西被鎖住。

你的問題很美，Dharmen。如果你可以了解你的問題，所有的問題都會溶解——因為你的問題帶著回答！

你說：你使它聽起來那麼容易。

它是很容易的！我能做什麼？它不是在我手中使它變難的。它是容易的，因為它不是一個行動。只有當你必須做某些事情時，它才可能是困難的。當你沒有任何事情可做時，它怎麼可能是困難的？不做怎麼可能有困難？「困難」——這個詞只和做有關。不做就是一個了解，一種洞察。而那就是已經發生在你身上的這個問題。

你說：你使它聽起來那麼容易。但它是那樣嗎？它是真的嗎？

你不想相信它，你不想相信它的容易。明白這一點！你希望它是困難的，那時你才會很高興。如果我說：「這是很困難的，Dharmen。」你會放鬆，你會放心。如果我說：「這幾乎是不可能的。」一負擔從你的頭放下，那時你會說：「那麼這是好的，那樣我可以遊歷，那麼就有挑戰，那樣我的自我可以做很多事情——它是困難的，我將會做到。」

它看起來越困難，自我越被它所吸引。因此，我不能說它是困難的，因為我不想以任何方式支持你的自我。它是容易的——它是絕對容易的。但是我說「容易」的那一刻，你就變得不安。你開始在想：「然後呢？那時就沒有東西來當成一個挑戰。」那時你就不被它所吸引。如果它是那麼容易，即使孩子也能做到它——事實上，它是那麼簡單，只要孩子就能做到它！——那時你的自我就感到受傷。你想要困難的東西，艱鉅的任務。它應該是聖母峰——只有你能達到而不是別人。

如果它是困難的，競爭是可能的。如果它是困難的，爭鬥和作戰是可能的。如果它是困難的，那時政治是可能的。那時只有少數人可以達到，你可以爭鬥，你可以計畫，你可以演練。你可以發展戰略去拉別人的腿，而不要讓他們達到。用別人的頭當成台階，使你能夠達到。

如果它是那麼困難，只有一個人能達到，那時你會覺得很高興：你可能是那個人！有一個可能性，你可能是那個人，那個特殊的人。那就是為什麼人們有興趣變成印度總理或美國總統。為什麼？你以為他們有任何斬獲？所有他們得到的就是他們到達了只有一個人可以到達的地方——如此而已。它是這樣愚蠢的遊戲，喜悅只是從好幾千萬人之中只有一個人可以到達那裡，那是他唯一的喜悅。其他沒有什麼被實現！而且只有傻瓜被吸引了。但自我是愚蠢的，越大的傻瓜，就有越大的自我——反之亦然：自我越大的人，就是越大的傻瓜。

愚昧的人整個興趣都是在困難的。只要事情是困難的，他就變得有興趣。人們解答填字遊戲只是為了一個原因——因為它是困難的。

當我說它是容易的，它就是那麼容易，因為你甚至不需要移動你的雙手，你甚至不需要到你的房間外面……老子這樣說。它是那麼容易，你甚至不需要打開你的眼睛。它是那麼容易，它可以發生在單一個時刻。它是那麼容易，你不需要爭鬥，不需要修煉，不需要培育……只要觀照內在：當我說它是那麼容易，它是可能的，在此刻你就開始失去興趣。你的自我說：「那有什麼意義？如果它是那麼容易，每個人都可以實現它，那麼它是不值得的。」

想想：如果每一個海洋的沙灘有印度山之光鑽石，它們就像鵝卵石，隨處可得，山之光鑽石還會有什麼價值嗎？那個價值只因為它是唯一的存在，沒有其他的鑽石像它一樣。它是罕見的，那麼罕見，因為只有一個人可以擁有它。

人的自我總是想要困難的。讓事情變得困難，很多人就會變得有興趣。那就是為什麼越來越多人熱中瑜伽——它是一種艱難的體操。人們對困難的東西感興趣，你可以使他們做任何事情。如果你告訴他們：「用你的頭頂倒立三十年。」他們就會倒立。只要有一個喜悅在那裡，沒有其他人曾經能用他的頭倒立三十年：「我是唯一的一個——我是山之光鑽石，我不是普通人。」

當我說它是容易的，我就殺了你的自我，我就摧毀了你的自我。我從你的腳下拉走那個地面，你就躺平在地面上。

那就是為什麼你不能相信它，Dharmen。但我的困難是我不可能是不真實的——它是那樣。它是容易的，在這世界上最簡單的事就是神——必定是！因為我們在祂裡面生活，我們在祂裡面呼吸。祂圍繞著我們，就像一條魚被海洋所圍繞。祂無處不在！而且只有祂在。你吸入的每一次呼吸，你就把神帶進入。祂在你的血液裡循環，祂敲擊在你的心，當你走祂就走，當你坐祂就坐。祂和你是一個！

它是容易的，因為祂沒有必要達到——它已經是這樣了，而那時自我就失去了興趣。那就是為什麼你會問：

你使它聽起來那麼容易。但它是那樣嗎？

在你自我的某個地方持續希望：「奧修一定是在開玩笑，它不可能是那麼容易。它必須是困難的。」

但它是那樣嗎？它是真的嗎？在我看來，整個東西不在我們的手中。

而那就是我一直在告訴你的。它不在你的手中，因為你沒有任何雙手，除了神的手！在你以為自己與神分離的那一刻，一切都不在你的手中。而在你覺得自己與神同在的那一刻，一切都在你的手中。而那些手不再是你的——它們都是神的手。

對於人，一切都是不可能的，對於神，一切都是可能的。對於部分，一切都是不可能的：對於整體，一切都是可能的。

在我看來，整個東西都不在我們的手中。

那就是我日復一日、年復一年一直在堅持的，沒有東西是在你的手中的。放鬆！不要試圖固執。不要試圖強加你的意志，因為沒有東西是在你的手中。不要被這個意志所欺騙，它帶你進入夢想和幻想。

如果它是夏天，就是夏天。當它是冬天，就是冬天。當它是晴天，就是晴天。當它是陰天，就是陰天。就在今天，它是很陰沉的……享受它！享受各種氣候條件。享受自然的所有情緒，它們都在一個很深的和諧裡，每件東西都需要使這個世界變成完美的世界。如果只有太陽，太陽也做不到的。

我聽過一個古老的寓言──它必定是非常古老的，因為在那些日子，神時常生活在地球上。慢慢慢慢地，祂對人們變得非常厭煩，因為人們會不斷地折磨祂。在半夜裡，有人會敲門說：「祢為什麼要這麼做？為什麼不那麼做？」每個人都在提供意見；每個人都在祈禱，而他們的祈禱是矛盾的。一個人來了會說：「今天讓天空有陽光，因為我要洗我的衣服。」其他人來了，他會說：「今天讓天空下雨，因為我要種樹。」現在要做什麼？他們在驅使神瘋狂！

祂必須從地球上消失。祂必須逃脫，祂必須變成無形的。

有一天，一個人走過來，一個老農民，他說：「祢看，祢也許是神，祢可能創造了世界，但是有一件事我必須對祢說：祢不是農民，祢不知道種田，甚至最基本的。祢的整個本質和祢的功能是那麼荒謬，而我這樣說是出於我一生的經驗，祢必須學習某些東西。」

神說：「你有什麼建議嗎？」

農夫說：「祢給我一年的時間，讓事情只是按照我的方式做，看看會發生什麼事。不會有貧窮留下來！」

神願意給農民一年的時間。現在按照他的意願，一切發生了。當然他要求最好的，他以為只有最好的——沒有打雷，沒有大風，對作物就沒有危險。一切舒適、溫馨，他非常高興。小麥長得那麼高！沒有危險在那裡，沒有任何障礙在那裡。一切都按照他的意願操作。當他想要太陽，就有太陽；當他想要雨水，就有雨水，就如他想要的。在過去，有時它雨水太多，河流會有水災，作物會受到破壞；有時它雨水不足，土地會乾涸，作物會死亡……有時會這樣，有時會那樣。這是罕見的，非常罕見的，事情是好的。而今年一切都是被擺正的，一切都很好。

小麥長得那麼高，農民非常高興。他時常去對神說：「祢看！這一次作物是這樣好，如果人們十年不工作，仍然會有足夠的食物。」

但是當作物被收割之後，裡面沒有小麥。他很驚訝——發生了什麼事？他問神：「發生了什麼事？出了什麼問題？」

神說：「因為沒有挑戰，因為沒有難度，因為沒有衝突，沒有摩擦，因為一切都很好，你避免一切壞的事，小麥就保持無能的。一點點的爭鬥是必要的，風暴是需要的，打雷、閃電是需要的。它們震醒了小麥裡面的靈魂。」

這個寓言是很有意義的。如果你只是高興、快樂、幸福，幸福就會失去所有的意義。你對它會變得厭煩，你會受夠了它。你會保持對幸福有興趣，是因為你也有悲傷的時刻。那些悲傷的時刻使你對幸福保有興趣。你不可能持續只吃糖、糖、糖——鹹的東西是必須的，否則所有的味道都會失去。

如果你只是快樂、快樂、快樂……你會有糖尿病的幸福。你會變得無能，你會是無聊的，窮極無聊的——你的生命不會有意義。它就好像有人用白色的粉筆在白色的牆上寫字。他可以繼續寫字，但是沒有人能夠讀出它。你必須寫在黑板上，然後它才能清楚顯現。黑夜如同白天一樣重要，悲傷的日子如同幸福的日子一樣重要。

這個我稱呼為了解。一旦你了解它，你就能放鬆——在那個放鬆裡就是降服。你說：「祢會做到。」你說：「做任何祢覺得是對的。如果今天需要白雲，就給我白雲，不要聽我的。我的了解是微小的，我的意志將是愚蠢的。我怎麼知道生命和它的祕密？不要聽我的！祢只要依祢的意志繼續做。」

慢慢慢慢地，你會看到生命的節奏、二元的節奏，極性的節奏，停止要求，停止選擇。你無法透過選擇改變任何東西——沒有東西會改變，你只會變得沮喪。讓一切順其自然，如果這條河向北流，它就向北流；如果你希望這條河應該向南走，你就會變得悲慘的。讓這條河繼續向北流！

你的意志，你的選擇，你的動作，根本不會改變任何事。當然，只有一個會改變：你會變得沮喪，因為河流要向南流或是向北流，在你的頭腦裡你有相反的方向。你失敗了，不是這條河讓你失敗——這條河跟你無關，這條河只是向北流。

了解的人跟隨著河流，隨著水流動，隨著風移動。慢慢慢慢地，他了解到「沒有東西是在我的手中」而變成降服。而且那個降服會帶來極大的祝福。

Dharmen，你已經找到了祕密！這就是祕密。帶著這個祕密生活，你會看到這個美。帶著這個祕密生活，你會突然感到驚訝：生命的祝福是那麼巨大！每個片刻有那麼多沐浴在你身上！但是你生活在你的期望裡，在你小小的、微弱的、瑣碎的欲望裡。而且因為它們沒有跟你的欲望相符，你就會悲傷。

悲傷只有一個意思，那個東西不跟你的欲望相符時——而東西永遠無法符合你的欲望，它們不可能，東西只會繼續跟隨它們的本質。

老子稱呼這個本質為道，佛陀稱呼這個本質為正法。馬哈維亞定義宗教為事物的本質，沒有東西可以被做。火是熱的，水是涼的。不要試圖給事物的本質強加你的意志。那就是愚蠢的人持續在做的事——並且為自己創造出苦難，創造出地獄。有智慧的人是一個遵循事物本質的人，是一個跟事物本質一起放鬆的人。

當你遵循事物的本質，沒有陰影被投射，沒有任何痛苦。那時即使悲傷也會有一種美。並不是說悲傷不會來——它會來——但是它不會變成你的敵人。你會友善對待它，因為你會看到它的必要。你會看到它的恩典，你會看到為什麼它在那裡，為什麼它是需要的。沒有它，你就會缺少一些。

這就是降服的意思。你持續在誤解我。當我說：「降服！」你以為你必須做某些事。沒有，我是在說：你沒有東西可做，你不可能做，沒有辦法做任何事情……看到這個！這就是降服。

你被每個東西改變了！太陽在早晨升起，你的睡意就消失了。不僅你——樹木開始醒來，鳥兒開始歌唱，大地甦醒了。當太陽在黃昏落下，你開始昏昏欲睡——不僅你，樹木和鳥類，河流和山脈，整個地球陷入了睡眠。當你聽著美妙的音樂時，你的心底有沒有被某些和弦觸動和感動？當你聽著美妙的音樂時，你是不是變成了音樂？當你看到一個舞者在跳舞，你有沒有很大的願望想要一起跳舞？想要參與？你的能量有沒有開始變成一支舞？當你聽到一個偉大的詩句，有某些片刻，你達到一個詩意的視野。某些門被打開了，某些奧祕包圍著你。

一樣的，在師父的存在裡——因為師父是音樂家，是詩人，是畫家，是窯匠，是織工……師父是所有放在一起的東西。師父是一個多維的特殊存在。

要真的在師父的存在裡，成為敞開的，脆弱的——那時他的魔法會開始流入你。這些事情每天都在對你發生！但你的頭腦依然持續在懷疑，疑問依然持續在升起。

你沒有被轉送到其他的世界和我在一起嗎？這沒有發生在你們很多人身上嗎？此刻，這不正在發生嗎？當你離我而去，你是同一個人嗎？你沒有感覺到某些東西開始發生在你身上，奇怪的，未知的，某些能量開始移動，某些光開始降臨，某些靜默開始盛開在你裡面，某些不知名的歌開始流動在你的存在，就像風穿過松樹？你沒有聽過這流水的聲音嗎？透過我的話語，透過我的靜默？只要看著我，有時睜著眼，有時閉上眼睛，這些事沒有一再地對你發生嗎？

但是，我知道，問題出現了。這些事發生得越多，頭腦產生的懷疑越多：也許這只是催眠？那就是在世界各地的人們談到我時，說：「這個人是一個催眠師。」很多人都害怕來這裡，因為如果他們來這裡而他們被催眠了，然後呢？頭腦說：「也許這只是催眠。」頭腦說：「也許你陷入了一種錯覺，也許這只是錯覺，某些魔法——否則，它為什麼消失了？」

當你離開我，當我不跟你在一起，當你忘記了我，它為什麼消失了？頭腦自然地會問這些問題。它消失了，因為你還沒有學會如何留在那些存在的高原，如何留在那些豐富裡。跟著我，帶著極大的勇氣，不知道你將要去哪裡，你開始移動……彷彿一個小孩跟他的父親進到森林——毫無畏懼野生動物，毫無畏懼陌生，毫無畏懼一切！他知道他的父親跟他在一起，他的手在他父親的手裡。父親也許自己也會害怕，但是孩子不會。父親也許會擔心他是否在正確的小徑上，他是否能到家，但是孩子不會。他為什麼應該要擔心？他相信父親；他的信任是絕對的。父親可能看起來有點不安，但孩子對冒險是激動的。他看著樹木和花草，並且在蒐集野花和追逐蝴蝶。

但是讓父親離去，讓孩子獨自在森林裡，立即所有的喜悅就消失了。現在他是孤獨的，他不能相信自己。現在哪裡是正確的路徑？現在他不可能追逐蝴蝶；蝴蝶不再有顏色——事實上它們不再存在了。現在沒有野花；只有每棵樹背後的野生動物、鬼魂和像那樣的東西。現在他是害怕的，而天越來越暗，不久太陽即將西下。他開始哭泣，他不再是在好奇的狀態。

發生了什麼事？只有一件事發生：他不再在信任裡。

當你跟我有信任，而信任就會轉化。當你獨自一個人，信任就失去了——你還不能信任自己。這是一個師父的功能，來幫助你，慢慢慢慢地，你可以相信你自己，這樣師父不再是需要的。真正的師父的功能是以這樣一種方式和門徒在一起，遲早師父不再會是需要的，而且門徒可以留在他自己較高存在的地方——喜悅在那裡，恩典在那裡。

那些較高存在的地方被稱為樂園或是天堂。最高的被稱為MOKSHA、涅槃。從那一點起就沒有回頭路；它是一個沒有回頭的點。但是第一次瞥見只可能跟某個知道路徑的人，跟某個到了頂峰而回到地面的人。

在古代的經典裡，有兩種開悟的人被談到——

在佛的傳統裡，有一種人被稱為ARHAT（阿羅漢）——一個開悟的人，達到意識最高峰的人，但是他不知道怎麼回到地面，如何與人們交流。他永遠不會變成師父。他開悟，就像任何其他的佛一樣，但是他永遠不會變成師父。因為要變成師父，不僅開悟是需要的，第二個程序也是需要的：回到山谷的能力。

因此要變成師父，兩件事情是需要的。首先，他應該要達到峰頂，到意識的陽光峰頂；第二，他應該能找到方法回到黑暗的山谷。因為人們生活在那裡！如果從峰頂喊叫，沒有人會聽到，你的聲音將永遠達不到人們。師父必須走下山來，他必須進入黑暗、淒涼的山谷裡，那個人們生活和摸索的地方。他必須再次變成像他們一樣。如果你想要人們去到頂峰，首先你將必須來到山谷。

所以佛的傳統說：有兩種開悟的人存在。一種被稱為阿羅漢——他是開悟而留在那裡的人，他忘記所有在黑暗中摸索、遭受苦難的人。另一種被稱為BODHISATTVA（菩薩）——菩薩變成師父，他會回來。在他達到了頂峰的那一刻，他就立刻走下來。他記得還有很多在那裡需要他幫助的人，還有很多在那裡需要他作為嚮導的人。現在他知道路徑了，現在他可以引導很多人去到頂峰。

這將是一項艱鉅的任務。要說服人們相信頂峰的存在是一項艱鉅的任務。要說服人們「這是可能的，你可以到達頂峰」是非常困難的。他們已經活在黑暗裡這麼多世了，好幾百萬世了，他們只知道黑暗。他們無法相信光。他們一直是瞎的！在他們的語言裡，沒有「光」這個字。如果你談到光，他們認為要嘛是你瘋了，或是你只是有詩意。

據說那就是對佛陀的父母發生的事。當他成道，謠言開始傳到宮殿，老人說：「你的兒子已經成道了。」那些對佛陀持負面態度的人說：「他已經瘋了。」而那些持正面態度、有同情心的人，他們說：「他已經變成詩人了。」

頂多，人們可以相信你必定在創造偉大的詩篇，你有很大的想像。你可以想像有陽光的頂峰，你真是偉大的夢想家。你可以看到神在你的視野裡——你是一個偉大的夢想家。

但神祕家不是一個夢想家。他看到的不是一個願景：他看到的是有形的現實。但是如何說服還不知道的人們呢？如何告訴他們什麼是光，如果他們從未打開他們的眼睛？如果你告訴他們：「這是白色的。」他們會問：「什麼是白色？」如果你告訴他們：「它就像雪，純白色的。」他們會以為光是一個非常冰冷又潮濕的東西。光既不冰冷也不潮濕。

但是不要苛求人們。他們能做什麼呢？開悟的人必須把每件事轉化為山谷的語言。

因此第一類：某些永遠不會從頂峰回來的人，看到這一切的不可能，沒有人會信任他們，沒有人會相信他們。何必呢？他們已經到達了……他們就消失在光裡。

第二類，菩薩，一個變成師父、有無限憐憫心的人。他開始走下來，回到黑暗的世界，他曾經停留過的。在那裡，人們就像爬蟲，在那裡，人們還不是人類，沒有意識，活得像機器人一樣。那些人不會原諒這個已經從陽光的頂峰回來的人——他們將他釘在十字架上，他們會殺死他，他們會毒死他，因為這個人會打擾他們的安穩，他們的便利。他們已經開始相信黑暗是一切，現在這個人帶來了訊息：「不是！黑暗根本不存在。有陽光普照的喜馬拉雅山頂峰，我去過那裡。」

現在這個人擾亂了他們的睡眠，擾亂了他們的溫馨安置。現在這個人再次在他們裡面創造了尋找頂峰的渴望，他們無法原諒這個人。因此耶穌被釘在十字架上，曼蘇爾被謀殺，蘇格拉底被毒害，佛陀被丟石頭，馬哈維亞到處被驅趕。為什麼人們對師父那麼對立？它是有原因的。

因為這個人帶來了某些消息，因此在他們裡面產生非常非常大的欲望，而那個欲望會擾亂他們的整體安排。他們有妻子、孩子，他們有店舖、工廠，一切都很順利。他們多少已經掌握了，現在這個人來了，干擾了一切。現在妻子似乎不再那麼吸引人，孩子似乎不再那麼吸引人，錢財、權力政治不再那麼吸引人……師父的觸動是這樣子的，即使你反對他，他也會觸動到你的心。即使你不想要聽到他，某個東西仍會敲到你，某個東西會進入你的心，就像一顆種子，開始在那裡發芽。

師父的困難是如何對你談到那些峰頂。完美的師父是一個多少能掌握那些不能說的東西、多少能創造一些指引的人。如果事情不能被說，那時他就試圖對你展示它，他創造出情境，在它裡面，峰頂的某些瞥見能夠對你發生。

完美的師父是一個嘗試那些不可能的人，而在它裡面成功了。

佛陀是完美的師父，耶穌是完美的師父，完美的師父——卡比爾、那納克也是。完美的師父是一個已經成功地說服盲人關於光的存在、說服聾人關於音樂的存在、完成不可能的工作的人——他說服你那些不僅存在，而且是值得追尋的。

你問，處在師父的存在下，真的能夠改變一個人嗎？

對於人，怎麼說？——有時甚至動物已經知道改變了，但人還不一定知道。

就在幾年前，有一個偉大的師父，拉瑪那．馬哈希——一個完美的師父，在他的達顯——因為他是一個靜默的人，很少說話——每天早晨，他會坐著達顯一小時，人們會來跟他一起坐，母牛也來了。那頭母牛是那麼地規律，沒有其他門徒像牠那麼規律——不管下雨天、夏天、冬天，不管那頭母牛是生病或健康，無論如何，母牛必定在準確的時間來到。牠會來站在陽台，透過窗戶看裡面，牠的頭部會在窗戶裡面。並停留在那裡一個小時，有時睜著眼睛，有時閉著眼睛。有時流著眼淚……牠已經變成一個奇蹟！

有一天母牛病得很重，不能來了——所以拉瑪那必須去！他從來沒有拜訪過任何其他門徒，但是對那隻可憐的母牛，他必須去。所有的門徒說：「巴關，你在做什麼？」他說：「但是我必須去，牠是那麼規律地來，我知道她想要來——牠的精神是願意的，肉體卻是虛弱的。」

當他去到母牛那裡的時候，牠只是坐在遠處。望著他房間方向的窗口。牠無法起床，牠快要死了。而當拉瑪那到達那裡時，牠閉上了眼睛，眼淚流了下來，牠死了。那頭母牛是在人類或意識的整個歷史裡被給予告別的第一隻動物，就像一個開悟的人那樣被給予。拉瑪那的存在就在那裡。

有人問拉瑪那：「這隻母牛將要被誕生為一個人嗎？」

拉瑪那說：「不會，牠將不需要被誕生為一個人——牠超越了那個，牠根本不會再被生出，牠已經得到了開悟。」

是的，這是可能的。對於人，怎麼說？即使是動物，如果牠們是有接受性的……母牛是非常有接受性的。那就是為什麼在東方，牠們變成神聖的。這不是沒有理由的——牠們是非常接受、敞開的。牠們可能在意識裡成長。沒有其他動物能夠做那頭母牛能做的這個跳躍。

聽聽這個故事：

魯茲的朋友約瑟夫說，他發現一隻鸚鵡不僅會說話，而且可以說希伯來語。魯茲是懷疑的，但是當他到了約瑟夫的家，他看到一隻鸚鵡的頭頂上被戴著一頂猶太圓帽，鸚鵡立刻背誦完整個周五晚上的聚會內容。

魯茲很驚訝，並懇求他的朋友把那隻鳥賣給他。經過一番威脅利誘，約瑟夫同意用十元的價格，魯茲才能帶走那令人讚嘆的鳥兒。

到了猶太的新年，魯茲帶著鳥兒去猶太教堂。他傳遞了小紙條給大家，說他的鸚鵡會唱禱告。每個人都嘲笑他的豪語，他提出十比一的賭注，他的鳥兒能說甚至三分鐘的聚會內容。

當祈禱開始，魯茲把圓頂小帽戴在鸚鵡的頭頂上，並吩咐牠開口。但是鳥兒保持沉默。

「快，祈禱，就像為約瑟夫所做的，」魯茲催促著。但這隻鸚鵡就是不打開牠的嘴。

「祈禱，笨蛋！我打賭押注你！」但這隻鸚鵡就是不吭聲。最後，魯茲必須認輸，他意氣消沉地離開教堂，並且債台高築。

當他回到家時，他猛烈抨擊這隻鳥兒。「所以你在每個人面前羞辱我，不是嗎？所以你讓我失去十比一的賭注？所以你假裝你不知道如何禱告？你為什麼那樣做呢？」

最後，鸚鵡說話了。「別傻了！」鸚鵡說：「到了贖罪日那天，你會大賺一筆！」

如果鸚鵡跟猶太人生活，鸚鵡就變成猶太人，記住。如果你跟師父生活，師父的東西就開始進入你……

問題 有一天，你對我們談到完美和創造。藝術創造與完美之間的關係是什麼呢？音樂、繪畫和詩歌的創造不就是一種在視覺和聽覺上達到完美的嘗試嗎？藝術家是否只是在創造一個更精緻的自我，就像你經常談論的所謂聖人一樣？

是的，Akam，通常藝術家是世界上最自我的人。但那時他也不是真正的藝術家，他用藝術作為他自我之旅的手段。藝術家是非常自我中心的，他們不斷地吹噓自己，彼此不斷地爭鬥，每個人都認為他是最完美的藝術家，但這不是真正的藝術。

真正的藝術家是完全沒有自我的。這些充滿自我的人只是藝術工作者；我不會稱呼他們為藝術家，他們只是藝術工作者。我不會稱呼他們為創造者；我只會稱呼他們為製作者。是的，製作詩是一回事，創作詩又是另一回事。製作詩篇，人需要知道語言、語法、文法規則——詩篇的規則，它是一個文字遊戲。如果你知道整個遊戲，你就可以產生詩篇。它不會是很有詩意的，但是它會有詩的外觀。技術上，它也許是完美的，但是它只有身體——它沒有靈魂。

靈魂會發生，只有當藝術家消失在他的藝術裡——他不再是分離的。當畫家帶著這樣的放棄而作畫時，他不在那裡，他甚至對於在他的畫作裡簽名感到內疚——因為他知道他沒有做，而是某個不知名的力量透過他做到了。他知道他已經被占有了——那一直是自古以來所有真正偉大的藝術家的體驗：一種被附身的感覺。藝術家越偉大，那種感覺就越清晰。

那些最偉大的人——莫扎特、貝多芬、迦梨陀娑、泰戈爾——這些都是最偉大的人，他們一直不過是空心的竹子，神透過他們被唱了出來。他們吹了笛子，但這些曲子不是他們的。它只是透過他們流出，它是來自某個不知名的源頭。他們沒有阻擋——他們就只是這樣做，他們沒有創造它。

真正的創造者知道，他沒有創造它。神透過他而工作。祂擁有了他，他的雙手，他的存在，祂透過他創造了某些東西。他一直像是個樂器。

這才是真正的藝術，藝術家消失的地方——那時就沒有自我的問題。那時藝術變成宗教。那時藝術家是一個神祕家——他不僅技術上是正確的，而且在存在上他是真正的存在。

你問我：有一天，你對我們談到完美和創造。藝術創造與完美之間的關係是什麼呢？

首先在它裡面，藝術家越少，它就越完美。當藝術家絕對不存在時，那時的創造是絕對完美的。這個比率，你必須記住。藝術家越存在，作品會越不完美。如果藝術家出現太多了，作品會是噁心的，會是神經質的。它會只是自我——它還可能是什麼？自我就是神經病。

還有一件事情要記住：自我總是想要做到完美。自我是很完美主義的。自我總是想要更高，比別人做得更好，因此它是完美主義者。但是透過自我，完美是永遠不可能的，所以努力是荒謬的。完美只可能在自我不在的時候，但是那時人根本不會想到完美。

所以真正的藝術家從來不會想到完美，他不知道完美。他只是讓自己變成一個降服的人，進入放手無為的狀態，不管發生什麼，就讓它發生。真正的藝術家當然會想到整體，但是從來不會想到完美。他想要在它裡面變成全然的，僅此而已。當他跳舞，他想要消失在舞蹈裡，所有石頭都消失了，流動是很平靜順滑的。

真正的藝術家當然會想到整體——如何變成全然？——但是從來不會想到完美。而美是：那些全然的人，他們是完美的。那些以為完美的人是從來不完美的，從來不全然的。相反地：他們越想到完美，他們越會變得神經質。他們有理想，他們總是比較，他們總是落入不足！

如果你有一個理想，除非這個理想被實現，否則你不會覺得自己完美，在你的動作裡你怎麼可能全然？如果你思想，例如，你必須要像尼金斯基（Vatslav Nijinsky）一樣的舞者，那時你怎麼可能全然在你的舞蹈裡？你會不斷地尋找、觀察自己，試圖改善，不敢犯任何錯誤……你是分裂的。你的一部分在跳舞，但你的另一部分在那裡——判斷，站在一旁譴責，批評。你是分裂的。

尼金斯基是完美的，因為他是全然的。當他跳舞，他飛躍在他的舞蹈裡，人們簡直不敢相信自己的眼睛，甚至科學家都不敢相信自己的眼睛。他的飛躍是那樣違反地心引力——它不應該發生！而當他落下的時候，他會進行得那麼緩慢，就像羽毛……那也是違反地心引力的。他一次又一次地被問到這件事。人們問的越多，他越是意識到，它就越消失。會有那麼一刻，他完全消失了。它時常發生，但是它只會發生在尼金斯基完全失去自己而融入舞蹈裡的時候。在那種完全鬆開、完全放鬆的時刻。

讓我告訴你一個定律，科學遲早會發現它。我稱它為恩典的定律。就像有地心引力的定律……三百年前它是不被知道的。它的運作甚至在它被知道之前；定律不需要被知道才運作。定律總是在運作，它跟牛頓和蘋果從樹上掉下來無關，蘋果在之前也時常掉下來！這並不是說牛頓發現了那個定律，然後蘋果才開始掉下來。定律已經在那裡，只是牛頓發現了它。

有一個像那樣的定律在那裡：恩典的定律，它把東西向上抬起。地心引力的定律是把東西往下拉，恩典的定律是往上抬起東西。在瑜伽他們稱為懸浮，當你處在放棄的狀態，某種醉酒的狀態，跟神性醉酒，完全降服、無我的時候，那個定律就開始運作。那時人會被往上提升。人變得沒有重量。

那是發生在尼金斯基的情況。但是你無法使它發生，因為如果你在那裡它就不會發生。自我就像掛在脖子上的石頭，當自我不在那裡，你就沒有重量。

在你自己的生命裡，你沒有感覺過它嗎？有一些片刻你有一種失重的感覺。你走在地面上，但保持你的腳是沒有碰到地面的——當你喜悅的片刻，祈禱的片刻，靜心的片刻，慶祝的片刻，愛的片刻……你是失重的，那時你是往上提升的。

我說，遲早科學必定會發現它，因為科學相信某個原理：兩極對立的原理。沒有定律可以是單獨的：它必定有它的對立面。電力不可能只有一個極，它需要正極和負極；兩極都是需要的。它們彼此互補。

科學知道它，每個定律都需要它的對立面來補償它。地心引力必須有它的對立面來補償它，那個定律，姑且，我稱之為恩典——在未來也許可能是任何其他名稱。因為科學家們如果發現它，他們不會稱它為恩典。但是，那似乎是它最完美的名字。神提升著你。

真正的藝術家從來不會想到完美，但他的動作是那麼地全然，完美就從它被生出來。偽裝的藝術家、技術人員，總是想到完美，因為他想到完美，他就不會全然，完美就不會出現。

在各行各業，這個認知對你會是有極大的幫助——尤其對那些在探究神、尋找真理的真實的人。想到整體！而完美會自動出現。永遠不要想到完美，否則你會變得神經質的。所有完美主義者都是神經質的。

問題　奧修，內在感官是什麼？

一個男孩不斷在抓著頭皮。有一天他父親看著他說：「孩子，你為什麼老是抓你的頭皮？」

「嗯，」男孩回答：「我想是因為我是唯一一個知道它癢的人。」

這就是內在感官，內在感覺。只有你知道。沒有人能夠知道。它不可能從外面被觀察到。當你頭痛，只有你知道。你無法證明它。當你快樂，只有你知道——你無法證明它。你無法把它放在桌子上，被大家進行檢查、解剖、分析。

事實上，內在感官是那麼地內在，甚至你無法證明它的存在。那就是為什麼科學持續在否認它，但否認是非人性的。即使是科學家也知道，當他感覺愛的時候，他有一個內在的感覺。某個東西在那裡！它不是一個東西，它不是一個客體；並且，不可能把它擺在別人面前。

內在感官有它自己的認知（validity）。但是因為科學的訓練，人們對他們的內在感官失去了信任，他們依賴別人。你是這麼地依賴，如果有人對你說：「你看起來很高興。」你就開始感到高興。如果二十個人決定讓你不高興，他們就可以讓你不高興。他們只需要在每次遇到你的時候，重複一整天對你說：「你看起來很不高興，很悲傷。這是怎麼回事？」你會開始懷疑：這麼多人都在說我不高興，那我必定是。

你依賴人們的意見。你這麼依賴人們的意見，以至於你已經失去了你自己內在感官的軌道。這種內在感官必須被重新發現，因為所有的美麗，所有的美好，所有的神性都只能由內在意識被感覺到。

停止受到人們意見的影響。相反地，開始進入內在尋找……讓你的內在感官開始對你說話，信任它。如果你信任它，它會成長。如果你信任它，你就會餵養它，它就會變得更加強大。

印度教哲學家維韋卡南達去見拉瑪克里斯納，他說：「沒有神！我能證明它——沒有神。」他是一個非常邏輯、持懷疑態度、受過西方哲學思想良好教育的人。拉瑪克里斯納是一個沒有受過教育、不識字的人。拉瑪克里斯納說：「好吧，那麼請你證明！」

維韋卡南達說了很多他所知道的一切。拉瑪克里斯納聽著，然後他說：「但是我的內在感官說祂在——那是最後的權威，你說的一切都只是論證。你的內在感官說什麼？」

維韋卡南達甚至都沒想過這個問題，他聳聳肩。他讀過書籍，他蒐集了很多論證，他曾經試圖根據這些證明決定神是否存在。但是他還沒有看進內在，他沒有問過他內在的感官。

這是那麼地愚蠢，而持懷疑態度的頭腦都是愚蠢的，邏輯的頭腦都是愚蠢的。

拉瑪克里斯納說：「你的論點很美，我很欣賞，但是我能夠做什麼呢？我知道！我的內在感官說祂在，就如我的內在感官說我高興，我病了，我傷心，我的肚子痛，今天我感覺不是很好；所以我的內在感官說神在，這不是一個需要爭論的問題。」

拉瑪克里斯納說：「我不能證明它，但是如果你想要，我可以展示給你。」之前，沒有人告訴維韋卡南達說神可以被顯現。還沒等他說什麼，拉瑪克里斯納往上跳——他是一個瘋狂的人——他往上跳，把他的腳踩在維韋卡南達的胸部。某些事情發生了，某些能量跳出來了，而維韋卡南達陷入恍惚三個小時。

當他睜開眼睛，他變成一個完全不同的人。

拉瑪克里斯納說：「你現在還有什麼可說的呢？神在或神不在？你的內在感官現在說什麼

呢？」

現在維韋卡南達處在這樣的寧靜，這樣的寂靜，他以前從來沒有過的情況下。他的內在有了那樣的歡躍，那樣的幸福……他跪拜而觸摸拉瑪克里斯納的腳，他說：「是的，神在。」

神不是一個人，它是最終的幸福感覺，最終的存在，最終的感覺說：「我屬於這個世界，而這個世界屬於我，我在這裡不是外星人，我不是外人。」最終的感覺——存在的——因為「這個整體和我不是分離的」。這個經驗就是神。

但這個經驗只有當你允許你的內在感官運作時才有可能。開始允許它！給它盡可能多的機會變成可能的。別總是去看外在的權威，不要看外在的意見。要使你自己獨立一點，要感覺多一點，思想少一點。

去看看玫瑰花，而不要只是重複像鸚鵡一樣：「它是美麗的。」這可能只是人們告訴過你的意見；從你的童年開始，你就一直聽到「玫瑰花是美麗的，它是一種很棒的花」。所以當你看到玫瑰花，你只是重複：「它是美麗的。」就像電腦，你真的有感覺到它？這是你的內在感官嗎？如果不是，不要說它。

看到月亮，不要說它是美麗的——除非它是你的內在感官真實的感覺。你會感到驚訝，百分之九十九你攜帶在你頭腦的那些東西，全都是借來的。在那百分之九十九的東西裡，全都是無用的垃圾，你的內在感官失去了，被淹沒了。丟掉那些知識。恢復你的內在感官。

透過內在感官，神才被知道的。

有六種感官：五個在外面；它們告訴你關於這個世界。如果我說到某些關於光的東西；沒有眼睛，你不會知道光。耳朵說某些關於聲音的東西；沒有耳朵，你不會知道任何聲音。有一個第六感，內在感官，它會告訴你某些關於你自己最終源頭的東西。那個感官必須被發現。

靜心不過就是內在感官的發現。

問題

奧修，有時候我沉溺在性愛，那時我感到非常沮喪。然後我移到另一個極端。我變成獨身，但是不久我又開始再次感到沮喪，開始移向另一個極端。我掉入了一個惡性循環。我該怎麼辦？

幾乎每個人都掉入了某種惡性循環裡——因為頭腦不能沒有惡性循環存在。有的人吃太多，脂肪聚集，開始變得擔心，開始節食、禁食，當他感覺餓了，又開始變得擔心，開始吃得更多……等等。

頭腦就像一個鐘擺：它從一個極端走向另一個極端。而且你無法走出這個惡性循環的任何一端。當鐘擺擺向右邊，實際上它是在聚集能量擺向左邊。當鐘擺擺向左邊，它是在聚集能量擺向右邊。這是一個惡性循環，它非常微妙。

當你放縱性慾而感到沮喪時，發生了什麼？你變得對獨身生活感興趣，你會開始閱讀關於獨身的書籍，那時你會感到非常信服。這並不是說那些書是對的，你感到信服是因為你放縱性慾感到沮喪。你將變成一個獨身的人，但這會是另一個極端。

不久，你的性能量會變成堰塞湖；很快你就會再次感到性慾隨時要迸發。現在，你會開始想到像《花花公子》和其他色情雜誌。如果你不看那些雜誌，你會在你的夢裡創造你個人的色情。或者，當你閉著眼睛坐著嘗試靜心，沒有東西會發生——只有色情。現在能量已經聚集那麼多，它想要移動到另一個極端。遲早你將必須再移動。

你問我：怎麼辦？

學習中間的道路，學習中庸之道，學會準確地留在中間。並且一旦鐘擺停在中間時，整個時鐘就停止了。如果你停在中間，頭腦就消失了。頭腦是時間。

人必須停止在正好中間的地方，如果你了解它，它是非常非常簡單的。要自然，要自發，要簡單。當感覺到餓，就吃。而當沒有感覺到餓，就不吃。人們很奇怪，當他們不餓的時候，他們持續在吃；當他們感覺到餓的時候，他們卻在禁食。你違背了自然，因此你受苦。只要慢慢地移動，默默地跟自然一起。

再次，這就是我所說的降服！接受一切是自然的。忘記一切你的聖雄告訴你的。想到聖雄就把他當成病態的；不要聽他們——他們破壞了你的頭腦。聖雄是一個花費很大功夫去剝開一顆核桃，然後吃掉核殼，並丟掉真實的核仁的傢伙——並且他們開始教別人也這樣做。

當心聖雄。只要成為平凡人，你要看到成為平凡人的美麗。只要成為簡單的！既不是此岸，也不是彼岸，既不是唯物也不是唯心，既不反對金錢也不贊成金錢。只是簡單而自然的存在著！只要接受，無論是什麼，並且依照你的自然能力去移動。

不要為你的生活決定程序，要一個片刻接著一個片刻地活著。不要製作時間表，不要製作形式，不要創造個性！只是慢慢慢慢地，從一個片刻到一個片刻移動、生活、挑戰、接受、回應，慢慢慢慢地，很大的覺知就會產生。而人就開始越來越接近到中間。

在你正好在中間的那一天，頭腦就停止了，你就超越頭腦了。超越頭腦就是在神裡面，那就是我的門徒必須做的工作。你不是要變得放縱，你不是要變成獨身。你不是在你自己身上創造任何結構。你必須生活在沒有結構，帶著意識，帶著創造力，帶著靈敏度。你必須生活在每一個當下，沒有理想，沒有追求完美的神經病。偉大的日子並不遙遠，當突然有一天你發現鐘擺不再移向兩個方向的時候。那一天，三托歷發生了。永恆的美和自然的祝福將降臨在你身上，你被提升了。恩典來到了，恩典就是神的開始。

原文書名：*The Perfect Master: Talks on Sufi Stories, by* OSHO

本書為奧修對聽眾所作的許多演講內容之整理，所有奧修演講皆有書籍出版以及錄音存檔，可透過奧修線上圖書館www.osho.com找到錄音檔案和完整的文字檔案。

奧修靈性智慧 17

完美的師父：如何找到內在真正的心靈導師
The Perfect Master: Talks on Sufi Stories

作　　者　奧修 OSHO
譯　　者　Veet Gagan
編輯顧問　舞　鶴
責任編輯　林秀梅

版　　權　吳玲緯
行　　銷　闕志勳　吳宇軒　陳欣岑
業　　務　李再星　陳紫晴　陳美燕　葉晉源
副總編輯　林秀梅
編輯總監　劉麗真
總 經 理　陳逸瑛
發 行 人　涂玉雲
出　　版　麥田出版
城邦文化事業股份有限公司
104台北市民生東路二段141號5樓
電話：(886)2-2500-7696　傳真：(886)2-2500-1967
發　　行　英屬蓋曼群島商家庭傳媒股份有限公司城邦分公司
104台北市民生東路二段141號11樓
書虫客服服務專線：(886)2-2500-7718、2500-7719
24小時傳真服務：(886)2-2500-1990、2500-1991
服務時間：週一至週五09:30-12:00．13:30-17:00
郵撥帳號：19863813　戶名：書虫股份有限公司
讀者服務信箱E-mail：service@readingclub.com.tw
麥田部落格：http://ryefield.pixnet.net/blog
麥田出版Facebook：https://www.facebook.com/RyeField.Cite/
香港發行所　城邦(香港)出版集團有限公司
香港灣仔駱克道193號東超商業中心1/F
電話：852-2508 6231　傳真：852-2578 9337
馬新發行所　城邦（馬新）出版集團 Cite (M) Sdn Bhd
41, Jalan Radin Anum, Bandar Baru Sri Petaling,
57000 Kuala Lumpur, Malaysia.
電話：(603) 9056 3833　傳真：(603) 9057 6622
E-mail：services@cite.my

設　　計　黃瑪琍
奧修照片提供　Osho International Foundation
印　　刷　沐春行銷創意有限公司

2023年3月28日　初版一刷

定價／720元
ISBN：9786263103474
9786263103504（EPUB）

城邦讀書花園
www.cite.com.tw

國家圖書館出版品預行編目資料

完美的師父：如何找到內在真正的心靈導師 / 奧修OSHO著；Veet Gagan譯. -- 初版. -- 臺北市：麥田出版，城邦文化事業股份有限公司出版：英屬蓋曼群島商家庭傳媒股份有限公司城邦分公司發行，2023.01
面；　公分. -- (奧修靈性智慧；17)
譯自：*The perfect master : talks on Sufi stories*
ISBN 978-626-310-347-4(平裝)

1. 靈修

192.1　　111017250